贵州民族大学文学院区域一流学科建设经费资助出版

# 《洛阳伽蓝记》研究

袁洪流 ◎ 著

中国社会科学出版社

# 图书在版编目（CIP）数据

《洛阳伽蓝记》研究／袁洪流著. —北京：中国社会科学出版社，2022.6

ISBN 978 - 7 - 5203 - 9681 - 3

Ⅰ.①洛⋯ Ⅱ.①袁⋯ Ⅲ.①寺院—史料—洛阳—北魏②洛阳—地方史—史料—北魏③《洛阳伽蓝记》—研究 Ⅳ.①K928.75 ②K296.13

中国版本图书馆 CIP 数据核字（2022）第 017885 号

| | |
|---|---|
| 出 版 人 | 赵剑英 |
| 责任编辑 | 郭晓鸿 |
| 特约编辑 | 杜若佳 |
| 责任校对 | 师敏革 |
| 责任印制 | 戴　宽 |

| | |
|---|---|
| 出　版 | 中国社会科学出版社 |
| 社　址 | 北京鼓楼西大街甲 158 号 |
| 邮　编 | 100720 |
| 网　址 | http：//www.csspw.cn |
| 发行部 | 010 - 84083685 |
| 门市部 | 010 - 84029450 |
| 经　销 | 新华书店及其他书店 |
| 印　刷 | 北京明恒达印务有限公司 |
| 装　订 | 廊坊市广阳区广增装订厂 |
| 版　次 | 2022 年 6 月第 1 版 |
| 印　次 | 2022 年 6 月第 1 次印刷 |
| 开　本 | 710×1000　1/16 |
| 印　张 | 24.25 |
| 插　页 | 2 |
| 字　数 | 316 千字 |
| 定　价 | 138.00 元 |

凡购买中国社会科学出版社图书，如有质量问题请与本社营销中心联系调换
电话：010 - 84083683
版权所有　侵权必究

# 目　　录

序 ································································ （1）

内容摘要 ······················································· （1）

绪论 ······························································ （1）

## 第一章　杨衒之生平考略 ································ （11）
　　第一节　姓氏籍贯考 ··································· （11）
　　第二节　生平仕履考 ··································· （18）

## 第二章　《洛阳伽蓝记》的成书背景考 ·············· （27）
　　第一节　北魏佛教的兴盛 ····························· （27）
　　第二节　京都大赋的影响 ····························· （44）
　　第三节　地志创作的兴起 ····························· （59）
　　第四节　《洛阳伽蓝记》与《庙记》 ·············· （83）

## 第三章　《洛阳伽蓝记》人物考述 ···················· （92）
　　第一节　皇族 ············································ （93）

第二节　百官 ·································································· (173)
　　第三节　庶民 ·································································· (252)
　　第四节　僧侣 ·································································· (264)
　　第五节　其他 ·································································· (274)

第四章　《洛阳伽蓝记》佛寺考述 ··········································· (279)
　　第一节　城内佛寺考述 ····················································· (280)
　　第二节　城东佛寺考述 ····················································· (301)
　　第三节　城南佛寺考述 ····················································· (318)
　　第四节　城西佛寺考述 ····················································· (334)
　　第五节　城北寺庙考述 ····················································· (352)

余论 ·················································································· (356)

参考文献 ··········································································· (358)

人名索引 ··········································································· (368)

后记 ·················································································· (374)

# 序

  袁洪流是湖北黄梅人，黄梅因禅宗的四祖寺、五祖寺而著名，身为黄梅人，洪流选择佛教典籍来研究似乎有一种地缘原因。我对洪流的认识首先来自他的硕士导师——湖北大学的何新文教授。新文是我的大学同学，几十年来我们一直保持着非常深厚的友情。因为同城关系，我们俩各自指导的研究生若举行学位论文答辩会，常常互请对方来做"座师"。新文曾极力向我推荐洪流。洪流是何老师2000级古代文学专业硕士，2003年按时毕业，其学位论文是《王粲思想与艺术简论》，写得不错。他获得硕士学位后，从2004年起就在贵州民族大学（前身是贵州民族学院）任教。在何老师印象中，洪流尊师重道，为人诚恳友善，有个性，追求上进。他聪明好学，基础较好，文字表达能力较强。2009年他考取我的博士研究生后，这些优点也一再被证实。

  我指导研究生学位论文的选题一般采用三种方式：其一，根据研究生的研究兴趣和研究基础，师生共同商定，这种情况比例稍微大一些，如曾军的博士学位论文《义理与考据——清中期〈礼记〉诠释的两种策略》（岳麓书社2009年版）、桑大鹏的博士学位论文《三种〈华严〉及其经典阐释研究》（华中师范大学出版社2007年版）；其二，由我指定选题，当然也要考虑研究生的兴趣和基础，这种情况也比较多，如盛莉的博士学位论文《〈太平广记〉仙类小说类目及其编纂研究》（中国社会科学出版社2010年版）；其三，研究生自选，这种情况相对较少。我一般尊重博士研究生的选题，因为作为博士生，理应有独立展开学术研究的能力。袁洪流的博士学位论文选题就属于第三种方式。

我之所以同意洪流选择《〈洛阳伽蓝记〉研究》来作为其博士学位论文选题，是因为《洛阳伽蓝记》这部典籍在佛教史或古典文献学史上确实是一部重要的经典，北朝佛教之兴盛从此书可见端倪，因此，值得深入研究。大家知道，谈起南北朝时期北朝人的著述，有所谓"北朝三书"的说法，"三书"——《水经注》、《洛阳伽蓝记》和《颜氏家训》。"三书"很重要，原因在于北朝人流传至今的著述不多，除了"三书"外，还有"两书"也很重要，即《魏书》和《齐民要术》。"三书"中，《水经注》与《洛阳伽蓝记》两书性质相近，《四库全书》均收入史部地理类。《水经注》与《洛阳伽蓝记》两书的文学价值也类似，受到历代学者的高度肯定，如四库馆臣评价《洛阳伽蓝记》时说："其文秾丽秀逸，烦而不厌，可与郦道元《水经注》肩随。"（《四库全书总目》卷七十《洛阳伽蓝记提要》）刘节先生在《中国史学史稿》一书里专门例举分析了这两本书的文学性。[1] 周祖谟先生也指出，杨衒之"长于著述，叙事简洁，文笔隽秀，足与郦道元《水经注》媲美。既是地理书，又是一部史书，并且是一部极好的文学著作"。[2] 但是，我们发现，"三书"在后代受到的重视程度不一，《水经注》最热，早在清代已成为专门的学问。《颜氏家训》也因中国人重视家风家教的传统而被重视，今天讲述家风家教的人，几乎是"言必称《颜氏家训》"。比较而论，学

---

[1] 刘节：《中国史学史稿》，中州古籍出版社1982年版，第122—123页。
[2] （北魏）杨衒之撰，周祖谟校释：《洛阳伽蓝记校释·序》，中华书局2010年版，卷首第9页。

术界和读书界对于《洛阳伽蓝记》的关注度则相对薄弱一些。

《洛阳伽蓝记》这部著作虽然很重要，但要展开研究是很难的。因为《洛阳伽蓝记》所记载或描述的寺庙，作为实际的建筑物，随着北魏的迁都，在作者生活的年代大都已成废墟，到后代更是荡然无存了，也没有多少北魏文献可以佐证。甚至连该书作者的姓名是"杨衒之"还是"羊衒之"都存在争议，《魏书》与《北史》均无传。好在洪流能够克服重重困难，对这部典籍涉及的多方面问题进行了长期卓有成效的全面研究。读博期间，他也得到同门的热情帮助。博士毕业后，又不断对自己的博士学位论文加以修订，取得了不俗的成绩。为了让读者对洪流著作的内容和价值有所了解，我有必要对其书要点做简明的介绍。

该书主要有以下五个方面的特色。

其一，拓宽了《洛阳伽蓝记》的研究视野。以前研究《洛阳伽蓝记》的硕博论文，多从语言学、文学、园林学或建筑学的单一视角展开，本书则从古典文献学的角度全方位考察《洛阳伽蓝记》的作者生平、成书背景、人物、寺庙兴废等情况。

其二，作者的文献学功力较深。由于《洛阳伽蓝记》完成于元魏时期，现存可以考信的资料比较缺乏，需要深入地挖掘相关历史人物的生平资料。作者为了比勘洛阳寺庙的情况，着实花了很大功夫去点滴钩稽。从搜集资料到完成本书，洪流可谓苦心孤诣，最大限度地利用现存文献，使北魏的历史人物、寺庙资料充实起来。为了考查《洛阳伽蓝记》与前代洛阳地志的关系，作者多方辑佚相关文献。从《文选》李注、《后汉书》李注、《资治通鉴》胡注、《水经注》《北堂书钞》《艺文类聚》《初学记》《太平御览》等书中钩稽了相关资料，一一比勘，删繁去复，排比研究，探求《洛阳伽蓝记》的学术背景，成绩显著。

其三，研究方法得当。为了考证《洛阳伽蓝记》涉及的204位历史人物，作者首先引用大量的正史资料比勘，接着结合出土文献，从《汉魏南北朝墓志汇编》《新出魏晋南北朝墓志疏证》等书中发掘相关史料，考证其籍贯、生卒年月、主要事迹。另外，杨衒之还有一部《庙记》，已经散佚，零散资料由朱祖延先生钩稽出来①，但学界尚未充分利用朱先生的辑佚成果。本书就《庙记》现存的资料和《洛阳伽蓝记》比勘，研究二者之间的学术因缘，提出了可信的结论。

其四，有文献参考价值。作者全方位地对《洛阳伽蓝记》涉及的人物进行分类，分皇族、百官、庶民、僧侣和其他五个部分。若想了解北魏各阶层的情况，按照书后所附《人名索引》，寻找即得，以省研究者翻检之劳。又按照洛阳伽蓝的分布位置，分城内、城东、城南、城西、城北五个部分，比勘现存的四部文献，对每一寺庙进行深入研究，为我们了解北魏佛教情况提供了翔实可靠的文献资料。

其五，有一定的现实意义。由于北魏文献"不足征"的缘故，北朝历史研究相对于南朝稍显落寞。《洛阳伽蓝记》是研究拓跋鲜卑的重要文献，对该书的研究方兴未艾。中国作为一个多民族共生的古老国家，我们应该更多地关注兄弟民族的历史文献，加强民族团结。洪流现在民族大学任教，可以此书为出发点，对少数民族尤其是贵州少数民族的宗教史文献继续展开系统的研究。这也是我的一点期待。

我们总结归纳了洪流著作的优点或特色，并不意味着这本书没有缺点和问题，相反，缺点和问题一定不少。我们恳切希望学界同仁、专家对此书存在的种种缺陷不吝赐教。

在中国历史上，洛阳既是一个军事战略要地，又是一座很特别的文化古都，关于这座文化古都的兴衰有很多故事和记载，令人难以忘怀。杨衒之在《洛阳伽蓝记·序》里记述了北魏建立后佛教兴

---

① 朱祖延：《北魏佚书考》，中州古籍出版社1980年版；又收入《朱祖延集》，崇文书局2011年版。

盛之奢侈："王侯贵臣，弃象马如脱屣；庶士豪家，舍资财若遗迹。于是招提栉比，宝塔骈罗，争写天上之姿，竞摹山中之影。金刹与灵台比高，讲殿共阿房等壮，岂直木衣绨绣，土被朱紫而已哉！"但是随着北魏迁都邺城，洛阳旋即荒芜：

> 暨永熙多难，皇舆迁邺，诸寺僧尼，亦与时徙。至武定五年，岁在丁卯，余因行役，重览洛阳。城郭崩毁，宫室倾覆，寺观灰烬，庙塔丘墟。墙被蒿艾，巷罗荆棘，野兽穴于荒阶，山鸟巢于庭树。游儿牧竖，踯躅于九逵，农夫耕老，艺黍于双阙。始知《麦秀》之感，非独殷墟；《黍离》之悲，信哉周室！京城表里，凡有一千余寺，今日寥廓，钟声罕闻。恐后世无传，故撰斯记。①

每每读到杨衒之的这种"《麦秀》之感"和"《黍离》之悲"时，我就想起了李清照的父亲李格非在《洛阳名园记》中得出的结论：

> 洛阳处天下之中，挟殽、渑之阻，当秦陇之襟喉，而赵、魏之走集。盖四方必争之地也。天下常无事则已，有事则洛阳先受兵。予故尝曰："洛阳之盛衰者，天下治乱之候也。"方唐贞观、开元之间，公卿贵戚，开馆列第于东都者，号千有余邸。及其乱离，继以五季之酷，其池塘竹树，兵车蹂践，废而为丘墟；高亭大榭，烟火焚燎，化而为灰烬，与唐共灭而俱亡者，无余处矣。予故尝曰："园圃之废兴，洛阳盛衰之候也。"且天下之治乱候于洛阳之盛衰而知；洛阳之盛衰候于园圃之废兴而得。则《名园记》之作，予岂徒然哉。呜呼！公卿大夫方进于

---

① （北魏）杨衒之撰，周祖谟校释：《洛阳伽蓝记校释》，中华书局2010年版，卷首第24—25页。

朝，放乎以一己之私自为，而忘天下之治忽，欲退享此乐，得乎？唐之末路是已。①

从《洛阳伽蓝记》到《洛阳名园记》，从北魏洛阳寺庙的兴衰到唐宋洛阳名园的兴衰，这中间似乎隐藏着中国历史命运的某些"密码"，不能不引起我们的一些思考。当然，这仅仅是我个人的一点联想，愿与有兴趣的读者分享。

是为序。

张三夕

2019 年 10 月 16 日

于武昌大华寓所

---

① 李格非：《洛阳名园记》，《全宋笔记》（第三编）本，大象出版社 2008 年版，第一册，第 172—173 页。

# 内容摘要

《洛阳伽蓝记》是北朝时期一部重要的文献，本文运用文献学考证的方法来研究杨衒之的《洛阳伽蓝记》。本文在四个方面对《洛阳伽蓝记》进行了考证，主体部分为四章。

一、考察《洛阳伽蓝记》作者杨衒之的姓氏、籍贯和生平仕履。杨衒之的姓氏问题，学界聚讼纷纭，本文梳理了学界的主流意见，结合《洛阳伽蓝记》的文本避讳问题认为杨衒之当姓阳；根据史志、地志文献，推定杨衒之当为北魏平州北平（今河北保定）人。根据杨衒之任奉朝请的时间，推定他生于北魏永平二年（509）前后，其任奉朝请时间当为永安二年至三年（529—530），其与胡孝世登永宁寺塔的时间当为永安元年至永熙三年（528—534），且其间与菩提达摩有交往；任期城太守的时间当为元象元年（538）以前；任抚军府司马的时间当为武定五年（547）；任秘书监的时间当为武定六年至七年（548—549）。

二、结合有关史料，考证《洛阳伽蓝记》的成书背景。主要结合《魏书·释老志》及《洛阳伽蓝记》文本考察北魏统治者和民众对佛教的虔诚程度，着重探析了北魏举国上下之所以大力兴建伽蓝的原因：此即《洛阳伽蓝记》创作的历史背景。作者认为京都大赋的影响，主要有两点：中原正统的意识和美讽兼有的主旨，这些即是《洛阳伽蓝记》创作的文学背景。论文还从类书和古注中广泛钩稽了业已散佚的洛阳地志的文献材料，考察北魏时期创作的情况，探析杨衒之创作《洛阳伽蓝记》的学术背景。论文还着重将杨衒之创作的《庙记》和《洛阳伽蓝记》进行对比研究，从四个方面分析了《庙记》与《洛阳伽蓝记》之间的亲缘关系，从而全面分析杨衒之的成书背景。

三、《洛阳伽蓝记》人物考述。论文将《洛阳伽蓝记》所载的人物逐一与正史比勘，按照百官、皇族、庶民、僧侣、其他人物这五个分类标准，共计204人，着重考察了《洛阳伽蓝记》所涉及的人物生卒年月、籍贯和生平经历；考察其与正史、出土文献之间的异同，判断《洛阳伽蓝记》补正史之不足的文献价值。

四、《洛阳伽蓝记》佛寺考述。论文按城内佛寺、城东佛寺、城南佛寺、城西佛寺和城北佛寺这五类进行考述，共计44座，将其他文献中所记述的佛寺资料进行搜集、整理、标点，对比《洛阳伽蓝记》与其他文献对于相同佛寺记述的不同，判断《洛阳伽蓝记》一书在佛教史、建筑史上的文献价值。

# 绪　论

　　《洛阳伽蓝记》是我国北魏时期一部以记载洛阳寺庙为纲，具有极高的文化与文学价值的文献，是与郦道元《水经注》、颜之推《颜氏家训》相媲美的北朝三部杰作之一，在历史、地理、文学、佛教方面都具有很高的研究价值。近代以来，《洛阳伽蓝记》及其作者杨衒之逐渐成为学界关注的热点问题。

## 一　研究现状

　　近代以来，《洛阳伽蓝记》的研究大致分为三个阶段：1949年中华人民共和国成立前为第一阶段，重在对《伽蓝记》进行版本校勘、人物注释与史事考证。20世纪上半叶，对《伽蓝记》进行全面整理的，是民国4年（1915）北平唐晏撰写的《洛阳伽蓝记钩沉》，该书以吴若准《集证》本为底本，仿《水经注》例，凡书中出现人物，考订其大概。民国19年（1930）海宁张宗祥综合诸家版本，校以《太平御览》《太平广记》《法苑珠林》《太平寰宇记》《水经注》《文选》（李善注）、《开元释教录》《魏书》等现存文献，作《洛阳伽蓝记合校》，然亦有讹夺之处。民国26年（1937），吴兴周延年撰《洛阳伽蓝记注》，该书依唐晏《钩沉》本次第，对《洛阳伽蓝记》

加以全面注释。专题论文方面，1939年陈寅恪发表了《读〈洛阳伽蓝记〉书后》(《历史语言研究所集刊》第8本第2分册)；1943年孙次舟发表《洛阳伽蓝记子注释例》(《金陵女大集刊》第1辑)；1944年郑骞撰写了《洛阳伽蓝记丛考》，该书后更名为《洛阳伽蓝记丛谈》，收入其《景午丛编》一书中。

  中华人民共和国成立后至改革开放前为第二个阶段，由于受当时政治大气候及《洛阳伽蓝记》涉及的题材敏感等问题所限，《洛阳伽蓝记》研究显得相对沉寂，一些观点显得相对保守。但在《洛阳伽蓝记》文献整理和校注方面成绩不菲。范祥雍的《洛阳伽蓝记校注》和周祖谟的《洛阳伽蓝记校释》是两种有广泛影响的校注整理本。周著长于佛典训释，言简意赅，初步划分正文和子注，有开拓之功；范著校勘精审，注释详明，颇便于研读。论文方面，黄公渚发表了《洛阳伽蓝记的现实意义》，介绍了《洛阳伽蓝记》产生的现实基础、内容、艺术性及其价值，杨衒之生平及其思想，分析较为深刻和全面。范祥雍《洛阳伽蓝记校注·序》用了2万余字，分析了《伽蓝记》与北魏佛教的关系，介绍了杨衒之与《洛阳伽蓝记》及其评价。值得一提的是，已故南京大学教授管雄先生的《洛阳伽蓝记疏证》5卷，该书三十余万言，据张伯伟先生讲，该书是管先生的大学毕业论文成果。陈延杰曾评价此疏证"体例最为完善，材料极富，并根据学理，非凿空者可比"。可惜"文革"中被付之一炬，但管先生的《洛阳伽蓝记》研究资料为张伯伟先生所得，曹虹教授注《洛阳伽蓝记》时借鉴较多，可见其为吉光片羽，弥足珍贵。

  第三个阶段是改革开放以来的40余年，《洛阳伽蓝记》研究领域主要集中在以下八个方面。

  1.《洛阳伽蓝记》作者之姓氏籍贯与生平经历

  关于《洛阳伽蓝记》作者的姓氏问题，主要有以下几种看法：清人李文田，今人余嘉锡、詹秀惠、王建国、范祥雍、刘跃进等认为衒之当姓杨；清人周延年、郑骞，今人周祖谟、黄公渚、王仲荦、范子烨、周子美、刘重来、刘波、曹虹、金大珍等力主其为阳姓。

衒之的籍贯，《广弘明集》只交代其为"北平人"。但据魏收《魏书·地形志》所载，元魏时有2个北平郡：一属定州，一属平州。主"杨"姓说者，大多倾向于认为衒之属定州之北平；主"阳"姓说者，则多倾向于衒之属于平州之北平。

衒之的生平，学界一般认为，衒之曾任北魏奉朝请、期城太守以及抚军府司马和秘书监四个官职。衒之任秘书监，曹道衡据北魏史实认为其说很不可信。关于衒之的卒年，严可均定为北齐文宣帝天保（550—559）中期，而范子烨则定为武定八年（550）前后，但缺乏有力佐证。

《洛阳伽蓝记》成书的时间一般定在武定五年（547）。

2.《洛阳伽蓝记》的版本、笺注及文体问题

版本方面，罗晃潮的《〈洛阳伽蓝记〉版本述考》，张翠萍、陈志伟的《〈洛阳伽蓝记〉版本考释》总体论述了《洛阳伽蓝记》版本的源流。吴晶《〈说郛〉本〈洛阳伽蓝记〉的版本价值》、陈倩《李葆恂手校〈洛阳伽蓝记〉之价值》则介绍了我们研究《洛阳伽蓝记》应该注意的版本。

关于《洛阳伽蓝记》的文体问题是20世纪以来学界关注的一个重要问题。唐刘知几《史通》即称此书的文体为"定彼榛楛，列为子注"，认为杨衒之曾自为子注。大概至宋时，流传的版本即把正文与子注混在一起，不加以分别。故自清以后很多学者致力于区分正文和子注，如吴若准《集证》、唐晏《钩沉》、周祖谟《校释》、杨勇《校笺》，都作了一些有益的探索。但也有学者主张在未找到更古的《洛阳伽蓝记》本子时不宜强行分别。范祥雍《校注》本即未作区分，这也显示了老一辈学者治学态度的审慎。

在笺注方面，一些学者也提出了不同的看法，如王建国针对周、

范、杨等书未注出的词语拾遗补阙，如对"火凤舞""绿水歌""白马寺经函""《大乘义章》""弹指""拔陀""石关""白马寺"等前贤未充分揭橥之处考证补苴，阐幽发微（《〈洛阳伽蓝记〉丛考》）。化振红的《〈洛阳伽蓝记校注〉疑误商榷》、舒昌勇的《〈洛阳伽蓝记校注〉史实异议》、谭代龙的《〈洛阳伽蓝记校注〉的一处断句失误》《〈洛阳伽蓝记校注〉标点献疑》等文则对范祥雍先生的《校注》失误之处作了纠谬补正。而周一良先生《〈洛阳伽蓝记〉的几条补注》则针对范祥雍、周祖谟书中个别疏忽之处作了纠正。

《洛阳伽蓝记》文体渊源的问题，陈寅恪在《读〈洛阳伽蓝记〉书后》《支愍度学说考》二文中对这一问题进行了发覆，认为此种新文体源于六朝时期的"合本子注"体佛学著作，同时它也是当时学林流行的"和本子注"体著作的具体体现。近来有些学者提出了不同的看法，如吴晶就认为陈寅恪的"合本子注"说仅适用于《伽蓝记》中的部分章节（如卷5录《惠生行纪》时兼引《道荣传》和《宋云家纪》部分，以及书中类似史书论赞的"衒之案"），整体上并非"合本子注"体。[1] 范子烨则认为《洛阳伽蓝记》虽说是直接受到六朝时"合本子注"佛书体例的影响，进一步溯源，其渊源所自，乃中国传统文化中的史官文化和经学训诂。六朝时名僧盛行"格义"之风，使中国传统文化中的"合本子注"现象步入佛学廊庑，并在其中不断升华，进而为衒之提供了一个良好的参照模式。[2]

3. 杨衒之的思想和《洛阳伽蓝记》创作的主旨

杨衒之《洛阳伽蓝记》的创作主旨问题也是学界关注的问题，认为《洛阳伽蓝记》寄托了作者故国之思，这一点学界达成了共识；而杨衒之对于佛教之态度，则聚讼纷纭。一种意见认为《洛阳伽蓝

---

[1] 吴晶：《〈洛阳伽蓝记〉概说》，《古典文学知识》2010年第2期。
[2] 范子烨：《〈洛阳伽蓝记〉的体例渊源及其与名僧"格义"的关系》，《北方论丛》1996年第5期。

记》的宗旨是为了排佛，如侯外庐、黄公渚、范祥雍等均赞同此说。另一种意见则认为《洛阳伽蓝记》并没有表达杨衒之反佛的意思，如罗根泽、曹道衡、曹虹等。调和两者之间的，则有方宜《〈洛阳伽蓝记〉之佛教观探微》，认为衒之对佛教灵异事件详加描述，无不透露出他对佛教神秘力量的肯定，郁结着浓厚的佛教情结；而作者在现实中却是排佛的，他以国计民生为重，描述佛教灵异事件是对统治者佞佛迷梦的警醒。

4. 《洛阳伽蓝记》的史学价值

关于《洛阳伽蓝记》的史学价值，20 世纪以来史学界关注较多。首先，在史学理论方面，台湾学者何寄澎认为杨衒之是在一份浓厚的历史、宗国感情的驱策下创作《洛阳伽蓝记》的，其撰作的真实用意是要保存这一段"信史"。王美秀则指出杨衒之身处民族矛盾激烈冲突的时代，杨衒之的著作涉及对汉人文化的认同问题，具有较高的历史价值。尹福佺则认为中国著史向来以编年、纪传以及纪事本末这三种体式为主，衒之则采用以佛录史的方式，把佛教和历史结合起来，从多角度记录了北魏王朝的兴衰成败。白翠琴认为该书记述丰富，可信度高，史料弥足珍贵，其中不少史料可补《魏书》之不足，并为《资治通鉴》所采用。

5. 《洛阳伽蓝记》与佛教

在佛教史研究领域，《洛阳伽蓝记》也广受关注。如王建国在《〈洛阳伽蓝记〉与北魏洛阳的佛教文化》中探讨了北魏洛阳佛教的发展状况，洛阳大伽蓝的地理分布及建筑特色、洛阳佛教的兴废和北魏政治的关系、佛教风俗对洛阳社会生活的影响、北魏洛阳的佛教文化交流。潘桂明《〈洛阳伽蓝记〉与北魏佛教》则根据《洛阳伽蓝记》一书中所记载的大量有关佛教事迹，勾画了佛教在魏都洛阳如何发展、繁盛的情景。卢宁《由〈洛阳伽蓝记〉看北魏的中原法化》则从《洛阳伽蓝记》保存的有关教法流播、民俗风情以及建筑、园林等大量资料中细致分析，认为北魏皇室推行的汉化政策和佛教法化对以洛阳为中心的中原产生了重大影响。

6. 《洛阳伽蓝记》与建筑和园林艺术研究

《洛阳伽蓝记》以伽蓝为叙述中心，记述洛阳的建筑规制，层次明晰，条理井然，是研究元魏城市、园林、建筑规划的宝贵资料。薛瑞泽《读〈洛阳伽蓝记〉论北魏洛阳的寺院园林》、陈昊雯《由〈洛阳伽蓝记〉谈北魏寺庙布局的特点》等文分析了洛阳园林的建筑特色和寺庙、佛塔的布局形式。马娜《从〈洛阳伽蓝记〉论北魏洛阳城市佛寺园林》一文则分析了元魏洛阳佛寺园林的文化特色、形制特征以及对后世园林的历史影响。

7. 《洛阳伽蓝记》的文学成就

《洛阳伽蓝记》在文学方面也有很高的成就。由于传统的文学史在记述南北朝文学时多重南轻北，《洛阳伽蓝记》也被搁置一旁，缺少应有的重视。直至20世纪80年代，其文学价值才逐渐得到学界的关注。

在辞赋方面，曹虹的《洛阳伽蓝记与汉晋辞赋传统》认为衒之的辞赋观应是审美性和真实性的统一；在《洛阳伽蓝记》与辞赋的关系上，她认为京都大赋与《洛阳伽蓝记》的中原正统意识、"侈丽闳衍"的赋风与《洛阳伽蓝记》的都城图景有某种联系。可能受曹文的影响，王柳芳认为《洛阳伽蓝记》与京都赋同属表现帝京空间之美的作品，它对京都赋多有借鉴，描绘景物多为四字句，整饬典丽，又运用赋笔铺叙物产之丰饶，具有夸炫特色。京都赋的大一统思想、颂美、讽谏之旨及主客问答的模式，也为衒之所继承。孟光全则对《洛阳伽蓝记》收录的姜质的《庭山赋》作了评析，认为它对考量北朝的文化背景和文学活动有重要意义。

在艺术手法方面，曹虹的《〈洛阳伽蓝记〉新探》认为其"熔史笔与文采于一炉"的手法不可多得。台湾学者林文月《〈洛阳伽蓝记》

的冷笔和热笔》认为，衔之以冷笔写空间，以热笔写时间，冷热交织，遂令这部书永垂不朽。林晋士的《洛阳伽蓝记在文学史上的价值》则对《洛阳伽蓝记》文学史价值作了全面研究，认为该书在中国散文史和小说发展史上应有一席之地，单就文学史料而言，《洛阳伽蓝记》保存了大量的古籍佚文与俗谚歌谣，其价值就值得我们重视。

在小说方面，周建江《〈洛阳伽蓝记〉的小说史地位》一文认为《洛阳伽蓝记》既是对魏晋南北朝小说的继承与总结，又下开唐宋传奇的叙述范式。韩国学者成润叔认为《洛阳伽蓝记》已符合小说演进中的各种特质，譬如题材由志人、志怪演为四类，明显地看出其超越六朝小说题材的地方；再如艺术手法由缺乏结构主题，到结构曲折、主题繁富；文字由单纯叙述到有叙述有描写，间杂俗语、对话；文采由朴质记录到骈散并行、修饰烘托。这一切都使衔之小说成为介乎六朝残丛小语与唐传奇的过渡形态。

8.《洛阳伽蓝记》的中古语言学价值

《洛阳伽蓝记》作为北魏时期现存为数不多的语料之一，保存了大量的中古新生语词，因此《洛阳伽蓝记》具有极高的语言学研究价值。《洛阳伽蓝记》语言学研究的论文有：薄守生关于复音词、单纯词、并列合成词的研究，牛太清关于双音新词的研究，萧红关于结果补语、判断句式的研究，蒋绍愚关于"已""竟""讫""毕"虚词的研究，李莎莉关于名量词的研究等，是其中较为重要的论文，而董志翘《试论〈洛阳伽蓝记〉在中古汉语词汇史研究上的语料价值》则认为《洛阳伽蓝记》的语料价值体现在其中出现了大量中古时期的新词、新义和突出地反映了一些常用词在中古时期的变迁交替现象。

值得一提的是，语言学方面大陆出现了3篇博士学位论文。四川大学化振红的博士学位论文《〈洛阳伽蓝记〉词汇研究》着重探讨了佛教词语中土化过程中所起的作用及《洛阳伽蓝记》词汇系统中三个比较独特的词汇现象。山东大学张悦的博士学位论文《从

〈三国志〉、〈洛阳伽蓝记〉、〈水经注〉看魏晋南北朝汉语双音合成词的发展及演变》则立足于语言文献的比较研究,分析魏晋南北朝双音词的演变过程。南京大学萧红的博士学位论文《〈洛阳伽蓝记〉的句法研究》则详细分析了该书的句法特点。

值得注意的是,中国台港澳地区及国外的《洛阳伽蓝记》研究也不断深入。港台地区《洛阳伽蓝记》整理版本值得我们重视,如徐高阮精校的《重刊洛阳伽蓝记》、田素兰的《洛阳伽蓝记注》、香港中文大学杨勇的《洛阳伽蓝记校笺》这三部著作,体现了台港学界校勘、注释《洛阳伽蓝记》的学术成果。值得一提的是,杨勇的《洛阳伽蓝记校笺》则试图按照杨衒之著书体例以大小字体区分正文和子注,是一种大胆的尝试,然也引起了一些学者的异议。此外,专题论文研究方面,台湾徐高阮的《〈洛阳伽蓝记〉补注体例辨》、詹秀惠的《〈洛阳伽蓝记〉的作者与成书年代》和《杨衒之与禅》、易毅成的《〈洛阳伽蓝记〉的著述理念及方式》、林晋士的《〈洛阳伽蓝记〉在文学史上之价值》、粟子菁的《〈洛阳伽蓝记〉中的智慧老人》、林文月的《〈洛阳伽蓝记〉的冷笔与热笔》、李奕德的《从杨衒之著〈洛阳伽蓝记〉论北魏时人的文化认同》、王伊同的《〈洛阳伽蓝记〉札记兼评周祖谟〈校释〉》《诠译〈洛阳伽蓝记〉志余》等论文,角度新颖,视野新奇,在学术界产生了一定的影响。研究专著方面,台湾学者王文进的《洛阳伽蓝记——净土上的烽烟》和王美秀的《历史,空间,身份:〈洛阳伽蓝记〉的文化论述》值得我们重视。学位论文方面,台湾大学魏采如的硕士学位论文《〈洛阳伽蓝记〉之时空叙事与记忆认同》、云林科技大学黄浩彬的硕士学位论文《〈洛阳伽蓝记〉中的人物形象研究》、香港大学叶永恒的硕士学位论文《从洛阳伽蓝记研究北魏后期(A.D. 493-534)的政治,社会,经济与佛教》也值得我们注意。

在国外,《洛阳伽蓝记》的研究也方兴未艾,日本出现了两种版本：《大正新修大藏经》本《洛阳伽蓝记》、日本学者入矢义高以周祖谟《洛阳伽蓝记校释》本为依据译注的《洛阳伽蓝记》（平凡社1974年版）。日本研究论文方面尚有入矢义高的《洛阳伽蓝记抄》以及神田喜一郎的《洛阳伽蓝记劄记》等。在欧美，有两部关于《洛阳伽蓝记》的译著值得我们关注，一是英国学者詹纳尔（W. J. F. Jenner）译注的《洛阳之忆：杨衒之和毁弃的京城（493—534）》（克莱林顿出版社和牛津大学出版社1981年版）。[①] 二是美国华裔学者王伊同（Yi-tung Wang）的译本《洛阳伽蓝记》（普林斯顿大学出版社1984年版）[②]。《洛阳伽蓝记》的研究领域业已扩及全球。[③]

## 二 研究的对象与方法

截止到2019年4月，关于《洛阳伽蓝记》研究方面的论文在中国期刊网上能搜索到的有192篇，除出现了一些具有较高水准的学术论文以外，大多停留在知识性介绍和概述这一层面上，缺乏系统、全面和深入的文献学研究。就学位论文研究现状而言，大陆有近30篇硕士学位论文，其中16篇集中在语言学研究方面，1篇是考古学方面，只有4篇涉及文学和整体研究，但深度和广度方面则略显不足。有4篇博士学位论文，其中3篇涉及语言学方面，另1篇则涉及北魏洛阳城市风貌。台湾有5篇硕士学位论文，较大陆的硕士学位论文研究要厚重些，而博士学位论文则暂付阙如，因此《洛阳伽蓝记》还存在一定的研究空间。本文拟从文献学角度进一步推进

---

[①] W. J. F. Jenner, *Memories of Loyang: Yang Hsuan-chih and the Lost Capital（493—534）*, Oxford: Clarendon Press, 1981.

[②] Yi-tung Wang, *A Record of Buddhist Monasteries in Lo-yang*, Princeton: Princeton University Press, 1984.

[③] 主要参考了王建国《20世纪以来〈洛阳伽蓝记〉研究的回顾与展望》，《武汉大学学报》2008年第6期。

《洛阳伽蓝记》的研究：

首先，梳理学界关于杨衒之姓氏问题的各种观点，结合文本给出一个科学的结论。厘清杨衒之任奉朝请、期城太守、抚军府司马、秘书监四个时期的时间和经历，考证杨衒之一生的主要经历。

其次，结合杨衒之所处的时代情况，分析其创作《洛阳伽蓝记》的成书背景。

再次，结合《魏书》《北史》以及出土文献等，全面考证《洛阳伽蓝记》一书所涉及人物的姓氏籍贯、生卒年月、生平情况；比勘《洛阳伽蓝记》与正史记载的异同，判断其实际情况，从而评价《洛阳伽蓝记》独特的文献价值。

最后，广泛钩稽《洛阳伽蓝记》中所提到的重要寺庙的相关资料，以寺名为关键词，考证其所处方位、建筑情况和与之有联系的重要人事，以期准确了解北魏洛阳寺庙的情况，为研究北魏佛教提供基本的文献资料。

# 第一章 杨衒之生平考略

杨衒之的《洛阳伽蓝记》是我国南北朝时期的一部杰作，与郦道元的《水经注》、颜之推的《颜氏家训》并称"北朝三书"，是北朝流传到现在的重要文献之一。《洛阳伽蓝记》以北魏都城洛阳伽蓝的兴废为主要内容，记述了当时的政治、人物、风俗、地理以及相关的故事传闻，在历史、地理、佛教、交通、文学等方面都具有较高的文献价值。《洛阳伽蓝记》闻名于世，但由于年代久远，作者杨衒之史无专传，其名仅在一些古代文献中零星出现。现钩稽关于杨衒之的一些资料，考察其姓氏籍贯和生平经历。

## 第一节 姓氏籍贯考

### 一 姓氏考

杨衒之的姓氏，自隋朝以来，各种著作所记，有四种说法："杨"姓说、"阳"姓说、"羊"姓说和"扬"姓说，最为纷杂。

1. "杨"姓说

历代文献著录情况如下：

《历代三宝纪》卷9："《洛阳地伽蓝记》或为一大卷五卷，右一部五卷，期城郡太守杨衒之撰。"①

《广弘明集》卷6《叙列代王臣滞惑解》："杨衒之，北平人。"②

《法苑珠林》卷100《传记篇》："《洛阳地伽蓝记》一部五卷。右元魏邺都期城郡守杨衒之撰。"③

《隋书·经籍志》："《洛阳伽蓝记》五卷，后魏杨衒之撰。"④

宋本《太平御览·经史图书纲目》："杨衒之《洛阳伽蓝记》。"⑤

《景德传灯录》卷3《菩提达磨传》："有期城太守杨衒之早慕佛乘……"⑥

《宋史·艺文志》："杨衒之《洛阳伽蓝记》三卷。"⑦

按：从现存著录《洛阳伽蓝记》的文献看，隋代费长房"杨"姓说的提法最早，多部正史都著录为"杨"姓，值得我们重视。

2. "阳"姓说，

历代著录文献如下：

---

① （隋）费长房：《历代三宝纪》，《佛藏》本，上海书店出版社2011年版，第52册，第700页。
② （南朝梁）释僧祐：《广弘明集》，《四部丛刊》初编本，上海商务印书馆1922年版，第73页。
③ 周叔迦、苏晋仁校注：《法苑珠林校注》，中华书局2003年版，第2877—2878页。
④ （唐）魏征：《隋书》，中华书局1973年版，第984页。
⑤ （宋）李昉：《太平御览》，中华书局1960年版，《引书目》第11页。
⑥ （宋）释道原：《景德传灯录》，《日本五山版汉籍善本集刊》本，西南师范大学出版社、人民出版社2012年版，第7册，第327页。
⑦ （元）脱脱：《宋史》，中华书局1977年版，第5152页。

# 第一章　杨衒之生平考略

《四库全书》本《太平御览·经史图书纲目》："阳衒之《洛阳伽蓝记》。"①

《旧唐书·经籍志》地理类："《洛阳伽蓝记》五卷，阳衒之撰。"②

《新唐书·艺文志三》："阳衒之《洛阳伽蓝记》五卷。"③

按："阳"姓说自五代开始提出，其影响稍逊于"杨"姓说。

3."羊"姓说

历代著录文献如下：

《史通·补注》："羊衒之《洛阳伽蓝记》。"④

《郡斋读书志·地里类》："《洛阳伽蓝记》，右元魏羊衒之撰。"⑤

《绀珠集》卷四："《洛阳伽蓝记》，羊衒之。"⑥

按：关于"羊"姓说，《四库全书总目提要》云："刘知幾《史通》作'羊衒之'，晁公武《读书志》亦同，……疑《史通》误也。"周祖谟亦云："至如刘知几《史通·补注篇》作羊衒之者，羊为泰山姓氏，望非北平，当为传写之误。"⑦ 故"羊"姓说不为学界所接受。

---

① （宋）李昉：《太平御览》，影印文渊阁四库全书本，台湾商务印书馆1983年版。
② （后晋）刘昫：《旧唐书》，中华书局1975年版，第2014页。
③ （宋）欧阳修：《新唐书》，中华书局1975年版，第1525页。
④ （唐）刘知几著，（清）浦起龙通释：《史通通释》，上海古籍出版社1978年版，第132页。
⑤ （宋）晁公武撰，孙猛校证：《郡斋读书志校证》，上海古籍出版社1990年版，第349页。
⑥ （宋）朱胜非：《绀珠集》，影印文渊阁《四库全书》本，台湾商务印书馆1983年版，第872册，第338页。
⑦ （北魏）杨衒之撰，周祖谟校释：《洛阳伽蓝记校释·序》，中华书局2010年版，第20页。

13

4."扬"姓说

历代著录文献如下：

《大唐内典录》卷4："《洛阳地伽蓝记》五卷或为一大卷，右斯城郡守扬衒之撰。"①

《宝林传》卷8："时有期城太守扬衒之问大师曰……"②

按：关于"扬"姓说，最早见于《大唐内典录》，但卷4前一处又曰"期城郡守杨衒之，一部五卷记"③，同一本书却有两种记载，"扬"姓之说值得怀疑，很可能是手民刊刻之误，故学界多不采信。

综合学术界对衒之姓氏的争议，主要集中在"杨"姓说和"阳"姓说两个方面。关于"阳"姓说，最早发表这一观点的是近代学者周延年，他在《杨衒之事实考》中说：

抑元魏之时，门阀方盛，衒之殆亦名家子弟。详考《北史》及《魏书》，杨氏达者无北平籍，而《魏书·阳固传》："固字敬安，北平无终人，有三子，长休之，次诠，三未详。"《北史·固传》称有五子，长子休之传云："弟缤之，次俊之。"与衒之名字排行颇为相近。休之且长文学，为史官，有声当时，则北平之阳氏得以文章传家，已可概见。衒之若果为阳姓，其为休之之弟及族昆弟，必无疑矣。④

---

① （唐）释道宣：《大唐内典录》，《佛藏》本，上海书店出版社2011年版，第52册，第700页。按："斯"当为"期"。
② 转引自侯娟颖《〈洛阳伽蓝记〉文学研究》，硕士学位论文，南京师范大学，2011年，第23页。
③ （唐）释道宣：《大唐内典录》，《佛藏》本，上海书店出版社2011年版，第52册，第697页。
④ （北魏）杨衒之撰，范祥雍校注：《洛阳伽蓝记校注》，上海古籍出版社1978年版，第355页。

第一章　杨衒之生平考略

周延年先生下的结论留有余地，但此论得到很多学者的支持，黄公渚引用周延年这段话论定"衒之可能为休之兄弟行"。并认为"道宣为唐时高僧，所言当可信，则作杨羊的是传写之误"。①按照北平阳氏为文学望族这一思路，周祖谟先生就认为：

考北朝以文学通显者皆北平阳氏，如阳尼、阳固并是。至于杨氏，则未之见。《魏书》卷七十二《杨尼传》云："尼字景文，北平无终人。从孙固，字敬安，有三子，长休之，休之弟诠之，字子衡。"《北史》卷四十七称固有五子，长休之，休之弟缋之，次俊之。此皆以"之"为名，颇疑衒之姓阳，且与休之同行辈。复考《北齐书》卷四十二《阳休之传》云："休之，字子烈，魏孝庄帝立，解褐员外散骑侍郎"；而本书卷一云："永安中庄帝马射于华林园，衒之时为奉朝请"；以史称休之卒于隋开皇二年，年七十四推之，庄帝永安元年休之释褐为员外散骑侍郎，时年二十一，是时衒之方为奉朝请，盖亦初登仕版，年方弱冠者，则其与休之为同辈，益可信矣。②

周祖谟通过考订阳休之释褐员外散骑侍郎与衒之为奉朝请的年龄相当，推断衒之与阳休之同辈，进而认定衒之应姓"阳"。已故南京大学教授管雄先生也推断："我们根据《北史》各传的姓氏和郡望来考察，北平阳氏、弘农杨氏与太山羊氏，世系不同，源流各异，衒之既籍北平，则姓阳的可能性为最大"，"杨和羊，都是传写之误"，"衒之很可能就是休之的兄弟行"。并在论述时采用"阳衒之"的姓名。③范子烨则根据"北平阳氏文章世家，学风极盛"以及北朝讲究门第这

---

① 黄公渚：《洛阳伽蓝记的现实意义》，《文史哲》1956年第11期。
② （北魏）杨衒之撰，周祖谟校释：《洛阳伽蓝记校释》，中华书局2010年版，第19—20页。
③ 管雄：《魏晋南北朝文学史论》，南京大学出版社1998年版，第277页。

15

两个事实，认为"杨氏为北朝著姓，但杨氏之显达者无北平籍。南北朝选举重视门第高下及氏族所出，如《北齐书》卷42《阳休之传》云：'休之多识故事，谙悉氏族，凡所选用，莫不才地俱允。'从衒之的履历来看，他应当属于北平阳氏，故其姓是'阳'，而非'杨'。"①

然自周延年提倡"阳"姓说以来，不少学者提出异议。范祥雍就认为：

  周氏（按：即周延年）之说固自有理，但各书多作杨，《新唐书》及《元河南志》之阳疑亦是杨字之讹（周氏所引《广弘明集》作阳，但查嘉兴藏本《广弘明集》亦作杨）。即或不误，孤证只字，究难确信。因仍旧作杨，录周说以存考。②

范先生用书证否定"阳"姓说。刘跃进也认为"最通行的还是作'杨衒之'，这可以从《洛阳伽蓝记》书中作者自书及《历代三宝记》、《隋书·经籍志》的著录得到证实"。③ 王建国也认为："'阳'姓说固然有其道理，然而，仅据籍贯和门风推论《伽蓝记》作者为阳氏，未免是失之于武断。从内证、外证以及现存的隋唐文献著录等方面对比分析，'杨'姓说比'阳'姓说更为可靠。"④

关于衒之姓氏的两种说法各有道理，在这里，补充一种证据：即根据《洛阳伽蓝记》的文本避讳来考察衒之的姓氏。在范祥雍《洛阳伽蓝记校注》中"固"字仅出现过一次，即常景的《汭颂》中："四险之地，六达之庄，恃德则固，失道则亡。"还有一处异文

---

  ① 范子烨：《论杨衒之及其〈洛阳伽蓝记〉的创作主旨》，《齐齐哈尔大学学报》1995年第3期。
  ② （北魏）杨衒之撰，范祥雍校注：《洛阳伽蓝记校注》，上海古籍出版社1978年版，第356页。
  ③ 刘跃进：《中古文学文献学》，江苏古籍出版社1997年版，第213页。
  ④ 王建国：《〈洛阳伽蓝记〉的作者及创作年代辩证》，《江汉论坛》2009年第10期。

第一章 杨衒之生平考略

值得我们重视,出现在《永宁寺》:"假获民地,本是荣物,若克城邑,绝非卿有,徒危宗国,以广寇仇","绝非卿有"这四个字,《资治通鉴》作"固非卿有",是不是杨衒之在这处故意避"阳固"的嫌名,则衒之为阳固的儿子,那么衒之则应姓"阳"。

## 二 籍贯考

关于杨衒之的籍贯,仅见于唐释道宣《广弘明集》卷6,记曰"北平人"。仅3个字,无法详考。然据《魏书·地形志》,元魏有两个"北平郡",一隶属定州,"孝昌中分中山置,治北平城","领县三:蒲阴、北平、望都"①,一隶属平州,"秦置,领县二:朝鲜、昌新"。②即一在今河北省满城一带,属定州;一在今河北省遵化一带,属平州;这也就造成了问题的纷扰。

王建国根据晋唐时期记载籍贯的惯例,一般采用"某人,××(郡)人"或"某人,××(郡)××(县)人"的形式,《广弘明集》称"杨衒之,北平人",这里的"北平"当指郡名而非县名。因此杨衒之的籍贯应是西晋时期的幽州北平郡。并进一步指出幽州是人文荟萃之地,出现了卢景裕、祖莹、阳休之、阳尼、阳固和郦道元等一大批文人和学者,"杨衒之就是在这样的文化背景下出现的"③。

曹道衡先生认为杨衒之的籍贯是平州的可能性要比定州大。唐燮军也认为:"相比较而言,平州北平郡为杨氏祖籍所在地的可能性,更大于在北魏孝明帝孝昌中(525—527)始自中山郡析出的定州北平郡。"④

曹道衡和唐燮军根据《魏书》中"北平"的地理沿革考订杨衒

---

① (北齐)魏收:《魏书》,中华书局1975年版,第2463—2464页。
② (北齐)魏收:《魏书》,中华书局1975年版,第2496—2497页。
③ 王建国:《〈洛阳伽蓝记〉的作者及创作年代辨证》,《江汉论坛》2009年第10期。
④ 唐燮军:《〈洛阳伽蓝记〉三题》,《史学史研究》2005年第1期。

17

之当属于定州的北平郡，论证合理，据此可以大体确定杨衒之的籍贯当为平州北平（今河北保定）人。

## 第二节 生平仕履考

据现有的史料记载，杨衒之先后曾任过北魏奉朝请、期城太守、抚军府司马和秘书监四个官职。现根据相关史料对这四个职务逐一考证如下。

### 一 奉朝请

杨衒之官北魏奉朝请一职见于《洛阳伽蓝记》"永宁寺"条：

> 柰林南有石碑一所，魏明帝所立也，题云："苗茨之碑。"高祖于碑北作苗茨堂。永安中，庄帝马射于华林园，百官皆来读碑，疑苗字误。国子博士李同轨曰："魏明英才，世称三祖，公幹、仲宣，为其羽翼，但未知本意如何，不得言误也。"衒之时为奉朝请，因即释曰："以蒿覆之，故言苗茨，何误之有？"众咸称善，以为得其旨归。[①]

文中衒之自称为奉朝请，我们需要考察北魏时任职奉朝请的情况，现摘录《魏书》如下：

> （高）昂，字明珍，有器尚。初除侍御史，拜奉朝请、员外散骑侍郎。[②]

---

[①] （北魏）杨衒之撰，周祖谟校释：《洛阳伽蓝记校释》，中华书局2010年版，第53页。
[②] （北齐）魏收：《魏书》，中华书局1975年版，第754页。

# 第一章　杨衒之生平考略

（谷）纂弟士恢，字绍达。少好琴书。初为世宗挽郎，除奉朝请。①

（薛）庆之，字庆警，颇以学业闻。解褐奉朝请。②

（韦）祉弟祯，有识干。起家奉朝请。③

（杜）遇，字庆期。起家奉朝请。④

（郑）仲衡弟辑之，解褐奉朝请。⑤

（裴）延俊从祖弟良，字元宾。起家奉朝请。⑥

（尔朱）彦伯性和厚，释褐奉朝请。⑦

（魏）子建，字敬忠。释褐奉朝请。⑧

按：古代诸侯春天朝见天子谓之"朝"，秋天朝见谓之"请"。汉代为笼络朝臣，对退职的大臣、将军和贵戚给以奉朝请的名义，使得参加朝会。晋朝则以奉车、驸马、骑三都尉为奉朝请。南朝安置闲散官员，奉朝请一度增至六百余人。北齐集书省也有奉朝请二百四十人。北周以奉朝请为文阶官，秩四命。杨衒之称自己"永安中"任奉朝请，永安（528—530）是北魏孝庄帝年号，按例应定为永安二年（529），则杨衒之任奉朝请的时间当为529年至530年。

另据《魏书·官氏志》所载，奉朝请，第六品下。此官职多为释褐（即脱去布衣，换着官服，开始做官之意）之职，故任官年龄在20岁上下。奉朝请当为杨衒之的初任官职。若衒之此时为弱冠之年，据此可推测其生年在509年左右。

---

① （北齐）魏收：《魏书》，中华书局1975年版，第782页。
② （北齐）魏收：《魏书》，中华书局1975年版，第944页。
③ （北齐）魏收：《魏书》，中华书局1975年版，第1010页。
④ （北齐）魏收：《魏书》，中华书局1975年版，第1019页。
⑤ （北齐）魏收：《魏书》，中华书局1975年版，第1245页。
⑥ （北齐）魏收：《魏书》，中华书局1975年版，第1531页。
⑦ （北齐）魏收：《魏书》，中华书局1975年版，第1665页。
⑧ （北齐）魏收：《魏书》，中华书局1975年版，第2321页。

我们再考察衒之同僚李同轨的生平事迹，《魏书》卷36本传记曰：

> （李）熙族孙同轨。体貌魁岸，腰带十围。学综诸经，多所治诵，兼读释氏，又好医术。年二十二，举秀才，射策，除奉朝请，领国子助教。转著作郎，典仪注，修国史。迁国子博士，加征虏将军。永熙二年，出帝幸平等寺。僧徒讲说，敕同轨论难。音韵闲朗，往复可观，出帝善之。三年春释菜，诏延公卿学官于显阳殿，敕祭酒刘廞讲《孝经》，黄门李郁讲《礼记》，中书舍人卢景宣解《大戴礼》、《夏小正》篇。时广招儒学，引令预听。同轨经义素优，辩析兼美，而不得执经，深为慨恨。天平中，转中书侍郎。兴和中，兼通直散骑常侍，使萧衍。衍深耽释学，遂集名僧于其爱敬、同泰二寺，讲《涅盘大品经》，引同轨预席，衍兼遣其臣并共观听。同轨论难久之，道俗咸以为善。卢景裕卒，齐献武王引同轨在馆教诸公子，甚嘉礼之。每旦入授，日暮始归。缁素请业者，同轨夜为解说，四时恒尔，不以为倦。武定四年夏卒，年四十七，时人伤惜之。①

同轨武定四年（546）卒，时年47岁，逆推则同轨当生于宣武帝景明元年（500）。同轨年22岁为奉朝请，则当在孝明帝正光二年（521）。衒之未必和李同轨同龄，但年岁应该相差不大。

在这次聚会中，百官无法确解"苗茨之碑"的来历，连博学多才的国子博士李同轨都怀疑其有误。而衒之以"以蒿覆之，故言苗茨"来解释，可见杨衒之的博学多闻。除了同僚李同轨之外，与杨衒之交游的还有胡孝世，也见于《洛阳伽蓝记》卷一：

> 永宁寺，熙平元年，灵太后胡氏所立也。……中有九层浮图

---

① （北齐）魏收：《魏书》，中华书局1975年版，第846—849页。

## 第一章 杨衒之生平考略

一所,架木为之,举高九十丈。有刹复高十丈,合去地一千尺。去京师百里,已遥见之。……装饰毕功,明帝与太后共登之。视宫内如掌中,临京师若家庭。以其目见宫中,禁人不听升。衒之尝与河南尹胡孝世共登之,下临云雨,信哉不虚。……永熙三年二月,浮图为火所烧。①

据上文所载,永宁寺兴建于熙平元年(516),至永熙三年(534)二月浮图被焚毁。杨衒之和胡孝世当在这期间登塔。另据王建国先生考证,杨衒之登塔的时间当在武泰元年(528)以后,因为是年胡太后及幼主元钊被尔朱荣杀害于河阴,之前胡太后"以其目见宫中,禁人不听升",且衒之尚未入仕,很难有登塔的机会和资格。② 故杨衒之登永宁寺塔的时间可定为528—534年。

除和胡孝世交游外,《洛阳伽蓝记》卷一"永宁寺"还提到达摩禅师云游永宁寺的情况:

时有西域沙门菩提达摩者,波斯国胡人也。起自荒裔,来游中土,见金盘炫日,光照云表;宝铎含风,响出天外。歌咏赞叹,实是神功。自云:"年一百五十岁,历涉诸国,靡不周遍。而此寺精丽,阎浮所无也。极佛境界,亦未有此。"口唱南无,合掌连日。③

除了此处记载,卷一"修梵寺"还提到:

修梵寺,在清阳门内御道北。嵩明寺复在修梵寺西,并雕

---

① 周祖谟:《洛阳伽蓝记校释》,中华书局2010年版,第1—11页。
② 王建国:《〈洛阳伽蓝记〉的作者及创作年代辩证》,《江汉论坛》2009年第10期。
③ 周祖谟:《洛阳伽蓝记校释》,中华书局2010年版,第11—12页。

21

墙峻宇，比屋连甍，亦是名寺也。修梵寺有金刚，鸠鸽不入，鸟雀不栖。菩提达磨云："得其真相也。"①

由上述记载，杨衒之应该在洛阳亲见过达摩，因此《景德传灯录》卷3《菩提达磨传》云：

与徒众往禹门千圣寺止三日。有期城太守杨衒之早慕佛乘，门师曰："西天五印，师承为祖，其道如何？"师曰："明佛心宗，行解相应，名之曰祖。"又问："此外如何？"师曰："须明他心，知其今古，不厌有无，于法无取。不贤不愚，无迷无悟。若能是解，故称为祖。"又曰："弟子归心三宝，亦有年矣，而智慧昏蒙，尚迷真理。适听师言，罔知收措。愿师慈悲，开示宗旨！"师知恳到，即说偈曰："亦不睹恶而生嫌，亦不观善而勤措，亦不舍智而近愚，亦不抛迷而就悟。达大道兮过量，通佛心兮出度。不与凡圣同躔，超然名之曰祖。"衒之闻偈，悲喜交并，曰："愿师久住世间，化导群有！"师曰："吾即逝矣，不可久留。根性万差，多逢患难。"衒之曰："未审何人弟子为师除得？"师曰："吾以传佛秘密，利益迷途，害彼自安，必无此理。"衒之曰："师若不言，何表通变观照之力？"师不获已，乃为谶曰："江槎分玉浪，管炬开金锁。五口相共行，九十无彼我。"衒之闻语，莫究其端，默记于怀，礼辞而去。师之所谶，虽当时不测，而后皆符验。②

关于上面杨衒之和达摩问答佛乘及宗旨的对话，李葆恂曾录于《重刊吴若准本跋》中。范祥雍先生认为"考《传灯录》所记达摩

---

① 周祖谟：《洛阳伽蓝记校释》，中华书局2010年版，第47页。
② （宋）释道原：《景德传灯录》，《日本五山版汉籍善本集刊》本，西南师范大学出版社、人民出版社2012年版，第7册，第327页。

事经后人增益，多不可信。即如此文问答语气，大似后来禅宗语录，北朝人断无如此语。又预记谶语，以求符验，益可见为好事者所杜撰"。但范先生也认为《传灯录》这段记载"然于此可证衒之与达摩相稔"，可以考见杨衒之的生平。

## 二 期城太守

杨衒之官期城太守，泛见于隋唐时期的多种文献。如隋费长房《历代三宝记》卷9："《洛阳地伽蓝记》五卷，……期城郡太守杨衒之撰。"唐释道宣《大唐内典录》卷4："《洛阳地伽蓝记》五卷，……右期城郡守杨衒之撰。"唐释道宣《续高僧传》卷1《菩提流支传》："斯（按范祥雍考云："斯"是"期"之讹）城郡守杨衒之撰，《洛阳伽蓝记》五卷。"唐释道世《法苑珠林》卷119《传记篇·杂集部》："《洛阳地伽蓝记》一部五卷。右元魏邺都期城①郡守杨衒之撰。"《宝林传》卷8记："时有期城太守扬衒之问大师曰"，《景德传灯录》卷3《菩提达磨传》记："有期城太守杨衒之早慕佛乘。"

期城郡，据《魏书·地形志下》，"孝昌中置，领县四：西舞阳、东舞阳、南阳、新安"②，郡治当在今河南泌阳县境内，毗邻湖北，为萧梁与东、西魏兵争之地。领属户口不多，应该是中郡或下郡。按《魏书·官氏志》，中郡太守为第五品，下郡太守为第六品，奉朝请则为第六品下。衒之从奉朝请出为期城太守，当为升迁。

关于杨衒之任期城郡守这一官职，对于考证衒之的生平有重要意义，范祥雍先生就考订云：

---

① 按：范祥雍考云："按期城郡元魏时属襄州，与邺都不涉，《珠林》误。"又王建国认为此不误："'元魏邺都'当指迁都邺城的东魏时期，而非指城属邺都所辖。"
② （北齐）魏收：《魏书》，中华书局1975年版，第2636页。

又按东魏孝静帝元象元年（538），西魏是云宝袭洛阳，赵刚袭广州，拔之。于是自襄、广以西城镇，复入西魏。期城郡东魏即于此时失去，见《资治通鉴》一百五十八及《东晋南北朝舆地表》八。《魏书·地形志》襄州下无期城郡，即以其时（《地形志》录武定之世以为志）已属于西魏也。据此则衒之为期城郡守当在元象元年（538）以前，亦即在写《伽蓝记》之前无疑。《三宝记》等书著录此书而称期城郡太守者，盖举其曾任官衔言之，不必是写记时或以后所官。严可均《全北齐文》之小传以"出为期城太守"，列于最后，则以其官位隆卑叙之，实则历官陟黜，固非一定。小传下又云"齐天保中卒于官"，似谓衒之卒于期城太守任，此句甚谬，盖由未考期城郡当时沿革而误。①

范祥雍先生结合《魏书·地形志》期城郡的沿革以及归属问题，考订衒之任期城郡守当在元象元年（538）以前。

## 三 抚军府司马

今传《洛阳伽蓝记》最早的版本——明如隐堂本的作者题记曰"魏抚军府司马杨衒之"，但吴琯《逸史》本、王谟《汉魏》本、真意堂本等都作"后魏"，南宋陈振孙《直斋书录解题》作"后魏抚军司马"。"抚军府司马"当是杨衒之写作《洛阳伽蓝记》时的官职。据《魏书·官氏志》，这个官职应为五品。因为抚军将军是"从第二品"，而"从第二品将军、二藩王司马"是第五品，与中郡太守同等，比下郡太守高一等，故较期城太守，衒之当为升官。

---

① （北魏）杨衒之撰，范祥雍校注：《洛阳伽蓝记校注》，上海古籍出版社1978年版，第356—357页。

据《洛阳伽蓝记》原序"至武定五年,岁在丁卯,余因行役,重览洛阳","武定五年,(孟仲)晖为洛州开府长史",该书的成书时间当在孝静帝武定五年(547)以后。曹道衡先生认为《洛阳伽蓝记》中称高澄为"大将军"却不称"文襄"(卷三),说明书定稿时高澄还活着。高澄死于武定七年(549)九月,那么本书当成于此前。另卷二谈到荀济时曰:"颍川荀济,风流名士,高鉴妙识,独出当世。"荀济武定五年八月因反对高澄被杀于邺城,若《洛阳伽蓝记》成书于是年八月以后,似不大可能这样称颂一个被高澄看作"谋反者"的人。因此本书应成书于武定五年八月以前。据此推测,杨衒之在武定五年时仍任抚军府司马。①

## 四 秘书监

杨衒之任秘书监一职见于《广弘明集》:"杨衒之,北平人,元魏末为秘书监,见寺宇壮丽,损费金碧,王公相竞,侵渔百姓,乃撰《洛阳伽蓝记》言不恤众庶也。"②

据王建国先生考证,北魏末年至东魏末年任秘书监者有常景、魏收二人。普泰初(531)到武定六年(548),常景任秘书监;武定七年(549)八月高澄被刺以后至天保元年(550),魏收任秘书监。武定六年常景去官,至武定七年八月魏收转任秘书监约一年,因为史籍失载,故这段空白期就被认定为杨衒之任秘书监的时期。③

曹道衡先生则认为杨衒之魏末曾任秘书监一说恐不可信。因为据《魏书·官氏志》秘书监官居三品,可谓高官。按道理说,若某人官至秘书监,即使史无专传,也不至于不列见其名姓。至于上面

---

① 曹道衡:《关于杨衒之和〈洛阳伽蓝记〉的几个问题》,《文学遗产》2001年第3期。
② (唐)释道宣:《广弘明集》,《四部丛刊》初编本,第73页。
③ 王建国:《〈洛阳伽蓝记〉的作者及创作年代辨证》,《江汉论坛》2009年第10期。

王建国谈到的从武定六年常景去官至次年八月高澄被刺魏收转任秘书监的这段空白期，曹道衡认为仅一年左右，杨衒之就从五品的抚军府司马升迁为三品的秘书监，可能性很小。且"秘书监一职，一般都在当时颇享文名，如李琰之、祖莹、常景和魏收，《魏书》和《北齐书》都有专传。杨衒之虽因《洛阳伽蓝记》扬名于世，在当时却未必有文名，否则至少也应在《文苑传》中留名。至于北齐以后，已非'魏末'，且继魏收为秘书监的为赵彦深。故杨衒之任秘书监一说仅出现于《广弘明集》，缺少其他有力的佐证"。①

　　关于衒之的卒年，迄无定论。严可均定为北齐文宣帝天保（550—559）中期，而范子烨则定为武定八年（550）前后，但均缺乏有力的佐证，可存疑俟考。

　　综合上文，可对杨衒之一生的经历大致作一个基本的归纳：根据杨衒之弱冠任奉朝请的时间，我们可以推定他生于北魏永平二年（509）前后，其任奉朝请时间当为永安二年至三年（529—530），其与胡孝世登永宁寺塔的时间当为永安元年至永熙三年（528—534），且其间与菩提达摩有交往；杨衒之任期城太守的时间当为元象元年（538）以前；杨衒之任抚军府司马的时间当为武定五年（547），其《洛阳伽蓝记》定稿当不晚于是年八月以前；杨衒之任秘书监的时间当为武定六年至七年（548—549），由于相关文献不足，其卒年不可确考。

---

① 曹道衡：《关于杨衒之和〈洛阳伽蓝记〉的几个问题》，《文学遗产》2001年第3期。

# 第二章 《洛阳伽蓝记》的成书背景考

## 第一节 北魏佛教的兴盛

北魏是在东晋十六国之后建立起来的鲜卑政权。鲜卑族自东汉三国以来，一直占有匈奴故地。东起辽东，西抵陇西，都有鲜卑各部居住。徒河慕容部落、陇西乞伏部落、河西秃发部落在东晋十六国时期在中原和河陇先后建立过政权。居于大兴安岭北部东麓（今内蒙古自治区鄂伦春自治旗）的拓跋鲜卑继鲜卑各部之后，在中原建立了政权。

386 年，前秦政权瓦解，什翼犍之孙拓跋珪受诸部大人的推戴，在盛乐即代王位。同年，拓跋珪改国号为魏（史称北魏），表示不再受晋朝的封号。拓跋珪称王后，统一大漠诸部。397 年，拓跋珪先后攻取了晋阳、真定、信都、中山，并占领了邺城。大河以北诸州郡，尽归北魏掌控，隔河与东晋相对峙。天兴元年（东晋隆安二年，398），拓跋珪建都平城（今山西大同市），改号称皇帝，他就是北魏太祖道武帝。拓跋珪在平城营宫室，建宗庙，立社稷，初步完成了向汉族封建社会转化的过程。

自道武帝后，北魏诸帝励精图治，元魏政权向好发展。至太和十四年（490）九月，冯太后病逝，23 岁的孝文帝发动了一系列的改革。太和十七年（493）八月，孝文帝率平城100多万军队，以讨伐萧齐为名向南进发。是年九月到达洛阳。时淫雨连绵，将帅、士兵不堪劳苦，都不愿继续前行。孝文帝以迁都洛阳为停止南伐的交换条件晓谕群臣。"定迁都之计。冬十月戊寅朔，幸金墉城。诏征司空穆亮与尚书李冲，将作大匠董爵，经始洛京。""十九年（495），九月庚午，六宫及文武尽迁洛阳。"① 从高祖孝文帝迁洛，经过世宗宣武帝元恪、肃宗孝明帝元诩、敬宗孝庄帝元子攸、前废帝广陵王元恭、后废帝安定王元朗、出帝平阳王元修，到孝静帝元善见立，天平元年（534）京师迁邺，是为东魏。从此东西魏分立，不久都归灭亡。北魏都洛总计四十年（495—534）。

迁都洛阳后，为了融入汉族文化，孝文帝推行了以下改革措施：

制定族姓。太和十九年，孝文帝发布诏令，迁到洛阳的鲜卑贵族，应以洛阳为籍贯，死后要葬在洛阳城北的邙山；次年下令改鲜卑复姓为单音汉姓。首先北魏皇室拓跋改姓"元"氏，与皇室相关的九个姓也改为单姓，其中纥骨氏改为胡氏，普氏改为周氏，拓跋氏改为奚氏，伊娄氏改为伊氏，丘敦氏改为丘氏，乙旃氏改为叔孙氏，车焜氏改为车氏。其余所有鲜卑人也更改了姓氏。自此，迁居洛阳的鲜卑人经过几代后就完全汉族化了。

禁绝鲜卑服饰和鲜卑语言。自冯太后执政时，规定百官礼仪场合使用的服饰。但鲜卑贵族和平民依然编发左衽，穿皮制衣服，戴鲜卑帽。孝文帝太和十八年颁行汉族服饰衣帽样式，令鲜卑人按样缝制，并亲自督促。次年六月，禁止百官（尤其是30岁以下的官员）在朝廷中讲鲜卑语"断诸北语，一从正音"。② 通过此改革，鲜卑人汉化进程加速了。

随着北魏定都洛阳，汉化进程的加速，各民族之间的融合加强，

---

① （北齐）魏收：《魏书》，中华书局1975年版，第178页。
② （北齐）魏收：《魏书》，中华书局1975年版，第536页。

北魏的国力也日渐强大。佛教由于北魏统治者的极力提倡，也日渐兴盛。

## 一　北魏统治者对佛教的大力提倡

南北朝时期是我国中古时期宗教狂热的时代，佛法所及，在所不免。早在平城时期北魏统治者就非常重视佛教，《魏书·释老志》载有道武帝拓跋珪天兴元年（398）的诏书："夫佛法之兴，其来远矣。济益之功，冥及存殁。神踪遗轨，信可依凭。其敕有司，于京城建饰容范，修整官舍，令信向之徒，有所居止。"并在平城"始作五级佛图、耆阇崛山及须弥山殿，加以缋饰，别构讲堂、禅堂及沙门座，莫不岩具焉"。[①]《广弘明集》载有拓跋珪的《与朗法师书》，遣使者送太山朗和尚"素二十端，白毡五十领，银钵二枚"，[②] 表示敬意。可以想见他对佛教的态度了。拓跋珪死后，其子明元帝拓跋嗣继位，"遵太祖之业，亦好黄老，又崇佛法，京邑四方，建立图像，仍令沙门敷导民俗"。[③]

随着孝文帝迁都洛阳，更是大力提倡佛教。拓跋宏"善谈《庄》《老》，尤精释义"[④]，"每与名德沙门谈论往复"[⑤]，"迁京之始，宫阙未就，高祖住在金墉城，城西有王南寺，高祖数诣寺与沙门论义"（《洛阳伽蓝记·序》）。

孝文帝死后，其子世宗宣武帝元恪又"笃好佛理，每年常从禁中，亲讲经论，广集名僧，标明义旨，沙门条录，为《内起居》焉"。[⑥] "景

---

[①]（北齐）魏收：《魏书》，中华书局1975年版，第3030页。
[②]（唐）道宣：《广弘明集》，《四部丛刊》初编本，第428页。
[③]（北齐）魏收：《魏书》，中华书局1975年版，第3030页。
[④]（北齐）魏收：《魏书》，中华书局1975年版，第187页。
[⑤]（北齐）魏收：《魏书》，中华书局1975年版，第1014页。
[⑥]（北齐）魏收：《魏书》，中华书局1975年版，第3042页。

明初（500），世宗诏大长秋卿白整准代京灵岩寺石窟，于洛南伊阙山，为高祖、文昭皇太后营石窟二所。初建之始，窟顶去地三百一十尺。至正始二年（505）中，始出斩山二十三丈。至大长秋卿王质，谓斩山太高，费功难就，奏求下移就平，去地一百尺，南北一百四十尺。永平中（508—512），中尹刘腾奏为世宗复造石窟一，凡为三所。从景明元年至正光四年（500—523）六月已前，用功八十万二千三百六十六。"① 仅仅是洛阳龙门三所石窟，从景明初到正光四年开凿了二十多年，用功"八十万二千三百六十六"，耗费民力，旷日持久，足见元魏统治者醉心于营造佛教福田。

元恪死，肃宗孝明帝元诩立，而权归其母后灵太后胡氏。《魏书·皇后列传》载"太后性聪悟，多才艺；姑既为尼，幼相依托，略得佛经大义"。灵太后因此崇奉佛法，侈靡更甚。"肃宗熙平中（516—517），于城内太社西，起永宁寺。灵太后亲率百寮，表基立刹。佛图九层，高四十余丈，其诸费用，不可胜计，景明寺佛图，亦其亚也。至于官私寺塔，其数甚众。"② 其中永宁寺的工程最为浩大，殚废民力，不可胜计。除此之外，皇室所建的伽蓝，就《洛阳伽蓝记》所载，尚有高祖孝文皇帝为冯太后追福所立的报德寺，世宗宣武皇帝所立的瑶光寺、永明寺等；胡太后为其父追福所立的秦太上君寺，太后从姑所立的胡统寺，太后和皇姨所立的双女寺。

北魏诸王多有虔信佛法者。现仅摘录《洛阳伽蓝记》记录诸事证之：

    景乐寺，太傅清河文献王怿所立也。（《景乐寺》）
    明悬尼寺，彭城武宣王勰所立也。（《明悬尼寺》）
    龙华寺，广陵王所立也。（《报德寺》）

---

① （北齐）魏收：《魏书》，中华书局1975年版，第3043页。
② （北齐）魏收：《魏书》，中华书局1975年版，第3043—3044页。

## 第二章 《洛阳伽蓝记》的成书背景考

追圣寺，北海王所立也。（《报德寺》）

冲觉寺，太傅清河王怿舍宅所立也。（《冲觉寺》）

宣忠寺，侍中司州牧城阳王所立也。（《宣忠寺》）

追先寺，……嗣（东平）王景式舍宅为此寺。（《追先寺》）

融觉寺，清河文献王怿所立也。（《融觉寺》）

大觉寺，广平王怀舍宅也。（《大觉寺》）

建中寺，普泰元年，尚书令乐平王尔朱世隆所立也。（《建中寺》）

仅据《洛阳伽蓝记》所载，清河王元怿就建有景乐寺、冲觉寺、融觉寺。北魏诸王不仅大力营建伽蓝，虔信释教，还好与僧侣交往。据《北史》载："武士又以刀筑（元）勰，乃饮毒酒，武士就杀之。……景明、报德寺僧鸣钟欲饭，忽闻勰薨，二寺一千余人皆嗟痛，为之不食，但饮水而斋。"[①] 足见彭城王元勰与当时僧人的交情深厚。更有甚者，京兆王子元太兴竟然舍王爵为沙门，且得到孝文帝的认可，堪比南朝梁武帝萧衍舍皇位为沙门者，这也是北魏史上的一个奇观。

北魏皇室诸王外，百官、阉宦、虎贲、羽林等，多舍宅立寺，如：

景宁寺，太保司徒公杨椿所立也。（《景宁寺》）

正觉寺，尚书令王肃所立也。（《报德寺》）

愿会寺，中书侍郎王翊舍宅所立也。（《昭仪尼寺》）

正始寺，百官等所立也。（《正始寺》）

龙华寺，宿卫羽林虎贲等所立也。（《龙华寺》）

凝玄寺，阉官济州刺史贾璨所立也。（《凝玄寺》）

长秋寺，刘腾所立也。腾初为长秋卿，因以为名。（《长

---

[①] （唐）李延寿：《北史》，中华书局1974年版，第707页。

31

秋寺》）

　　昭仪尼寺，阉官等所立也。（《昭仪尼寺》）

　　魏昌尼寺，阉官瀛州刺史李次寿所立也。（《魏昌尼寺》）

　　景兴尼寺，亦阉官等所共立也。（《景兴尼寺》）

　　王典御寺，阉官王桃汤所立也。（《王典御寺》）

　　北魏贵族百官之所以积极营建伽蓝，考证其来，约略有以下几种原因：

　　1. 笼络佛教势力，维护统治稳定

　　释教自东汉传至东土以来，流风所及，信其教者蔚然成风。至南北朝时期，佛教达到一个兴盛的阶段。据《魏书·释老志》，北魏皇室信奉佛教有一个较长的过程。

　　拓跋先祖本是游牧于漠北的蛮荒部族，从未濡染佛法。从曹魏末年（261）拓跋力微遣其子沙漠汗到洛阳与魏和亲，到338年拓跋什翼犍继代王位，经过与中原七八十年的交往，鲜卑国君才"备究南夏佛法之事"。至道武帝拓跋珪时喜读佛经，礼敬三宝。天兴元年（398）下诏曰："夫佛法之兴，其来远矣。济益之功，冥及存没，神踪遗轨，信可依凭。其敕有司，于京城建饰容范，修整宫舍，令信向之徒，有所居止。"并任命沙门法果为"僧人统"，管理僧众。至其子明元帝拓跋嗣又崇信佛法，命沙门"敷导民俗"，又封法果为忠信侯、安成公。法果死后，拓跋嗣三临其丧。① 为什么北魏君主如此重视佛教？《魏书·释老志》这样解释的：

　　　　浮屠正号曰佛陀，佛陀与浮图声相近，皆西方言，其来转为二音。华言译之则谓净觉，言灭秽成明，道为圣悟。凡其经旨，大抵言生生之类，皆因行业而起。有过去、当今、未来，

---

① 可参看杜士铎《北魏史》，北岳文艺出版社2011年版，第394—395页。

历三世，识神常不灭。凡为善恶，必有报应。渐积胜业，陶冶粗鄙，经无数形，藻练神明，乃致无生而得佛道。其间阶次心行，等级非一，皆缘浅以至深，藉微而为著。率在于积仁顺，蠲嗜欲，习虚静而成通照也。故其始修心则依佛、法、僧，谓之三归，若君子之三畏也。又有五戒，去杀、盗、淫、妄言、饮酒，大意与仁、义、礼、智、信同，名为异耳。云奉持之，则生天人胜处，亏犯则坠鬼畜诸苦。又善恶生处，凡有六道焉。①

《魏书》的佛教观可以说是元魏官方正统的观点。佛教宣扬三世、五戒、六道和因果报应，归心佛教可以使民众"积仁顺，蠲嗜欲"，有利于安定人心，维护统治，所以北魏文成帝拓跋濬下《诏书》云：

夫为帝王者，必祗奉明灵，显彰仁道，其能惠著生民，济益群品者，虽在古昔，犹序其风烈。是以《春秋》嘉崇明之礼，祭典载功施之族。况释迦如来功济大千，惠流尘境，等生死者叹其达观，览文义者贵其妙明，助王政之禁律，益仁智之善性，排斥群邪，开演正觉。故前代已来，莫不崇尚，亦我国家常所尊事也。②

拓跋濬看重的正是释教可以"助王政之禁律，益仁智之善性，排斥群邪，开演正觉"，所以不遗余力地加以弘扬。而佛教势力也需要依靠统治者的支持来拓展其生存空间，故法果常致拜道武帝拓跋珪，并说："能鸿道者人主也，我非拜天子，乃是礼佛耳。"足见统治者和佛教徒都想借助对方来达到自己的目的，政治和宗教达到了

---

① （北齐）魏收：《魏书》，中华书局1975年版，第3026页。
② （北齐）魏收：《魏书》，中华书局1975年版，第3035—3036页。

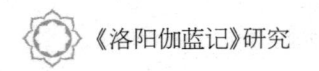

高度的默契，佛教由此得以在北魏长足地发展。

2. 宣扬大魏国威，安置来魏的异国沙门

佛教作为外来文化传入本就是中外文化交流的结果。北魏时期，很多异国的僧人来到中原，或修行游历，或翻译经传。如《永宁寺》条载"时有西域沙门菩提达摩者，波斯国胡人也。起自荒裔，来游中土"；《修梵寺》条载"修梵寺有金刚，鸠鸽不入，鸟雀不栖。菩提达磨云：'得其真相也'"。作为中国禅宗的初祖就来到魏都洛阳佛寺游观，可见北魏富丽堂皇的寺庙建筑对外来僧侣巨大的吸引力。《融觉寺》条载：

> 比丘昙谟最善于禅学，讲《涅槃》、《华严》，僧徒千人。天竺国胡沙门菩提流支见而礼之，号为"菩萨"。流支解佛义，知名西土，诸夷号为"罗汉"。晓魏言及隶书，翻《十地楞伽》及诸经论二十三部。虽石室之写金言，草堂之传真教，不能过也。流支读昙谟最《大乘义章》，每弹指赞叹，唱言微妙。即为胡书写之，传之于西域。西域沙门常东向遥礼之，号昙谟最为"东方圣人"。①

昙谟最善于禅学，不仅吸引"僧徒千人"，连知名西土、号为"罗汉"的天竺高僧菩提流支都礼拜他；西域沙门也东向遥拜。正是由于北魏伽蓝建筑的精妙和大德高僧影响，异国僧侣纷至沓来，洛阳可谓一时佛都。《永明寺》条载"时佛法经像，盛于洛阳，异国沙门，咸来辐辏，负锡持经，适兹乐土"，来魏的僧侣众多，故宣武帝建立设有一千余间僧房的永明寺来安置他们。这样不仅可以弘扬佛法，也可以向四夷昭示北魏强大的国力，让其归附。北魏统治者乐此不疲。

---

① （北魏）杨衒之撰，周祖谟校释：《洛阳伽蓝记校释》，中华书局2010年版，第155—156页。

3. 营求福田，追求来世的福报

释教认为广积功德，来世就会有福报。剃度僧徒，供养僧侣，营造寺庙，其功尤巨。《魏书·释老志》就记载承明元年（476）八月，孝文帝元宏于永宁寺设太法供，度良家男女为僧尼者百有余人，帝亲为剃发，施以僧服，令修道戒，资福于显祖（献文帝元弘）。[①] 其后为其祖母冯太后追福，建报德寺。（《报德寺》）灵太后临朝的时候，更是广建伽蓝，或为其父秦太上君立寺，或花费巨万建永宁寺，兹不赘述。上行下效，兴建寺庙，营求福田，成为北魏全社会的普遍共识，上及王公贵族，下及平民屠夫，无不竭力为之。

值得一提的是，北魏宦官所营造的寺庙众多，见于《洛阳伽蓝记》且记载详细的就有凝玄寺、长秋寺、昭仪尼寺、魏昌尼寺、景兴尼寺、王典御寺诸寺，足见当时宦官势力之大。宦官是历朝政治中不容忽视的一个特殊群体，身为君主身边最为亲信的耳目，对当时的政治影响甚大。灵太后专权的时候，刘腾就势倾人主，炙手可热，与元义内外勾结，几近颠覆北魏政权。虽然宦官手拥实权，风光无限，但他们毕竟不是完整的男人。为了来世能享受真正的人伦之乐，故倾力营造寺庙，尤以尼寺为多。

4. 安置冷落和寡居的后妃

北魏皇室及诸王后妃众多，有些后妃被打入冷宫，有些则寡居。如何安置这些后妃呢，建筑伽蓝，让她们入居其中，是一个较好的方法。《瑶光寺》条载曰：

> 瑶光寺，世宗宣武皇帝所立。在阊阖城门御道北，东去千秋门二里。……讲殿尼房，五百余间。……椒房嫔御，学道之所，掖庭美人，"并在其中"。亦有名族处女，性爱道场，落发辞亲，来仪此寺。屏珍丽之饰，服修道之衣，投心八正，归诚

---

[①] （北齐）魏收：《魏书》，中华书局1975年版，第3039页。

一乘。永安三年中，尔朱兆入洛阳，纵兵大掠，时有秀容胡骑数十人，入瑶光寺淫秽，自此后颇获讥讪。京师语曰："洛阳男儿急作髻，瑶光寺尼夺作婿。"①

考周祖谟《北魏洛阳伽蓝图》，瑶光寺位于皇宫的西北角，与金墉城临近。金墉城自曹魏时期就成为安置被冷落或寡居后妃的地方。北魏则特地修建瑶光寺，"椒房嫔御""掖庭美人"，并在其中。还有一些名门闺秀，也剃度入寺。正是由于瑶光寺既是怨女嫠妇居住的场所，又是北魏众多佳丽聚集的地方，尔朱兆率军入洛，纵兵在瑶光寺淫乐。杨衒之借用京师的民谣"洛阳男儿急作髻，瑶光寺尼夺作婿"，委婉地表达了对这些不甘寂寞的北魏佳丽们的讽刺之意。

5. 盘剥百姓，聚敛民财

佛寺的建立，固然有一部分是靠信众捐献私产来完成，但大量的却是僧侣靠募化民众的钱财牟利建立的。更有甚者，只是借修建伽蓝的名义聚敛钱财而已。《崇真寺》条记有：

> 有一比丘云是禅林寺道弘，自云："教化四辈檀越，造一切经，人中金象十躯。"阎罗王曰："沙门之体，必须摄心守道，志在禅诵。不干世事，不作有为。虽造作经象，正欲得他人财物；既得财物，贪心即起，既怀贪心，便是三毒不除，具足烦恼。"亦付司，仍与昙谟最同入黑门。有一比丘云是灵觉寺宝真，自云："出家之前，尝作陇西太守，造灵觉寺。寺成，即弃官入道。虽不禅诵，礼拜不缺。"阎罗王曰："卿作太守之日，曲理枉法，劫夺民财，假作此寺，非卿之力，何劳说此！"亦付司，青衣送入黑门。②

---

① （北魏）杨衒之撰，周祖谟校释：《洛阳伽蓝记校释》，中华书局2010年版，第37—40页。
② （北魏）杨衒之撰，周祖谟校释：《洛阳伽蓝记校释》，中华书局2010年版，第61—62页。

杨衒之借助崇真寺比丘惠凝之口抨击了禅林寺僧道弘"虽造作经象，正欲得他人财物"，道出了当时僧侣造伽蓝牟私利的行径。而宝真作太守时假作寺之名义，"曲理枉法，劫夺民财"。据此可以考见当时僧侣和官僚之所以如此疯狂修建伽蓝的真实用意。

## 二 举国对佛教的痴迷

正是由于北魏统治者有意大力扶持佛教，使得佛教在意识形态方面具有和儒教同等重要的地位。加上宗教对众多的信徒具有辐散和连锁效应，致使北魏上及皇族百官，下至贩夫走卒，无不为之痴狂，故杨衒之评价当时洛阳社会信教的情况为："王侯贵臣，弃象马如脱屣；庶士豪家，舍资财若遗迹。"

考北魏民众对佛教的痴狂，主要体现在以下几种情况：

1. 削发出家，愿作僧尼

自北魏立国，佛教与之相始终。由于佛教竭力宣扬世俗人生之苦，只有努力修持，才能不堕轮回，故愿削发为僧尼者不仅人数众多，且阶层广泛。据《伽蓝记》所记，上层贵族有灵太后之从姑入胡统寺为尼（《胡统寺》），下层有屠户刘胡全家人入道（《景宁寺》）。正光（520—525）以后，"天下多虞……僧尼大众二百万矣，其寺三万有余"[①]。其数目之巨，达到惊人的程度。

当然，除了真正笃信佛教者外，落发为僧徒者"游手而得衣食，又可托名三宝，经营私利。出家者动机因之不纯洁。而且一为僧徒，即可避租税力役，故天下愈乱，则出家者益众。此又非仅世乱则迷信以求福田也"[②]。

---

[①] （北齐）魏收：《魏书》，中华书局1975年版，第3048页。
[②] 汤用彤：《汉魏晋南北朝佛教史》（增订本），北京大学出版社2011年版，第290页。

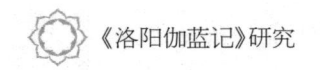

## 2. 虔信佛教，舍宅为寺

上文谈及北魏统治者营建伽蓝的动机，而民间立寺的原因则大多集中在相信果报上，如洛阳北殖货里"有太常民刘胡，兄弟四人，以屠为业。永安年中，胡杀猪，猪忽唱乞命，声及四邻。邻人谓胡兄弟相殴斗而来观之，乃猪也。即舍宅为归觉寺，合家人入道焉"。（《景宁寺》）由屠夫转身为僧徒，正应了佛家一句名言——"放下屠刀，立地成佛"。再看《开善寺》一条：

> 阜财里内有开善寺，京兆人韦英宅也。英早卒，其妻梁氏不治丧而嫁，更约河内人向子集为夫。虽云改嫁，仍居英宅。英闻梁氏嫁，白日来归，乘马将数人至于庭前，呼曰："阿梁！卿忘我耶？"子集惊怖，张弓射之，应箭而倒，即变为桃人。所骑之马亦变为茅马，从者数人尽化为蒲人。梁氏惶惧，舍宅为寺。①

韦英妻梁氏身为未亡人，其夫丘墓之土尚未干，就着急嫁人，且招其后夫居于前夫故宅，犯了当时风俗的大忌。故《伽蓝记》记其前夫韦英白日显灵，因怕来世的报应，故梁氏惧而舍宅为寺。

## 3. 为求福报，立塔造像

北魏民众对佛教的痴迷还表现在立塔造像方面。或为了营求福田利益，或祝愿死者往生乐土，或祈求生者富贵，或愿出征平安，或愿病患消除，北魏民众热衷于修建佛塔，营造佛像。《洛阳伽蓝记·永宁寺》就记载了高九十丈的九层木制浮图，"浮图北有佛殿一所，形如太极殿，中有丈八金像一躯、中长金像十躯、绣珠像三躯、金织成像五躯、玉像二躯，作功奇巧，冠于当世"。当时佛塔规模的宏大奢华，佛像质地的考究精美，可见一斑。北魏从上至下，无不以立塔

---

① （北魏）杨衒之撰，周祖谟校释：《洛阳伽蓝记校释》，中华书局2010年版，第146页。

造像为乐事，为此耗费了大量的民脂民膏。

4. 供养僧尼，参加佛事

大量僧尼的存在，吃穿用度，亦复不少。随着北魏国力的强盛和洛阳城市经济的发展，出现了专门供养僧尼的群体，如洛阳建阳"里内有璎珞、慈善、晖和、通觉、晖玄、宗圣、魏昌、熙平、崇真、因果等十寺。里内士庶二千余户，信崇三宝，众僧刹养，百姓所供也"（《璎珞寺》）。

另外，北魏都城洛阳由于伽蓝众多，故多有佛事。《伽蓝记》里记载了当时大量的佛事活动，现摘录如下：

> 作六牙白象负释迦在虚空中。庄严佛事，悉用金玉。工作之异，难可具陈。四月四日，此像常出，辟邪师子导引其前。吞刀吐火，腾骧一面；彩幢上索，诡谲不常。奇伎异服，冠于都市。像停之处，观者如堵，迭相践跃，常有死人。（《长秋寺》）

> 召诸音乐，逞伎寺内。奇禽怪兽，舞抃殿庭，飞空幻惑，世所未睹。异端奇术，总萃其中。剥驴投井，植枣种瓜，须臾之间皆得食。士女观者，目乱睛迷。（《景乐寺》）

> 宗圣寺有像一躯，举高三丈八尺，端严殊特，相好毕备，士庶瞻仰，目不暂瞬。此像一出，市井皆空，炎光腾辉，赫赫独绝世表。妙伎杂乐，亚于刘腾，城东士女多来此寺观看也。（《宗圣寺》）

> 时世好崇福，四月七日，京师诸像皆来此寺。尚书祠曹录像凡有一千余躯。至八日，以次入宣阳门，向阊阖宫前受皇帝散花。于时金花映日，宝盖浮云，幡幢若林，香烟似雾。梵乐法音，聒动天地。百戏腾骧，所在骈比。名僧德众，负锡为群；信徒法侣，持花成薮。车骑填咽，繁衍相倾。（《景明寺》）

> 四月初八日，京师士女，多至河间寺。观其廊庑绮丽，无

不叹息，以为蓬莱仙室，亦不是过。(《开善寺》)

从上面材料可以窥见当时佛事的兴盛，万人空巷，由于人数众多，缺乏疏通，甚至还发生了踩踏事件。另外，伽蓝不仅是僧尼进行佛事的场所，还承担娱乐功能，百姓可以在这里欣赏音乐、杂技、幻术等。这些都显示了北魏民众对佛教的极大热情。

## 三　僧尼众多，伽蓝兴盛

"晋世，洛中佛图有四十二所矣"[①]，迨北魏定鼎嵩洛之后，元魏皇室归心释教，佛教一时鼎盛。正是由于北魏统治者对佛教的极力提倡，举国民众多有对佛教的疯狂痴迷，北魏僧尼的数目从出家人数可以考知。自魏高宗文成帝拓跋濬即位，鉴于僧尼、伽蓝之数激增，于兴安元年（452）下诏：

> 沙门道士善行纯诚，惠始之伦，无远不至，风义相感，往往如林。夫山海之深，怪物多有，奸淫之徒，得容假托，讲寺之中，致有凶党。是以先朝因其瑕衅，戮其有罪。有司失旨，一切禁断。……今制诸州郡县，于众居之所，各听建佛图一区，任其财用，不制会限。其好乐道法，欲为沙门，不问长幼，出于良家，性行素笃，无诸嫌秽，乡里所明者，听其出家。率大州五十，小州四十人，其郡遥远台者十人。各当局分，皆足以化恶就善，播扬道教也。[②]

虽然规定如此，实际上"天下承风，朝不及夕，往时所毁图寺，

---

[①] （北齐）魏收：《魏书》，中华书局1975年版，第3029页。
[②] （北齐）魏收：《魏书》，中华书局1975年版，第3036页。

仍还修矣"。"自兴光至此,京城内寺新旧且百所,僧尼二千余人,四方诸寺六千四百七十八,僧尼七万七千二百五十八人。"① 其后,孝文帝太和十六年(492)诏曰:"四月八日、七月十五日,听大州度一百人为僧尼,中州五十人,下州二十人,以为常准,著于令。"次年,颁布《僧制》47条,对出家僧尼人数加以限制。但这些规定形同虚设,"至延昌中(512—515),天下州郡僧尼寺,积有一万三千七百二十七所,徒侣逾众"。② 及胡太后擅政,于熙平二年(517)春下诏曰:

> 年常度僧,依限大州应百人者,州郡于前十日解送三百人,其中州二百人,小州一百人。州统、维那与官及精练简取充数。若无精行,不得滥采。若取非人,刺史为首,以违旨论,太守、县令、纲僚节级连坐,统及维那移五百里外异州为僧。自今奴婢悉不听出家,诸王及亲贵,亦不得辄启请。有犯者,以违旨论。其僧尼辄度他人奴婢者,亦移五百里外为僧。僧尼多养亲识及他人奴婢子,年大私度为弟子,自今断之。有犯还俗,被养者归本等。寺主听容一人,出寺五百里,二人千里。私度之僧,皆由三长罪不及已,容多隐滥。自今有一人私度,皆以违旨论。邻长为首,里、党各相降一等。县满十五人,郡满三十人,州镇满三十人,免官,僚吏节级连坐。私度之身,配当州下役。③

从灵太后诏书中可以看出北魏僧尼泛滥,太守、县令等贪婪成性,渎职求利。可谓治丝益棼,愈治愈多。其后"时法禁宽褫,不能改肃也"。

朝廷惧怕僧尼冒滥,限制出家人数,这恰好和北魏提倡大法之

---

① (北齐)魏收:《魏书》,中华书局1975年版,第3039页。
② (北齐)魏收:《魏书》,中华书局1975年版,第3042页。
③ (北齐)魏收:《魏书》,中华书局1975年版,第3043页。

政策相违背。孝文帝承明元年（476）八月在平城永宁寺度男女为僧尼百有余人。又京兆王子元太兴请舍王爵为沙门，孝文南讨，在军诏皇太子于四月八日为之下发。① 孝文帝为求功德，亲度僧尼，则北魏皇室贵胄仿效者当亦不少。正是由于元魏统治者的提倡，北魏的僧尼数目呈井喷之势，伽蓝的数目也随之呈几何级数增长。《魏书·释老志》记曰：

  魏有天下，至于禅让，佛经流通，大集中国，凡有四百一十五部，合一千九百一十九卷。正光已后，天下多虞，王役尤甚，于是所在编民，相与入道，假慕沙门，实避调役，猥滥之极，自中国之有佛法，未之有也。略而计之，僧尼大众二百万矣，其寺三万有余。流弊不归，一至于此，识者所以叹息也。②

  正是由于北魏统治者的大力倡导，加上正光（520—525）以后，工役繁巨，编民相率遁入佛门，僧尼众多，伽蓝林立。《魏书·释老志》载有任城王元澄奏疏，详尽地描述了北魏伽蓝由少变多的过程和原因，此疏较长，今节录如下：

  仰惟高祖，定鼎嵩瀍，卜世悠远。虑括终台，制洽天人，造物开符，垂之万叶。故都城制云，城内唯拟一永宁寺地，郭内唯拟尼寺一所，余悉城郭之外。欲令永遵此制，无敢逾矩。……自迁都已来，年逾二纪，寺夺民居，三分且一。高祖立制，非徒欲使缁素殊途，抑亦防微深虑。世宗述之，亦不锢禁营福，当在杜塞未萌。今之僧寺，无处不有。或比满城邑之中，或连溢屠沽之肆，或三五少僧，共为一寺。梵唱屠音，连檐接响，像塔缠于

---

① （北齐）魏收：《魏书》，中华书局1975年版，第442页。
② （北齐）魏收：《魏书》，中华书局1975年版，第3048页。

## 第二章 《洛阳伽蓝记》的成书背景考

腥臊，性灵没于嗜欲，真伪混居，往来纷杂。下司因习而莫非，僧曹对制而不问。其于污染真行，尘秽练僧，薰莸同器，不亦甚欤！……①

北魏僧尼众多，泥沙俱下，薰莸同器。与之相应的是，洛阳伽蓝也成倍地增长，杨衒之知道的就有一千余所，在《洛阳伽蓝记序》中杨衒之说：

至于晋永嘉，唯有寺四十二所。逮皇魏受图，光宅嵩洛，笃信弥繁，法教愈盛。王侯贵臣，弃象马如脱屣；庶士豪家，舍资财若遗迹。于是昭提栉比。宝塔骈罗，争写天上之姿，竞摹山中之影。金刹与灵台比高，广殿共阿房等壮。岂直木衣绨绣，土被朱紫而已哉！暨永熙多难，皇舆迁邺，诸寺僧尼，亦与时徙。至武定五年，岁在丁卯，余因行役，重览洛阳。城郭崩毁，宫室倾覆，寺观灰烬，庙塔丘墟，墙被蒿艾，巷罗荆棘。野兽穴于荒阶，山鸟巢于庭树。游儿牧竖，踯躅于九逵；农夫耕老，艺黍于双阙。始知麦秀之感，非独殷墟，黍离之悲，信哉周室！京城表里，凡有一千余寺，今日寥廓，钟声罕闻。恐后世无传，故撰斯记。②

在这里，杨衒之亲历了洛阳寺庙由盛入衰的过程。武定五年（547），杨衒之徘徊于洛阳城残垣断壁之间，"麦秀之感"，"黍离之悲"，涌上心头。洛阳昔日的一千余寺，钟声罕闻。衒之恐后世再也无法了解这些寺庙的情形，带着感伤和深情的笔触描写了瑰丽多彩的洛阳伽蓝。

---

① （北齐）魏收：《魏书》，中华书局 1975 年版，第 3044—3045 页。
② （北魏）杨衒之撰，周祖谟校释：《洛阳伽蓝记校释》，中华书局 2010 年版，第 22—25 页。

正是由于北魏统治者对佛教的大力推崇，使得洛阳僧侣和寺庙的数量激增。洛阳伽蓝的兴盛和北魏政权的兴衰息息相关。为了忠实地记录当时民众的精神生活情况，保存洛阳伽蓝逝去的印象，杨衒之用其如椽大笔在中古史上留下了一部不朽的名著。

## 第二节　京都大赋的影响

京都大赋是东汉魏晋时期辞赋最引人关注的地方，《文选》就有班固的《两都赋》，张衡的《西京赋》《东京赋》《南都赋》，左思的《蜀都赋》《吴都赋》《魏都赋》。京都大赋对杨衒之《洛阳伽蓝记》的影响主要体现在以下几个方面。

### 一　中原正统意识的影响

王国维在《殷周制度论》中说："都邑者，政治与文化之标征也。"[①] 都城建于何地，所关甚大，古人一开始就有一种"王者必即土中"[②] 的思想，即国都必须建立在天下的中心，也就是说建立在以中原为中心的黄河中下游地区。在"王者必即土中"的中原地理正统观念影响下，自周秦以来就把是否拥有中原地区作为一个政权有无合法性的重要依据之一。[③] 洛阳素有"十省通衢"之称，位于洛水之北，水之北乃谓"阳"，故名洛阳，又称雒阳、雒邑、京洛和洛城，因境内有伊、洛两水，也称伊洛。洛阳地处中原，境内山川纵横，西依秦岭，过函谷关便是辽阔的关中平原，东临嵩岳，北靠太行，又有黄河天险，南望伏牛山，有"河山拱戴，形势甲于天下"

---

[①] 王国维：《殷周制度论》，《观堂集林》，中华书局1959年版，第451页。
[②] （汉）班固：《白虎通德论》卷三《京师》，四部丛刊本。
[③] 汪文学：《中国人的精神传统》，武汉大学出版社2012年版，第100—101页。

之说。以洛阳为中心的河洛流域地区是华夏文明发源地，伏羲、女娲、黄帝、唐尧、虞舜、夏禹等传说多和洛阳有关。同时，洛阳也是中国最为古老的帝都王城，"中华""中原""中土""中国""中州""华夏"等称谓均源自古老的河洛文明。

关于政治区域正统地位的争论，西汉司马相如（176—117）的《子虚赋》《上林赋》已开其端，褒中央而贬藩国。至东汉时期，国都应定鼎于何处，是长安还是洛阳，何处才是守国之正统，成为京都大赋最为关心的问题，如东汉杜笃（？—78）献《论都赋》，假主客问答以论都洛只是权宜之计，长安才是"帝王之渊囿，而守国之利器"，认为应建都西京，不宜改营洛邑。这可能是当时社会上最引起热议的话题。然自班固（32—92）以来，辞赋主题由以前的褒中央而贬藩国则转变为美东京而贬西京。班固有鉴于当时"盛称长安旧制，有陋洛邑之议"，作《两都赋》，"以极众人之眩耀，折以今之法度"，在《两都赋》里班固将西都长安和东都洛阳进行了对比：

> 且夫僻界西戎，险阻四塞，修其防御。孰与处乎土中，平夷洞达，万方辐凑？秦岭、九嵕，泾、渭之川，曷若四渎、五岳，带河溯洛，图书之渊？建章、甘泉，馆御列仙，孰与灵台、明堂，统和天人？太液、昆明，鸟兽之囿，曷若辟雍海流，道德之富？游侠逾侈，犯义侵礼，孰与同履法度，翼翼济济也？子徒习秦阿房之造天，而不知京洛之有制也；识函谷之可关，而不知王者之无外也。①

在这里东都主人将两都的地势、交通、建筑、道德、礼法进行了全方位对比，盛赞建都洛邑"即土之中，有周成隆平之制焉"，既有历史的传承，又有新的文明的创造，"然后增周旧，修洛邑，扇魏

---

① （南朝梁）萧统：《文选》，上海古籍出版社1986年版，第38—39页。

魏，显翼翼，光汉京于诸夏，总八方而为之极"。在这里，班固以洛阳为正统文明的中心，传递了当时精英阶层对洛邑文明的认可。

继班固以后，东汉文学家张衡（78—139）创作了《二京赋》。在《西京赋》里，张衡假托凭虚公子叙述了长安宫室的辉煌和后宫的侈靡，展现了一幅富贵繁盛、穷奢极欲的京都景象，寓讥讽于极度的夸张描写之中，显示出张衡的否定态度。和长安权贵的骄奢淫逸不同，"高祖都西而泰，光武处东而约"。以此对比，《东京赋》则借安处先生对东都城市宫殿的描绘，陈述了朝会、祭祀、亲农、大射、猎、大傩的盛典，赞扬了东汉君主崇尚懿德、修饬政教的政治成就。在这里也显示了张衡对洛邑文明的认可。

到了西晋，左思的《三都赋》也同样延续了这一主题。《三都赋》先是借西蜀公子之口揭橥"河洛为王者之里"的大义，后又假托魏国先生之口，批评了西蜀公子与东吴王孙夸耀自己的国都，提出"正位居体者，以中夏为喉，不以边垂为襟也；长世字甿者，以道德为藩，不以袭险为屏也"。只有位于中夏襟喉和占领道德制高点的河洛才是"正朔"之所在。

北魏孝文帝迁都洛阳后极力推行汉化，不遗余力地褒崇中原的礼乐制度，确立了汉族士大夫的文化地位，增强了鲜卑与汉族的凝聚力，洛阳随即成为北方的政治文化中心，吸引了大批的北方文士。当时大量的南朝人物和外国人也因各种机缘进入洛阳，出现了专门安置四方人士的市里：

> 永桥以南，圜丘以北，伊、洛之间，夹御道，东有四夷馆，一名金陵，二名燕然，三名扶桑，四名崦嵫。道西有四里，一曰归正，二曰归德，三曰慕化，四曰慕义。吴人投国者，处金陵馆。三年已后，赐宅归正里。……东夷来附者，处扶桑馆，赐宅慕化里。西夷来附者处崦嵫馆，赐宅慕义里。自葱岭已西，至于大秦，

百国千城，莫不款附。商胡贩客，日奔塞下，所谓尽天地之区已。乐中国土风因而宅者，不可胜数。是以附化之民，万有余家。①

在这里，北魏统治者俨然以正统自居，设立金陵、燕然、扶桑、崦嵫四馆来安处投奔北魏的四方民众，并设立归正、归德、慕化、慕义四里来赐给定居洛阳的人士。从他们设立的"归正""归德""慕化""慕义"的名称可以看出，出身于拓跋鲜卑的北魏帝王是何等的自信与傲慢！

大量人口的涌入，使洛阳成为国际化的大都市。各种文化思想也因此在这里激越碰撞，尤其是北朝士人和南朝士人的正统争论就成了不可回避的问题，《洛阳伽蓝记》卷三就记载了陈庆之和杨元慎的"正朔"之争：

> 永安二年萧衍遣主书陈庆之送北海入洛阳僭帝位。庆之为侍中。景仁在南之日与庆之有旧，遂设酒引邀庆之过宅。司农卿萧彪、尚书右丞张嵩并在其座，彪亦是南人。唯有中大夫杨元慎、给事中大夫王昫是中原士族。庆之因醉谓萧张等曰："魏朝甚盛，犹曰五胡。正朔相承，当在江左。秦皇玉玺，今在梁朝。"元慎正色曰："江左假息，僻居一隅，地多湿垫，攒育虫蚁，疆土瘴疠，蛙黾共穴，人鸟同群。短发之君，无杅首之貌；文身之民，禀蕞陋之质。浮于三江，棹于五湖。礼乐所不沾，宪章弗能革。虽复秦余汉罪，杂以华音，复闽楚难言，不可改变。虽立君臣，上慢下暴。是以刘劭杀父于前，休龙淫母于后，见逆人伦，禽兽不异。加以山阴请婿卖夫，朋淫于家，不顾讥笑。卿沐其遗风，未沾礼化，所谓阳翟之民不知瘿之为丑。我

---

① （北魏）杨衒之撰，周祖谟校释：《洛阳伽蓝记校释》，中华书局2010年版，第114—117页。

魏膺箓受图，定鼎嵩洛，五山为镇，四海为家。移风易俗之典，与五帝而并迹；礼乐宪章之盛，凌百王而独高。"①

在这里陈庆之以秦皇玉玺尚在梁朝这一法宝证明其正统性。有趣的是，身为中原汉族的杨元慎则据北魏定都嵩洛、地域辽阔、风雅音正、礼乐宪章兴盛来证明其正统性；反而指斥汉族统治者君临的南朝地处偏狭、风俗僻陋、乱伦悖逆，非正朔所在。

杨衒之的《洛阳伽蓝记》自觉接受了京都大赋以中原为正统的意识，主要体现在这几个方面：

首先，北魏建都洛阳，在地理位置上居于中都，是"正朔"之所在，魏人具有强烈的自豪感和优越性，从神龟（518—520）中常景所撰写的《汭颂》中可见一斑：

浩浩大川，泱泱清洛，导源熊耳，控流巨壑。纳榖吐伊，贯周淹亳。近达河宗，远朝海若。兆维洛食，实曰土中。上应张柳，下据河嵩。寒暑攸叶，日月载融。帝世光宅，函夏同风。前临少室，却负太行。制岩东邑，峭岠西疆。四险之地，六达之庄。恃德则固，失道则亡。详观古列，考见《丘》《坟》。乃禅乃革，或质或文。周余九裂，汉季三分。魏风衰晚，晋景凋瞵。天地发挥，《图》《书》受命。皇建有极，神功无竞。魏箓仰天，玄符握镜。玺运会昌，龙《图》受命。乃眷书轨，永怀保定。敷兹景迹，流美洪模。袭我冠冕，正我神枢。水陆兼会，周郑交衢。爰勒洛汭，敢告中区。②

---

① （北魏）杨衒之撰，周祖谟校释：《洛阳伽蓝记校释》，中华书局2010年版，第90—91页。
② （北魏）杨衒之撰，周祖谟校释：《洛阳伽蓝记校释》，中华书局2010年版，第113—134页。

常景作此颂，《魏书》本传曰："景经洛汭，乃作铭焉"①，但未载全文。常景的《汭颂》全录于《洛阳伽蓝记》卷三"龙华寺"条，足见杨衒之对此颂的爱重。常景根据洛阳实处"土中"的优越地位和"魏箓仰天"的政治优势宣告元魏的正统地位。杨衒之全录此颂，说明常景的《汭颂》也代表了北魏中原汉族士人认可拓跋魏政权的普遍看法。

其次，北魏皇室对华夏文化的认同增强了中原士族对元魏政权的凝聚力，除了上面的记载外，杨衒之还特地从两个方面加强这一意识。一是在《龙华寺》条记载寿阳公主一事来赞颂其节操：

> 时尔朱世隆专权，遣取公主至洛阳，世隆逼之。公主骂曰："胡狗，敢辱天王女乎！我宁受剑而死，不为逆胡所污。"世隆怒之，遂缢杀之。②

尔朱氏的先代世居于尔朱川（今山西北部）一带，遂以居住地为氏。尔朱氏是"契胡"的一支，和后赵的石勒、石虎同出一源。尔朱氏"常领部落，世为酋帅"。在尔朱荣的高祖尔朱羽健为秀容酋长时，恰逢拓跋珪入侵中原，羽健"率契胡武士千七百人从驾平晋阳，定中山，论功拜散骑常侍"③，为北魏定鼎中原立下汗马功劳。到尔朱荣祖父尔朱代勤时，其外甥女又做了魏太武帝拓跋焘的皇后。到尔朱荣时，"世为第一领民酋长，博陵郡公，部落八千余，家有马数万匹，富等天府"。其后尔朱荣入洛，威势如日中天。且尔朱氏与北魏皇室多次通婚，可见尔朱氏在北魏政权体系中有举足轻重的地位。但当尔朱世隆（尔朱荣从弟）欲侵犯寿阳公主时，同为胡人

---

① （北齐）魏收：《魏书》，中华书局1975年版，第1804页。
② （北魏）杨衒之撰，周祖谟校释：《洛阳伽蓝记校释》，中华书局2010年版，第58页。其中"我宁受剑而死，不为逆胡所污"据《津逮祕书》本补。
③ （北齐）魏收：《魏书》，中华书局1975年版，第1643页。

（鲜卑）的寿阳公主却叱骂世隆为"胡狗""逆胡"，颇有讽刺意义。杨衒之在书中对正义凛然的寿阳公主寄予了无限的同情，对元魏皇室的正统地位是认可的。

另一个就是借助陈庆之来宣扬北魏的正统地位。杨衒之选择陈庆之颇有用意。据《南史》、《梁书》本传，陈庆之虽出身寒门，但深受梁武帝萧衍的倚重。《梁书》本传曰"陈庆之有将略，战胜攻取，盖颇、牧、卫、霍之亚欤。庆之警悟，早侍高祖，既预旧恩，加之谨肃，蝉冕组佩，亦一世之荣矣"；"庆之性祗慎，衣不纨绮，不好丝竹，射不穿札，马非所便，而善抚军士，能得其死力。"《南史》曰："陈庆之初同燕雀之游，终怀鸿鹄之志，及乎一见任委，长驱伊、洛。前无强阵，攻靡坚城，虽南风不竞，晚致倾覆，其所克捷，亦足称之。"萧衍则褒奖陈庆之的战功，下手诏曰："（庆之）本非将种，又非豪家，觖望风云，以至于此。可深思奇略，善克令终。开朱门而待宾，扬声名于竹帛，岂非大丈夫哉！"① 可以说陈庆之不仅以其文韬武略显名于萧梁，且又有入北魏的经历，故杨衒之就以陈庆之之口为北魏的正统地位张目。

其庆之还奔萧衍，衍用其为司州刺史，钦重北人，特异于常。朱异怪，复问之。曰："自晋、宋以来，号洛阳为荒土，此中谓长江以北尽是夷狄。昨至洛阳，始知衣冠士族并在中原。礼仪富盛，人物殷阜，目所不识，口不能传。所谓帝京翼翼，四方之则。如登泰山者卑培塿，涉江海者小湘、沅。北人安可不重？"庆之因此羽仪服式悉如魏法。江表士庶竞相模楷，褒衣博带，被及秣陵。②

---

① （唐）姚思廉：《梁书》，中华书局1973年版，第460—461页。
② 周祖谟：《洛阳伽蓝记校释》，中华书局2010年版，第93页。

## 第二章 《洛阳伽蓝记》的成书背景考

杨衒之叙述了陈庆之回到萧梁后敬重北人的情况，极力夸赞在洛阳时见到"衣冠士族并在中原，礼仪富盛，人物殷阜"，并进而交代陈庆之按照魏法袭用其羽仪服式，"江表士庶竞相模楷，褒衣博带，被及秣陵"。利用陈庆之这种难得的广告触媒，说明北魏服饰风靡江左，实有夸大其事的嫌疑，然北魏的文明制度和正统地位自不待言。

在《洛阳伽蓝记》里，这种标榜元魏正统地位的叙述触处皆是。很明显，京都大赋的中原正统意识对杨衒之产生了重要影响。北魏定都洛阳，在争夺正统方面相对于文化正统的南朝自然有其优势。值得提出的是，杨衒之之所以如此自觉地接受氏出鲜卑的元魏皇室为正统的一个重要原因，就是涉及汉化的问题。陈寅恪先生揭橥其义，"全部北朝史中凡关于胡汉之问题，实一胡化汉化之问题，而非胡种汉种之问题。当时之所谓胡人汉人，大抵以胡化汉化而不以胡种汉种为分别，即文化之关系较重，种族之关系较轻，所谓有教无类者也"[①]。在《唐代政治史述论稿》中，陈寅恪对其"种族（民族）与文化"观又加以进一步阐述，"汉人与胡人之分别，在北朝时代文化较血统尤为重要。凡汉化之人即目为汉人，凡胡化之人即目为胡人，其血统如何，在所不论"，"此为北朝汉人、胡人之分别，不论其血统，只视其所受教化为汉抑为胡而定之确证，诚可谓'有教无类'矣"[②]。由于"自鲜卑拓拔部落侵入中国统治北部之后，即开始施行汉化政策，如解散部落同于编户之类，其尤显著之例也。此汉化政策其子孙遵行不替，及魏孝文帝迁都洛阳，其汉化程度更为增高，至宣武、孝明之世，则已达顶点"[③]。正是由于元魏皇室自侵入中原以后就积极地施行汉化政策，认同中原文化并自觉地向中原文化靠拢，自然赢得了中原士族的衷心拥护；再加上孝文帝"迁

---

[①] 陈寅恪：《隋唐制度渊源略论稿》，上海古籍出版社1980年版，第50页。
[②] 陈寅恪：《唐代政治史述论稿》，上海古籍出版社1997年版，第16—17页。
[③] 陈寅恪：《唐代政治史述论稿》，生活·读书·新知三联书店2009年版，第197页。

51

都洛阳乃北魏汉化政策中一大关键"①，为其正统地位进一步加分，杨衒之才在《洛阳伽蓝记》中三致其意，不仅表达了乃心王室的拳拳之意，同时也认可了定鼎中原、定都洛阳的元魏之正统地位。

## 二 美讽兼有主旨的确立

京都大赋以国家都城为描写对象，运用铺排夸饰的手法盛赞都城的繁华富丽。自扬雄的《蜀都赋》后，班固、张衡、左思相继有作。扬雄提出赋的内容就是要求美须与善统一，即"丽以则"，文"丽"而有"用"，重视赋的讽谏意义。班固在《汉书·司马相如传》中说道："相如虽多虚辞滥说，然要其归引之于节俭。"也强调赋应起到讽的作用。张衡则在《东京赋》的末尾写道：

> 苟好剿民以媮乐，忘民怨之为仇也；好殚物以穷宠，忽下叛而生忧也。夫水所以载舟，亦所以覆舟。坚冰作于履霜，寻木起于蘖栽。昧旦丕显，后世犹怠。况初制于甚泰，服者焉能改裁？故相如壮《上林》之观，扬雄骋《羽猎》之辞，虽系以隤墙填堑，乱以收罝解罘，卒无补于风规，只以昭其愆尤。②

在《东京赋》里张衡虽然描摹了东京洛阳的富丽豪华，也抨击了皇族的骄奢淫逸、百官豪强们奢靡淫乐。可以说，自扬雄以来，京都大赋既有歌颂都城宏大气势的一面，又有讽谏统治者应克勤克俭的一面，这种美讽兼有的主旨也为杨衒之所继承。

首先说"美"，杨衒之作为北魏旧臣，从内心来说，对覆亡的北魏怀着孤臣孽子的系念之情。

---

① 陈寅恪：《隋唐制度渊源略论稿》，生活·读书·新知三联书店2009年版，第46页。
② （南朝梁）萧统：《文选》，上海古籍出版社1986年版，第131—132页。

至武定五年，岁在丁卯，余因行役，重览洛阳。城郭崩毁，宫室倾覆，寺观灰烬，庙塔丘墟，墙被蒿艾，巷罗荆棘。野兽穴于荒阶，山鸟巢于庭树。游儿牧竖，踯躅于九逵；农夫耕老，艺黍于双阙。麦秀之感，非独殷墟；黍离之悲，信哉周室！京城表里凡有一千余寺，今日寮廓，钟声罕闻。恐后世无传，故撰斯记。①

恰如美国学者余国藩评价司马迁及其《史记》是"以文字对抗时间的毁灭性"那样，杨衒之也是以其饱含感情的文字对抗元魏一切事物的毁灭。北魏王朝，自道武帝拓跋珪登国元年（386）建代国，至永熙三年（534）孝武帝元脩遇弑，跨越149年。纷繁复杂的人事如何保存呢？洛阳作为北魏的政治、经济、文化中心，而北魏的佛教多由最高统治者极力扶持，具有"国教"的特点。因此，"洛阳的伽蓝旧貌不仅是佛教隆盛的象征，而且是北魏国运的象征。正是由于这种双重的象征性，他处理主要记述对象——洛阳伽蓝时，保存之心胜过审判之意"。② 杨衒之正是选择洛阳和寺庙作为两个关键的切入点来记载已经毁灭的北魏史事。

首先，从杨衒之对于元魏政权的称呼来看其歌颂之意：

逮皇魏受图，光宅嵩洛，笃信弥繁，法教逾盛。（《序》）
今家国隆替，在卿与我，若天道助顺，誓兹义举，则皇魏宗社与运无穷。（卷一《永宁寺》）
自我皇魏之有天下也，累圣开辅，重基衍业；奄有万邦，光宅四海。（卷二《平等寺》）

---

① （北魏）杨衒之撰，周祖谟校释：《洛阳伽蓝记校释》，中华书局2010年版，第24—25页。
② 曹虹：《〈洛阳伽蓝记〉新探》，《文学遗产》1995年第4期。

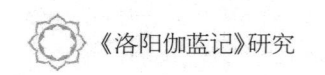

> 至赤岭，即国之西疆也，皇魏关防正在于此。（卷五《凝玄寺》）
>
> 见大魏使人，再拜跪受诏书。（卷五《凝玄寺》）
>
> 国王见宋云，云大魏使来，膜拜受诏书。（卷五《凝玄寺》）

从"皇魏""大魏"的称呼中可以看出杨衒之对北魏由衷的热爱与景仰。

其次，杨衒之还通过对洛阳伽蓝的描写，抒发其大魏佛国自豪之情，如《永宁寺》条：

> 时有西域沙门菩提达摩者，波斯国胡人也。起自荒裔，来游中土。见金盘炫日，光照云表；宝铎含风，响出天外。歌咏赞叹，实是神功。自云："年一百五十岁，历涉诸国，靡不周遍。而此寺精丽，阎浮所无也。极佛境界，亦未有此！"口唱南无，合掌连日。①

永宁寺是北魏在洛阳营建的著名皇家佛寺，其规制宏阔，以木构佛塔为世瞩目，堪称中国建筑史上的奇迹。由孝文帝最初规划，建于孝明帝熙平元年（516），胡太后极力赞成。由于元魏皇室的积极筹划，永宁寺成为洛阳城内佛寺建筑的最杰出代表，象征着至高无上的皇权，也是北魏强大国力的集中体现。杨衒之不仅详细地描写了永宁寺的建筑特色，还通过达摩之口称赞"此寺精丽，阎浮所无也，极佛境界，亦未有此"，其自豪之情溢于言表，再如《景明寺》条：

---

① （北魏）杨衒之撰，周祖谟校释：《洛阳伽蓝记校释》，中华书局2010年版，第11—12页。

## 第二章 《洛阳伽蓝记》的成书背景考

> 景明寺，宣武皇帝所立也。……其寺东西南北，方五百步。前望嵩山、少室，却负帝城，青林垂影，绿水为文。形胜之地，爽垲独美。山悬堂观，光盛一千余间。复殿重房，交疏对霤，青台紫阁，浮道相通，虽外有四时，而内无寒暑。房檐之外，皆是山池，竹松兰芷，垂列堦墀，含风团露，流香吐馥。至正光年中，太后始造七层浮图一所，去地百仞，是以邢子才碑文云"俯闻激电，旁属奔星"是也。庄饰华丽，侔于永宁。金盘宝铎，焕烂霞表。寺有三池，萑蒲菱藕，水物生焉。或黄甲紫鳞，出没于繁藻，或青凫白雁，浮沈于绿水石䃭碢舂簸，皆用水功。伽蓝之妙，最得称首。时世好崇福，四月七日，京师诸像皆来此寺。尚书祠曹录像凡有一千余躯。至八日，以次入宣阳门，向阊阖宫前受皇帝散花。于时金花映日，宝盖浮云，幡幢若林，香烟似雾。梵乐法音，聒动天地，百戏腾骧，所在骈比。名僧德众，负锡为群；信徒法侣，持花成薮。车骑填咽，繁衍相倾。时有西域胡沙门见此，唱言佛国。①

景明寺，宣武帝所立。和永宁寺一样，也是皇家寺院，"妆饰华丽，侔于永宁"，是昭示北魏强大国力的一个样本。杨衒之描写了其环境和建筑以及佛事活动，并交代"西域胡沙门见此，唱言佛国"，在这里，也显示了杨衒之对北魏国力的自信与骄傲。又卷5云：

> 十二月初，入乌场国。……国王见宋云，云大魏使来，膜拜受诏书。闻太后崇奉佛法，即面东合掌，遥心顶礼。遣解魏语人问宋云曰："卿是日出人也？"宋云答曰："我国东界有大海水，日出其中，实如来旨。"王又问曰："彼国出圣人否？"宋云具说

---

① （北魏）杨衒之撰，周祖谟校释：《洛阳伽蓝记校释》，中华书局2010年版，第97—99页。

周、孔、庄、老之德，次序蓬莱山上银阙金堂，神仙圣人并在其上；说管辂善卜，华陀治病，左慈方术，如此之事，分别说之。王曰："若如卿言，即是佛国。我当命终，愿生彼国。"①

在这里，乌场国国王称宋云为"日出人"，为"圣人"所出之地，北魏为"佛国"，并发愿来世投生中土。可见杨衒之对异域之人乐于称道北魏为"极佛境界"和"佛国"是认可的，有赞颂的成分，这些都是作者对京都大赋美颂传统的自觉接受。

但物极必反，北魏统治者为求死后的福报，不恤民力，穷奢极侈，竭力营造伽蓝。据《魏书·任城王澄传》载："灵太后锐于缮兴，在京师则起永宁、太上公等佛寺，功费不少，外州各造五级佛图。又数为一切斋会，施物动至万计。百姓疲于土木之功，金银之价为之踊上，削夺百官事力，费损库藏，兼曲赉左右，日有数千。"②

为了追求来世的福报，北魏统治者竞相兴造伽蓝。"金刹与灵台比高，广殿共阿房等壮"，何其奢侈靡费！杨衒之对北魏统治者委婉地提出了批评，颇有"讽"的味道。如果说在《洛阳伽蓝记》里，杨衒之这种"讽"的意味是比较隐晦的，那么在其《上东魏主启》中就是激烈的：

释教虚诞，有为徒费，无执戈以卫国，有饥寒于色养。逃役之流，仆隶之类，避苦就乐，非修道者，又佛言有为虚妄，皆是妄想，道人深知佛理，故违虚其罪。（启又广引财事乞贷贪积无厌，又云）读佛经者，尊同帝王；写佛画师，全无恭敬。

---

① （北魏）杨衒之撰，周祖谟校释：《洛阳伽蓝记校释》，中华书局2010年版，第185—186页。
② （北齐）魏收：《魏书》，中华书局1975年版，第480页。

请沙门等同孔老拜俗,班之国史,行多浮险者。乞立严勒,知其真伪。然后佛法可导,师徒无滥,则逃兵之徒,还归本役,国富兵多,天下幸甚。①

兴造伽蓝,必然要加重百姓的赋税,征调民工;除此之外,北魏二百万之众的僧尼游手而食,更需要百姓的供养,北魏民众的负担之重可以想见。为了逃避租税力役,百姓纷纷逃入佛门。故天下愈乱,则出家者益众;出家人益众,百姓负担愈重,天下愈乱。如此恶性循环,严重削弱了北魏的统治基础。

不仅如此,除了修建寺庙之外,北魏统治阶级还耽于享乐,追求奢靡生活。杨衒之在《开善寺》条记载:

> 当时四海晏清,八荒率职,缥囊纪庆,玉烛调辰,百姓殷阜,年登俗乐。鳏寡不闻犬豕之食,茕独不见牛马之衣。于是帝族王侯、外戚公主,擅山海之富,居川林之饶,争修园宅,互相夸竞。崇门丰室,洞户连房,飞馆生风,重楼起雾,高台芳榭,家家而筑;花林曲池,园园而有。莫不桃李夏绿,竹柏冬青。②

此时北魏处于经济上升时期,"四海晏清,八荒率职",风调雨顺,百姓富足;"鳏寡不闻犬豕之食,茕独不见牛马之衣",一派太平雍熙景象。自入洛阳以来,鲜卑贵族们已经逐渐完成了汉化。汉人华贵的礼仪制度、精美的建筑文化、精致的文化生活,对这些来自漠北逐水草而居的鲜卑贵族具有难以抗拒的吸引力。他们竞相攀比,大起楼阁,修筑园林,于是:

---

① (唐) 释道宣:《广弘明集》,卷六,《四部丛刊》本。
② (北魏) 杨衒之撰,周祖谟校释:《洛阳伽蓝记校释》,中华书局 2010 年版,第148—151页。

而河间王琛最为豪首,常与高阳争衡,造文柏堂,形如徽音殿。置玉井金罐,以金五色绩为绳。妓女三百人,尽皆国色。……琛在秦州,多无政绩,遣使向西域求名马,远至波斯国。得千里马,号曰"追风赤骥"。次有七百里者十余匹,皆有名字。以银为槽,金为环锁,诸王服其豪富。琛常语人云:"晋室石崇,乃是庶姓,犹能雉头狐腋,画卯雕薪;况我大魏天王,不为华侈?"造迎风馆于后园,窗户之上,列钱青琐,玉凤衔铃,金龙吐佩。素柰朱李,树条入檐,伎女楼上,坐而摘食。琛常会宗室,陈诸宝器,金瓶银瓮百余口,瓯檠盘盒称是。自余酒器,有水晶钵、玛瑙琉璃碗、赤玉卮数十枚。作工奇妙,中土所无,皆从西域而来。又陈女乐及诸名马,复引诸王按行府库,锦罽珠玑,冰罗雾縠,充积其内。绣缬、䌷绫、丝彩、越葛、钱绢等,不可数计。琛忽谓章武王融曰:"不恨我不见石崇,恨石崇不见我!"融立性贪暴,志欲无限,见之忱叹,不觉生疾。还家卧三日不起。江阳王继来省疾,谓曰:"卿之财产,应得抗衡,何为叹羡,以至于此?"融曰:"常谓高阳一人,宝货多于融,谁知河间,瞻之在前。"继笑曰:"卿欲作袁术之在淮南,不知世间复有刘备也?"融乃蹶起,置酒作乐。①

在众多炫富的北魏贵族中,杨衒之选取了河间王元琛和章武王元融比富,江阳王元继从中调停的故事。描述生动,与刘义庆《世说新语·汰侈》篇描写石崇和王恺争豪一事颇为相似。"历览前贤国与家,成由勤俭败由奢。"正是由于统治者耽于安逸享受,不恤民力,官逼民反,北魏一朝农民、僧徒起义②史不绝书。

---

① (北魏)杨衒之撰,周祖谟校释:《洛阳伽蓝记校释》,中华书局2010年版,第148—151页。
② 关于北魏沙门起义之事,可参看汤用彤《北朝对于僧伽之限制》,《汉魏两晋南北朝佛教史》(增订本),北京大学出版社2011年版,第290页。

这里必须要指出的是元魏皇室推行汉化政策乃是一柄双刃剑。陈寅恪先生就说道："故自宣武以后，洛阳之汉化愈深，而腐化乃愈甚，其同时之代北六镇保守胡化亦愈固，即反抗洛阳之汉化腐化力因随之而益强。"① 陈寅恪先生以其敏锐的学术视觉指出了元魏灭亡的本质原因，这也可从《魏书·韩麒麟传》中得到印证：

  自承平日久，丰穰积年，竞相矜夸，遂成侈俗。车服第宅，奢僭无限；丧葬婚娶，为费实多；贵富之家，童妾袨服；工商之族，玉食锦衣。农夫餔糟糠，蚕妇乏短褐。②

  贫富悬殊，民怨沸腾，洛都贵族们依然沉浸在歌舞升平、纸醉金迷的生活之中，坐在即将喷发的火山口上却不自知。代北诸镇的尔朱荣等乘机兴兵为乱，腐化堕落的北魏政权不堪一击，风雨飘摇。至孝武帝永熙三年（534），高欢举兵南下，攻破洛阳，北魏灭亡。在这里，杨衒之用冷峻的笔调描写他们的奢靡生活，讽喻之意，暗含其中。

  总之，对洛阳的寺宇，杨衒之的心情是复杂和矛盾的：既有对北魏洛阳伽蓝富丽精工的由衷赞美，又有对北魏贵族们不恤民力、穷极奢侈的讽喻，这正是杨衒之对京都大赋美讽兼有主旨的借鉴。基于此，京都大赋美讽兼有的创作主旨乃是《洛阳伽蓝记》成书的背景之一。

## 第三节 地志创作的兴起

  在我国古代，舆地学是历史学的一个重要方面。司马迁《史记·河渠书》只记录河渠而已。其后，刘向简略交代地域，丞相张禹使朱贡条记风俗，班固因之，《汉书》著有《地理志》，这是地志方面

---

① 陈寅恪：《隋唐制度渊源略论稿》，生活·读书·新知三联书店2009年版，第48页。
② （北齐）魏收：《魏书》，中华书局1974年版，第1333页。

的一个进展。魏晋以还,地学蔚兴。南北朝时期,撰写地志成为当时学者的一种风尚。为考见地志情形,现摘录宋王应麟《玉海》卷15所载:

《隋·艺文志》:晋世,挚虞依《禹贡》《周官》作《畿服经》,其州郡及县分野封略事业,国邑山陵水泉,乡亭城郭道里土田,民物风俗,先贤旧好,靡不具悉。凡一百七十卷,今亡。齐陆澄聚一百六十家之说,依其前后远近,编而为部,谓之《地理书》。《隋志》二百四十九卷,澄合《山海经》已来一百六十家,以为此书。《唐志》:邓基、陆澄《地理志》一百五十卷,《隋志》又有陆澄《地理书抄》二十卷。《南史》庾仲容众家地理书二十卷。《选注》引刘澄之《地理书》。任昉又增陆澄之书八十四家,谓之《地记》。《志》二百五十二卷,又《书抄》九卷,《唐志》同。陈顾野王抄撰众家之言,作《舆地志》三十卷。《文选注》引之。隋大业中,诏天下诸郡,条其风俗物产地图,上于尚书。故隋代有《诸郡物产土俗记》一百五十一卷、《区宇图志》一百二十九卷,崔祖浚、姚思廉修,广三尺,从三丈三尺。明九域山川之要,究五方风俗之宜。崔赜传大业五年受诏与诸儒撰《区宇图志》二百五十卷。帝更令虞世基、许善心行为六百卷。《诸州图经集》《唐志》云《隋图经集记》一百卷。郎蔚之撰,即郎茂。其余记注甚众。今任、陆二家所记之内而又别行者,各录在其书之上,自余次之于下。陆澄书见存别部自行者唯四十二家。《山海经》《水经黄图》《洛阳记》二、《洛阳宫殿簿》《洛城图》《述征记》《西征记》《娄地记》《风土记》《吴兴记》《吴郡记》《京口记》《南徐州记》《會稽土地记》《會稽记》《隋王入沔记》《荆州记》《神壤记》《豫章记》《蜀王本纪》《三巴记》《珠崖》《陈留风俗》《邺中记》《春秋土地名》《衡山记》《游名山志》《圣贤冢墓记》《佛国记》《游行外国》《交州以南外国》《十洲记》《神异经》《异物志》《南州异物志》《蜀志》《发蒙记》任昉书见存别部行者唯十二家。《三辅故事》《湘州记》《吴郡记》《日南》《江记》《汉水记》《居名山志》《西征记》《庐山南陵云精舍记》《永初山川古今记》《元康三年地记》《司州记》《并帖省置诸郡旧事》地理一百三十九部,一千四百三十二卷。通计亡书合一百四十部,一千四百三十四卷。①

---

① (宋)王应麟:《玉海》,江苏古籍出版社、上海书店1987年版,第286页。按:《玉海》此段抄自《隋书·经籍志二》,小字系王应麟所注,故征引及之。

隋代著录地志方面的书籍就有 139 部 1432 卷，而散亡之书有 140 部 1434 卷，可谓蔚为大观。从《玉海》所征引的文献中可以看出当时地志各体皆备：有专记州郡的（《吴郡记》《会稽记》《荆州记》《司州记》《豫章记》），有专记都城的（《京口记》《洛阳记》《邺中记》），有专记名山的（《衡山记》《居名山志》《永初山川古今记》），有专记河流的（《水经黄图》《江记》《汉水记》），有兼记风俗人情的（《风土记》《陈留风俗》），有记外域风情的（《游行外国》《交州以南外国》），更有专记佛国、精舍的（《佛国记》《庐山南陵云精舍记》）。这些林林总总的地记，尤其是《洛阳记》《洛阳宫殿簿》《洛城图》《佛国记》《庐山南陵云精舍记》于杨衒之的《洛阳伽蓝记》有导夫先路的作用，值得我们注意。

## 一 前代洛阳地志的继承

洛阳作为东周、东汉、西晋、北魏的首都，有丰富的人文和自然景观，因此记载洛阳都城情况的地志非常兴盛。记载洛阳的地志，在杨衒之《洛阳伽蓝记》之前，尚有多部。章宗源《隋书经籍志考证》著录有：《洛阳记》四卷、《洛阳记》（陆机撰）一卷、《洛阳宫殿簿》一卷、《洛阳宫舍记》（卷亡）、《洛阳故宫名》（卷亡）、《洛阳图》一卷（晋怀州刺史杨佺期撰，钱氏《考异》曰晋无怀州，当是雍州之讹）、《洛阳记》（卷亡，华延儁撰）、《洛阳记》一卷（戴延之撰，见《唐志》）、《后魏洛阳记》五卷（见《唐志》）。洛阳的山川、建筑、人物、风俗成为士人们关注的对象，自西晋以来，撰述者代不乏人。可惜的是，由于历代战乱诸种原因，这些关于洛阳的地志都散佚了，只有些许片段还保留在一些古注和类书中。

现以章宗源《隋书经籍志考证》为线索，从《史记》三家注、《后汉书》李贤注、《北堂书钞》、《文选》李善注、《初学记》、《太平御览》、《资治通鉴》胡三省注、《玉海》等书中一一钩稽出来（若引文完全相同，只引年代较早的文献；若有出入，两录之，以备考），考见当时洛阳城的基本情况。

1. 杨佺期《洛阳图》一卷

《隋书·经籍志》著录为"《洛阳图》一卷，晋怀州刺史杨佺期撰"。章宗源考云：钱氏《考异》曰晋无怀州，当是雍州之讹。是书《新唐志》作《洛城图》，《旧唐志》作《洛阳图》，《太平御览》又引作《洛城记》。《文选·闲居赋》注、《续汉郡国志》注、《寰宇记·河南道》并引杨佺期《洛阳记》。《后汉书·儒林传序》注、《艺文类聚·居处部》并称杨龙骧《洛阳记》。据《晋书》，佺期尝为龙骧将军，故有此称。《文选·东京赋》注引《洛阳图经》，《太平御览·居处部》、《寰宇记·河南道》引《洛阳地图》皆不著撰名。张彦远《历代名画记》曰：杨佺期撰《洛阳图》，一名《杨宫图状》。[①]

按：章氏征引相关文献不全，现摘录如下：

《资治通鉴》卷47胡三省注引杨佺期《洛阳记》曰："河东盐池长七十里，广七里，水气紫色。"[②]

《职官分纪》卷23引杨佺期《洛阳记》云："千金堤，魆所起。"[③]

《文选》卷16李善注引杨佺期《洛阳记》曰："城南七里，名曰洛水。"又"洛水之南，名曰伊水"。[④]

---

[①]（清）章宗源：《隋书经籍志考证》，《二十五史补编》本，中华书局1955年版，第4978页。
[②]（宋）司马光：《资治通鉴》，中华书局1956年版，第1506—1507页。
[③]（宋）孙逢吉：《职官分纪》卷二三，影印文渊阁《四库全书》本，台湾商务印书馆1983年版。
[④]（南朝梁）萧统：《文选》，上海古籍出版社1986年版，第701页。

《文选》卷 20 李善注引杨佺期《洛阳记》曰："东宫之北曰玄圃园。"①

《文选》卷 30 李善注引杨佺期《洛阳记》曰："千金堨在洛阳城西，去城三十五里，堨上有穀水坞。"②

《后汉书》卷 79 上李贤注引杨龙骧《洛阳记》载朱超石与兄书云："《石经》文都似碑，高一丈许，广四尺，骈罗相接。"③

《后汉书·郡国志一》李贤注引杨佺期《洛阳记》曰："河东盐池长七十里，广七里，水气紫色。有别御盐，四面刻如印齿文章，字妙不可述。"④

《艺文类聚》卷 62 引杨龙骧《洛阳记》曰："陵云台高二十三丈，登之见孟津。"⑤

《艺文类聚》卷 90 引杨龙骧《洛阳记》曰："凤阳门五层楼，去地三十丈。安金凤皇二头。石虎将衰，一头飞入漳河，今日晴朗，见于水中。"⑥

《艺文类聚》卷 64 引杨龙骧《洛阳记》曰："显阳殿北有避雷室，西有御龙室。"⑦

《太平御览》卷 175 引杨龙骧《洛城记》曰："显阳殿北有云气殿。"⑧

《太平御览》卷 42 引杨佺期《洛城记》曰："北山连岭修亘四百余里，实古今东洛九原之地也。"⑨

《太平御览》卷 900 引杨龙骧《洛阳记》曰："石牛在城

---

① （南朝梁）萧统：《文选》，上海古籍出版社 1986 年版，第 947 页。
② （南朝梁）萧统：《文选》，上海古籍出版社 1986 年版，第 1425 页。
③ （南朝宋）范晔：《后汉书》，中华书局 1965 年版，第 2548 页。
④ （南朝宋）范晔：《后汉书》，中华书局 1965 年版，第 3398 页。
⑤ （唐）欧阳询：《艺文类聚》，上海古籍出版社 1982 年版，第 1119 页。
⑥ （唐）欧阳询：《艺文类聚》，上海古籍出版社 1982 年版，第 1559 页。
⑦ （唐）欧阳询：《艺文类聚》，上海古籍出版社 1982 年版，第 1151 页。
⑧ （宋）李昉：《太平御览》，中华书局 1960 年版，第 859 页。
⑨ （宋）李昉：《太平御览》，中华书局 1960 年版，第 199 页。

西。石虎当衰，石牛夜唤，声闻三十里。事奏虎，虎遣人打落牛两耳尾，以铁钉钉四脚，今具存。"①

按：从现存的文献看，杨佺期的《洛阳记》主要记载洛阳的山河地貌、亭台、楼阁、池园、堤堰及相关景观，可考见西晋时洛阳的地理景观和人文景观。

2. 陆机《洛阳记》一卷

章宗源考证云："机"，《唐志》作"玑"。《水经·穀水注》、《文选·闲居赋》注、《后汉书·光武纪》注、《艺文类聚·居处部》《太平御览·居处部》《太平寰宇记·河南道》并引陆机《洛阳记》。② 章氏文献征引不全，现重新摘录如下：

《后汉书·武帝纪》李贤注引陆机《洛阳记》曰："太学在洛阳城故开阳门外，去宫八里，讲堂长十丈，广三丈。"③

《后汉书·鲍永传》李贤注引陆机《洛阳记》曰："上商里在洛阳东北，本殷顽人所居，故曰上商里宅也。"④

《北堂书钞》卷145引陆机《洛阳记》云："乾脯山在洛阳北去三十里，于上曝肉，因以为名。"⑤

《资治通鉴》卷87胡三省注引陆机《洛阳记》曰："洛阳有铜驼街，汉铸铜驼二枚，在宫南四会道相对。俗语曰：'金马门外集众贤，铜驼陌上集少年。'"⑥

《广博物志》卷36引陆机《洛阳记》："铜驼街在洛阳宫南

---

① （宋）李昉：《太平御览》，中华书局1960年版，第3993页。
② （清）章宗源：《隋书经籍志考证》，《二十五史补编》本，中华书局1955年版，第4977—4978页。
③ （南朝宋）范晔：《后汉书》，中华书局1965年版，第40页。
④ （南朝宋）范晔：《后汉书》，中华书局1965年版，第1019页。
⑤ （隋）虞世南：《北堂书钞》，天津古籍出版社1988年版，第651页。
⑥ （宋）司马光：《资治通鉴》，中华书局1956年版，第2763页。

金马门外。人物繁盛，俗语云：'金马门外聚群贤，铜驼街上集少年。'"①

《龙筋凤髓判》卷3引陆机《洛阳记》："汉有铜驼，在宫之南街四会道头，名铜驼街。"②

《文选》卷56李善注引陆机《洛阳记》曰："有铜驼二枚，在宫之南四会道头。"③

《通鉴地理通释》卷7引陆玑《洛阳记》："洛阳四关，东有成皋关，在汜水县东南二里。"④

《通鉴地理通释》卷9引陆机《洛阳记》："洛阳四关，南有轘辕。"⑤

《文选》卷16李善注引陆机《洛阳记》曰："洛阳凡三市：大市名曰金市，公观之西；城中马市，在大城之东；洛阳县市，在大城南。"⑥

《事类赋注》卷8引陆机《洛阳记》曰："冰室在宣阳门内，天子用赐王公众官。"⑦

《文选》卷16李善注引陆机《洛阳记》："辟雍，在灵台东，相去一里，俱魏武所徙。"⑧

《文选》卷16李善注引陆机《洛阳记》："五营校尉，前后

---

① （明）董斯张：《广博物志》卷三六，影印文渊阁《四库全书》本，台湾商务印书馆1983年版。
② （唐）张鹫：《龙筋凤髓判》卷三，影印文渊阁《四库全书》本，台湾商务印书馆1983年版。
③ （南朝梁）萧统：《文选》，上海古籍出版社1986年版，第2422页。
④ （宋）王应麟：《通鉴地理通释》卷七，影印文渊阁《四库全书》本，台湾商务印书馆1983年版。
⑤ （宋）王应麟：《通鉴地理通释》卷七，影印文渊阁《四库全书》本，台湾商务印书馆1983年版。
⑥ （南朝梁）萧统：《文选》，上海古籍出版社1986年版，第701页。
⑦ （宋）吴淑：《事类赋注》，中华书局1989年版，第157页。
⑧ （南朝梁）萧统：《文选》，上海古籍出版社1986年版，第702页。

左右将军府,皆在城中。"①

《文选》卷 16 李善注引陆机《洛阳记》曰:"嵩高在洛阳东南五十里。"②

《文选》卷 21 李善注引陆机《洛阳记》曰:"吾常怪谒帝承明庐,问张公,张公云:魏明帝在建始殿,朝会皆由承明门。然直庐在承明门侧。"③

《文选》卷 24 李善注引陆机《洛阳记》曰:"承明门,后宫出入之门,吾常怪谒帝承明庐,问张公,云:魏明帝作建始殿,朝会皆由承明门。"④

《文选》卷 25 李善注引陆机《洛阳记》曰:"金墉城在宫之西北角,魏故宫人皆在中。"⑤

《文选》卷 20 李善注引陆机《洛阳记》:"洛阳有西关,南伊阙。谷,即大谷也。"⑥

《文选》卷 24 李善注引陆机《洛阳记》曰:"首阳山在洛阳东北,去洛二十里。"⑦

《文选》卷 24 李善注引陆机《洛阳记》曰:"太子宫在太宫东,薄室门外,中有承华门。"⑧

《文选》卷 26 李善注引陆机《洛阳记》曰:"大夏门,魏明帝所造,有三层,高百尺。"⑨

《文选》卷 26 李善注引陆机《洛阳记》曰:"太子宫有承

---

① (南朝梁)萧统:《文选》,上海古籍出版社 1986 年版,第 701 页。
② (南朝梁)萧统:《文选》,上海古籍出版社 1986 年版,第 731 页。
③ (南朝梁)萧统:《文选》,上海古籍出版社 1986 年版,第 1016 页。
④ (南朝梁)萧统:《文选》,上海古籍出版社 1986 年版,第 1123 页。
⑤ (南朝梁)萧统:《文选》,上海古籍出版社 1986 年版,第 1165 页。
⑥ (南朝梁)萧统:《文选》,上海古籍出版社 1986 年版,第 934 页。
⑦ (南朝梁)萧统:《文选》,上海古籍出版社 1986 年版,第 1123 页。
⑧ (南朝梁)萧统:《文选》,上海古籍出版社 1986 年版,第 1136 页。
⑨ (南朝梁)萧统:《文选》,上海古籍出版社 1986 年版,第 1223 页。

华门。"①

《文选》卷 28 李善注引陆机《洛阳记》曰："洛阳有四关：东为城皋，南伊阙，北孟津，西函谷。"②

《文选》卷 56 李善注引陆机《洛阳记》曰："德宫，里名也。"③

《水经注》卷 16 引陆机《洛阳记》曰："九江直作圆水，水中作圆坛三破之，夹水得相径通。"④

《水经注》卷 16 引《洛阳地记》曰："大城东有太仓，仓下运船常有千计。"⑤

《太平御览》卷 184 引《洛阳地记》曰："云台高阁十四间，乘风观高阁十二间。"⑥

《艺文类聚》卷 63 引陆机《洛阳记》曰："洛阳城，周公所制。东西十里，南北十三里。城上百步有一楼橹，外有沟渠。"⑦

《艺文类聚》卷 63 引陆机《洛阳地记》曰："宫中有临高、陵云、宣曲、广望、阆风、万世、修龄、总章、听讼，凡九观，皆高十六七丈。以云母着窗里，日曜之，炜炜有光辉。"⑧

《太平御览》卷 176 引《洛阳地记》曰："洛阳城内西北角有金墉城，东北角有楼，高百尺，魏文帝造也。"⑨

《太平御览》卷 179 引陆机《洛阳地记》曰："洛阳南宫有承风观，洛阳北宫有增喜观，洛阳城外有宣阳观、千秋、鸿池、

---

① （南朝梁）萧统：《文选》，上海古籍出版社 1986 年版，第 1230 页。
② （南朝梁）萧统：《文选》，上海古籍出版社 1986 年版，第 1322 页。
③ （南朝梁）萧统：《文选》，上海古籍出版社 1986 年版，第 2446 页。
④ （北魏）郦道元著，陈桥驿校证：《水经注校证》，中华书局 2007 年版，第 394 页。
⑤ （北魏）郦道元著，陈桥驿校证：《水经注校证》，中华书局 2007 年版，第 402 页。
⑥ （宋）李昉：《太平御览》，中华书局 1960 年版，第 895 页。
⑦ （唐）欧阳询：《艺文类聚》，上海古籍出版社 1982 年版，第 1133 页。
⑧ （唐）欧阳询：《艺文类聚》，上海古籍出版社 1982 年版，第 1134 页。
⑨ （宋）李昉：《太平御览》，中华书局 1960 年版，第 859 页。

泉城、阳威、石楼等观。"又曰："洛阳城外有鼎中观。"①

《太平寰宇记》卷3引陆机《洛阳记》曰："洛城十二门，南北九里。城内宫殿、台观，有阊阖，左右出入城内皆三道，公卿、尚书从中道。凡人左右出入，不得相逢。夹道中植榆柳，以荫行人。"②

《玉海》卷166引陆机《洛阳地记》："洛阳南宫有承风观，北宫有增喜观。城外有宣阳观、千秋、鸿地、泉城、扬威、石楼等观，城外有鼎中观。"③

按：除注明为陆机《洛阳记》外，尚有无名氏的《洛阳地记》，《太平御览》、《玉海》引作陆机《洛阳地记》，今将此书归并在陆机《洛阳记》下。据现存零散资料看，陆机的《洛阳记》记载洛阳城市景观、人文风俗相当详明，间有考证，对杨衒之撰写《洛阳伽蓝记》有导夫先路的作用，值得我们重视。

3. 华延儁《洛阳记》

章氏考证云：《北堂书钞·乐部》、《初学记·桥部》、《后汉书·皇后纪》注、《太平御览·服用部》、《太平寰宇记·河南道》并引作华延儁《洛阳记》。④

《后汉书·皇后纪下》李贤注引华延儁《洛阳记》曰："城内有奉常亭。"⑤

《玉海》卷159引华延儁《洛阳记》："太极殿有四金

---

① （宋）李昉：《太平御览》，中华书局1960年版，第873页。
② （宋）乐史：《太平寰宇记》，中华书局2007年版，第55页。
③ （宋）王应麟：《玉海》，江苏古籍出版社、上海书店1987年版，第3051页。
④ （清）章宗源：《隋书经籍志考证》，《二十五史补编》本，中华书局1955年版，第4978页。
⑤ （南朝宋）范晔：《后汉书》，中华书局1965年版，第450页。

铜柱。"①

《北堂书钞》卷108引华氏《洛阳记》云："端门内大钟上作群狮子兽在上。正朝大会，与鼓吹相应，其声闻二十里也。"②

《初学记》卷7引华延俊《洛阳记》曰："城西车马桥，去城十三里。"③

《初学记》卷8引华延隽《洛阳记》曰："两铜驼在宫之南街，东西相向，高九尺，《洛阳记》谓之铜驼街。"④

《艺文类聚》卷63引华延儁《洛阳记》曰："洛阳城十八观，皆施玄槛铁笼、疏云母幌。"⑤

《文选》卷19李善注引华延《洛阳记》曰："城南五十里有大谷，旧名通谷。"⑥

《太平御览》卷179引华延携《洛中记》曰："金墉城西南角有昌都观，东北有百尺楼，魏都水使者陈熙造。"⑦

《禹贡锥指》卷8引华延儁《洛阳记》曰："（洛阳城）东西七里。"⑧

《春秋地名考略》卷1引华延儁《洛阳记》曰："洛阳城内宫殿台观府藏寺舍凡百一万一千二百一十九间，雄据形势。"⑨

按：华延儁《洛阳记》，卷亡，《隋志》不著录。华延儁，事迹

---

① （宋）王应麟：《玉海》，江苏古籍出版社、上海书店1987年版，第2916页。
② （隋）虞世南：《北堂书钞》，天津古籍出版社1988年版，第451页。
③ （唐）徐坚：《初学记》，中华书局2004年版，第158页。
④ （唐）徐坚：《初学记》，中华书局2004年版，第168页。
⑤ （唐）欧阳询：《艺文类聚》，上海古籍出版社1982年版，第1134页。
⑥ （南朝梁）萧统：《文选》，上海古籍出版社1986年版，第896页。
⑦ （宋）李昉：《太平御览》，中华书局1960年版，第873页。
⑧ （清）胡渭：《禹贡锥指》卷八，影印文渊阁《四库全书》本，台湾商务印书馆1983年版。
⑨ （清）高士奇：《春秋地名考略》卷一，影印文渊阁《四库全书》本，台湾商务印书馆1983年版。

不可确考。《文选》注引作华延,《太平御览》引作华延携,《大事记续编》引作华隽,《北堂书钞》引作华氏,当系一人,传写致讹,今归并在一起。华延儁的《洛阳记》主要记载洛阳的宫殿、台观,文笔平实,较乏文采。

4.《洛阳记》四卷

章氏《考证》云:无撰人。《水经·榖水注》《文选东京赋》注、《后汉书·坚镡传》注、《通典职官门》注、《初学记·地部》《北堂书钞·酒食部》《太平御览·地部》并引《洛阳记》。①

按:章氏征引相关文献不全,现摘录如下:

《史记·周本纪》张守节《正义》引《洛阳记》云:"河南县西南二十五里,有水出焉,北流入洛山,上有甘城,即甘公采邑也。"②

《后汉书·坚镡传》李贤注引《洛阳记》曰:"建始殿东有大仓,仓东有武库,藏兵之所。"③

《后汉书·杨赐传》李贤注引《洛阳记》:"殿在九龙门内。"④

《后汉书·蔡邕传》李贤注引《洛阳记》曰:"太学在洛城南开阳门外,讲堂长十丈,广二丈。堂前《石经》四部。本碑凡四十六枚,西行,《尚书》、《周易》、《公羊传》十六碑存,十二碑毁。南行,《礼记》十五碑悉崩坏。东行,《论语》三碑,二碑毁。《礼记》碑上有谏议大夫马日䃅、议郎蔡邕名。"⑤

《后汉书·董卓传》李贤注引《洛阳记》:"洛阳城南面有

---

① (清)章宗源:《隋书经籍志考证》,《二十五史补编》本,中华书局1955年版,第4977页。
② (汉)司马迁:《史记》,中华书局1959年版,第152—153页。
③ (南朝宋)范晔:《后汉书》,中华书局1965年版,第783页。
④ (南朝宋)范晔:《后汉书》,中华书局1965年版,第1780页。
⑤ (南朝宋)范晔:《后汉书》,中华书局1965年版,第1990页。

第二章 《洛阳伽蓝记》的成书背景考

四门，从东第三门。"①

《资治通鉴》卷 57 胡三省注引《洛阳记》曰："南宫有崇德殿、太极殿，殿西有金商门。"②

《资治通鉴》卷 85 引《洛阳记》曰："千金堨旧堰谷水，魏时更修此堰，谓之千金堨。"③

《太平御览》卷 931 引《洛阳记》曰："禹时有神龟，于洛水负文列于背以受禹，文即治水文也。"④

《初学记》卷 8 引《洛阳记》曰："左成皋，右函谷，前有伊阙，却背孟津：此四塞之固。"⑤

《初学记》卷 24 引《洛阳记》曰："洛阳山中都亭堂皇，大小屋五十间。植五果木竹栢之属，有五千七百二十九株。"⑥

《玉海》卷 95 引《洛阳记》："平昌门直南大道东是明堂，大道西是灵台也。"⑦

《玉海》卷 162 引《洛阳记》曰："（凌云台）高二十三丈，登之见孟津。"⑧

《玉海》卷 175 引《洛阳记》："上商里在洛阳东北，本殷人所居。"⑨

《文选》卷 3 李善注引《洛阳记》曰："太谷，洛城南五十里，旧名通谷。"⑩

《文选》卷 11 李善注引《洛阳记》曰："铜驼二枚在四会

---

① （南朝宋）范晔：《后汉书》，中华书局 1965 年版，第 2329 页。
② （宋）司马光：《资治通鉴》，中华书局 1956 年版，第 1845 页。
③ （宋）司马光：《资治通鉴》，中华书局 1956 年版，第 2690 页。
④ （唐）李昉：《太平御览》，中华书局 1960 年版，第 4140 页。
⑤ （唐）徐坚：《初学记》，中华书局 2004 年版，第 186 页。
⑥ （唐）徐坚：《初学记》，中华书局 2004 年版，第 577 页。
⑦ （宋）王应麟：《玉海》，江苏古籍出版社、上海书店 1987 年版，第 1734 页。
⑧ （宋）王应麟：《玉海》，江苏古籍出版社、上海书店 1987 年版，第 2992 页。
⑨ （宋）王应麟：《玉海》，江苏古籍出版社、上海书店 1987 年版，第 3210 页。
⑩ （南朝梁）萧统：《文选》，上海古籍出版社 1986 年版，第 100 页。

道头。"①

《文选》卷 16 李善注引《洛阳记》曰："大兴在开阳门外。"②

《文选》卷 20 李善注引《洛阳记》曰："太子宫在大宫东，中有承华门。"③

《文选》卷 28 李善注引《洛阳记》曰："天渊南有石沟，御沟水也。"④

《事类赋注》卷 29 引《洛阳记》曰："王肃初入国，不食羊肉及酪等，尝饭鲫鱼羹。"⑤（按：此条当截取《洛阳伽蓝记》语，疑此《洛阳记》为《洛阳伽蓝记》省称。）

《唐音》卷 3 注引《洛阳记》："北邙山在洛阳城北，连亘四百余里，东洛九原之地也。"⑥

考《洛阳记》所载各事介绍了洛阳的关塞、山川、市里位置，宫殿、宫门名称，以及太学《石经》等古迹，与《洛阳伽蓝记》所记事项相差不大。

5.《洛阳宫殿簿》一卷

考：《隋书·经籍志》著录为一卷，《旧唐书·经籍志》《新唐书·艺文志》均著录为三卷。章宗源考证云：《世说新语·巧艺篇》注、《文选·东京赋》注、《艺文类聚·居处部》、《初学记·居处部》、《后汉书·刘宽传》注、《太平寰宇记·河南道》并引《洛阳宫殿簿》。⑦历代典籍征引《洛阳宫殿簿》之处尚多，今摘录如下：

---

① （南朝梁）萧统：《文选》，上海古籍出版社 1986 年版，第 503 页。
② （南朝梁）萧统：《文选》，上海古籍出版社 1986 年版，第 731 页。
③ （南朝梁）萧统：《文选》，上海古籍出版社 1986 年版，第 949 页。
④ （南朝梁）萧统：《文选》，上海古籍出版社 1986 年版，第 1331 页。
⑤ （宋）吴淑：《事类赋注》，中华书局 1989 年版，第 572 页。
⑥ （元）杨士弘：《唐音》卷三，影印文渊阁《四库全书》本，台湾商务印书馆 1983 年版。
⑦ （清）章宗源：《隋书经籍志考证》，《二十五史补编》本，中华书局 1955 年版，第 2992 页。

《玉海》卷 162 引《洛阳簿》："凌云台阁十一间。"①

《艺文类聚》卷 81 引《洛阳宫殿簿》曰："显扬殿前芸香一株，徽音殿前芸香二株，含英殿前芸香二株。"②

《艺文类聚》卷 87 引《洛阳宫殿簿》曰："含章殿前杏四株，显阳殿前杏六株。"③

《太平御览》卷 968 引《洛阳宫殿簿》曰："明光殿前杏一株，显阳殿前杏六株，含章殿前杏四株。"④

《艺文类聚》卷 89 引《洛阳宫殿簿》曰："明光殿前，长生二株，含章殿前，长生一株。"⑤

《太平御览》卷 969 引《洛阳宫殿簿》曰："显阳殿前樱桃六株，明光殿前樱桃四株，徽音殿前樱桃二株。"⑥

《艺文类聚》卷 89 引《洛阳宫殿簿》曰："显阳殿前，有木兰二株。"⑦

《太平御览》卷 982 引《洛阳宫殿簿》曰："显阳殿前芸香一株，徽音、含章殿前各二株。"⑧

《太平御览》卷 960 引《洛阳宫殿簿》曰："建始殿前槐及皂荚二十株。"⑨

《太平御览》卷 175 引《洛阳宫殿簿》曰："明光殿、徽音殿、式乾殿、晖章殿、含章殿、建始殿、仁寿殿、嘉福殿、百福殿、芙蓉殿、九华殿、流圊殿、华光殿、崇光殿。"⑩

---

① （宋）王应麟：《玉海》，江苏古籍出版社、上海书店 1987 年版，第 1734 页。
② （唐）欧阳询：《艺文类聚》，上海古籍出版社 1982 年版，第 1395 页。
③ （唐）欧阳询：《艺文类聚》，上海古籍出版社 1982 年版，第 1488 页。
④ （宋）李昉：《太平御览》，中华书局 1960 年版，第 4292 页。
⑤ （唐）欧阳询：《艺文类聚》，上海古籍出版社 1982 年版，第 1543 页。
⑥ （宋）李昉：《太平御览》，中华书局 1960 年版，第 4298 页。
⑦ （唐）欧阳询：《艺文类聚》，上海古籍出版社 1982 年版，第 1546 页。
⑧ （宋）李昉：《太平御览》，中华书局 1960 年版，第 4350 页。
⑨ （宋）李昉：《太平御览》，中华书局 1960 年版，第 4259 页。
⑩ （宋）李昉：《太平御览》，中华书局 1960 年版，第 856 页。

《初学记》卷 24 引《洛阳宫殿簿》有魏太极、九龙、芙蓉、九华、承光诸殿。①

《初学记》卷 24 引《洛阳宫殿簿》曰:"明光殿、徽音殿。"②

《初学记》卷 24 引《洛阳宫殿簿》曰:"式乾殿、清暑殿。"③

《初学记》卷 24 引《洛阳宫殿簿》曰:"疏圃殿,殿在华林园中。"④

《初学记》卷 24 引《洛阳宫殿簿》曰:"永宁宫有景福殿、安昌殿、延休殿。"⑤

《初学记》卷 24 引《洛阳宫殿簿》曰:"洛阳有桃闲堂皇、杏间堂皇、柰间堂皇、竹间堂皇、李间堂皇、鱼梁堂皇、醴泉堂皇、百戏堂皇。"⑥

《记纂渊海》卷 8 引《洛阳宫殿簿》曰:"太极殿近含章殿。"⑦

《太平御览》卷 184 引《洛阳宫殿簿》曰:"高平观南行至清览观,高阁六十四间。修龄观南行至临商观,高阁五十五间。太极殿前南行,仰阁三百二十八间。南上总章观,阁十二间。东上凌云台,阁十一间。永宁宫连阁二百八十六间,十二间连阁上下数见亲观差阁九间。"⑧

《世说新语·巧艺》刘孝标注引《洛阳宫殿簿》曰:"陵云台上壁方十三丈,高九尺;楼方四丈,高五丈。栋去地十三丈

---

① (唐)徐坚:《初学记》,中华书局 2004 年版,第 570 页。
② (唐)徐坚:《初学记》,中华书局 2004 年版,第 571 页。
③ (唐)徐坚:《初学记》,中华书局 2004 年版,第 571 页。
④ (唐)徐坚:《初学记》,中华书局 2004 年版,第 571 页。
⑤ (唐)徐坚:《初学记》,中华书局 2004 年版,第 571 页。
⑥ (唐)徐坚:《初学记》,中华书局 2004 年版,第 577 页。
⑦ (宋)潘自牧:《记纂渊海》卷八,影印文渊阁《四库全书》本,台湾商务印书馆 1983 年版。
⑧ (宋)李昉:《太平御览》,中华书局 1960 年版,第 895 页。

五尺七寸五分也。"①

《太平寰宇记》卷 3 引《洛阳宫殿簿》云:"西宫临章殿有琼花池。"②

《艺文类聚》卷 62 引《洛阳宫殿簿》曰:"明光、徽音、式乾、晖章、含章、建始、仁寿、宣光、嘉福、百福、芙蓉、九华、流圉、华光、崇光。(并殿名)"③

考《洛阳宫殿簿》主要记载曹魏至西晋的洛阳宫殿、台阁的名称,以及宫殿前所种植的奇花异树,所记载的范围较《洛阳记》诸书要小一些。

6.《洛阳宫舍记》

按:《洛阳宫舍记》,卷亡,《隋志》不著录。

章宗源考证云:《文选·东都赋》注、《藉田赋》注、《初学记·居处部》并引《洛阳宫舍记》。《太平御览·珍宝部》称《洛阳宫殿记》。④

《初学记》卷 24 引《洛阳宫舍记》曰:"洛阳有万春门、千秋门。"⑤

《文选》卷 3 李善注引《洛阳宫舍记》曰:"洛阳有端门。"⑥

《文选》卷 1 李善注引《洛阳宫舍记》曰:"有云龙门。"⑦

《文选》卷 7 李善注引《洛阳宫舍记》曰:"洛阳有阊阖门。"⑧

---

① (南朝宋)刘义庆:《世说新语》,上海古籍出版社 1982 年版,第 374 页。
② (宋)乐史:《太平寰宇记》,中华书局 2007 年版,第 49 页。
③ (唐)欧阳询:《艺文类聚》,上海古籍出版社 1982 年版,第 1122 页。
④ (清)章宗源:《隋书经籍志考证》,《二十五史补编》本,中华书局 1955 年版,第 4978 页。
⑤ (唐)徐坚:《初学记》,中华书局 2004 年版,第 583 页。
⑥ (南朝梁)萧统:《文选》,上海古籍出版社 1986 年版,第 103 页。
⑦ (南朝梁)萧统:《文选》,上海古籍出版社 1986 年版,第 36 页。
⑧ (南朝梁)萧统:《文选》,上海古籍出版社 1986 年版,第 339 页。

考《洛阳宫舍记》现存的片段，所记皆为洛阳宫门的名称，其所记载较前《洛阳宫殿簿》更加狭窄。

7.《洛阳故宫名》

按：《洛阳故宫名》，卷亡，《隋志》不著录。

章宗源考证云《水经·谷水注》、《文选·求为诸孙置守冢人》注、刘公干《赠徐干诗》注、《初学记·居处部》"洛阳南宫玉堂前殿、黄龙殿、翔平殿、竹殿"，《艺文类聚·居处部》"侍中庐在南宫中"，《太平御览·居处部》并引《洛阳故宫名》。《续汉礼仪》称《洛阳宫阁传》，《百官志》注、《后汉书·光武纪》注、《初学记·居处部》、《艺文类聚·居处部》并引称《洛阳宫殿名》。《后汉书·安帝纪》注引《洛阳宫阁名》。①

《文选》卷23李善注引《洛阳故宫名》曰："洛阳宫有东掖门、西掖门。"②

《文选》卷38李善注引《洛阳故宫名》曰："马市在城东，吴、蜀二主馆与相连。"③

《初学记》卷24引《洛阳故宫名》云："洛阳南宫，有玉堂前殿、黄龙殿、翔平殿、竹殿。"④

《初学记》卷24引《洛阳故宫名》曰："洛阳宫有嘉德殿。"⑤

《初学记》卷24引《洛阳故宫名》曰："洛阳有飞兔门。"⑥

《初学记》卷24引《洛阳故宫名》曰："洛阳有广德门，

---

① （清）章宗源：《隋书经籍志考证》，《二十五史补编》本，中华书局1955年版，第4978页。
② （南朝梁）萧统：《文选》，上海古籍出版社1986年版，第1113页。
③ （南朝梁）萧统：《文选》，上海古籍出版社1986年版，第1714页。
④ （唐）徐坚：《初学记》，中华书局2004年版，第570页。
⑤ （唐）徐坚：《初学记》，中华书局2004年版，第571页。
⑥ （唐）徐坚：《初学记》，中华书局2004年版，第571页。

第二章 《洛阳伽蓝记》的成书背景考

又曰有明德门。"①

《初学记》卷 24 引《洛阳故宫名》曰:"洛阳有含章门,又曰有建礼门。"②

《初学记》卷 24 引《洛阳故宫名》:"洛阳有望钟门。"③

《初学记》卷 24 引《洛阳故宫名》曰:"洛阳有神仙门。"④

《初学记》卷 24 引《洛阳故宫名》曰:"洛阳有含德门"。⑤

《初学记》卷 24 引《洛阳故宫名》曰:"洛阳有敬法门。"⑥

《初学记》卷 24 引《洛阳故宫名》曰:"洛阳有却非门",又曰"有会福门"。⑦

《初学记》卷 24 引《洛阳故宫名》曰:"洛阳有宜秋门。"⑧

《后汉书·孝安帝纪》李贤注引《洛阳宫殿名》曰:"南宫有东观。"⑨

《后汉书·孝灵帝纪》李贤注引《洛阳宫殿名》:"南宫有玉堂前、后殿。"⑩

《后汉书·孝灵帝纪》李贤注引《洛阳宫殿名》曰:"永安宫周回六百九十八丈,故基在洛阳故城中。"⑪

《后汉书·杨赐传》李贤注引《洛阳宫殿名》曰:"华光殿在崇光殿北。"⑫

《后汉书·杨赐传》李贤注引《洛阳宫殿名》:"有平乐苑、

---

① (唐)徐坚:《初学记》,中华书局 2004 年版,第 583 页。
② (唐)徐坚:《初学记》,中华书局 2004 年版,第 582 页。
③ (唐)徐坚:《初学记》,中华书局 2004 年版,第 583 页。
④ (唐)徐坚:《初学记》,中华书局 2004 年版,第 583 页。
⑤ (唐)徐坚:《初学记》,中华书局 2004 年版,第 583 页。
⑥ (唐)徐坚:《初学记》,中华书局 2004 年版,第 583 页。
⑦ (唐)徐坚:《初学记》,中华书局 2004 年版,第 583 页。
⑧ (唐)徐坚:《初学记》,中华书局 2004 年版,第 583 页。
⑨ (南朝宋)范晔:《后汉书》,中华书局 1965 年版,第 215 页。
⑩ (南朝宋)范晔:《后汉书》,中华书局 1965 年版,第 341 页。
⑪ (南朝宋)范晔:《后汉书》,中华书局 1965 年版,第 367 页。
⑫ (南朝宋)范晔:《后汉书》,中华书局 1965 年版,第 1776 页。

上林苑。"①

《艺文类聚》卷 64 引《洛阳宫殿名》曰："洛阳有望舒凉室、含章鞠室、灵芝鞠室、清凉暑室。"②

考《洛阳故宫名》所载，主要记载洛阳的宫室、宫殿、宫门的名称以及其建制情况，文字平实，较乏文采。

关于洛阳的地志能够依据现存文献钩稽出片段的至少有 7 部。另《旧唐书·经籍志》还著录有戴延之《洛阳记》一卷、《后魏洛阳志》一卷。值得一提的是，不以"洛阳记"为题，实际上对洛阳地理掌故加以记载的，还有戴延之的《西征记》、刘澄之的《山川古今志》等书，如《禹贡锥指》卷 11 上引戴延之《西征记》曰："东曰太室，西曰少室，相去十七里，嵩高，其总名也"，说的就是关于洛阳的地理情况。

这些丰富的洛阳地志，杨衒之很有可能阅读过，如《明悬尼寺》条就载曰：

明悬尼寺，彭城武宣王勰所立也。在建春门外石桥南。穀水周围绕城，至建春门外，东入阳渠石桥。桥有四石柱，在道南，铭云："汉阳嘉四年将作大匠马宪造。"逮我孝昌三年，大雨颓桥，南柱始埋没，道北二柱，至今犹存。衒之按刘澄之《山川古今记》、戴延之《西征记》并云"晋太康元年造"，此则失之远矣。按澄之等并生在江表，未游中土，假因征役，暂来经过，至于旧事，多非亲览，闻诸道路，便为穿凿，误我后学，日月已甚。③

据《洛阳伽蓝记》所记，洛阳的阳渠石桥，刘澄之的《古今山

---

① （南朝宋）范晔：《后汉书》，中华书局 1965 年版，第 1783 页。
② （唐）欧阳询：《艺文类聚》，上海古籍出版社 1982 年版，第 1151 页。
③ （北魏）杨衒之撰，周祖谟校释：《洛阳伽蓝记校释》，中华书局 2010 年版，第 55—56 页。

川记》和戴延之的《西征记》都加以记载,但都有讹误。衔之提及此两本书,足见杨衒之对当时关于洛阳的地记相当熟悉,且深有研究,具有相当好的地学修养,否则就无法指出刘、戴二人的失误。正是由于熟悉洛阳的地理风土人情,所以衔之才能在《伽蓝记》中对洛阳城的地理掌故如数家珍。这些都是杨衒之创作《伽蓝记》的学术背景。

## 二 北魏地志创作的兴起

北魏皇室先祖虽僻处漠北,自统一北方,定鼎中原后,迅速吸收了汉文化的精华,生活方式由草原游牧转为农耕定居。由于统治地域的辽阔,各地风俗人情差异巨大,为了有效地管理民众,北魏统治者需要一批内容翔实的地志,了解民风世情。这时期北魏的地志撰写呈现良好的态势。现存著名的地志,除《洛阳伽蓝记》外,尚有郦道元的《水经注》。据朱祖延《北魏佚书考》记载,北魏时期的地志有阚骃《十三州志》、陆恭之《后魏舆地图风土记》、王遵业《三晋记》、刘芳《徐州人地录》、崔鸿《西京记》、李义徽《舆地图》、李公绪《赵记》、卢元明《嵩高山记》、无名氏《大魏诸州记》。现据有关史料,对这些北魏地志加以考证。

1. 阚骃《十三州志》十卷

按:阚骃,《魏书》卷52、《北史》卷34有传。骃字玄阴,敦煌人。博通经传,聪敏过人,注王朗《易传》,撰《十三州志》。《十三州志》,《隋书·经籍志》著录为十卷,《旧唐书·经籍志》、《新唐书·艺文志》著录为十四卷。颜师古注《汉书·地理志》,多所征引。其后不见著录,殆宋元后此书已佚。《十三州志》,诸书引此书或称《土地十三州志》,或称《十三州土地志》,或称《十三州地理志》,或称《十三州记》,或称《十洲记》。汉应劭也撰有《十三州记》。王谟《重订汉唐地理书钞》据《史记》三家注、《汉书》颜师古注、《后汉书》李贤注、《太平御览》、《太平寰宇记》、《路史》、《资治通鉴》胡三省注辑得75条。张澍《二酉堂丛书》、王仁俊《玉函山房辑佚书补编》、叶昌炽均辑有《十三州志》一卷，可参看。

2. 无名氏《大魏诸州记》21卷

按：《大魏诸州记》，《隋书·经籍志》著录为二十一卷，《旧唐书·经籍志》著录为"《魏诸州记》二十卷"，《新唐书·艺文志》著录"《后魏诸州记》二十卷"，俱不著撰人。《太平寰宇记》卷143引作《后魏州地图记》，恐亦是《大魏诸州记》的异称。王谟《重订汉唐地理书钞》辑有《大魏诸州记》一卷，可参看。

3. 陆恭之《后魏舆地图风土记》

按：《后魏舆地图风土记》诸正史不见著录，殆亡佚已久。《水经注》、《初学记》、《史记》三家注、《太平御览》、《太平寰宇记》等书均有征引。或称《魏土地记》，或作《魏氏风土记》，或作《后魏风土记》。《太平御览·地部》引作《后魏兴国土地记》，朱祖延认为盖"兴国"二字与"舆图"形近致讹。《太平寰宇记·关西道》载："陆恭之《风土记》云：'朔方故城，太和十年改为沃野镇。'"①"按陆恭之《风土记》云：'正始三年，尚书源思礼、侍郎韩贞抚巡蕃塞，以沃野镇居南，其兰山泽六镇不齐，源别置三戍。'"② 所记皆北魏境内地域。考《魏书·陆恭之传》，恭之字季顺，北魏代（今山西大同市北）人。释褐侍御史、著作佐郎，历中书侍郎、著作郎、河北太守、征虏将军、殷州刺史。孝静初，除征南将军、东荆州刺史，天平四年（537）卒。③ 因此，陆恭之的《风土记》极有可能是

---

① （宋）乐史：《太平寰宇记》，中华书局2007年版，第759页。
② （宋）乐史：《太平寰宇记》，中华书局2007年版，第763页。
③ （北齐）魏收：《魏书》，中华书局1975年版，第907页。

《后魏舆地图风土记》的简称。

4. 李义徽《舆地图》

按：据《北史·李先传》载：李义徽，北魏中山卢奴（今河北定州）人。太和中以儒学博通补清河王元怿府记室，为元怿撰《舆地图》及《显忠录》。此书亡佚已久，仅《文选·古意酬到长史溉登琅邪城诗》李善注引《舆地图》曰："梁武改南琅邪为琅邪郡，在润州江宁县西北十八里。"[①]

5. 崔鸿《西京记》3卷

按：崔鸿，《魏书·崔光传》载：崔鸿，字彦鸾，北魏东清河鄃（今山东德州）人。少好读书，博综经史。正光元年（520）修高祖、世宗《起居注》，撰有《十六国春秋》《崔氏世传》。[②]《隋书·经籍志》有《西京记》三卷，不著撰人，列释法盛《历国传》之后。《初学记》卷六"垫江"引崔鸿《西京记》，兹从《初学记》定为崔鸿作。

6. 王遵业《三晋记》10卷

按：王遵业（？—528），《魏书·王慧龙传》载：遵业，北魏太原晋阳人。风仪清秀，涉历经史，位著作佐郎，与崔鸿同撰高祖、世宗《起居注》。尔朱荣入洛，死于河阴之难，赠并州刺史。著《三晋记》十卷。[③] 此书未见各史志著录，亡佚已久。唯《太平寰宇记》卷46引作《三晋记》，《太平御览》卷969、《御定佩文斋广群芳谱》卷55引作《三晋山险记》。朱祖延引《北魏佚书考》摘录"《太平御览》卷九百六十九引《三晋山险记》：山阳县北有谷通得驴马，石勒十八骑昔在此啖梨，生树，今有梨园"[④]。

7. 刘芳《徐州人地录》40卷

按：刘芳（453—513），字伯文，彭城（今江苏徐州）人。博闻

---

① （南朝梁）萧统：《文选》，上海古籍出版社1986年版，第1064页。
② （北齐）魏收：《魏书》，中华书局1975年版，第1501—1502页。
③ （北齐）魏收：《魏书》，中华书局1975年版，第878—879页。
④ 朱祖延：《北魏佚书考》，中州古籍出版社1985年版，第120页。

强记，特精经义，兼览《苍》《雅》。历北魏中书令、祭酒、青州刺史。撰述甚多，有《徐州人地录》四十卷等。①（按朱祖延《北魏佚书考》据《魏书·刘芳传》作 20 卷，实为 40 卷，朱说殆误。）《徐州人地录》，《旧唐书·经籍志上》曰："《徐地录》一卷，刘芳撰。"《新唐书·艺文志二》曰："刘芳《徐地录》一卷。"唐宋载籍称此书或曰《徐地录》，或曰《徐州记》。盖刘芳书原名《徐州人地录》，后简称《徐地录》或《徐地记》。《册府元龟》著有《徐州兆人录》40 卷，卷数和刘芳本传所记相合，唯"人地"讹作"兆人"耳。

8. 李公绪《赵记》8 卷

按：据《北史》本传载，李公绪，字穆叔，赵郡平棘（今河北赵县）人。博通经传，魏末为冀州司马。齐天保初（550）以侍御史征，不就。雅好著书，撰《典言》十卷、《礼质疑》五卷、《丧服章句》一卷、《古今略记》二十卷、《玄子》五卷、《赵记》八卷、《赵语》十二卷。②《北齐书》本传则著为"《赵语》十三卷"，无《赵记》。章宗源《隋书经籍志考证》云：《北齐书》李公绪撰《赵语》十三卷，"语"当作"记"，朱祖延已驳其误。《赵记》，《隋书·经籍志二》仅记"十卷"，无撰者名。此书久佚，散见于《太平御览》《太平寰宇记》《水经注》《史记正义》《路史》《通鉴地理通释》诸书中。王谟《汉唐地理书钞》有公绪《赵记》辑佚数目，可参看。

9. 卢元明《嵩高山记》

按：据《魏书·卢玄传》，卢元明，字幼章，范阳涿（今河北涿州）人。涉历群书，兼有文义。出帝登阼，封城阳县子，迁中书侍郎。天平中，兼吏部郎中，后拜尚书右丞，转散骑常侍，监起居。

---

① （北齐）魏收：《魏书》，中华书局 1975 年版，第 1219—1227 页。
② （唐）李延寿：《北史》，中华书局 1974 年版，第 1211 页。

又监黄门郎、本州大中正。①《嵩高山记》，《魏书》本传未载，隋唐诸志亦未著录。章宗源《隋书经籍志考证》据《太平寰宇记》卷五"河南道"所引俱云"卢元明"或"卢氏"《嵩山记》，可知此书为元明所撰。②《齐民要术》《北堂书钞》《艺文类聚》《初学记》《太平御览》《太平寰宇记》均引有此书，或题《嵩山记》，或题《嵩高记》，或题《嵩高山记》，朱祖延认为皆此书之异名，并辑得四十余条，可参看。

这些仅是现存文献能够考稽的部分，散佚的尚不包括在内，由此可以考见北魏当时文士对地志撰写有极大的兴趣，《洛阳伽蓝记》的出现不是偶然的。

## 第四节 《洛阳伽蓝记》与《庙记》

在中国古代文史类典籍中，《洛阳伽蓝记》是一部享誉中外的名作：它既具有一般地理志的特征，又有佛教的内涵。以"寺记"或"寺塔记"为题的著作，并不始于杨衒之的《洛阳伽蓝记》。据现存的资料来看，最早的这类著作当推无名氏的《晋南京寺记》，其书已佚，且不见于史志著录，仅有一条见于《法苑珠林》中，现摘录如下：

> 《晋南京寺记》云："波提寺在秣陵县新林青陵。昔晋咸安二年，简文皇帝起造，本名新林寺。时历阳郡乌江寺尼道容，苦行通灵，预知祸福，世传为圣孀。咸安初有乌巢殿屋。帝使常筮人占之曰：'西南有女人师，当能伏此怪。'即遣使

---

① （北齐）魏收：《魏书》，中华书局1975年版，第1060页。
② （清）章宗源：《隋书经籍志考证》，《二十五史补编》本，中华书局1955年版，第4983页。

至乌江迎圣嬷。问：'此吉凶焉在？'嬷曰：'修德可以禳灾，斋戒亦能转障。'帝乃建斋七日，礼忏精勤。法席未终，忽有群乌运巢而去，一时净尽。帝深加敬信，因为圣嬷起此寺焉。"①

《晋南京寺记》记载了东晋简文帝咸安二年（372）立波提寺的起因。既记载寺庙，又叙述相关的灵异事件，和《洛阳伽蓝记》的风格颇为相似。因相关文献的不足，曹虹认为其成书年代约略估计在东晋末期。②

到了南朝，佛教蔓延的势头更加强劲，据《南史·循吏·郭祖深传》载梁武帝溺情内教，朝政纵弛，祖深上封事，其略曰：

都下佛寺五百余所，穷极宏丽。僧尼十余万，资产丰沃。所在郡县，不可胜言。道人又有白徒，尼则皆畜养女，皆不贯人籍，天下户口几亡其半。而僧尼多非法，养女皆服罗纨，其蠹俗伤法，抑由于此。请精加检括，若无道行，四十已下，皆使还俗附农。罢白徒养女，听畜奴婢。婢唯著青布衣，僧尼皆令蔬食。如此，则法兴俗盛，国富人殷。不然，恐方来处处成寺，家家剃落，尺土一人，非复国有。③

如此众多的僧尼和佛寺，导致佛教徒势力做大。为了能掌控僧侣阶层，统治者迫切需要了解当时僧尼和寺庙的情况，因此撰写佛教寺庙的书籍应运而生。

刘宋时期，据慧皎《高僧传》卷13载灵味寺昙宗"著《京师

---

① （唐）释道世撰，周叔迦、苏晋仁校注：《法苑珠林校注》，中华书局2003年版，第989页。
② 曹虹：《〈洛阳伽蓝记〉新探》，《文学遗产》1995年第4期。
③ （唐）李延寿：《南史》，中华书局1975年版，第1722页。

塔寺记》二卷"①，南齐彭城人刘俊撰有《益都寺记》②《隋书·经籍志二》著录"《京师寺塔记》十卷，《录》一卷，刘璆撰"（《法苑珠林》卷 119 作"梁朝尚书兵部郎中兼史学士臣刘璆撰《京师塔寺记》一部二十卷），"《京师寺塔记》二卷，释昙景撰"。这些书的成书时代大约与杨衒之的《洛阳伽蓝记》同时，一记南方都市的寺庙，一记洛阳的寺庙，记载的都是规模宏大的佛教名都。可惜这些都城塔寺记均已亡佚，无从与《洛阳伽蓝记》相比勘，考校其优劣。

从上面提到的几部南朝都市塔寺记的编纂，可以看出自东晋末期以来人文荟萃的京都佛教寺庙和相关的人事活动，日益引起南朝僧侣和士人的关注。随着北朝佛教的兴盛，洛阳的伽蓝和僧尼的数目日益膨胀。由于南北朝文化交流的日益加深，流波所及，北朝也需要一些记载佛寺的书籍，杨衒之的《洛阳伽蓝记》应运而生。

值得提出的是，除《洛阳伽蓝记》外，杨衒之还有《庙记》一书。《隋书·经籍志·地理类》："《庙记》一卷。"未记载著者。关于《庙记》的作者，说法不一。《梁书·吴均传》云："均著《庙记》十卷。"

姚振宗云：按《册府元龟·国史采撰地理篇》云："杨衒之撰《洛阳伽蓝记》五卷、《庙记》一卷。据此则又似杨衒之撰。岂衒之《伽蓝记》但记洛阳，《庙记》则合西京宫殿陵墓为一书欤？"③

朱祖延则认为，今考诸书所引《庙记》，均记载西京陵墓宫阙之事，吴均梁人，不应熟悉西京之事，故此《庙记》的作者当为杨衒之。又《太平寰宇记》卷 90 江南东道古固城下引滕公《庙记》云："其城是吴瀬渚县地，楚灵王与吴战，遂陷此城。"是又以此书为滕公所作。观其所记，地域不属西京，事情不涉陵墓宫阙，与诸书所

---

① （南朝梁）释慧皎撰，汤用彤校注：《高僧传》，中华书局 1992 年版，第 513 页。
② （南朝梁）释慧皎撰，汤用彤校注：《高僧传》卷 14 序录，中华书局 1992 年版。
③ （清）姚振宗：《隋书经籍志考证》，《二十五史补编》本，中华书局 1955 年版，第 5400 页。

引《庙记》不同，大概是另一种书。①

由于杨衒之《庙记》多记载西京之事，故其成书早于《洛阳伽蓝记》，当作于永熙三年（534）之前，因为自此之后北魏分为东、西魏，杨衒之没有机会再来西京考察地理形势。《庙记》全文今天虽然已不可见，但从现存的文字来看，它记载了长安城门、宫殿、池苑、坟墓的地理分布情况，秦汉时期西京的宫廷轶事、历史掌故、风土人情等，在写作方式上，很多地方与《洛阳伽蓝记》颇为相似。现将两书比较如下：

## 一　化用辞赋成句，极富美感

《太平寰宇记》卷26"咸阳县"引《庙记》云："北至九嵕、甘泉，南至长阳、五柞，东至河，西至汧、渭之交，东西八百里，南北四百里，离宫别馆相属也。木衣绨绣，土被朱紫，官人不移。乐不改悬，穷年忘归，犹不能遍。"②

《洛阳伽蓝记序》云："宝塔骈罗，争写天上之姿，竞摹山中之影。金刹与灵台比高，广殿共阿房等壮。岂直木衣绨绣，土被朱紫而已哉！"③

"木衣绨绣，土被朱紫"二句实出自张衡《西京赋》："北阙甲第，当道直启，程巧致功，期不陊陁。木衣绨绣，土被朱紫。"无论是《庙记》还是《洛阳伽蓝记》，杨衒之都直接引用张衡赋中原句，化入文本之中，给人以"秾丽秀逸，烦而不厌"④的美感，从中也

---

① 朱祖延：《北魏佚书考》，中州古籍出版社1985年版，第126—127页。
② （宋）乐史：《太平寰宇记》，中华书局2007年版，第558页。
③ （北魏）杨衒之撰，周祖谟校释：《洛阳伽蓝记校释》，中华书局2010年版，第23—24页。
④ （清）永瑢等撰：《四库全书总目》，中华书局1965年版，第619页。

可以看出杨衒之对《西京赋》的模仿与借鉴。

## 二 引用诗赋,增强文采

《太平寰宇记》卷 25 引《庙记》云:"旗亭楼,在杜门大道南,又有当市楼。张衡《西京赋》云:'廓开九市,通阓带阛,旗亭五重,俯察百隧'是也。"①

《洛阳伽蓝记序》云:"洛阳城门依魏、晋旧名。东面有三门。北头第一门,曰建春门。汉曰上东门。阮籍诗曰:'步出上东门'是也。"②

《洛阳伽蓝记》卷 4 云:"西北有楼,出凌云台,俯临朝市,目极京师,古诗所谓'西北有高楼,上与浮云齐'者也。"③

《庙记》为了叙述西京旗亭楼的历史变迁,杨衒之引用张衡《西京赋》中的"廓开九市,通阓带阛;旗亭五重,俯察百隧"成句,词采华美,极富美感。在《洛阳伽蓝记》里杨衒之为了考察建春门的沿革,引用阮籍的《咏怀诗》加以说明;为了证实凌云台上的楼阁,引用《古诗十九首》加以解说,既赋予了这些景观的历史厚重感,又为《洛阳伽蓝记》的"词藻秾丽"增色不少。

## 三 考究楼台宫阙的首创者

《三辅黄图校释》卷 1 引《庙记》云:"覆盎门与洛门,相

---

① (宋)乐史:《太平寰宇记》,中华书局 2007 年版,第 534 页。
② (北魏)杨衒之撰,周祖谟校释:《洛阳伽蓝记校释》,中华书局 2010 年版,第 26—27 页。
③ (北魏)杨衒之撰,周祖谟校释:《洛阳伽蓝记校释》,中华书局 2010 年版,第 127 页。

去十三里二百一十步，门外有鲁班输所造桥，工巧绝世。"①

《三辅黄图校释》卷2引《庙记》云："建章宫北门高二十五丈，建章北阙门也。又有凤凰阙，汉武帝造，高七丈五尺。凤凰阙亦名别凤阙。"又云："嶕峣阙，在圆阙门内二百步。"②

《三辅黄图校释》卷3引《庙记》云："神明台，武帝造，祭仙人处，上有承露盘，有铜仙人，舒掌捧铜盆玉杯，以承云表之露。以露和玉屑服之，以求仙道。"③

《太平寰宇记》卷25柏梁台引《庙记》云："汉武帝造，在北阙内。"④

《洛阳伽蓝记》卷1云："千秋门内道北有西游园，园中有凌云台，即是魏文帝所筑者。台上有八角井，高祖于井北造凉风观，登之远望，目极洛川；台下有碧海曲池；台东有宣慈观，去地十丈。"⑤

无论是《庙记》还是《洛阳伽蓝记》，都注重交代宫阙台观的建造者，如鲁班造桥，汉武帝造凤凰阙、神明台、柏梁台，魏文帝造凌云台等，杨衒之言之凿凿，应该说他对长安和洛阳的宫观楼台都非常了解，且查考了相关的地志文献，否则不会如此言之有据。

## 四 记述古迹的历史变迁

《三辅黄图校释》卷2引《庙记》云："长安市有九，各方二百六十六步。六市在道西，三市在道东。凡四里为一市。致

---

① 何清谷撰：《三辅黄图校释》，中华书局2005年版，第79页。
② 何清谷撰：《三辅黄图校释》，中华书局2005年版，第128页。
③ 何清谷撰：《三辅黄图校释》，中华书局2005年版，第180页。
④ （宋）乐史：《太平寰宇记》，中华书局2007年版，第532页。
⑤ （北魏）杨衒之撰，周祖谟校释：《洛阳伽蓝记校释》，中华书局2010年版，第38页。

九州之人在突门。夹横桥大道，市楼皆重大道南。"①

《路史·国名纪丁》：《括地志》云，杜伯国，今永兴长安县南十五，有杜伯冢，《庙记》云："杜伯所筑，汉之杜陵，今万年。"②

《洛阳伽蓝记》卷1云："瑶光寺北有承明门，有金墉城，即魏氏所筑。晋永康中，惠帝幽于金墉城。东有洛阳小城，永嘉中所筑。城东北角有魏文帝百尺楼，年虽久远，形制如初。"③

《洛阳伽蓝记》卷2云："阳渠北有建阳里，里内有土台，高三丈，上作二精舍。赵逸云：'此台是中朝旗亭也。'上有二层楼，悬鼓击之以罢市。"④

从上面《庙记》和《洛阳伽蓝记》所引材料可以看出，杨衒之对西京长安和东都洛阳的地理沿革情况了如指掌，且谙熟古迹的历史变迁，娓娓道来，正如《四库全书总目》评《洛阳伽蓝记》叙述特色所云"委曲详尽""采摭繁富"⑤，这也适合于对《庙记》的评价。

## 五 叙述相关景观的传闻掌故

《三辅黄图校释》卷4引《庙记》云："长乐宫中有鱼池、酒池，池上有肉炙树，秦始皇造。汉武行舟于池中，酒池北起台，天子于上观牛饮者三千人。"又曰："武帝作，以夸羌胡，

---

① 何清谷撰：《三辅黄图校释》，中华书局2005年版，第93页。
② 朱祖延：《北魏佚书考》，中州古籍出版社1985年版，第129页。
③ （北魏）杨衒之撰，周祖谟校释：《洛阳伽蓝记校释》，中华书局2010年版，第40页。
④ （北魏）杨衒之撰，周祖谟校释：《洛阳伽蓝记校释》，中华书局2010年版，第56页。
⑤ （清）永瑢等撰：《四库全书总目》，中华书局1965年版，第619页。

饮以铁杯，重不能举，皆抵牛饮。"①

《洛阳伽蓝记》卷1云："华林园中有大海，即汉天渊池。池中犹有[魏]文帝九华台。高祖于台上造清凉殿，世宗在海内作蓬莱山。山上有仙人馆。[台]上有钓台殿，并作虹霓阁，乘虚来往。至于三月禊日，季秋巳辰，皇帝驾龙舟舣首，游于其上。"②

在《庙记》中，杨衒之对西京长乐宫的景观描述得详尽细致，既交代了它创自秦始皇，又叙述了汉武帝在酒池观三千人牛饮的宏大场面，骇人耳目；在《洛阳伽蓝记》里，杨衒之则对东都洛阳华林园的景观描写得生动翔实，既写魏文帝修建九华台，又叙述北魏高祖造清凉殿，世宗作蓬莱山，以及皇家在此游玩宴乐的情形，引人入胜。这些传闻掌故，杨衒之一一笔之于两书中，读来饶有趣味。

从《庙记》和《洛阳伽蓝记》的文本比较中我们似乎可以得出以下结论：

其一，由于佛教是北魏的国教，北魏的国运与寺庙的兴衰息息相关，因此杨衒之非常关注京都的庙宇。《庙记》记西都长安寺庙的人文景观，《洛阳伽蓝记》则记东都洛阳伽蓝的兴衰情况。可以说杨衒之对于故都和伽蓝有着一种特殊的感情，在对伽蓝的描写中，杨衒之寄寓了深厚的"麦秀之感"、"黍离之悲"，低回往复，感人至深。

其二，杨衒之在创作《洛阳伽蓝记》之前就博闻强记，具有丰富的地学知识。无论是长安还是洛阳，杨衒之都非常熟悉其地理沿革、人文景观、掌故传闻。故在《洛阳伽蓝记》的创作中如数家珍，娓娓道来，引人入胜。

其三，无论是《庙记》还是《洛阳伽蓝记》，都显现了杨衒之

---

① 何清谷撰：《三辅黄图校释》，中华书局2005年版，第271—272页。
② （北魏）杨衒之撰，周祖谟校释：《洛阳伽蓝记校释》，中华书局2010年版，第51页。

有良好的文学修养。南北朝重视文笔之美,这两部书不仅叙述思路清晰,而且文采斐然。

其四,由于《庙记》创作在《洛阳伽蓝记》之前,"《庙记》体"地志著作对《洛阳伽蓝记》的影响不可忽视。

# 第三章 《洛阳伽蓝记》人物考述

　　《洛阳伽蓝记》人物众多，史事纷杂。自《洛阳伽蓝记》问世以后，流传至今，千有余年，翻刻不断，鲁鱼亥豕，在所难免。因此有必要考察《洛阳伽蓝记》中所出现的人物，以期达到知人论世的目的。《洛阳伽蓝记》比勘以周祖谟本的《洛阳伽蓝记》为底本，人物名字以周祖谟本为准。

　　首先，对《洛阳伽蓝记》中出现的人物加以分类。计为五类：皇族、百官、庶民、僧侣、其他。分类原则：凡是宗室、外戚等都纳入皇族内；凡官员分为文官与武将，不细分，一起统计；不好归类的都入其他类。

　　其次，现将《洛阳伽蓝记》中所载的人物与正史比勘，主要有比较异同、补正史不足两方面价值。若正史无载，则钩稽其他相关文献来考察其事迹。

　　再次，据现有的文献资料考证相关人物的生卒年月，姓字籍贯等。

　　为节省征引文献篇幅，范祥雍《洛阳伽蓝记校注》简称《校注》，周祖谟《洛阳伽蓝记校释》简称《校释》，杨勇《洛阳伽蓝记校笺》简称《校笺》。

# 第一节　皇族

1. 胡太后（胡氏灵太后，魏孝明帝母）

《洛阳伽蓝记·永宁寺》："永宁寺，熙平元年灵太后胡氏所立也。"[1]

《洛阳伽蓝记·永宁寺》："太后闻荣举兵，召王公议之。时胡氏专宠，皇宗怨望，入议者莫肯致言。唯黄门侍郎徐纥曰：'尔朱荣马邑小胡，人才凡鄙，不度德量力，长戟指阙，所谓穷辙拒轮，积薪候燎！今宿卫文武足得一战，但守河桥，观其意趣；荣悬军千里，兵老师弊，以逸待劳，破之必矣。'后然纥言，即遣都督李神轨、郑季明等，领众五千，镇河桥。"[2]

《洛阳伽蓝记·建中寺》："正光年中，元义专权，太后幽隔永巷，腾为谋主。义是江阳王继之子，太后妹婿。熙平初，明帝幼冲，诸王权上。太后拜义为侍中领军左右，令总禁兵，委以腹心，反得幽隔永巷六年。太后哭曰：'养虎自啮，长虺成蛇！'至孝昌二年太后反政，遂诛义等，没腾田宅。元义诛日，腾已物故，太后追思腾罪，发墓残尸，使其神灵无所归趣。以宅赐高阳王雍。"[3]

《洛阳伽蓝记·秦太上君寺》："秦太上君寺，胡太后所立也。当时太后，正号崇训，母仪天下，号父为'秦太上公'，母为'秦太上君'。为母追福，因以名焉。"[4]

《洛阳伽蓝记·白马寺》："胡太后闻之，问以世事。宝公曰：'把粟与鸡呼朱朱。'时人莫之能解。建义元年，后为尔朱荣所害，始验其言。"[5]

---

[1] （北魏）杨衒之撰，周祖谟校释：《洛阳伽蓝记校释》，中华书局2010年版，第1页。
[2] （北魏）杨衒之撰，周祖谟校释：《洛阳伽蓝记校释》，中华书局2010年版，第16—17页。
[3] （北魏）杨衒之撰，周祖谟校释：《洛阳伽蓝记校释》，中华书局2010年版，第34页。
[4] （北魏）杨衒之撰，周祖谟校释：《洛阳伽蓝记校释》，中华书局2010年版，第68页。
[5] （北魏）杨衒之撰，周祖谟校释：《洛阳伽蓝记校释》，中华书局2010年版，第136页。

《洛阳伽蓝记·法云寺》:"于时国家殷富,库藏盈溢,钱绢露积于廊者,不可较数。及太后赐百官负绢,任意自取,朝臣莫不称力而去。唯融与陈留侯李崇负绢过任,蹶倒伤踝。太后即不与之,令其空出,时人笑焉。侍中崔光止取两匹,太后问:'侍中何少?'对曰:'臣有两手,唯堪两匹,所获多矣。'朝贵服其清廉。"①

《魏书·皇后列传》:"宣武灵皇后胡氏,安定临泾人,司徒国珍女也。母皇甫氏,产后之日,赤光四照。京兆山北县有赵胡者,善于卜相,国珍问之。胡云:'贤女有大贵之表,方为天地母,生天地主。勿过三人知也。'后姑为尼,颇能讲道,世宗初,入讲禁中。积数岁,讽左右称后姿行,世宗闻之,乃召入掖庭为承华世妇。而椒掖之中,以国旧制,相与祈祝,皆愿生诸王、公主,不愿生太子。唯后每谓夫人等言:'天子岂可独无儿子,何缘畏一身之死而令皇家不育冢嫡乎?'及肃宗在孕,同列犹以故事相恐,劝为诸计。后固意确然,幽夜独誓云:'但使所怀是男,次第当长子,子生身死,所不辞也。'既诞肃宗,进为充华嫔。先是,世宗频丧皇子,自以春秋长矣,深加慎护。为择乳保,皆取良家宜子者,养于别宫,皇后及充华嫔皆莫得而抚视焉。"

"及肃宗践阼,尊后为皇太妃,后尊为皇太后。临朝听政,犹称殿下,下令行事。后改令称诏,群臣上书曰陛下,自称曰朕。太后以肃宗冲幼,未堪亲祭,欲傍《周礼》夫人与君交献之义,代行祭礼,访寻故式。门下召礼官、博士议,以为不可。而太后欲以帏幔自鄣,观三公行事,重问侍中崔光。光便据汉和熹邓后荐祭故事,太后大悦,遂摄行初祀。"

"太后性聪悟,多才艺,姑既为尼,幼相依托,略得佛经大义。亲览万机,手笔断决。幸西林园法流堂,命侍臣射,不能者罚之。

---

① (北魏)杨衒之撰,周祖谟校释:《洛阳伽蓝记校释》,中华书局2010年版,第151—152页。

又自射针孔，中之。大悦，赐左右布帛有差。先是，太后敕造申讼车，时御焉，出自云龙大司马门，从宫西北，入自千秋门，以纳冤讼。又亲策孝秀、州郡计吏于朝堂。"

"太后与肃宗幸华林园，宴群臣于都亭曲水，令王公已下各赋七言诗。太后诗曰：'化光造物含气贞。'帝诗曰：'恭己无为赖慈英。'王公已下赐帛有差。"

"太后父薨，百僚表请公除，太后不许。寻幸永宁寺，亲建刹于九级之基，僧尼士女赴者数万人。及改葬文昭高后，太后不欲令肃宗主事，乃自为丧主，出至终宁陵，亲奠遣事，还哭于太极殿，至于讫事，皆自主焉。"

"后幸嵩高山，夫人、九嫔、公主已下从者数百人，升于顶中。废诸淫祀，而胡天神不在其列。后幸左藏，王公、嫔、主已下从者百余人，皆令任力负布绢，即以赐之，多者过二百匹，少者百余匹。唯长乐公主手持绢二十匹而出，示不异众而无劳也。世称其廉。仪同、陈留公李崇，章武王融并以所负过多，颠仆于地，崇乃伤腰，融至损脚。时人为之语曰：'陈留、章武，伤腰折股。贪人败类，秽我明主。'寻幸阙口温水，登鸡头山，自射象牙簪，一发中之，敕示文武。"

"时太后得志，逼幸清河王怿，淫乱肆情，为天下所恶。领军元叉、长秋卿刘腾等奉肃宗于显阳殿，幽太后于北宫，于禁中杀怿。其后太后从子都统僧敬与备身左右张车渠等数十人，谋杀叉，复奉太后临朝。事不克，僧敬坐徙边，车渠等死，胡氏多免黜。后肃宗朝太后于西林园，宴文武侍臣，饮至日夕。叉乃起至太后前，自陈外云太后欲害己及腾。太后答云'无此语'。遂至于极昏。太后乃起执肃宗手下堂，言：'母子不聚久，今暮共一宿，诸大臣送我入。'太后与肃宗向东北小阁，左卫将军奚康生谋欲杀叉，不果。"

"自刘腾死，叉又宽怠。太后与肃宗及高阳王雍为计，解叉领

95

军。太后复临朝，大赦改元。自是朝政疏缓，威恩不立，天下牧守，所在贪婪。郑俨污乱宫掖，势倾海内；李神轨、徐纥并见亲侍。一二年中，位总禁要，手握王爵，轻重在心，宣淫于朝，为四方之所厌秽。文武解体，所在乱逆，土崩鱼烂，由于此矣。僧敬又因聚集亲族，遂涕泣谏曰：'陛下母仪海内，岂宜轻脱如此！'后大怒，自是不召僧敬。"

"太后自以行不修，惧宗室所嫌，于是内为朋党，防蔽耳目。肃宗所亲幸者，太后多以事害焉。有蜜多道人，能胡语，肃宗置于左右。太后虑其传致消息，三月三日于城南大巷中杀之。方悬赏募贼，又于禁中杀领左右、鸿胪少卿谷会、绍达，并帝所亲也。母子之间，嫌隙屡起。郑俨虑祸，乃与太后计，因潘充华生女，太后诈以为男，便大赦改年。肃宗之崩，事出仓卒，时论咸言郑俨、徐纥之计。于是朝野愤叹。太后乃奉潘嫔女言太子即位。经数日，见人心已安，始言潘嫔本实生女，今宜更择嗣君。遂立临洮王子钊为主，年始三岁，天下愕然。"

"及武泰元年，尔朱荣称兵渡河，太后尽召肃宗六宫皆令入道，太后亦自落发。荣遣骑拘送太后及幼主于河阴。太后对荣多所陈说，荣拂衣而起。太后及幼主并沉于河。太后妹冯翊君收瘗于双灵佛寺。出帝时，始葬以后礼而追加谥。"[1]

按：灵太后胡氏（？—528），安定临泾（今甘肃镇原）人。《洛阳伽蓝记》共有5处记载灵太后的事迹：记载其立永宁寺（《永宁寺》条），为元义幽禁及反政事（《建中寺》条），为其父秦太上公立寺（《秦太上君寺》条），问宝公世事（《白马寺》条），赐百官负绢（《开善寺》条）。据《魏书》载，由于"后姑为尼，颇能讲道"，灵太后能入宫为妃，其姑有力焉。又因为"姑既为尼，（后）幼相依托，略得佛经大义"，故灵太后笃信佛法，《伽蓝记》言"永宁寺，熙平元

---

[1] （北齐）魏收：《魏书》，中华书局1975年版，第337—340页。

年灵太后胡氏所立也",可谓因果相应。灵太后和北魏史事、北魏佛教紧密相关,是研究北魏史事和伽蓝兴衰的关键性人物。《魏书》所载灵太后事迹可与《洛阳伽蓝记》所载相互发明,故全录其文。

2. 元勰(彭城王)

《洛阳伽蓝记·永宁寺》:"正始初,诏刊律令,永作通式,敕景共治书侍御史高僧裕、羽林监王元龟、尚书郎祖莹、员外散骑侍郎李琰之等,撰集其事。又诏太师彭城王勰、青州刺史刘芳,入预其议。"①

《洛阳伽蓝记·明悬尼寺》:"明悬尼寺,彭城武宣王勰所立也。"②

《洛阳伽蓝记·报德寺》:"彭城王勰曰:'臣始解此字是习字。'高祖即以金钟赐彪。朝廷服彪聪明有智,甄琛和之亦速。彭城王谓肃曰:'卿不重齐鲁大邦,而爱邾莒小国。'肃对曰:'乡曲所美,不得不好。'彭城王重谓曰:'卿明日顾我,为卿设邾莒之食,亦有酪奴。'因此复号茗饮为酪奴。时给事中刘缟慕肃之风,专习茗饮。彭城王谓缟曰:'卿不慕王侯八珍,好苍头水厄。海上有逐臭之夫,里内有学颦之妇。以卿言之,即是也。'其彭城王家有吴奴,以此言戏之。自是朝贵宴会虽设茗饮,皆耻不复食,唯江表残民远来降者好之。"③

《魏书·彭城王传》:"彭城王勰,字彦和。少而岐嶷,姿性不群。太和九年,封始平王,加侍中、征西大将军。勰生而母潘氏卒,其年显祖崩。及有所知,启求追服。文明太后不许,乃毁瘠三年,弗参吉庆。高祖大奇之。敏而耽学,不舍昼夜,博综经史,雅好属文。高祖革创,解侍中、将军,拜光禄大夫。复除侍中,长直禁内,参决军国大政,万机之事,无不预焉。及车驾南伐,以勰行抚军将军,领宗子军,宿卫左右。开建五等,食邑二千户,转中书令,侍

---

① (北魏)杨衒之撰,周祖谟校释:《洛阳伽蓝记校释》,中华书局2010年版,第9—10页。
② (北魏)杨衒之撰,周祖谟校释:《洛阳伽蓝记校释》,中华书局2010年版,第55页。
③ (北魏)杨衒之撰,周祖谟校释:《洛阳伽蓝记校释》,中华书局2010年版,第111页。

中如故，改封彭城王。……永平元年九月，召勰及高阳王雍、广阳王嘉、清河王怿、广平王怀及高肇等入。时勰妃方产，勰乃固辞不赴。中使相继，不得已乃令命驾，意甚忧惧，与妃诀而登车。入东掖门，度一小桥，牛不肯进，遂击之，良久。更有使者责勰来迟，乃令去牛，人挽而进，宴于禁中。至夜皆醉，各就别所消息。俄而元珍将武士赍毒酒而至。勰曰：'吾忠于朝廷，何罪见杀！一见至尊，死无恨也。'珍曰：'至尊何可复见！王但饮酒。'勰曰：'至尊圣明，不应无事杀我，求与告我罪者一对曲直。'武士以刀镮筑勰二下。勰大言曰：'皇天！忠而见杀。'武士又以刀镮筑勰。勰乃饮毒酒，武士就杀之。向晨，以褥裹尸，舆从屏门而出，载尸归第，云王因饮而薨。勰妃李氏，司空冲之女也，号哭大言曰：'高肇枉理杀人，天道有灵，汝还当恶死。'及肇以罪见杀，论者知有报应焉。世宗为举哀于东堂，给东园第一秘器、朝服一袭、赙钱八十万、布二千匹、蜡五百斤，大鸿胪护丧事。"①

"魏故使持节侍中假黄钺都督中外诸军事太师领司徒公彭城武宣王墓志铭：'王讳勰，字彦和，司州河南洛阳光睦里人也。显祖献文皇帝之第六子，高祖孝文皇帝之弟。仕历侍中已下至太师。十七除官。永平元年岁在戊子，春秋卅六，九月十九日己亥薨。追赠使持节侍中假黄钺都督中外诸军事太师领司徒公，谥曰武宣王。其年十一月六日窆于长陵北山。其辞曰：承乾体极，胄皇绪圣，睿明夙跻，含仁履敬。德冠宗英，器高时令，铉教孔修，端风丕映。流恩冀北，申威南郢，遵彼止逊，挹此崇盛。华衮素心，蠲烦息竞，志栖事外，颐道养性。寿乖与善，福舛必庆，隆勋短世，远情促命。遗惠被民，余芳在咏。太妃长乐潘氏，祖猛，青州治中东莱广川二郡太守。父弥，平原乐安二郡太守。妃陇西李氏，祖宝，仪同三司炖煌宣公。

---

① （北齐）魏收：《魏书》，中华书局1975年版，第571—583页。

父冲，司空清渊文穆公。'"①

按：元勰（473—508），字彦和。献文帝元弘第六子，孝文帝元宏之弟。《魏书》记其死于永平元年九月，即508年。其墓志铭谓其"春秋卅六"，逆推当生于延兴三年（473）。元勰美容貌，善风仪，北魏宗室之表率，"有大功于国，无罪见害，百姓冤之"。《魏书》本传未载勰建佛寺事。《洛阳伽蓝记》谓其建明悬尼寺，"明悬尼寺""报德寺"条皆可补史事之阙。

3. 元钊（少帝）

《洛阳伽蓝记·永宁寺》："武泰元年二月中帝崩无子，立临洮王世子钊以绍大业，年三岁，太后贪秉朝政，故以立之。"②

《魏书·肃宗纪》："癸丑，帝崩于显阳殿，时年十九。甲寅，皇子即位，大赦天下。皇太后诏曰：'……皇曾孙故临洮王宝晖世子钊，体自高祖，天表卓异，大行平日养爱特深，义齐若子，事符当璧。'"③

《魏书·孝庄纪》："荣以兵权在己，遂有异志，乃害灵太后及幼主。"④

《魏书·皇后列传》："太后乃奉潘嫔女言太子即位。经数日，见人心已安，始言潘嫔本实生女，今宜更择嗣君。遂立临洮王子钊为主，年始三岁，天下愕然。"⑤

按：元钊（526—528），为孝文帝元宏曾孙，京兆王元愉孙，临洮王元宝晖子。《魏书》又称"幼主""少主""少帝"。《伽蓝记》谓灵太后为把持朝政，立年仅3岁的元钊为帝，引起尔朱荣之乱。建义元年（528）四月十三日，尔朱荣在河阴之陶渚（今河南孟津县）溺死胡太后和幼帝元钊。此条可与《魏书》相参证。

---

① 赵超：《汉魏南北朝墓志汇编》，天津古籍出版社2008年版，第54—55页。
② （北魏）杨衒之撰，周祖谟校释：《洛阳伽蓝记校释》，中华书局2010年版，第14页。
③ （北齐）魏收：《魏书》，中华书局1975年版，第248页。
④ （北齐）魏收：《魏书》，中华书局1975年版，第256页。
⑤ （北齐）魏收：《魏书》，中华书局1975年版，第340页。

### 4. 元天穆（上党王）

《洛阳伽蓝记·永宁寺》："荣谓并州刺史元天穆曰：'皇帝晏驾，春秋十九，海内士庶，犹曰幼君。况今奉未言之儿，以临天下，而望升平，其可得乎？吾世荷国恩，不能坐看成败，今欲以铁马五千，赴哀山陵，兼问侍臣帝崩之由。君竟谓何如？'穆曰：'明公世跨并肆，雄才杰出，部落之民，控弦一万。若能行废立之事，伊霍复见于今日。'荣即共穆结异姓兄弟。穆年大，荣兄事之。荣为盟主，穆亦拜荣。"①

《洛阳伽蓝记·永宁寺》："其天穆为侍中、太尉公、世袭并州刺史、上党王。……进天穆为大将军。"②

《洛阳伽蓝记·宣忠寺》："（庄帝）遣徽特至太原王第，告云皇储诞育。值荣与上党王天穆博戏，徽脱荣帽，欢舞盘旋。徽素大度量，喜怒不形于色，绕殿内外欢叫，荣遂信之，与穆并入朝。庄帝闻荣来，不觉失色。中书舍人温子升曰：'陛下色变！'帝连索酒饮之，然后行事。"③

《魏书·元天穆传》："（元）天穆，性和厚，美形貌，善射，有能名。年二十，起家员外郎。……天穆为荣腹心，除并州刺史。及荣赴洛，天穆参其始谋，乃令天穆留后，为之继援。庄帝践阼，天穆以荣之眷昵，特除太尉，封上党王，徵赴京师。荣之讨葛荣，诏天穆为前军都督，率京师之众以赴之。荣擒葛荣，天穆增封，通前三万户。寻监国史，录尚书事，开府，世袭并州刺史。……时元颢乘虚陷荥阳，天穆闻庄帝北巡，自毕公垒北渡，会车驾于河内。尔朱荣以天时炎热，欲还师。天穆苦执不可，荣乃从之。庄帝还宫，加太宰，羽葆、鼓吹；

---

① （北魏）杨衒之撰，周祖谟校释：《洛阳伽蓝记校释》，中华书局2010年版，第14—15页。
② （北魏）杨衒之撰，周祖谟校释：《洛阳伽蓝记校释》，中华书局2010年版，第18—19页。
③ （北魏）杨衒之撰，周祖谟校释：《洛阳伽蓝记校释》，中华书局2010年版，第130—131页。

增邑，通前七万户。……庄帝内畏恶之，与荣同时见杀。前废帝初，赠丞相、柱国大将军、雍州刺史，假黄钺，谥曰武昭。"①

《魏故使持节侍中太宰丞相柱国大将军假黄钺都督十州诸军事雍州刺史武昭王墓志》："王讳天穆，字天穆，河南洛阳人也。层构与乾元同极，鸿祚共坤载为基。赤字天启之征，绿图灵命之瑞。故以式光于玉板，备纪于《金縢》者矣。太祖平文皇帝之后。高梁神武王之玄孙。领军将军松滋武侯之曾孙。太子瞻事使持节左将军肆州刺史襄阳景侯之孙。使持节侍中骠骑大将军司空文公都督雍州诸军事雍州刺史之长子。诞累叶之崇基，继重光之盛烈，协七纬之精，苞五常之性。渊乎若仁，悠然似道，千刃莫测其高，万顷不知其广。神质自成，孤贞特秀，八素九区之理，靡不洞其幽源；三坟五典之书，故以极其宗致。又雄光桀出，武艺超伦，弯弧四石，矢贯七札，白猿不得隐其层林，紫貂无以逃其潜穴。子房帏幄之谋，田单攻取之术，故以囊括于心衿，载盈于怀抱矣。起家除员外散骑侍郎。以王器量清懋，识裁通敏，除员外散骑常侍、尝食典御。台府初开，爰祗显命，领太尉掾。于时塞虏叩关，山胡叛命，封豨实繁，长蛇荐筮。以王忠义凤章，威略兼举，董率之任，佥议斯归。充西北道行台除征虏将军并州刺史。及王师电击，妖寇霜摧，威略既明，庸勋有典。除聊城县开国伯加安北将军，余官如故。遂假抚军将军兼尚书行台。孝昌三年，牝鸡失德，雄雉乱朝。肃宗暴崩，祸由鸩毒。天柱为永世恒捍，王实明德茂亲，同举义兵，克定京邑。除太尉公，爵上党王，食邑三千户。仍除侍中兼领军将军使持节骠骑大将军京畿大都督。魏虽旧邦，革命唯新，王业艰难，事同草创。王内奉丝纶，中总周卫，谟明之道以宣，捍城之寄踰重。逆贼葛荣，鸠率凶挡，攻逼邺城。以王道镜台端，德清槐列，文以兴邦，武能定乱，为使持节都督东北道诸军事大都督，本官如故。天柱驱率熊罴，南

---

① （北齐）魏收：《魏书》，中华书局 1975 年版，第 355—356 页。

出釜口，勒貔虎，北赴漳源。两军云会，三十余万，雷举星奔，并驱济进，锋镝暂交，丑徒鸟散。生擒葛荣并其营部，斩级十万，马牛千亿。于是殷卫克定，河朔载清，文轨复同，车书更一。增邑通前三万户。加录尚书事，本官如故。又以王纂荫乾晖，本枝皇干，体密君亲，义形家国；与天柱潜结玄图，显成大义，一旧威灵，再造区夏；虽疏画山川，开锡土宇，礼命光照，器像雕蔚，犹不足以酬静难济时之功，报扶危定倾之绩。除世袭并州刺史，本官、王如故。流民邢杲，肆毒三齐，屠村掠邑，攻剽郡县。以王为行台大都督。王神武所临，有征无战，伏尸同于长平，积器高于熊耳。迁位太宰，加翼保鼓吹，增邑通前七万户。永安三年九月二十五日，运巨横流，奄离祸酷。春秋四十二，暴薨于明光殿。年及中兴造运，圣明在驭，追赠侍中丞相都督十州诸军事柱国大将军假黄钺雍州刺史，王如故，谥曰武昭，礼也。以普泰元年八月戊戌朔十一日戊申迁葬于京城西北二十里。痛结三灵，哀缠四绪，泉肩昼昏，松关夜楚，气尽一朝，悲深万古。其辞曰：两明交逝，五运代兴，素精既谢，玄祚告征。道符玉版，庆结金绳，若天之覆，如日之升。神武秉德，福善冥应，义均采药，无德而称。于穆君王，合和诞哲，道契淹门，义昺洙沕。聿奉休踪，式扬清烈，令问缉熙，徽风昭晰。厥初嘉合，戴笔锁闱，高栖云术，远映辰晖。俟时龙跃，侍运鹏飞，立功以义，成务惟机。数钟九六，国步未康，北狄孔炽，西戎方强。旗鼓竞进，烽候相望，秦陇幽没，赵魏丘荒。于昭我后，应期作宰，五典克从，九工亮彩。雾渗时消，妖逋自溃，上协三灵，下清四海。蹈礼循刑，崇仁履信，有享有通，无悔无吝。云雷遣动，霜风骤震，远无不归，迩无不顺，道迈伊周，勋侔齐晋。吉凶同域，祸福相依，泰山其毁，良木不持。萧萧杨陇，杳杳泉扉，斜汉灭影，落日潜辉。缙绅曷仰，社稷焉归，敬镌玄石，铭颂山基。"[1]

---

[1] 赵超：《汉魏南北朝墓志汇编》，天津古籍出版社2008年版，第276—279页。

按：元天穆（489—530），字天穆，河南洛阳人，封上党王。太祖为北魏太祖平文帝拓跋郁律；高祖为高凉王拓跋孤；曾祖为拓跋度，领军将军、松滋武侯；祖父为拓跋乙斤，太子詹事、肆州刺史、襄阳景侯；父为元长生，游击将军，追赠司空、骠骑大将军、雍州刺史。据其墓志，元天穆死于"永安三年（530）九月二十五日"，"春秋四十二"，逆推当生于太和十三年（489）。正史载元天穆事甚多，《洛阳伽蓝记》载天穆为庄帝所杀一事生动、翔实，可补《魏书》之阙。

5. 元子攸（长乐王，后为孝庄帝）

《洛阳伽蓝记·永宁寺》："唯长乐王子攸像光相具足，端严特妙。"①

《魏书·孝庄纪》："孝庄皇帝，讳子攸，彭城王勰之第三子。母曰李妃。肃宗初，以勰有鲁阳翼卫之勋，封武城县开国公。幼侍肃宗书于禁内。及长，风神秀慧，姿貌甚美。拜中书侍郎、城门校尉、兼给事黄门侍郎，雅为肃宗所亲待，长直禁中。迁散骑常侍、御史中尉。孝昌二年八月，进封长乐王。转侍中、中军将军。三年十月，以兄彭城王劭事，转为卫将军、左光禄大夫、中书监，实见出也。……十有二月壬寅朔，尔朱兆寇丹谷，都督崔伯凤战殁，都督羊文义、史五龙降兆，大都督源子恭奔退。甲辰，尔朱兆、尔朱度律自富平津上，率骑涉渡，以袭京城。事出仓卒，禁卫不守。帝出云龙门。兆逼帝幸永宁佛寺，杀皇子，并杀司徒公、临淮王彧，左仆射、范阳王诲。戊申，元晔大赦天下。尔朱度律自镇京师。甲寅，尔朱兆迁帝于晋阳；甲子，崩于城内三级佛寺，时年二十四。"②

按：魏孝庄帝元子攸（507—531），正史所载史事甚多，《洛阳伽蓝记》所载可补史传之阙。

---

① （北魏）杨衒之撰，周祖谟校释：《洛阳伽蓝记校释》，中华书局2010年版，第15页。
② （北齐）魏收：《魏书》，中华书局1975年版，第255—268页。

6. 元颢（北海王）

《洛阳伽蓝记·永宁寺》："永安二年五月，北海王元颢复入洛，在此寺聚兵。颢，庄帝从兄也。孝昌末镇汲郡。闻尔朱荣入洛阳，遂南奔萧衍。是年入洛，庄帝北巡。颢登皇帝位，改年曰建武元年。颢与庄帝书曰：……此黄门郎祖莹之词也。时帝在长子城，太原王上党王来赴急。六月帝围河内，太守元桃汤、车骑将军宗正珍孙等为颢守，攻之弗克。时暑炎赫，将士疲劳，太原王欲使帝幸晋阳，至秋更举大义，未决，召刘助筮之，助曰：'必克。'于是至明尽力攻之，如其言。桃汤珍孙并斩首，以殉三军。颢闻河内不守，亲率百僚出镇河桥，特迁侍中安丰王延明往守硖石。七月帝至河阳，与颢隔河相望。太原王命车骑将军尔朱兆潜师渡河，破延明于硖石。颢闻延明败，亦散走。所将江淮子弟五千人，莫不解甲相泣，握手成别。颢与数十骑欲奔萧衍，至长社，为社民斩其首，传送京师。"[①]

《魏书·北海王传》："（元）颢，字子明，袭。少慷慨，有壮气。除龙骧将军、通直散骑常侍。转宗正卿、光禄大夫、长兼宗正卿、散骑常侍、平东将军。转都官尚书，加安南将军。出除散骑常侍、抚军将军、徐州刺史。寻为御史弹劾除名。……以功增封八百户，进号征西将军。又除尚书右仆射，持节、行台、都督如故。寻迁车骑大将军、仪同三司，余如故。值萧宝夤等大败于平凉，颢亦奔还京师。于时，葛荣南进，稍逼邺城。武泰初，以颢为侍中、骠骑大将军、开府仪同三司、相州刺史以御荣。颢至汲郡，属尔朱荣入洛，推奉庄帝，诏授颢太傅，开府、侍中、刺史、王并如故。……永安二年四月，于梁国城南登坛燔燎，号孝基元年。庄帝诏济阴王晖业为都督，于考城拒之，为颢所擒。又克行台杨昱于荥阳。尔朱世隆自虎牢走退，庄帝北幸。颢遂入洛，改称建武元年。……（永安二年）至临

---

[①]（北魏）杨衒之撰，周祖谟校释：《洛阳伽蓝记校释》，中华书局2010年版，第19—24页。

颖,颢部骑分散,为临颍县卒所斩。出帝初,赠使持节、侍中、都督冀定相殷四州诸军事、骠骑大将军、大司马、冀州刺史。武定中,子娑罗袭。齐受禅,爵例降。"①

《魏故北海王墓志铭》:"公讳颢,字子明,河南洛阳人也。昔高辛之胄,言才有八;姬昌之胤,称贤者五。若夫奄宇宙而为家,分河山以建国,固当天和咸萃,灵贶毕归矣。公独禀上才,牢宠万物,郁为命世,神祇斯启。壮情孤峙,邈与琼琨等峻;英心特立,眇共瑶碣齐高。肇自弱年,天机秀发,念存九合,志在三匡。盖当见异何生,受托公祖者矣。若其始嗣爵土,初理衣簪,无待羊角之抟,便有鹏翼之势。或司政棘树,或敷奏琐门,或官如北斗,或牧是东岳。位以名高,任随才远,清猷被国,遗爱在民。百僚延首,犹众飞之赴雁塞;千品注目,若群泳之仰龙门。瞻其崖崿,不测官富之美;濯其波澜,尽得相忘之意。岁在执徐,榆关大扰,王师每丧,獯猃横行。仍以徒役苦虐吏之浸,流戍积怀归之思,缘边万里,影响群飞。天子乃眷不怡,早朝晏罢,言廉李而怅然,顾郾宛之无击。公有济世之才,深救樊之志,启行薄罚,肆兹神武,英风暂驰,戎夷震慑,义声所及,种落知归。言还魏阙,仍总端揆,将相所在,安危攸属。于时运距交丧,金革方始,茫茫燕赵之地,化为射猎之场,连烽千里,控弦万骑,逐春草以西移,俟秋风而南首。加以猛将精兵,骤见摧挫,君子怀沉沦之惧,小人有吞噬之忧。公虑兼家国,旧身授手,府朝并建,作镇邺城。属明皇暴崩,中外惟骇,尔朱荣因籍际会,窥兵河洛,始称废立,仍怀觊觎。群公卿士,磬于锋镝,衣冠礼乐,殆将俱尽,行李异同,莫辩逆顺。公未知鸿雁之庆,独轸麦秀之悲,而北抗强竖,南邻大敌,事在不测,言思后图,遂远适吴越,观变而动。孝庄统历,遥授师傅,磐石之寄,于焉在斯。既而政出权胡,骄恣惟甚,爰自晋阳,远制朝命,征伐非复在国,牧守皆出其门,天下之望,忽焉将改。公仰鼎命

---

① (北齐)魏收:《魏书》,中华书局1975年版,第564—566页。

之至重，瞻此座之可惜，总众百越，来赴三川。而金縢未刊，流言竞起，兵次牢洛，舆辇北巡。既宗庙无主，而雄图当就，不得不暂假尊号，奉祭临师。觊当除君侧以谢时，复明辟而归老，此志未从，奄随物化。以永安三年七月廿一日薨于颍川临颍县，时年卅六。惟公道业渊通，德范标峻，孝友笃诚，率由斯践。弱承丕绪，少縻好爵，清辉素论，领袖人群，贵则王公，亲亚梁楚，爱才贱宝，轻生重义。外接士林，极谦恭之德；傍纳细民，尽宽仁之美。万官挹之而不竭，四海注之而不盈。滔滔乎苞委水而为深，灼灼乎并丽天以俱照。虽气盖寰中，声振域表，而永随川逝，空与山传。皇上缅追休烈，载申盛礼，诏赠殊荣，一无所假。以太昌元年岁次壬子八月壬戌朔廿三日甲申窆于旧茔。天地无穷，陵谷骤徙，敢勒余芳，垂之金石。其词曰：三才隆祥，百灵纳祉，乃资人杰，实纵英踌。叡皇之孙，哲王之子，曾峤迥立，崇峰崛起。诞兹神表，茂是天爵，激水而飞，蒸云斯跃。文德时序，武功伊烁，致君尧舜，拯民沟壑。至道不言，穷妙无象，其神莫测，在迹徒仰。天纲暂弛，鼎命疑归，眷言宝器，托迹观机。见危发愤，投袂扬威，风云方扇，霜露同晞。长天运节，短日催年，言归黄壤，永秘玄泉。墓攒槚木，茔聚寒烟，生民共此，无圣无贤。"①

  按：北海王元颢（494—529），字子明，河南洛阳人。其墓志铭言"永安三年七月廿一日薨于颍川临颍县，时年卅六"，按据《魏书》及《洛阳伽蓝记》，元颢死于永安二年（529），墓志铭当有误，然据其卒年36，元颢当生于太和十八年（494）。《洛阳伽蓝记》所记元颢事迹，为诸史失载，可补正史之缺。

  7. 元桃汤（武安王）

  《洛阳伽蓝记·永宁寺》："六月帝围河内，太守元桃汤、车骑将军宗正珍孙等为颢守，攻之弗克。时暑炎赫，将士疲劳。太原王欲使帝幸晋阳，至秋更举大义。未决，召刘助筮之。助曰：'必克。'

---

① 赵超：《汉魏南北朝墓志汇编》，天津古籍出版社2008年版，第291—293页。

于是至明尽力攻之，如其言。桃汤、珍孙并斩首以殉三军。"①

《魏书·孝庄纪》："六月己丑，仪同三司费穆为颢所害。壬寅，克河内，斩太守元袭、都督宗正珍孙。"②

《魏书·孝静纪》："夏四月，封彭城王韶弟袭为武安王。"③

《元袭墓志铭》："君讳袭，字子绪，河南洛阳人也。恭宗景穆皇帝之曾孙，京兆康王之孙，洛州刺史武公之子。系连宸极，派流大漠，康王弘道以济俗，武公调风以协时，并勒名关阙，纪绩图篇。君禀和气象，钟美川岳，廉贞孝友，因心自得，清风峻节，秉襟独远，不假色于朱蓝，宁资深于羽栝。兼错综古今，贯穿百氏，究群言之秘要，洞六艺之精微。藻思绮合，摘文锦烂，信足方驾应徐，连横潘左。又工名理，善占谢，机转若流，酬应如响，虽郭象之辨类悬河，彦国之言如璧玉，在君见之。弱冠除著作佐郎，转司徒主簿。缉厘东观，毗赞槐庭，籍甚有闻，声实无爽。除辅国将军直阁将军司州治中。京辇混并，喧讼纷杂，君神明警悟，鉴我清憝，纲领一振，毛目斯理。寻除后将军河东太守。于时此郡，西接羌虏，北连胡寇，绛蜀乘间，遂相扇诱，屠村破栅，骤其小利，凶势既张，顽守郡邑。朝廷以衅发皇畿，忧深旰食，以君文武兼资，故有□□。既应皇命，仍驰传赴职，广设方略，开示诚信，喻以安危，晓以利害。贼惧威怀德，便相率降散，曾未少旬，部内安辑，乃厉精治端，留心政绪，察言得理，观色知情，冤诈曲尽，奸伏备彰。匪唯泽洽一邦，固亦润兼京邑。以茂绩克宣，勋庸有著，遂割裂山河，开建茅社。复转平东将军□川太守，未□之任。君珪璋内映，风飙外发，声迈云中，才超月下。加以□猎道德，组织仁义，行同规矩，言若准绳。方羽仪宗国，领袖缙绅，而与善芒昧，非命奄及。春秋四十

---

① （北魏）杨衒之撰，周祖谟校释：《洛阳伽蓝记校释》，中华书局2010年版，第23—24页。
② （北齐）魏收：《魏书》，中华书局1975年版，第262页。
③ （北齐）魏收：《魏书》，中华书局1975年版，第306页。

四,以永安二年六月廿一日终于第。冕旐矜悼,宠锡有加,诏赠使持节散骑常侍都督青州诸军事中军大将军青州刺史,谥曰文公。太昌元年十一月十九日陪葬长陵。天地长久,陵谷或迁,庶陈遗烈,勒铭穷泉。其辞曰:周曰维城,汉称磐石,本枝爰敷,华萼允迪。莘莘侯国,峨峨懿蕃,笃生琬琰,诞出玙璠。高峰独秀,逸翮孤鹜,纳辰则仕,绮年从政。延阁有声,台阶无竞,出内禁牧,实赖我康。共治畿甸,化止灾蝗,世乱道消,贞风难立。高芳徒振,□辉永戢,图南未至,归北已及。出门耿耿,去国悠悠,亲宾泣陇,徒御悲丘。初松将密,细草方稠,一朝寂漠,万古回游。"①

按:元桃汤(486—529),张宗祥《合校》云:"《魏书·尔朱荣传》作元袭,此举其字。"周祖谟云:"'元桃汤'《魏书·庄帝纪》及《尔朱荣传》并作'元袭'。此作'元桃汤'有异。"②《魏书》载元袭字世绍,则"桃汤"当系元袭小字或别名。但据其墓志铭,元袭字子绪,恭宗景穆皇帝之曾孙,京兆康王之孙,洛州刺史武公之子。"春秋四十四,以永安二年六月廿一日终于第。"据此当死于529年,逆推,当生于486年。《魏书·孝庄纪》言"(六月)壬寅,克河内,斩太守元袭、都督宗正珍孙",而墓志铭则言"永安二年六月廿一日终于第",一说被杀,一说寿终正寝,所言不符。但据历法推算,"永安二年六月廿一日"为辛丑,廿二日为壬寅。仅隔一天,死期大致相符。两处不符,大概元桃汤死于非命,墓志铭为了洗白桃汤,故作如此处理,可判定元袭和元桃汤当为一人。

8. 元延明(安丰王)

《洛阳伽蓝记·永明寺》:"颢闻河内不守,亲率百僚出镇河桥,特迁侍中安丰王延明往守硖石。"③

---

① 赵超:《汉魏南北朝墓志汇编》,天津古籍出版社2008年版,第295—296页。
② 周祖谟:《洛阳伽蓝记校释》,中华书局2010年版,第24页。
③ (北魏)杨衒之撰,周祖谟校释:《洛阳伽蓝记校释》,中华书局2010年版,第24页。

《魏书·文成五王传》："（元）延明，袭。世宗时，授太中大夫。延昌初，岁大饥，延明乃灭家财，以拯宾客数十人，并赡其家。至肃宗初，为豫州刺史，甚有政绩，累迁给事黄门侍郎。延明既博极群书，兼有文藻，鸠集图籍万有余卷。性清俭，不营产业。与中山王熙及弟临淮王彧等，并以才学令望有名于世。虽风流造次不及熙、彧，而稽古淳笃过之。寻迁侍中。诏与侍中崔光撰定服制。后兼尚书右仆射。以延明博识多闻，敕监金石事。及元法僧反，诏为东道行台、徐州大都督，节度诸军事，与都督临淮王彧、尚书李宪等讨法僧。萧衍遣其豫章王综镇徐州。延明先牧徐方，甚得民誉，招怀旧土，远近归之。综既降，因以军乘之，复东南之境，至宿豫而还。迁都督、徐州刺史。频经师旅，人物凋弊，延明招携新故，人悉安业，百姓咸附。庄帝时，兼尚书令、大司马。及元颢入洛，延明受颢委寄，率众守河桥。颢败，遂将妻子奔萧衍，死于江南。庄帝末，丧还。出帝初，赠太保，王如故，谥曰文宣。"①

《魏故侍中太保特进使持节都督雍华岐三州诸军事大将军雍州刺史安丰王谥曰文宣元王墓志铭》："公讳延明，字延明，高宗文成皇帝之孙，显祖献文皇帝季弟，安丰王之长子，高祖孝文皇帝从父昆弟，河南洛阳熙宁里。启厥初于天地，拟峻趾于崐钟，群神归其福祉，众灵降以精魄。故其多才大位，独表诸姬，斯乃编藏延阁，于兹略而不载矣。公禀此中和，诞兹上德，吐纳纯粹，陶练英华。音中律吕，乃威凤之恒事；动兴云雾，亦神龙之自然。兼以虎鼻表奇，河目呈异，舟航所属，始复斯在。及齿半九龄，陟岵无见，同孝孙之吐哺，均荣祖之画象。服阕，初袭爵土，虽先王制礼，不敢而过。奉诏册以流涟，犹欓楠之在目。爰及弱冠，荼蓼再丁，先食而哭，非杖不起。固使素蛇紫经，匪独白菟驯庭。自有大志，少耽文雅，肆情驰骋，锐思贯穿，强于记录，抑亦天启，必诵全碑，终识半面。

---

① （北齐）魏收：《魏书》，中华书局1975年版，第530页。

故河间所不窥，陈农所未采，莫不袪疑辩或，极奥穷微。雕虫小艺，譬诸绮縠，颇曾留意，入室升堂。实使季长谢其诗书，伯喈归其文籍，声播九重，于焉历试。乃兼西中郎将。职是要害，茂实克宣。起家太中大夫，从容谈论，誉彰朝列，奉六条，实司举奏，昔在汉季，出自九卿，魏晋因循，其选尤重。公缙绅所归，遂应金曰。除使持节都督豫州诸军事征虏将军豫州刺史。风宣入境，德被下车，豪强所息，奸酷自引。仍加散骑常侍，所以旌是坚钢，表兹温捍者也。宋之彭城，大都之旧，地交吴楚，乃树懿亲。除使持节都督徐州诸军事左将军徐州刺史。骓骖沃弱，旄旆緟缅，亦既憩止，化成期月。黑水西河，实名天府，严崄紫带，风俗混并，旧号难治，今剧斯任。乃除使持节都督雍州诸军事右将军雍州刺史。公久劳外茌，遂不之部，留拜廷尉卿，将军如故。秋官任重，天下之平，折以片言，民心乃慰。仍除前将军给事黄门侍郎，又除秘书监平南将军中书令，并仍黄门。或外典图书，或内掌丝纶，朝趋王陛，夕拜琐门，经纶帝则，翼宣王度，诏诰衣草而行，议论寄名而已。俄除侍中安南将军，又除镇南将军，仍侍中。同舆操剑，允属民英，非直强项见奇，固以长乳斯对。又除卫将军，仍侍中，领国子祭酒。周之师氏，代作儒官，专门异户，历世滋竞。公钻坚仰高，钩深致远，以德诏爵，时无二言。自河海不归，桑濮间起，铿枪或存，雅颂谁析。公博见多闻，朝所取访，金石之乐，受诏增损，乃详今考古，铸钟磨磬，已蔑吾陵之韵，信鄙昆庭之响。属受事征罚，遂中寝成功。又以本官兼尚书右仆射。虽复暂临端右，便以声动邦国。又监校御书。时明皇则天，留心古学，以台阁文字，讹伪尚繁，民间遗逸，第录未谨。公以向歆之博物，固雠校之所归，杀青自理，简漆斯正。而神钲告警，崋起边垂（洪流按：墓志作'边垂'，当作'边陲'），窃宝叛邑，爰自徐部，御侮招携，非公谁托。除卫大将军东道仆射大行台，本官如故。伪人乘间，驱其乌合，爰命假子，盗我府城。

110

始寤画地之庐，仍誓决目之报，衔璧告仇，志存假手。萧综来奔，盖匹马归命，群帅趑趄，鸮张碁跱，据金汤之崄，跨胜害之地，全州荡荡，咸为寇场。公智力纷纭，一麾席卷，以兹文德，成此武功。增封二千六百户，仍以本大行台本官行徐州事，仍除使持节都督三徐诸军事本将军徐州刺史侍中大行台仆射如故。复除使持节都督雍州诸军事本将军雍州刺史。俄间复除徐州刺史，仍侍中本将军。寻加骠骑大将军仪同三司，给后部鼓吹。公视下如伤，爱结氓庶，仰之若云雨，慕之若椒兰。是以驰传四临，位践八命，声明流澜，文物照彰，东土著神君之声，南邻有灵人之惧。仍除侍中骠骑大将军开府仪同三司领国子祭酒兼尚书令。位邻三事，任首六官，仪表都野，隆替是属。除大司马。屯遭距运，祸自昵蕃，车驾北巡，事起仓卒，秘事难闻，遂乖奔赴，以斯民望，乃被絷维，谘谟所在，用压群议，皇舆南反，诛赏方行，政出权强，深猜后桀。公位尊德盛，冠带倾心，民恶其上，忌毒惟甚，言思大雅，出自近开，既睹淫莽之形，实深宗祐之虑，方借力善邻，讨兹君侧。而江南卑湿，地非养贤，随贾未归，忽焉反葬。以梁中大通二年三月十日薨于建康，春秋卅七。公神衿峻独，道鉴虚凝，少时高祖垂叹，以为终能致远，遂翻为国师，郁成朝栋。既业冠一时，道高百辟，授经侍讲，琢磨圣躬，明堂辟雍，皆所定制，朝仪国典，质而后行。加以崖岸重深，风流旷远，如彼龙门，迢然罕入。惟与故任城王澄，中山王熙，东平王略，竹林为志，艺尚相欢。故太傅崔光，太常刘芳，虽春秋异时，亦雅相推揎。其诗赋铭诔，咸颂书奏，凡三百余篇，著《五经宗略》《诗礼别义》，注《帝皇世纪》，及《列仙传》，合一百卷，大行于世。殆五百之期运，傥一贤之斯在。方将翼此会昌，致诸制作，比尧舜而不愧，顾汤武而有余，忧能伤人，湓从霜露，悲缠雅俗，痛结民黎。今上天临，深追盛美，赠使持节侍中太保特进都督雍华岐三州诸军事大将军雍州刺史，王如故。岁聿其暮，幽泉方启，敬

111

勒徽猷，永贻兰菊。其词曰：形象列位，附俪分辉，握铃神往，驾羽民归，日皇秉历，赫赫巍巍，本枝百世，祥庆攸依。汉则间平，魏则彪植，君王邈矣，曾峤峻极。旧是龙鳞，鼓兹鹏翼，蒸云不已，抟风未息，言初紫绶，越始瑜佩，援笔立成，应声而对。标此孝德，树斯清裁，质迈珪璋，文遗锦绩。缙笏来仕，弹冠入朝，远游蔼蔼，朱组飘飘。声由德被，爵以能高，抑扬风景，跌宕云霄。冠冕列位，仪形群后，四支六翮，献可替否。国之光辉，朝之渊薮，连踵九佐，比肩七友。乱离瘼矣，邦家殆哉，我冯上哲，振坠匡颓。天人匪恹，圯剥时来，死归生寄，梁木斯摧。瞻彼川流，滔滔靡舍，遽从短白，奄归长夜。八旒终卷，四帗惟驾，城郭或存，人民适谢。禀秋时戒，具物苍苍，薤歌凄咽，柳饰低昂。藏悲秋槚，鸟思松杨，一捐朱邸，永闷玄房。太昌元年七月癸巳朔廿八日庚申葬于洛城西廿里奇坑南源，岁次壬子。"①

按：元延明（484—530），北魏安丰王，河南洛阳人。高宗文成皇帝之孙，显祖献文皇帝季弟，安丰王之长子，高祖孝文皇帝从父昆弟。其《墓志铭》谓延明"以梁中大通二年三月十日薨于建康，春秋卅七"，可考其生卒年。《洛阳伽蓝记》《墓志铭》谓元延明官侍中，与《魏书》所载相同。此可证《洛阳伽蓝记》为当时之实录。

9. 元晔（长广王）

《洛阳伽蓝记·永宁寺》："世隆至高都，立太原太守长广王晔为主，改号曰建明元年。尔朱氏自封王者八人。长广王都晋阳，遣颍川王尔朱兆举兵向京师，子恭军失利，兆自雷陂涉渡，擒庄帝于式乾殿。"②

《洛阳伽蓝记·平等寺》："建明二年，长广王从晋阳赴京师，至郭外。世隆以长广本枝疏远，政行无闻，逼禅与广陵王恭。……恭

---

① 赵超：《汉魏南北朝墓志汇编》，天津古籍出版社2008年版，第286—290页。
② （北魏）杨衒之撰，周祖谟校释：《洛阳伽蓝记校释》，中华书局2010年版，第28—29页。

常住龙华寺,至时世隆等废长广而立焉。《禅文》曰:'皇帝咨广陵王恭。自我皇魏之有天下也,累圣开辅,重基衍业;奄有万邦,光宅四海。故道溢百王,德渐无外。而孝明晏驾,人神乏主。故柱国大将军、大丞相、太原王荣地实封陕,任惟外相,乃心王室,大惧崩沦,故推立长乐王子攸以续绝业。庶九鼎之命日隆,七百之祚惟永。然群飞未宁,横流且及,皆狼顾鸱张,岳立棋峙。丞相一挥,大定海内。而子攸不顾宗社,仇忌勋德,招聚轻侠,左右壬人。遂虐甚剖心,痛齐钳齿,岂直金板告怨大鸟感德而已!于是天下之望,俄然已移。窃以宸极不可以旷,神器岂容无主,故权从众议,暂驭兆民。今六军南迈,已次河浦,瞻望帝京,赧然兴愧。自惟薄寡,本枝疏远,岂宜仰异天情,俯乖民望。惟王德表生民,声高万古。往以运属殷忧,时遭多难,卷怀积载,括囊有年。今天眷明德,民怀奥主,历数允集,歌讼同臻。乃徐发枢机,副清亿属,便敬奉玺绶,归于别邸。王其寅践成业,允执其中,虽休勿休,日慎一日,敬之哉!'恭让曰:'天命至重,历数匪轻,自非德协三才,功济四海,无以入选帝图,允当师锡。臣既寡昧,识无光远,景命虽降,不敢仰承。乞收成旨,以允愚衷。'又曰:'王既德膺图箓,金属攸归;便可允执其中,入光大麓。不劳挥逊,致爽人神。'凡恭让者三,于是即皇帝位,改号曰普泰。"①

《魏书·南安王传》:"晔字华兴,小字盆子。性轻躁,有膂力。起家秘书郎,稍迁通直散骑常侍。庄帝初,封长广王,邑一千户。出为太原太守,行并州事。尔朱荣之死也,世隆等奔还并州,与尔朱兆会于建兴,乃推晔为主,大赦所部,号年建明。寻为世隆等所废。前废帝立,封晔为东海王,邑万户。出帝初,坐事赐死于第。

---

① (北魏)杨衒之撰,周祖谟校释:《洛阳伽蓝记校释》,中华书局2010年版,第81—85页。

无子,爵除。"①

按:长广王元晔(509—532),字华兴,小字盆子。南安惠王拓跋祯之孙,扶风王元怡次子,北魏皇帝,530—531 年在位。诸史详载其事迹,《洛阳伽蓝记》所记,与诸史相符。《洛阳伽蓝记》此条载有元晔《禅文》二首,严可均《全后魏文》失收,当补入其中。

10. 元宝炬(南阳王、西魏文帝)

《洛阳伽蓝记·永宁寺》:"永熙三年二月,浮图为火所烧。帝登凌云台望火,遣南阳王宝炬、录尚书[事]长孙稚、将羽林一千救赴火所,莫不悲惜,垂泪而去。"②

《北史·魏本纪》:"文皇帝讳宝炬,孝文皇帝之孙,京兆王愉之子也。母曰杨氏。帝正始初坐父愉罪,兄弟皆幽宗正寺。及宣武崩,乃得雪。正光中,拜直阁将军。时胡太后多嬖宠,帝与明帝谋诛之。事泄,免官。武泰中,封邵县侯。永安三年,进封南阳王。孝武即位,拜太尉,加侍中。永熙二年,进位太保、开府、尚书令。三年,孝武与高欢构难,以帝为中军四面大都督。及从入关,拜太宰、录尚书事。孝武崩,丞相、略阳公宇文泰率群公卿士奉表劝进,三让乃许焉。……十七年春三月庚戌,帝崩于乾安殿,时年四十五。夏四月庚辰,葬于永陵,上谥曰文皇帝。帝性强果,始为太尉时,侍中高隆之恃勃海王高欢之党,骄狎公卿。因公会,帝劝酒不饮,怒而殴之。骂曰:'镇兵,何敢尔也!'孝武以欢故,免帝太尉。归第,命羽林守卫,月余复位。及欢将改葬其父,朝廷追赠太师,百僚会吊者尽拜。帝独不屈,曰:'安有生三公而拜赠太师耶!'及跻大位,权归周室。尝登逍遥观望嵯峨山,因谓左右曰:'望此,令人有脱屣之意。若使朕年五十,便委政储宫,寻山饵药,不能一日万机也。'

---

① (北齐)魏收:《魏书》,中华书局 1975 年版,第 508—509 页。
② (北魏)杨衒之撰,周祖谟校释:《洛阳伽蓝记校释》,中华书局 2010 年版,第 31 页。

既而大运未终，竟保天禄云。"①

按：元宝炬（507—551），孝文皇帝之孙，京兆王愉之子。西魏文帝，《洛阳伽蓝记》所记与《北史》诸史相合。

11. 元脩（平阳王，孝武帝、出帝）

《洛阳伽蓝记·永宁寺》："平阳王为侍中斛斯椿所挟，奔于长安。"②

《洛阳伽蓝记·平等寺》："永熙元年平阳王入纂大业，始造五层塔一所。平阳王，武穆王少子。"③

《洛阳伽蓝记·大觉寺》："永熙年中，平阳王即位，造砖浮图一所。"④

《魏书·废出三帝纪》："出帝，讳脩，字孝则，广平武穆王怀之第三子也。母李氏。性沉厚少言，好武事。始封汝阳县开国公，拜通直散骑侍郎，转中书侍郎。建义初，除散骑常侍，寻迁平东将军、兼太常卿，又为镇东将军、宗正卿。永安三年，封平阳王。普泰初，转侍中、镇东将军、仪同三司、兼尚书右仆射，又加侍中、尚书左仆射。中兴二年夏四月，安定王自以疏远，未允四海之心，请逊大位。齐献武王与百僚会议，佥谓高祖不可无后，乃共奉王。戊子，即帝位于东郭之外，入自东阳、云龙门，御太极前殿，群臣朝贺。……闰十二月癸巳，帝为宇文黑獭所害，时年二十五。"⑤

按：元脩（510—535），字孝则，广平武穆王元怀第三子。《洛阳伽蓝记》记其造五层塔及砖浮图，正史失载，此可补史传之阙。

12. 元乂（骠骑大将军、仪同三司、尚书令、侍中）

《洛阳伽蓝记·建中寺》："西阳门内御道南，有永康里。里内

---

① （唐）李延寿：《北史》，中华书局1974年版，第174—181页。
② （北魏）杨衒之撰，周祖谟校释：《洛阳伽蓝记校释》，中华书局2010年版，第32页。
③ （北魏）杨衒之撰，周祖谟校释：《洛阳伽蓝记校释》，中华书局2010年版，第87页。
④ （北魏）杨衒之撰，周祖谟校释：《洛阳伽蓝记校释》，中华书局2010年版，第157页。
⑤ （北齐）魏收：《魏书》，中华书局1975年版，第281—292页。

复有领军将军元乂宅。掘故井得石铭云是汉太尉荀彧宅。正光年中，元乂专权，太后幽隔永巷，腾为谋主。乂为江阳王继之子，太后妹婿。熙平初，明帝幼冲，诸王权上，太后拜乂为侍中、领军左右，令总禁兵，委以腹心，反得幽隔永巷六年，太后哭曰：'养虎自啮，长虺成蛇。'至孝昌二年太后反政，遂诛乂等，没腾田宅。元乂诛日，腾已物故，太后追思腾罪，发墓残尸，使其神灵无所归趣。……"①

《洛阳伽蓝记·平等寺》："恭是庄帝从父兄也。正光中，为黄门侍郎，见元乂秉权，政归近习，遂佯哑不语，不预世事。"②

《洛阳伽蓝记·大统寺》："大统寺在景明寺西，即所谓利民里。寺南有三公令史高显略宅。每夜见赤光行于堂前，如此者非一。向光明所掘地丈余得黄金百斤，铭云：'苏秦家金，得者为吾造功德。'显略遂造招福寺。人谓此地是苏秦旧宅，当时元乂秉政，闻其得金，就略索之，以二十斤与之。"③

《洛阳伽蓝记·正觉寺》："后萧衍子西丰侯萧正德归降，时元乂欲为之设茗，先问：'卿于水厄多少？'正德不晓乂意，答曰：'下官生于水乡，而立身以来，未遭阳侯之难。'元乂与举坐之客皆笑焉。"④

《洛阳伽蓝记·冲觉寺》："正光初元乂秉权，闭太后于后宫，蠹怪于下省。"⑤

《洛阳伽蓝记·追先寺》："元乂专政，虐加宰辅。略密与其兄相州刺史中山王熙欲起义兵，问罪君侧。"⑥

---

① （北魏）杨衒之撰，周祖谟校释：《洛阳伽蓝记校释》，中华书局 2010 年版，第 33—34 页。
② （北魏）杨衒之撰，周祖谟校释：《洛阳伽蓝记校释》，中华书局 2010 年版，第 81 页。
③ （北魏）杨衒之撰，周祖谟校释：《洛阳伽蓝记校释》，中华书局 2010 年版，第 102—103 页。
④ （北魏）杨衒之撰，周祖谟校释：《洛阳伽蓝记校释》，中华书局 2010 年版，第 112 页。
⑤ （北魏）杨衒之撰，周祖谟校释：《洛阳伽蓝记校释》，中华书局 2010 年版，第 129 页。
⑥ （北魏）杨衒之撰，周祖谟校释：《洛阳伽蓝记校释》，中华书局 2010 年版，第 153 页。

《魏书·道武七王传》:"(元)叉,继长子,字伯儁,小字夜叉。世宗时,拜员外郎。灵太后临朝,以叉妹夫,除通直散骑侍郎。……寻迁侍中,余官如故,加领军将军。既在门下,兼总禁兵,深为灵太后所信委。太傅、清河王怿,以亲贤辅政,参决机事,以叉恃宠骄盈,志欲无限,怿裁之以法。叉轻其为人,每欲斥黜之。叉遂令通直郎宋维告司染都尉韩文殊欲谋逆立怿,怿坐禁止。后穷治无实,怿虽得免,犹以兵卫守于宫西别馆。久之,叉恐怿终为己害,乃与侍中刘腾密谋。灵太后时在嘉福,未御前殿,腾诈取主食中黄门胡玄度、胡定列诬怿,云许度等金帛,令以毒药置御食中以害帝;自望为帝,许度兄弟以富贵。腾以具奏,肃宗闻而信之,乃御显阳殿。腾闭永巷门,灵太后不得出。怿入,遇叉于含章殿后,欲入徽章东阁,叉厉声不听。怿曰:'汝欲反邪?'叉曰:'元叉不反,正欲缚反人。'叉命宗士及直斋等三十人执怿衣袂,将入含章东省,使数十人防守之。腾称诏召集公卿,议以大逆论,咸畏惮叉,无敢异者。唯仆射游肇执意不同。语在其《传》。叉、腾持公卿议入奏,俄而事可,夜中杀怿。于是假为灵太后辞逊之诏。叉遂与太师高阳王雍等辅政,常直禁中,肃宗呼为姨父。自后专综机要,巨细决之,威振于内外,百僚重迹。相州刺史、中山王熙抗表起义,以讨叉为名,不果,见诛。叉寻迁卫将军,余如故。后灵太后与肃宗宴于西林园,日暮还宫,右卫将军奚康生复欲图叉,不克而诛。语在其《传》。是后,肃宗徙御徽音殿,叉亦入居殿右。既在密近,曲尽佞媚,以承上旨,遂蒙宠信。出入禁中,恒令勇士持刀剑以自先后,公私行止,弥加威防。叉于千秋门外厂下施木阑槛,有时出入,止息其中,腹心防守,以备窃发。人物求见者,遥对之而已。乃封其子亮平原郡开国公,食邑一千户。及拜,肃宗御南门临观,并赐御马,帛千匹。……从刘腾死后,防卫微缓。叉颇亦自宽,时宿于外,每日出游,留连他邑。灵太后微察知之。叉积习生常,无复虞虑。其所亲谏叉，叉又不纳。正光五年秋，灵太后对肃宗谓君臣曰：'隔绝我母子，不听我往来儿间，复何用我为？放我出家，我当永绝人间，修道于嵩高闲居寺。先帝圣鉴，鉴于未然，本营此寺者正为我今日。'欲自下发。肃宗与群臣大惧，叩头泣涕，殷勤苦请。灵太后声色甚厉，意殊不回。肃宗乃宿于嘉福殿，积数日，遂与太后密谋图叉。肃宗内虽图之，外形弥密，灵太后瞋忿之言，欲得往来显阳之意，皆以告叉。又对叉流涕，叙太后欲出家，忧怖之心，如此密言，日有数四。叉殊不为疑，乃劝肃宗从太后意。于是太后数御显阳，二宫无复禁碍。叉举其亲元法僧为徐州刺史，法僧据州反叛。灵太后数以为言，叉深愧悔。丞相、高阳王雍，虽位重于叉，而甚畏惮，欲进言于肃宗，而事无因。会太后与肃宗南游洛水，雍邀请，车驾遂幸雍第。日晏，肃宗及太后至雍内室，从者莫得而入，遂定图叉之计。后雍从肃宗朝太后，乃进言曰：'臣不虑天下诸贼，唯虑元叉。何者？叉总握禁旅，兵皆属之；父率百万之众，虎视京西；弟为都督，总三齐之众。元叉无心则已，若其有心，圣朝将何以抗？叉虽曰不反，谁见其心？而不可不惧。'太后曰：'然。元郎若忠于朝廷而无反心，何故不去此领军，以余官辅政？'叉闻之，甚惧，免冠求解。乃以叉为骠骑大将军、仪同三司、尚书令、侍中、领左右。叉虽去兵权，然总任内外，殊不虑有黜废之理也。后叉出宿，遂解其侍中。旦欲入宫，门者不纳。寻除名为民。……其后灵太后顾谓侍臣曰：'刘腾、元叉昔邀朕索铁券，望得不死，朕赖不与。'中书舍人韩子熙曰：'事关杀活，岂计与否？陛下昔虽不与，何解今日不杀？'灵太后怃然。未几，有人告叉及其弟爪谋反，欲令其党攻近京诸县，破市烧邑郭以惊动内外，先遣其从弟洪业率六镇降户反于定州，又令人勾鲁阳诸蛮侵扰伊阙，叉兄弟为内应。起事有日，得其手书。灵太后以妹婿之故，未忍便决。黄门侍郎李琰之曰：'元叉之罪，具腾遐迩，岂容复停，以惑视听。'黄门徐纥趋前欲谏，逡巡未

118

敢。群臣固执不已,肃宗又以为言,太后乃从之。于是叉及弟爪并赐死于家。太后犹以妹故,复追赠叉侍中、骠骑大将军、仪同三司、尚书令、冀州刺史。"①

《魏故使持节侍中骠骑大将军仪同三司尚书令冀州刺史江阳王元公之墓志铭》:"公讳乂,字伯僐,河南洛阳人也。道武皇帝之玄孙。太师京兆王之世子。派道天河,分峰日观,川岳合而为灵,辰昴散而成德。清明内照,光景外融,标致玄远,崖埃高峻,皂白定于是非,朱紫由其标格。加以思极来往,学贯隐深,奇文异制,雕龙未爽,枢机暂吐,讵越谈天。杨叶棘刺之妙,基卫未之踰,蛇形鸟迹之术,张蔡熟能比?于是远近惟慕,藉甚京师。遭太妃丧,哀毁过礼,几于灭性。太师敦喻,乃更苏粒。年方弱冠,应物来仕,掩浮云而止征,抟积风而鼓翼。初除散骑侍郎。尚宣武胡太后妹冯翊郡君。以亲贤莫二,少历显官,寻转通直,迁散骑常侍光禄勋。职惟谈议,任实总领,选才而举,民无间然。非唯获赏参乘,见知廉清而已。转侍中领军将军,领左右,寻加卫将军。虽秩班近侍,而任居时宰,朝权国柄,金望有归。类公旦之相周,等霍侯之辅汉,妙识屠龙之道,深体亨鲜之术。振纲而万目理,委辔而四牡调。人无废才,官无废职,时和俗泰,远至迩安。田畴之谣既弭,羔裘之刺亦息。于时三雍缔构,疑议纷纶。以公学综坟籍,儒士攸宗,复领明堂大将。公斟酌三代,宪章汉晋,独见卓然,经始用立。志性廉隅,非礼不动,虽涓人童隶,必冠而见。愠喜不形于色,蚩介未曾经怀,积而能散,贵而能贫。湛湛然若沧瀛之靡浪,汪汪焉如江河之末流。深达废兴,鉴诫满覆,自以为大权不可久居,大功难可久树,周公东征,范蠡浮海,乃顿首归政,固乞骸骨。圣上谦虚,屡诏不许。表疏十上,终不见听。夫任首三独,礼均八命,自非外著九功,内含一德,俞往之诰,未见其人。乃诏解领军,更授骠骑大

---

① (北齐)魏收:《魏书》,中华书局1975年版,第403—408页。

将军仪同三司尚书令侍中,领左右如故。公冲让恳款,烦于辞牍,既不获已,复亲庶政。翼亮王猷,缉熙治道,济斯民于贵寿,弼吾君于尧舜。春气生草,未足同言;夏雨膏物,曾何窃比?至于异流并会,文墨成山,言若循环,笔无停运,商较用舍,曲有章条。文若之奇策密谋,清尘未远;伯师之匪躬亮直,独亦何人?公仪范端华,音神秀彻,言称古昔,景行行止,多能寡欲,员中方外,孝为行本,信作身舆。运斗柄而长六官,拥大珰而厘万务。一人拱己无为,百司仰而成绩。正色危言,献替无殆,送往劳来,吐握忘倦。论玉不由小大,求马忘其白黑。管库咸举,关析靡遗,犹如挹水于河,取火于燧者矣。至于高清临首,宫徵鸣腰,怀金抱玉,陟降墀陛,故以仪形列辟,冠冕群龙。信广夏之栋梁,大川之舟楫。岂唯一草之根,一狐之腋而已哉?方赞玉鼓之化,陪金绳之礼,隆成平于天地,增光华于日月,而流言傅沓,萋斐成章。公乃垂泪谒帝,逊还私宅。俄而有诏解公侍中领左右。寻又除名为民。公遂杜门奉养,曾无愠色。公少好黄老,尤精释义,招集缁徒,日盈数百。讲论疑滞,研赜是非,以烛嗣日,怡然自得。邢茅之报未嘉,藏甲之谤已及。孝昌二年三月廿日,诏遣宿卫禁兵二千人夜围公第。公神色自若,都无惧容,乃启太师,开门延使者,与第五弟给事中山宾同时遇害。春秋卅有一。公临终叹曰:夫忠贞守死,臣之节也。伊尹不免,我独何为?但恨不得辞老父,诀稚子耳。仰药而薨。天下闻之,莫不流涕。虽秦之丧百里,汉之杀萧傅,何以匹诸?所谓人之云亡,古之遗爱者也。既而圣上追远,叡后伤怀,赠使持节侍中骠骑大将军仪同三司尚书令冀州刺史。皇太后亲临哭吊,哀动百寮,自薨及葬,赗赠有加。遣中使监护丧事。赐朝服一袭,蜡三百斤,赠布帛一千三百匹,钱卅万,祠以太牢,给东园辒车,挽歌十部,赐以明器,发卒卫从,自都及墓。太师悼世子之夙泯,愍孤魂之靡托,乃表让爵土,追授于公。朝廷义之,哀而见许,乃改封江阳王。

粤七月戊戌朔廿四日辛酉窆于成周之北山长陵茔内。丹青有歇，韦编易绝，铭兹琬琰，幽涂永晰。其词曰：百世寥廓，非圣伊贤，资灵象宿，禀气河山。英哉上德，有从自天，百世随踵，千里比肩。仁为经纬，孝作终始，学海不穷，为山未止。识同四面，辩非三耳，徘徊语嘿，优游宴喜。人官奠宝，天爵斯贵，合信四时，齐明五纬。斧藻川流，雕篆霞蔚，业通邹鲁，声高梁魏。畜宝待价，藏器须时，通梦协下，命世应期。三事俞住，百揆允厘，鼎实斯属，盐梅在兹。方赖股肱，弼谐元首，缉我王度，永作先后。天鉴孔明，宜登上寿，岂云不吊，如禽度牖。暑往秋来，筮从龟袭，金铎夜警，龙辔晓立。寂寂原田，萧萧都邑，逝矣何期，瞻望靡及。昔游国道，华毂生尘，今首山路，回望无人。短生已夕，修夜不晨，唯兰与菊，空播余芬。妃安定胡氏。父珍，相国太上秦公。息亮，字休明，年十一，平原郡开国公。息妻范阳卢氏。父聿，驸马都尉太尉司马。息颖，字稚舒，年十五，秘书郎中。舒妻清河崔氏。父休，尚书仆射。女僧儿，年十七，适琅琊王子建。父散骑常侍济州刺史。"①

按：元乂（485—525）字伯儁，河南洛阳人也。元乂名字最为歧出，照旷阁本、吴《集证》本、张《合校》本作乂，《元河南志》卷3亦作乂。吴琯本、《汉魏》本、真意堂本作义。《魏书》、《北史》本传均作元叉，范祥雍《校注》云："元乂，《魏书》十六有传。近出土《元乂墓志》作元乂，罗振玉《松翁近稿跋》云：'《传》称乂字伯儁小字夜叉。《传》中载咸阳王禧子树在梁遗公卿百僚书有元叉本名夜叉，弟罗实名罗刹语，似其名当是夜叉之叉，故史作叉，不作乂。然以字伯儁考之，殆取儁乂之义，则《志》作乂者是，史作叉者非也。'赵万里《汉魏南北朝墓志集释》云：'《魏书》、《北史》及近出《元珏墓志》俱作叉，乃小字夜叉之省，盖其初名。此志与《洛阳伽蓝记》作乂，则后来改名也。'按宋本

---

① 赵超：《汉魏南北朝墓志汇编》，天津古籍出版社2008年版，第181—184页。

《魏书》作元义,元大德本《北史》作元叉。考宋元俗字有义与乂,皆为义之别写,见刘复《宋元以来俗字谱》,疑其来源出于六朝别体。义、乂、義三字相通,吴琯等本作義可证。叉字乃随笔之误。罗赵二氏说疑非。"《洛阳伽蓝记》所载可补史事之缺。

13. 元雍（高阳王）

《洛阳伽蓝记·高阳王寺》:"高阳王寺,高阳王雍之宅也。在津阳门外三里御道西。雍为尔朱荣所害也,舍宅以为寺。正光中,雍为丞相,给羽葆鼓吹、虎贲班剑百人,贵极人臣,富兼山海。居止第宅,匹于帝宫。白壁丹楹,窈窕连亘,飞檐反宇,缪辔周通。僮仆六千,妓女五百,隋珠照日,罗衣从风,自汉晋以来,诸王豪侈未之有也。出则鸣驺御道,文物成行,铙吹响发,笳声哀转。入则歌姬舞女,击筑吹笙,丝管迭奏,连宵尽日。其竹林鱼池,侔于禁苑,芳草如积,珍木连阴。雍嗜口味,厚自奉养,一食必以数万钱为限。海陆珍羞,方丈于前。陈留侯李崇谓人曰:'高阳一食,敌我千日。'"①

《洛阳伽蓝记·冲觉寺》:"延昌四年,世宗崩,怿与高阳王雍、广平王怀并受遗诏,辅翼孝明。"②

《魏书·高阳王传》:"高阳王雍,字思穆,少而倜傥不恒。……孝庄初,尔朱荣欲害朝士,遂云雍将谋逆,于河阴遇害。赠假黄钺、相国,谥文穆王。雍识怀短浅,又无学业,虽位居朝首,不为时情所推。既以亲尊,地当宰辅,自熙平以后,朝政褫落,不能守政匡弼,唯唯而已。及清河王怿之死,元叉专政,天下大责归焉。"③

按:元雍(?—528),字思穆。献文帝之子,孝文帝之弟。《魏书》所载甚为翔实,《洛阳伽蓝记》所述其奢靡的生活,极为翔实,正史无载,可补史传之阙。

---

① (北魏)杨衒之撰,周祖谟校释:《洛阳伽蓝记校释》,中华书局2010年版,第122—123页。
② (北魏)杨衒之撰,周祖谟校释:《洛阳伽蓝记校释》,中华书局2010年版,第127页。
③ (北齐)魏收:《魏书》,中华书局1975年版,第552—557页。

14. 元怿（清河王）

《洛阳伽蓝记·景乐寺》："景乐寺，太傅清河文献王怿所立也。怿是孝文皇帝之子，宣武皇帝之弟。……有佛殿一所，像辇在焉。雕刻巧妙，冠绝一时。堂庑周环，曲房连接，轻条拂户，花蕊被庭。至于六斋，常设女乐，歌声绕梁，舞袖徐转，丝管寥亮，谐妙入神。以是尼寺，丈夫不得入。得往观者，以为至天堂。及文献王薨，寺禁稍宽，百姓出入，无复限碍。"①

《洛阳伽蓝记·冲觉寺》："冲觉寺，太傅清河王怿舍宅所立也。在西明门外一里御道北。怿，亲王之中，最有名行，世宗爱之，特隆诸弟。延昌四年世宗崩，怿与高阳王雍、广平王怀并受遗诏，辅翼孝明。时帝始年六岁，太后代总万机，以怿明德茂亲，体道居正，事无大小，多谘询之。是以熙平神龟之际，势倾人主，第宅丰大，逾于高阳。西北有楼，出凌云台，俯临朝市，目极京师，古诗所谓'西北有高楼，上与浮云齐'者也。楼下有儒林馆、延宾堂，形制并如清暑殿。土山钓池，冠于当世。斜峰入牖，曲沼环堂，树响飞嘤，阶丛花药。怿爱宾客，重文藻，海内才子，莫不辐辏，府僚臣佐，并选隽民。至于清晨明景，骋望南台，珍羞具设，琴笙并奏，芳醴盈罍，佳宾满席。使梁王愧兔园之游，陈思惭雀台之燕。"②

《洛阳伽蓝记·融觉寺》："融觉寺，清河文献王怿所立也。"③

《魏书·孝文五王列传》："清河王怿，字宣仁。幼而敏惠，美姿貌，高祖爱之。彭城王勰甚器异之，并曰：'儿风神外伟，黄中内润，若天假之年，比《二南》矣。'博涉经史，兼综群言，有文才，善谈

---

① （北魏）杨衒之撰，周祖谟校释：《洛阳伽蓝记校释》，中华书局 2010 年版，第 41—42 页。

② （北魏）杨衒之撰，周祖谟校释：《洛阳伽蓝记校释》，中华书局 2010 年版，第 127—128 页。

③ （北魏）杨衒之撰，周祖谟校释：《洛阳伽蓝记校释》，中华书局 2010 年版，第 155 页。

理，宽仁容裕，喜怒不形于色。太和二十一年封。世宗初，拜侍中，转尚书仆射。怿才长从政，明于断决，割判众务，甚有声名。……肃宗初，迁太尉，侍中如故。诏怿裁门下之事。又典经义注。……正光元年七月，叉与刘腾逼肃宗于显阳殿，闭灵太后于后宫，囚怿于门下省。诬怿罪状，遂害之，时年三十四。朝野贵贱，知与不知，含悲丧气，惊振远近。夷人在京及归，闻怿之丧，为之劈面者数百人。"①

按：元怿（487—520），字宣仁。孝文帝元宏第四子，宣武帝元恪异母弟。据《魏书》本传，元怿死于"正光元年七月"，时年34，可推其生卒年。《伽蓝记》称其谥为"文献"，《魏书》本传失载，《元宝建墓志》云："祖相国清河文献王。"与此同，可补史阙。

15. 元悦（汝南王）

《洛阳伽蓝记·景乐寺》："景乐寺，太傅清河文献王怿所立也。……后汝南王悦复修之。悦是文献之弟。"②

《洛阳伽蓝记·景兴尼寺》："汝南王闻而异之，拜（赵逸）为义父。因而问何所服饵，以致长年。逸云：'吾不闲养生，自然长寿。郭璞尝为吾筮云，寿年五百岁。今始逾半。'"③

《洛阳伽蓝记·秦太上君寺》："至我正光中造明堂于辟雍之西南，上圆下方，八窗四闼。汝南王复造砖浮图于灵台之上。"④

《洛阳伽蓝记·菩提寺》："涵遂舍去，游于京师，常宿寺门下，汝南王赐黄衣一具。"⑤

《魏书·汝南王传》："汝南王悦，好读佛经，览书史。为性不伦，俶傥难测。……及清河王怿为元叉所害，悦了无仇恨之意，乃

---

① （北齐）魏收：《魏书》，中华书局1975年版，第591—592页。
② （北魏）杨衒之撰，周祖谟校释：《洛阳伽蓝记校释》，中华书局2010年版，第41—42页。
③ （北魏）杨衒之撰，周祖谟校释：《洛阳伽蓝记校释》，中华书局2010年版，第67页。
④ （北魏）杨衒之撰，周祖谟校释：《洛阳伽蓝记校释》，中华书局2010年版，第104页。
⑤ （北魏）杨衒之撰，周祖谟校释：《洛阳伽蓝记校释》，中华书局2010年版，第121页。

以桑落酒候伺之，尽其私佞。乂大喜，以悦为侍中、太尉。临拜日，就怿子亶求怿服玩之物，不时称旨。乃召亶，杖之百下。亶居庐未葬，形气羸弱，暴加威挞，殆至不济。阙仍呼阿儿，亲自循抚。阙悦为大刐碓置于州门，盗者便欲斩其手。时人惧其无常，能行异事，奸偷畏之而暂息。及尔朱荣举兵向洛，既忆入间。疑俄而闻荣肆毒于河阴，遂南奔萧衍。衍立为魏主，号年更兴。衍遣其将军王辩送置于境上，以觊侵逼。及齐献武王既诛荣，以悦高祖子，宜承大业，乃令人示意。悦既至，清狂如故，动为罪失，不可扶持，乃止。出帝初，除大司马。卒。"①

按：元悦（？—532），孝文帝庶子，清河王元怿弟。《洛阳伽蓝记》载元悦拜赵逸为义父，问其"何所服饵，以致长年"。为求福报，元悦即为汝南王修治古塔，此可补史传之阙。

16. 元纪（给事中黄门侍郎）

《洛阳伽蓝记·昭仪尼寺》："京师道俗谓之神桑。观者成市，布施者甚众。帝闻而恶之，以为惑众。命给事黄门侍郎元纪伐杀之。"②

《魏书·景穆十二王列传中》："（元）悲弟纪，字子纲。永熙中，给事黄门侍郎。随出帝没于关中"。③

按：元纪（？—535），字子纲，任城王元澄子。《魏书·景穆十二王列传中》记"随出帝没于关中"。按出帝死于永熙三年闰十二月癸巳（535年2月3日），此亦为元纪死日。《魏书》《北史》所载元纪事甚为简略，《洛阳伽蓝记》所载可补史传，谓其为"给事黄门侍郎"，与《魏书》所载相同。

17. 元洪超

《洛阳伽蓝记·修梵寺》："里中［有］太傅录尚书［事］长孙

---

① （北齐）魏收：《魏书》，中华书局1975年版，第592—593页。
② （北魏）杨衒之撰，周祖谟校释：《洛阳伽蓝记校释》，中华书局2010年版，第45页。
③ （北齐）魏收：《魏书》，中华书局1975年版，第485页。

稚、尚书右仆射郭祚、吏部尚书邢峦、廷尉卿元洪超、卫尉卿许伯桃、凉州刺史尉成兴等六宅。"①

《魏书·昭成子孙列传》："叱奴子洪超，颇有学涉。大乘贼乱之后，诏洪超持节兼黄门侍郎绥慰冀部。还，上言：'冀土宽广，界去州六七百里，负海险远，宜分置一州，镇遏海曲。'朝议从之，后遂立沧州。卒于北军将（据校勘记，当为'□北将军'）、光禄大夫。"②

《魏书·长孙道生传附观子稚传》："稚表请回授其姨兄廷尉卿元洪超次子恽。"③

按：元洪超，北魏辽西公元意烈之玄孙。据《魏书·昭成子孙列传》，其世系为昭成皇帝拓跋什翼犍→拓跋力真→辽西公拓跋意烈→武遂子拓跋拔干→武邑公拓跋受洛→元叱奴→元洪超。《洛阳伽蓝记》所载元洪超为廷尉卿，与《魏书》所载相符。《洛阳伽蓝记》记元洪超宅，《魏书》无载，此可补史传之阙。

18. 元劭（彭城王）

《洛阳伽蓝记·秦太上君寺》："子升曰：'吾闻至尊兄彭城王作青州刺史，问其宾客从至青州者，云：齐土之民，风俗浅薄，虚论高谈，专在荣利。太守初欲入境，皆怀砖叩首，以美其意；及其代下还家，以砖击之。言其向背速于反掌。是以京师谣语曰：'狱中无系囚，舍内无青州，假令家道恶，腹中不怀愁。怀砖之义起在于此也。'"④

《魏书·献文六王列传》："（元勰）嫡子劭，字子讷，袭封。善武艺，少有气节。肃宗初，萧衍遣将犯边，劭上表曰：'伪竖游魂，窥觎边境，劳兵兼时，日有千金之费。臣仰籍先资，绍飨厚秩，思以埃尘，用裨山海。臣国封徐州，去军差近，谨奉粟九千斛、绢六

---

① （北魏）杨衒之撰，周祖谟校释：《洛阳伽蓝记校释》，中华书局2010年版，第47—48页。
② （北齐）魏收：《魏书》，中华书局1975年版，第384页。
③ （北齐）魏收：《魏书》，中华书局1975年版，第648页。
④ （北魏）杨衒之撰，周祖谟校释：《洛阳伽蓝记校释》，中华书局2010年版，第71页。

百匹、国吏二百人，以充军用。'灵太后嘉其至意，而不许之。起家宗正少卿。又除使持节、假散骑常侍、平东将军、青州刺史。于时，齐州民刘均、房顷等，扇动三齐。萧衍遣将彭群、王辩等搔扰边陲，劭频有防拒之效。孝昌末，灵太后失德，四方纷扰，劭遂有异志。为安丰王延明所启，乃徵入为御史中尉。庄帝即位，尊为无上王。寻遇害河阴。追谥曰孝宣皇帝。"①

《魏故使持节假黄钺侍中太师领司徒都督中外诸军事彭城武宣王妃李氏墓志铭》："……子子讷，字令言，今彭城郡王。妃陇西李氏，父休纂。……"②

按：元劭（？—528），字子讷，河南洛阳人，死于河阴之难。据其母《李氏墓志铭》"子子讷，字令言，今彭城郡王"，则名元子讷，字令言。孰是？待考。《洛阳伽蓝记》云其曾为青州刺史，此可从《魏书》得以印证。《洛阳伽蓝记》所记之事，《魏书》本传不载，此可补史传之阙。

19. 元怀（广平王）

《洛阳伽蓝记·平等寺》："平等寺，广平武穆王怀舍宅所立也。"③

《洛阳伽蓝记·高阳王寺》："子文对曰：'国阳胜地，卿何怪也？若言川涧，伊、洛峥嵘；语其旧事，灵台《石经》；招提之美，报德、景明。当世富贵，高阳、广平……'"④

《洛阳伽蓝记·冲觉寺》："延昌四年，世宗崩，怿与高阳王雍、广平王怀并受遗诏，辅翼孝明。"⑤

《洛阳伽蓝记·大觉寺》："大觉寺，广平王怀舍宅［立］也，

---

① （北齐）魏收：《魏书》，中华书局1975年版，第584页。
② 赵超：《汉魏南北朝墓志汇编》，天津古籍出版社2008年版，第149页。
③ （北魏）杨衒之撰，周祖谟校释：《洛阳伽蓝记校释》，中华书局2010年版，第79页。
④ （北魏）杨衒之撰，周祖谟校释：《洛阳伽蓝记校释》，中华书局2010年版，第125—126页。
⑤ （北魏）杨衒之撰，周祖谟校释：《洛阳伽蓝记校释》，中华书局2010年版，第127页。

在融觉寺西一里许。"①

《魏书·孝文五王列传》："广平王怀。阙有魏诸王。召入华林别馆，禁其出入，令四门博士董徵，授以经传。世宗崩，乃得归。"②

《魏故侍中使持节骠骑大将军太尉公尚书令冀州刺史广平文懿王铭》："祖高祖孝文皇帝。考讳怀，字宣义，侍中使持节都督中外诸军事司州牧太尉公黄钺大将军广平武穆王。……"③

按：广平王元怀（488—517），字宣义，孝文帝元宏第五子，宣武帝元恪同母弟。《魏书》卷22有传，文阙略殊甚，事实全佚，惟卷8《世宗纪》延昌元年（512）正月丙辰"司州牧广平王怀进号骠骑大将军仪同三司"，卷9《肃宗纪》延昌四年（515）二月癸未"骠骑大将军广平王怀为司空"，八月己丑"司空广平王怀为太尉，领司徒"，熙平二年（517）三月丁亥"太保领司徒广平王怀薨"。元怀谥武穆，见于《洛阳伽蓝记》及《墓志》外，又见于《魏书》卷11《出帝纪》、《金石录》卷21《范阳王碑跋》、元怀子元悌与《元诲墓志》及《元灵耀墓志》，独《魏书·孝文五王传》作文穆（传云："文昭皇后生广平文穆王怀。"），其误赵明诚已言之，此不再辨。据《元怀墓志》，怀卒于熙平二年，即517年，春秋三十，逆推当生于太和十二年（488）。

20. 元恭（前废帝、广陵王）

《洛阳伽蓝记·平等寺》："建明二年，长广王从晋阳赴京师，至郭外。世隆以长广本枝疏远，政行无闻。逼禅与广陵王恭。恭是庄帝从父兄也。正光中，为黄门侍郎，见元义秉权，政归近习，遂佯哑不语，不预世事。永安中，遁于上洛山中，州刺史泉企执而送之。庄帝疑恭奸诈，夜遣人盗掠衣物，复拔刀剑欲煞之，恭张口以手指舌，竟

---

① （北魏）杨衒之撰，周祖谟校释：《洛阳伽蓝记校释》，中华书局2010年版，第157页。
② （北齐）魏收：《魏书》，中华书局1975年版，第592页。
③ 赵超：《汉魏南北朝墓志汇编》，天津古籍出版社2008年版，第219页。

乃不言。庄帝信其真患，放令归第。恭常住龙华寺，至时世隆等废长广而立焉。《禅文》曰：……恭让曰：'天命至重，历数匪轻，自非德协三才，功济四海，无以入选帝图，允当师锡。臣既寡昧，识无光远，景命虽降，不敢仰承。乞收成旨，以允愚衷。'又曰：'王既德膺图箓，金属攸归；便可允执其中，入光大麓。不劳挥逊，致爽人神。'凡恭让者三，于是即皇帝位，改号曰普泰。黄门侍郎邢子才为赦文，叙述庄帝枉煞太原王之状。广陵王曰：'永安手翦强臣，非为失德。直以天未厌乱，逢成济之祸。'谓左右'将笔来，朕自作之'。直言：'门下，朕以寡德，运属乐推，思与亿兆，同兹大庆。肆眚之科，一依恒式。'广陵杜口八载，至是始言，海内庶士，咸称圣君。于是封长广为东海王，世隆加仪同三司尚书令乐平王，余官如故；赠太原王相国晋王，加九锡，立庙于芒岭首阳上。旧有周公庙，世隆欲以太原王功比周公，故立此庙。庙成，为火所灾。有一柱焚之不尽，后三日，雷雨，震电霹雳，击为数段。柱下石及庙瓦皆碎于山下。……初，世隆北叛，庄帝遣安东将军史仵龙、平北将军杨文义，各领兵三千守太行领，侍中源子恭镇河内。及尔朱兆马首南向，仵龙、文义等率众先降。子恭见仵龙、文义等降，亦望风溃散。兆遂乘胜逐北，直入京师，兵及阙下，矢流王室。至是论功，仵龙、文义各封一千户。广陵王曰：'仵龙、文义，于王有勋，于国无功。'竟不许。时人称帝刚直。彭城王尔朱仲远，世隆之兄也，镇滑台，表用其下都督乙瑗为西兖州刺史，先用后表。广陵答曰：'已能近补，何劳远闻？'世隆侍宴，帝每言'太原王贪天之功，以为己力，罪有合死'。世隆等愕然。自是已后，不敢复入朝。辄专擅国权，凶愚滋甚。坐持台省，家总万机。事无大小，先至隆第，然后施行。天子拱己南面，无所干预。"[1]

---

[1] （北魏）杨衒之撰，周祖谟校释：《洛阳伽蓝记校释》，中华书局2010年版，第81—87页。

《洛阳伽蓝记·龙华寺》:"龙华寺,广陵王所立也。"①

《洛阳伽蓝记·龙华寺》:"普泰元年,广陵王即位,诏曰:'禽兽囚之,则违其性,宜放还山林。'狮子亦令送归本国。送狮子者以波斯道远,不可送达,遂在路杀狮子而返。有司纠劾,罪以违旨论。广陵王曰:'岂以狮子而罪人也?'遂赦之。"②

《魏书·前废帝广陵王纪》:"前废帝,讳恭,字修业,广陵惠王羽之子也。母曰王氏。少端谨,有志度。长而好学,事祖母、嫡母以孝闻。正始中,袭爵。延昌中,拜通直散骑常侍。神龟中,进兼散骑常侍。正光二年,正常侍,领给事黄门侍郎。帝以元叉擅权,遂称疾不起。久之,因托喑病。五年,就除金紫光禄大夫,加散骑常侍。建义元年,除仪同三司。王既绝言,垂将一纪,居于龙花寺,无所交通。永安末,有白庄帝者,言王不语,将有异图;民间游声,又云有天子之气。王惧祸,逃匿上洛,寻见追蹑,执送京师,拘禁多日,以无状获免。及庄帝崩,尔朱世隆等以元晔疏远,又非人望所推,以王潜默晦身,有过人之量,将谋废立。恐实不语,乃令王所亲申其意,且兼迫胁。王遂答曰:'天何言哉!'世隆等大悦。春二月己巳,晔进至邙南,世隆等奉王东郭之外,行禅让之礼。……"③

按:元恭(498—532),字修业,献文帝元弘之孙,广陵惠王元羽子。北魏皇帝,531—532 年在位。530 年,尔朱世隆杀害元晔,立元恭为帝。532 年,被高欢所废,寻遇鸩。谥号节闵帝,又称广陵王或前废帝,《魏书》《北史》记载甚详细。《洛阳伽蓝记》所载之事可与正史参看。其《让受禅表》不见于其他文献,严可均《全后魏文》漏辑,足见《洛阳伽蓝记》在保存北魏文献上的功绩。

---

① (北魏)杨衒之撰,周祖谟校释:《洛阳伽蓝记校释》,中华书局 2010 年版,第 112 页。
② (北魏)杨衒之撰,周祖谟校释:《洛阳伽蓝记校释》,中华书局 2010 年版,第 119 页。
③ (北齐)魏收:《魏书》,中华书局 1975 年版,第 273—274 页。

21. 元渊（广阳王）

《洛阳伽蓝记·景宁寺》："孝昌年，广阳王元渊初除仪同三司，总众十万讨葛荣，夜梦著衮衣，倚槐树而立，以为吉征。问于元慎。元慎曰：'三公之祥。'渊甚悦之。元慎退还，告人曰：'广阳死矣。'槐字是木傍鬼，死后当得三公。广阳果为葛荣所杀，追赠司徒公。终如其言。"①

《魏书·太武五王列传》："（元）深，字智远，袭爵。肃宗初，拜肆州刺史。预行恩信，胡人便之，劫盗止息。后为恒州刺史，在州多所受纳，政以贿成，私家有马千匹者必取百匹，以此为恒。累迁殿中尚书，未拜，坐淫城阳王徽妃于氏，为徽表讼。诏付丞相、高阳王雍等宗室议决其罪，以王还第。……深与左右行至博陵郡界，逢贼游骑，乃引诣葛荣。贼徒见深，颇有喜者。荣新自立，内恶之，乃害深。庄帝追复王爵，赠司徒公，谥曰忠武。"②

按：广陵王元渊，《魏书》十八有传，作广阳王深，《北史》帝纪及《太武五王传》《资治通鉴》亦作深，《孝明帝纪》作广阳王渊。按《元湛墓志》："父讳渊，侍中吏部尚书司徒公雍州刺史广阳忠武王。"则原为渊字，作深者，盖唐人避高祖（李渊）讳所改。孝明帝纪孝昌二年（526）五月："以……广阳王渊为骠骑大将军仪同三司，寻为大都督，率都督章武王融北讨（鲜于）修礼。"八月"癸巳，贼帅元洪业斩鲜于修礼，请降，为贼党葛荣所杀"。是元渊出师原讨鲜于修礼，后因修礼死，葛荣得其众。此言讨葛荣，盖据后事言之。《洛阳伽蓝记》言元渊做梦一事，正史无载，此可补史书之阙。

22. 元详（北海王）

《洛阳伽蓝记·龙华寺》："追圣寺，北海王所立也。并在报德寺

---

① （北魏）杨衒之撰，周祖谟校释：《洛阳伽蓝记校释》，中华书局2010年版，第94—95页。
② （北齐）魏收：《魏书》，中华书局1975年版，第429—434页。

之东。"①

《魏书·献文六王列传上》："北海王详，字季豫。美姿容，善举止。太和九年封，加侍中、征北大将军。后拜光禄大夫，解侍中、将军。又兼侍中。从高祖南伐，为散骑常侍。高祖自洛北巡，详常与侍中、彭城王勰并在舆辇，陪侍左右。至高宗射铭之所，高祖停驾，诏诸弟及侍臣，皆试射远近，唯详箭不及高宗箭所十余步。高祖嘉之，抚掌欣笑，遂诏勒铭，亲自为制。五等开建，食邑二千户。迁侍中，转秘书监。……详贪淫之失，虽闻远近，而死之日，罪无定名，远近叹怪之。停殡五载。永平元年十月，诏曰：'故太傅北海王体自先皇，特钟友爱，受遗训辅，冲昧攸记。不图暮节晦德，终缺哀荣，便可追复王封，克日营厝，少慰幽魂，以旌阴疑戚。'谥曰平王。"②

（阙）："故侍中太傅领司徒公录尚书事北海王，姓元，讳详，字季豫，司州河南洛阳都乡光睦里人。献文皇帝之第七子，孝文皇帝之季弟。仕历散骑常侍已下至于太傅。十六除官。正始元年岁在甲申春秋廿九，六月十三日戊子薨，谥曰平王。永平元年十一月六日卜窆于长陵北山。志铭曰：纂乾席圣，启源轩皇，婵联万祀，缅邈百王。夙仁早睿，韫玉怀芳，德心孔淑，道问丕飏。擅爱帝季，冠秀宗良，追英河献，配美平苍。宠兼傅录，贵袭衮章，端右台极，民具攸望。位崇世短，善庆乖长，余休弗沫，遗咏有光。"③

按：北海王元详（476—504），字季豫，河南洛阳人。献文帝元弘之子，孝文帝元宏异母弟。据其墓志铭"正始元年岁在甲申春秋廿九，六月十三日戊子薨"，可推算其生卒年。诸史记载甚详。《洛阳伽蓝记》言其建追圣寺，正史无载，此可补史传之阙。

23. 元徽（城阳王）

《洛阳伽蓝记·宣忠寺》："宣忠寺，侍中司州牧城阳王徽所立

---

① （北魏）杨衒之撰，周祖谟校释：《洛阳伽蓝记校释》，中华书局2010年版，第112页。
② （北齐）魏收：《魏书》，中华书局1975年版，第559—564页。
③ 赵超：《汉魏南北朝墓志汇编》，天津古籍出版社2008年版，第54页。

也。在西阳门外一里御道南。永安中，北海王入洛，庄帝北巡，自余诸王，各怀二望，惟徽独从庄帝至长子城。大兵阻河，雌雄未决，徽愿入洛阳，舍宅为寺。及北海败散，国道重晖，遂舍宅焉。永安末，庄帝谋杀尔朱荣，恐事不果，请计于徽，徽曰：'以生太子为辞，荣必入朝，因以毙之。'庄帝曰：'后怀孕未十月，今始九月，可尔已不？'徽曰：'妇生产子，有延月者，有少月者，不足为怪。'帝纳其谋，遂唱生太子，遣驰诏至太原王第，告云：'皇储诞育。'值荣与上党王天穆博戏，徽脱荣帽，欢舞盘旋。徽素大度量，喜怒不形于色。兼殿内外欢叫，荣遂信之，与穆并入朝。庄帝闻荣来，不觉失色。中书舍人温子升曰：'陛下色变。'帝连索酒饮之，然后行事。荣、穆既诛，拜徽太师司马，余官如故，典统禁兵，偏被委任。及尔朱兆擒庄帝，徽投前洛阳令寇祖仁。祖仁一门刺史，皆是徽之将校，少有旧恩，故往投之，祖仁谓子弟等曰：'时闻尔朱兆募城阳王甚重，擒获者千户侯。今日富贵至矣！'遂斩送之。徽初投祖仁家，赍金一百斤、马五十匹，祖仁利其财货，故行此事。所得金马，总亲之内均分之，所谓'匹夫无罪，怀璧其罪'，信矣！兆得徽首，亦不勋赏祖仁。兆忽梦徽云：'我有黄金二百斤、马一百匹，在祖仁家，卿可取之。'兆悟觉，即自思量'城阳禄位隆重，未闻清贫，常自入其家采掠，本无金银，此梦或真'。至晓，掩祖仁，徵其金马。祖仁谓人密告，望风款服，云：'实得金一百斤，马五十匹。'兆疑其藏隐，依梦徵之。祖仁诸房素有金三十斤，马三十匹，尽送致兆，犹不充数。兆乃发怒，捉祖仁，悬首高树，大石坠足，鞭捶之，以及于死。时人以为交报。"①

《魏书·景穆十二王列传》："（元）徽，字显顺。粗涉书史，颇有吏才。世宗时，袭封。除游击将军，出为河内太守。在郡清整，有民

---

① （北魏）杨衒之撰，周祖谟校释：《洛阳伽蓝记校释》，中华书局2010年版，第129—132页。

133

誉。徽拜长兼散骑常侍。肃宗时，除右将军、凉州刺史。徽以径途阻远，固请不行。除散骑常侍。其年，除后将军、并州刺史。……及尔朱兆之入，禁卫奔散，庄帝步出云龙门。徽乘马奔度，帝频呼之，徽不顾而去。遂走山南，至故吏寇弥宅。弥外虽容纳，内不自安，乃怖徽云，官捕将至，令其避他所。使人于路邀害，送尸于尔朱兆。出帝初，赠使持节、侍中、太师、大司马、录尚书事、司州牧，谥曰文献。"①

《魏故使持节侍中太保大司马录尚书事司州牧城阳王墓志铭》："王讳徽，字显顺，河南洛阳人也。耀星电以启基，骇风雷而成业，桢符相属，灵命不穷。祖康王，蕴德摛华，跞四岳而特立。父怀王，资图叶运，膺三杰以挺生。固用曷发名山，照独骥阁，于余可得而略也。王台耀降祥，世德钟美，机鉴爽悟，神理精彻，体仁依义，基孝履忠。贞飙与松筠等茂，逸韵共风烟俱上。迅雷过耳，不扰其情；骇兽径目，讵移其虑。及研商隐赜，游息丘山，玄旨幽而更扬，微言绝而复阐，膺五百之遐运，击三千而上征。天爵以修，地芥伊拾，不行而至，无翼载飞。入处股肱，式卫元首，出应分竹，流润帝畿。拥旆华阳，回驷冀北；扰兽依毂，翔鸟腾轩。天府任隆，内相为切，辍兹分命，来司枢揆，斟酌元气，抑扬衡石。陈群之裁定九品，杜预之损益万计，毛玠之华实必甄，山涛之官人称允。总而为言，绰有余裕。爰自功高，迄于专席。既挹江海，又管喉唇。内外总己，朝野属望，悉心正色，知无不为，葵织斯除，宄盖靡设，盐梅雅俗，舟楫生民。及天镜且移，人谋忽改，白囊曰警，赤羽交驰。乃作牧帝京，兼开幕府，运筹衽席，制胜庙堂，万里承风，九区斯谧。五品俟教，允应主人；九伐方申，仍陟司武。训范支叶，保乂一人，地兼四履，位穷八命，居盈弥损，在泰俞冲。不以吐茹移心，不以晦明易志，万顷泳之而莫测，百姓日用而不知。方当终

---

① （北齐）魏收：《魏书》，中华书局1975年版，第510—512页。

散马之□运，倍射牛之秘札，而天未悔祸，时属道消，一绳匪维，我言不用，铜驼兴步出之叹，平阳结莫反之哀。孰谓推墙，遽同析腑，春秋卅一，永安三年岁次庚戌十二月五日薨于洛阳之南原。今否运有极，罪人斯除，一息不追，人百靡赎。有诏：王体业贞峻，风概英远，清猷被国，遗爱在民。可赠使持节侍中太师大司马司州牧，谥曰文献，礼也。粤以太昌元年岁次壬子十一月辛卯朔十九日己酉窆于洛阳之穀山。回游亟谢，岸谷互迁，敢刊泉途，式铭遗烈。其词曰：裁峰四见，分华三接，招摇谢蕤，广都著叶。道有袭耕，德无殒猎，金玉既振，青紫相躐。都良产馥，槐江发润，远识渊渟，冲襟岳峻。闻义远徙，当仁必殉，蔚昺为文，铿锵成韵。谁縻好爵，爰在学优，分符帝阃，负傅仍游。华阳结讼，冀北兴讴，司会居本，比穆凌攸。上圜在务，下方用序，九伐言临，七营伊举。纳揆奚属，邻台安与，清虚独迈，温恭无侣。如珪如璧，匪罴匪熊，槐庭易观，铉路增崇。岂唯调气，爰兼顺风，仁威远扇，至德潜通。□□距运，多僻在辰，聪耀为虐，冠履飘沦。压焉斯及，殄瘁奄臻，剖心奚痛，歼我良人。夕波东警，朝晷西奔，忽贸朝市，遽易凉暄。叶兹三兆，方从九原，嘉数以积，文物徒尊。醴酒谁设，菟园靡开，归骖踟蹰，去葆徘徊。蘢晖无色，松风自哀，芳猷爰谢，玄石空裁。太妃河南乙氏，广川公之孙女。妃陇西李氏，司空文穆公之孙女。弟□，显和，征东将军徐州刺史襄城王。弟虔，显敬，通直散骑常侍安东将军银青光禄大夫广□县开国伯。妹适荥阳郑氏。世子须陀延年十岁。息女长华年十二。"[1]

按：城阳王元徽（490—530），字显顺，元鸾之子，河南洛阳人。据其《墓志铭》"春秋卅一，永安三年岁次庚戌十二月五日薨于洛阳之南原"，可推算其生卒年。正史详载其事迹，《洛阳伽蓝记》言其诛尔朱荣、元天穆事，及元徽被祖仁所害，文笔生动，颇富文

---

[1] 赵超：《汉魏南北朝墓志汇编》，天津古籍出版社2008年版，第299—301页。

学意味，可补史传之不及。

24. 元彧（侍中、尚书令、陈留庄王、临淮王）

《洛阳伽蓝记·法云寺》："寺北有侍中尚书令临淮王彧宅。彧博通典籍，辨慧清悟，风仪详审，容止可观。至三元肇庆，万国齐臻，金蝉曜首，宝玉鸣腰，负荷执笏，逶迤复道，观者忘疲，莫不叹服。彧性爱林泉，又重宾客。至于春风扇扬，花树如锦，晨食南馆，夜游后园，僚采成群，俊民满席。丝桐发响，羽觞流行，诗赋并陈，清言乍起，莫不领其玄奥，忘其褊各焉。是以入彧室者，谓登仙也。荆州秀才张斐常为五言，有清拔之句云：'异林花共色，别树鸟同声。'彧以蛟龙锦赐之，亦有得绯绸紫绫者。唯河东裴子明为诗不工，罚酒一石。子明饮八斗而醉眠，时人譬之山涛。及尔朱兆入京师，彧为乱兵所害，朝野痛惜焉。"①

《魏书·太武五王列传》："（元）彧，字文若，绍封。彧少有才学，时誉甚美。侍中崔光见彧，退而谓人曰：'黑头三公，当此人也。'……累迁侍中、卫将军、左光禄大夫、兼尚书左仆射，摄选。……累除位尚书令、大司马、兼录尚书。……尔朱荣死，除彧司徒公。尔朱世隆率部北叛，诏彧防河阴。及尔朱兆率众奄至，彧出东掖门，为贼所获。见兆，辞色不屈，为群胡所殴蹂。出帝赠太师、太尉公、雍州刺史。"②

《魏故使持节侍中太保领太尉公录尚书事大将军都督定相二州诸军事定州刺史临淮王墓志铭》："王讳彧，字文□，河南洛阳人也。自枢电流晖，寿丘膺祉，世德与二离比耀，灵命随四气无穷。祖懿王，居宗作相，□□播于丹青。父康王，蕴道摛光，英声传于缃素。王降神河岳，感庆星云，凤禀岐嶷之姿，□树扶异□量。精

---

① （北魏）杨衒之撰，周祖谟校释：《洛阳伽蓝记校释》，中华书局2010年版，第139—140页。
② （北齐）魏收：《魏书》，中华书局1975年版，第419—422页。

明内湛，符彩外发，体含珠玉，心怀琬琰。甫游竹马，已见千仞之奇，始戏羊车，便□百□之自。孝为心基，义成行本，早违陟岵，兼丧孔怀，训育所资，实唯圣善，倚门有望，噬指□归，母子二人，更相为气，虽家享万钟，室盈珍旨，日荐双鲤，事由感应。上敦宗族，傍穆亲姻，学海靡穷，□□不已，百家浩荡，异轸同归，万古攸缅，得门竞入，手握灵蛇之珠，口运雕龙之句，睹者□颜，闻则愈疾。信可以俌爱冬景，比质秋霜者矣。袭先爵济南郡王。出应龙光，入为卿士，自兹厥后，位与德□，激水上征，陵云高鹜，晨游鸳沼，夕拜□门。一人乃眷，百僚注目，句吴效命，负嵎未宾。王曾祖燕宣王，雄规杰出，辟地建功，怅望江湖，有怀吞噬，启社临□，用显丕绩。后以郡在伪疆，地非国有，傍求沃实，改邑济南。而王志存追旧，仁不忘本，询之朝议，实所难违，还封临淮，遥食魏郡。常伯任隆，独坐务切，谈讽所归，绳准攸在。以我□心，式兼二事，抑扬名教，弘奖风流，遐迩肃然，不严而治。非日非月之明，移风易俗之典，允钟时彦，爰属奉常。乃峻戎号，来绥棘彩，周原奥壤，华阳全实，朱骖再转，皂盖仍移，六条克宣，万里载穆。宗伯之任，亲属斯典，花萼之寄，兴替是阶，乃舍蕃闱，来游卿寺，俄居大理，兼掌治粟。自正光之末，艰虞互起，戍卒跋扈，摇荡疆塞，我求操斧，聿总元戎。属天未悔祸，妖徒方炽，千城弃律，一绳靡维。既而徐兖两面之民法僧背诞，扇扰边服，鸟房鱼寇，所在侏张。乃当会府，复应推毂，运七略于寸心，申九罚于阃外。彭汴克复，淮肥载清，积骭陵山，横尸断壑。方欲乘兹一举，震荡三吴，而踰时告劳，千金日费，未极武怒，简书言归。蠢彼荆蛮，凭陵畿甸，吊民冘难，非王莫可。东斾始班，南辕遄戒，鬼出电入，折朽摧枯，始若狐狸，终成兕虎。及外司江海，内管喉唇，贤戚以兼，负荷伊属，敷陈五教，仪形百揆。吴蜀轸惧，朝野归心。值坯运有终，殷忧且至，人谋俄改，天命□移，崩

137

榛之祸奄臻,舍玦之慕空结。呜呼!王风神闲旷,道置自远,辞彩润彻,无辈当时,出入承明,逶迤复道,光华振鹭,领袖群龙。东阁晨开,西园夕宴,孙枝激响,芳醴徐行,涌泉时注,悬何(洪流按:'何'当作'河')不竭。府迹寰中,游神击表,方膺仁寿,永持国命,遽捐华馆,长即佳城。有诏赠使持节侍中太保领太尉公录尚书事大将军都督定相二州诸军事定州刺史,王如故。岸谷互迁,金石难朽,刊之于幽壤,式彰斯盛烈。乃作铭曰:千龄眇眇,万像茫茫,叶钩曰帝,乘云者皇。跨蹑三古,苞笼百王,本枝磐石,如珪如璋。八才留称,五贤传响,我有叡哲,曾峰秀上。出世栖神,入玄致赏,英猷克迈,清虚独往。远游加首,来谒承明,风流郁起,光华自生。居宗立誉,履道标名,薄言从仕,作栋作桢。抟气不已,积风未息,切天挥翰,临云矫翼。山高徒仰,海深讵测,德茂礼尊,功隆位极。既文且武,惟机与神,冠兹百辟,振彼四邻。屯平献替,夷崄经纶,纲纪邦国,舟楫生民。匪天莫高,日月照晋,匪地莫厚,山岳表镇。邈矣君王,配明北峻,沧浪降沴,辅仁愆信。慕均辍相,哀踰舍玦,犹是梁摧,方斯柱折。储筵靡奏,骚辞罢制,菀园长奄,醴酒谁设。池台寂寂,宫馆沉沉,人亡物在,悼昔伤今。声明虚萃,礼数空临,宿草知积,杂树连阴。苦雾晨暗,悲风夜吟,九京易即,一往难寻,前和式睹,后播徽音。"①

按:元彧(?—530),字文若。北魏宗室,太武帝拓跋焘第四子临淮宣王拓跋谭之后,临淮懿王拓跋提之孙、济南康王元昌之子。本名亮,字仕明。《魏书》《北史》诸书详载其事。其《墓志铭》言其早岁丧父,事母至孝,政事明达,文采风流,《洛阳伽蓝记》言其"博通典籍,辨慧清悟,风仪详审,容止可观"。二者所记吻合。《洛阳伽蓝记》记其住宅情形,可补史传之阙。

---

① 赵超:《汉魏南北朝墓志汇编》,天津古籍出版社2008年版,第503—505页。

## 25. 元顺

《洛阳伽蓝记·开善寺》:"鬼多亡日,像自然金色,光照四邻。一里之内,咸闻香气,僧俗长幼,皆来观睹。尚书左仆射元顺闾里内频有怪异,遂改阜财为齐谐里也。"[1]

《魏故侍中骠骑大将军司空公领尚书令定州刺史东阿县开国公元公墓志铭》:"公讳顺,字子和,河南郡洛阳县人也。恭宗景穆皇帝之曾孙,侍中大都督开府仪同三司任城康王之孙,侍中假黄钺都督中外诸军事太傅太尉公任城文宣王之子。凭天汉以启源,罩辰极而构岳,符玄鸟之嘉膺,契舟陵之圣绪。绵挑琼华而远茂,盛业迈封叔而重辉,固以昭晰青编,布濩素册矣。公丕丞显烈,体兹上操,清才雅誉,挺自黄中,蹇直峻概,成乎壮日,忠规孝范,丽国光家,处贵毋贪,崇俭上朴。身甘枯槁,妻子衣食不充,尝无担石之储,唯有书数千卷。虽复孙弘居相,王修处官,曷以过也。年十七,起家为给事中。历迁中书侍郎,太常少卿,银青光禄大夫领黄门郎。抽华藻其如纶,当问礼而延誉,每振奇谟于琐闼,登异政于层阙。正光五年,总六条,频屏两岳,初为使持节安北将军都督恒州诸军事恒州刺史。俄而徙莅齐蕃,为安东将军,持节都督如故。下舆未几,风政宣洽。至孝昌元年,复还,征为黄门郎。寻以本官除护军将军加散骑常侍。续迁侍中,护军如故。既任属喉唇,亟居近侍,国容朝典,知无不为,斟酌礼度,鹜补漏阙。公乃忘潜润之工言,誓捐七尺以奉上,有犯无隐,谠言屡陈,或致触鳞之失,其志在磨而不磷也。出为中军将军吏部尚书兼右仆射,续加征南将军右光禄大夫,掌选如故。转兼左仆射。又孝昌二年中,有诏以文宣王于高祖孝文皇帝晏驾之始,跪玉几,受遗托,辅宣帝之功,追加嗣子任城王彝邑千室。析户五百,分封公为东阿县开国公。公虽去枢唇之近审,而居衡石,帝所难,兼总礼闱端要。夏乃

---

[1] (北魏)杨衒之撰,周祖谟校释:《洛阳伽蓝记校释》,中华书局2010年版,第146—147页。

声实弥广,遐迩挹其蹇愕,有识钦其清贞。宜享卫武之修年,以成二南之隆业。福履虚诰,与善何徵。以建义元年四月十三日奉迎銮跸于河梁,于时五牛之旆在郊,三属之甲未卷,而墟民落编,多因兵机而暴掠。公马首还,届于陵户村,忽逢盗贼,规夺衣马,遂以刃害公,春秋卅有二,乃薨于凶手。命也。呜呼!有诏震悼,赠骠骑大将军司空公领尚书令定州刺史。谥,礼也。粤其年七月丙辰朔五日庚申迁窆于京西谷水之北刚。式裁空石,用传不朽,岂徒钟鼎,独播徽猷。其词曰:莹实玉瑶,光惟金铣,灼灼伊贤,洞兼兹善。莫测语默,孰见舒卷,渊哉冲哉,高深谁辩。郁蔼清徽,岩岩岳峻,落落风采,楞楞高韵。才名幼彰,忠孝早振,辙轹前修,式轨后进。琼佩鸣腰,金蝉映首,彤驺是导,紫荷是负。遽贵能贫,俭身约口,布被脱粟,敛衿见肘。愕愕夫君,昂昂特挺,殊气勋獯,异节纤婷。志贬啜糵,情深独醒,任会枢端,心存和鼎。格言于右,庭诤匡朝,德延帝宠,声被氓谣。运属凌替,时钟道消,今也不淑,祸岂身招。长阜苍芒,深泉寒寂,隅灯已暗,松筵永閴。片石石飞响,□名盛绩,殡谷为陵,扇美方趋。"①

按:元顺,如隐堂本作"元稹",范祥雍《校注》云:"绿君亭本、真意堂本'稹'作'慎'。《珠林》亦作'慎'。张《合校》云:'案《魏书》作瑱。'按《元河南志》又作'顺'。考元瑱与元顺皆曾为尚书右仆射,未知孰是。"周祖谟《校释》云:"'左仆射元顺'原作'右仆射元稹',今依《河南志》改。案《魏书》无元稹其人,或以为即北海王元颢弟元瑱也,瑱事迹见《魏书》卷二十一上。庄帝初,拜侍中车骑将军,封东海王。后迁中书监,左光禄大夫,兼尚书右仆射。颢败,被诛。但史称:'瑱无他才干,以亲属早居重任。'本书所云改阜财里为齐谐里,似非元瑱事。《元河南志》不作'元稹',而作'元顺'。考顺字子和,任城王元澄子,见《魏书》卷十九中《澄传》。史称:顺下帷读书,

---

① 赵超:《汉魏南北朝墓志汇编》,天津古籍出版社2008年版,第223—225页。

笃志爱古，有诗赋表颂数十篇。肃宗时，为给事黄门侍郎，兼殿中尚书，转侍中，除尚书，兼右仆射。后除征南将军，右光禄大夫，转兼左仆射。因迎庄帝，为陵户鲜于康奴所害。《顺墓志》记顺事甚详。顺既好学能文，齐谐里之名盖为元顺所改。《元河南志》作'尚书左仆射元顺'，当据旧本《伽蓝记》而来。今本作'元禛'者，盖由唐人写书'顺'每作'慎'（《法苑珠林》卷五十七引即作'慎'），又讹为'稹'耳。"考周说较公允，当据改。据元顺《墓志铭》"以建义元年四月十三日"被害，"春秋卌有二"，故其生平当为：元顺（487—528），字子和，河南洛阳人。恭宗景穆皇帝之曾孙，侍中大都督开府仪同三司任城康王之孙，侍中假黄钺都督中外诸军事太傅太尉公任城文宣王之子。

26. 元琛（河间王）

《洛阳伽蓝记·开善寺》："而河间王琛最为豪首。常与高阳争衡，造文栢堂，形如徽音殿，置玉井金罐，以五色缋为绳。妓女三百人，尽皆国色。有婢朝云，善吹篪，能为团扇歌、陇上声。琛为秦州刺史，诸羌外叛，屡讨之不降。琛令朝云假为贫妪，吹篪而乞。诸羌闻之，悉皆流涕。迭相谓曰：'何为弃坟井，在山谷为寇也？'即相率归降。秦民语曰：'快马健儿，不如老妪吹篪。'琛在秦州，多无政绩，遣使向西域求名马，远至波斯国。得千里马，号曰'追风赤骥'。次有七百里者十余匹，皆有名字。以银为槽，金为环锁，诸王服其豪富。琛常语人云：'晋室石崇，乃是庶姓，犹能雉头狐腋，画卵雕薪，况我大魏天王，不为华侈。'造迎风馆于后园，窗户之上，列钱青琐，玉凤衔铃，金龙吐佩。素柰朱李，枝条入檐，伎女楼上，坐而摘食。琛常会宗室，陈诸宝器。金瓶银瓮百余口，瓯檠盘盒称是。自余酒器，有水晶钵、玛瑙琉璃碗、赤玉巵数十枚。作工奇妙，中土所无，皆从西域而来。又陈女乐及诸名马。复引诸王按行府库，锦罽珠玑，冰罗雾縠，充积其内，绣缬、绸绫、丝彩、越葛、钱绢等，不可数计。琛忽谓章武王融曰：'不恨我不见石崇，恨石崇不见我。'融立性贪暴，志欲无限，见之叹惋，不觉生疾。还家卧三日不起。江阳王继来省疾，谓曰：'卿之财产，应得抗衡，何为叹羡，以至于此？'融曰：'常谓高阳一人，宝货多于融，谁知河间，瞻之在前。'继笑曰：'卿欲作袁术之在淮南，不知世间复有刘备也？'融乃蹶起，置酒作乐。"①

《魏书·文成五王列传》："（元）琛字昙宝，幼而敏慧，高祖爱之。世宗时，拜定州刺史。琛妃，世宗舅女，高皇后妹。琛凭恃内外，多所受纳，贪婪之极。及还朝，灵太后诏曰：'琛在定州，惟不将中山宫来，自余无所不致，何可更复叙用？'由是遂废于家。琛以肃宗始学，献金字《孝经》。又无方自达，乃与刘腾为养息，赂腾金宝巨万计。腾屡为之言，乃得兼都官尚书，出为秦州刺史。在州聚敛，百姓吁嗟。属东益、南秦二州氐反，诏琛为行台，仍充都督，还摄州事。琛性贪暴，既总军省，求欲无厌，百姓患害，有甚狼虎。进讨氐羌，大被摧破，士卒死者千数，率众走还。内恃刘腾，无所畏惮，为中尉纠弹，会赦，除名为民。寻复王爵，后讨鲜于修礼，败，免官爵。后讨汾晋胡、蜀，卒于军，追复王爵。"②

按：元琛，字昙宝。北魏文成帝拓跋浚之孙，齐郡王元简之子，孝文帝元宏族弟。诸史有传，《魏书》本传记其贪婪奢侈淫靡的生活相对简略，《洛阳伽蓝记》记述详尽生动，可考见元魏贵族们当时奢靡的生活。

27. 元融（章武王）

《洛阳伽蓝记·开善寺》："琛忽谓章武王融曰：'不恨我不见石

---

① （北魏）杨衒之撰，周祖谟校释：《洛阳伽蓝记校释》，中华书局2010年版，第148—151页。

② （北齐）魏收：《魏书》，中华书局1975年版，第529页。

崇，恨石崇不见我。'融立性贪暴，志欲无限，见之叹惋，不觉生疾。还家卧三日不起。江阳王继来省疾，谓曰：'卿之财产，应得抗衡，何为叹羡，以至于此？'融曰：'常谓高阳一人，宝货多于融，谁知河间，瞻之在前。'继笑曰：'卿欲作袁术之在淮南，不知世间复有刘备也？'融乃蹶起，置酒作乐。"①

《魏书·景穆十二王列传》："（元）融，字永兴。……性尤贪残，恣情聚敛，为中尉纠弹，削除官爵。"②

《使持节侍中司徒公都督雍华岐三州诸军事车骑大将军雍州刺史章武武庄王墓志铭》："公讳融，字永兴，春秋四十有六，河南洛阳宽仁里人也。恭宗景穆皇帝之曾孙，征南大将军开府仪同三司雍州刺史南安惠王之孙，镇西大将军都督东秦邠夏三州诸军事西戎校尉统万突镇都大将汾夏二州刺史章武王之元子也。蝉联瓜瓞之绪，眇邈瑶水之原，固已炳发河书，昭明玉版，于兹可得而略也。公含川岳之纯液，秉金玉而挺生，宇望魁悟，风情峻异，堂堂乎，物莫能量也。性至孝，善事亲，因心则友，率由斯极，闺门之内，人无闲言。澹若秋水之清，暖似春云之润。故朋徒慕义，乡党归仁。弱而好学，师佚功倍。由是瑚琏之器，遐迩属心，桢干之才，具瞻无爽。年十二，以宗室令望拜秘书郎。景明中袭封章武郡王，除骁骑将军，俄而假征虏将军，随伯父都督中山王为别将。复梁城已陷之郛，摧阴陵鲸鲵之贼，公实豫有力焉。既而杨州刺史元嵩被害，寿春凶凶，人怀危迫。都督表公行杨州事。公私怗然，民无异望。还京除假节征虏将军督并州诸军事并州刺史。寻拜宗正卿，复为使持节散骑常侍平东将军都督青州诸军事青州刺史。频牧二州，泽随雨散，化若不言，政理明密，有闻五袴，无敢三欺。又以本将军除秘书监，寻

---

① （北魏）杨衒之撰，周祖谟校释：《洛阳伽蓝记校释》，中华书局2010年版，第150—151页。
② （北齐）魏收：《魏书》，中华书局1975年版，第514—515页。

迁长兼中护军加抚军将军领河南尹，护军如故。迁征东将军，护军、尹如故。于时权臣执政，生煞在己，以公是太尉中山王从父昆弟，中山既起义邺城，忠图弗遂，便潜相疑嫌，滥致非罪。于是官爵俱免，静居私第，颐神养性，恬然自得。寻以公枉被削黜，诏复王封，仍本将军，为使持节征胡都督。既而大明反政，罪人斯得照。公忠诚密款，奇谋独著，乃加散骑常侍本将军左光禄大夫。及亲御六军，躬行九罚，除公卫将军迁车骑将军领左将军，与前军广阳王先驱遄迈，讨定州逆贼，相持积旬，指期尅弥。季秋之末，蚁徒大至，并力而攻。公部分如神，容无惧色，虽田横之致士命，臧洪之获人心，弗能过也。但以少御多，莫能自固，锋镝乱至，取毙不移。古之轻生重节，亡身殉义，复何以加焉。贼帅以公德望隆崇，威名震赫，不敢久留营垒，厚送而还。二宫动容于上，百僚奔走于下。给东园秘器，朝服一具，衣一袭，赗物八百段。追赠使持节侍中司空复进司徒都督雍华岐三州诸军事车骑大将军领雍州刺史，王如故。特加后部鼓吹。魏孝昌三年岁次丁未仲春甲午朔廿七日庚申葬于邙山，乃作铭曰：葳蕤赤文，氛氲绿错，帝图爰炳，玄功已烁。握纪代兴，大人有作，分唐建鲁，麟趾旁薄。令望令问，乃牧乃蕃，诜诜公子，穆穆王孙。英华挺出，焕若瑜璠，克歧克嶷，载笑载言。容止可观，德音可佩，如彼玉人，堂堂谁辈。行著闺门，风成准裁，有矩有规，无玷无悔。勿称千里，翻飞九重，遂他龙沼，独步无双。逢兹克让，值此时雍，一恩入赏，宁待为容。遭离闵忧，蒸蒸几灭，毁甚寅门，哀踰泣血。形乎兄弟，被之甥侄，远迩钦风，华夷仰辙。亦既君王，朱绂斯煌，酎金无爽，执玉有光。建旗绛北，持斧晋阳，信孚白屋，恩结绿棠。再拥旌旄，于彼青土，驰传塞帷，问民疾苦。万里晏然，六条云举，四履若齐，一变如鲁。缀旒下岳，亦尹上京，自己被物，先教后刑。遵伊贝锦，逢彼营营，获非其罪，高志弥清。睿明反政，害马斯除，崇章峻秩，畅辇高旟。作翼銮左，受脤出车，运兹奇正，密算潜图。封豕纵突，长蛇肆噬，义厉其心，冲冠裂眦。奋殳刺逆，抽戈自卫，力屈势孤，俄然取毙。悲同黄鸟，痛贯苍旻，哀缠逆众，悼感凶群。徐辒而反，其送如云，魂归帝垄，身窆金坟。二宫轸恸，百辟伤哀，爰登下裒，俄陟中台。龟龙掎扭，云树徘徊，万春自此，一去不来。河水之南，邙山之北，芳草无行，寒松黯黑。丘墓崔嵬，泉扃眇默，深谷为陵，于焉观德。"①

按：元融（482—527），字永兴，河南洛阳宽仁里人，章武王元彬长子。据其《墓志铭》，"春秋四十有六"，孝昌二年季秋讨定州逆贼战死，可推算其生卒年。《洛阳伽蓝记》叙"融立性贪暴，志欲无限"，可与《魏书》"性尤贪残，恣情聚敛"相参证，可见杨衒之书当为实录。

28. 元继（江阳王）

《洛阳伽蓝记·开善寺》："琛忽谓章武王融曰：'不恨我不见石崇，恨石崇不见我。'融立性贪暴，志欲无限，见之叹惋，不觉生疾。还家卧三日不起。江阳王继来省疾，谓曰：'卿之财产，应得抗衡，何为叹羡，以至于此？'融曰：'常谓高阳一人，宝货多于融，谁知河间，瞻之在前。'继笑曰：'卿欲作袁术之在淮南，不知世间复有刘备也？'融乃蹶起，置酒作乐。"②

《魏书·道武七王列传》："（元）继，字世仁。袭封江阳王，加平北将军。……永安二年薨，赠假黄钺、都督雍华泾邠秦岐河梁益九州诸军事、大将军、录尚书、大丞相、雍州刺史，王如故。谥曰武烈。"③

《大魏丞相江阳王墓志铭》："王讳继，字仁世，河南洛阳人也。太祖道武皇帝之玄孙。左光禄大夫仪同三司南平王之仲子。王钟阴阳之美，膺命世之期，辞气光润，雅性宽善，靡竞于人，与物无际，

---

① 赵超：《汉魏南北朝墓志汇编》，天津古籍出版社 2008 年版，第 204—207 页。
② （北魏）杨衒之撰，周祖谟校释：《洛阳伽蓝记校释》，中华书局 2010 年版，第 150—151 页。
③ （北齐）魏收：《魏书》，中华书局 1975 年版，第 401—403 页。

喜怒夷而弗形，是非混而难识，湛若委水，峻如削成，未有测其高深，知其崖涘者。备九德以治身，总百行而修已，博之以文章，加之以礼乐，负经国之具，怀王佐之才。虽在王族之中，未有贵位。然当时论者，咸以远大许之。俄有公辅之望。年十八，以皇兴二年出后伯祖江阳王，即以其年袭承蕃爵。奉荷成构，于是抚翼北冥，抟扶南举。爰始弱冠，逮乎岁暮，遍历尊显，备尽荣要，亟临方镇，累登连率，往来帷幄，频烦司会，再居上将，七蹈台阶。平北、安北、镇北、柔玄、抚冥、怀荒、青州、恒州、司州牧，仪同、司空公、司徒、太保、太傅、大将军、录尚书各一。侍中、尚书、左卫将军、领军将军、骠骑、特进、太尉、太师各再。其莅之也，宣威略于幽都，希柔嘉乎海岱，尽拾遗以规衮阙，磬献替而济可否，控熊罴以誓御侮，严八次而卫皇宫。升季铉，平水土，缵维禹，达坤性，作中台，均霜露。庶姬友慕善，职登上阶，莅元辅，宿离以之不忒，日月于此重明。及运属兴皇，作牧京甸，不设钩矩而奸盗已息。至乃桃李之垂于术者弗敢援，玉帛之亡于路者莫之取。鞭朴委而无施，缧绁萦而勿用。若夫孝盛家声，子行也；忠繁国誉，臣节也；功能润世，茂庸也；作宰逾恭，劳谦也。具总众美，详兼四德，故能出内丕显，受遇两京，光辅四帝，历年三纪，穷生民之大宝，极人臣之尊贵。自皇魏已来，虽帝子帝弟之亲贤，宗臣重臣之令望，至于绸缪荣庆，被服宠灵，保身全名，与禄终始，未有如王者焉。虽伯献五蹈三事，方兹犹劣，伯始七登九命，况此非优。方当受献上庠，为国元老，而禀命不融。春秋六十有四，永安元年薨于位。天子愍悼，群后咨嗟，诏遣使持节抚军将军大鸿胪卿陆元庆奉册即柩。赠使持节丞相都督雍泾岐华四州诸军事大将军雍州刺史印绶，侍中、王如故。粤二年岁次己酉八月庚戌朔十二日辛酉葬于洛阳之西山。善二妃之不从鄙，自周其未改。前佐司徒府咨议参军事太常卿琅琊王衍，前佐司徒府记室参军事大将军府从事中郎新平冯元兴等,虑陵谷贸迁,丘陇难识,故凿志埏阴,刊载氏族。乃作铭曰:峨峨岠崛,为岳作镇,宣气炳灵,开英育俊。比德削成,岂伊重刃,嗤彼丘陵,及肩非峻。爰初抚翼,起自北冥,图南不已,负日上征。懋才尊爵,重器隆名,大宝兼萃,七陟槐庭。既平水土,亦理阴阳,和风燮雨,均露调霜。贫贱易久,富贵难长,明台遄没,倏矣沦光。奄冥有期,卜远云及,酸铎悲歌,送归原隙。长即丘墓,永辞城邑,遗德犹存,清风可挹。"①

按:元继(465—528),字仁世(《魏书》作"世仁",当以墓志铭为准)。据其《墓志铭》"春秋六十有四,永安元年薨于位",其生卒年可以推算。《魏书》有传。《洛阳伽蓝记》将河间王元琛、章武王元融、江阳王元继全部放在《开善寺》一条,元琛、元融分别点明"最为豪首""立性贪暴",而"元继"未加评价,深得司马迁写人物合传的微意。

29. 元略(东平王)

《洛阳伽蓝记·追先寺》:"追先寺,在寿丘里,侍中尚书令东平王略之宅也。略生而歧嶷,幼则老成。博洽群书,好道不倦。神龟中为黄门侍郎。元乂专政,虐加宰辅。略密与其兄相州刺史中山王熙欲起义兵,问罪君侧。雄规不就,衅起同谋。略兄弟四人,并罹涂炭,唯略一身逃命江左。萧衍素闻略名,见其器度宽雅,文学优赡,甚敬重之。谓曰:'洛中如王者几人?'略对曰:'臣在本朝之日,承乏摄官,至于宗庙之美,百官之富,鸳鸾接翼,杞梓成阴,如臣之比,赵咨所云:车载斗量,不可数尽。'衍大笑。乃封略为中山王,食邑千户,仪比王子。又除宣城太守,给鼓吹一部,剑卒千人。略为政清肃,甚有治声。江东朝贵,侈于矜尚,见略入朝,莫不惮其进止。寻迁信武将军,衡州刺史。孝昌元年,明帝宥吴人江革,请略归国。江革者,萧衍之大将也。萧衍谓曰:'朕宁失江革,不得无王。'略曰:'臣遭

---

① 赵超:《汉魏南北朝墓志汇编》,天津古籍出版社2008年版,第259—260页。

家祸难，白骨未收。乞还本朝，叙录存没。'因即悲泣，衍哀而遣之。乃赐钱五百万，金二百斤，银五百斤，锦绣宝玩之物，不可称数。亲帅百官送于江上，作五言诗赠者百余人。凡见礼敬如亲。略始济淮，明帝拜略侍中义阳王，食邑千户。略至阙，诏曰：'昔刘苍好善，利建东平，曹植能文，大启陈国，是用声彪盘石，义郁维城。侍中义阳王略，体自藩华，门勋夙著，内润外朗，兄弟伟如。既见义忘家，捐生殉国，永言忠烈，何日忘之？往虽弛担为梁，今便言旋阙下，有志有节，能始能终。方传美丹青，悬诸日月，略前未至之日，即心立称，故封义阳。然国既边地，寓食他邑，求之二三，未为尽善。宜比德均封，追芳曩烈。可改封东平王，户数如前。'寻进尚书令，仪同三司，领国子祭酒，侍中如故。略从容闲雅，本自天资，出南入北，转复高迈。言论动止，朝野师模。建义元年薨于河阴，赠太保，谥曰文贞。嗣王景式舍宅为此寺。"①

《魏书·景穆十二王列传》："（元）略，字俊兴。才气劣于熙，而有和邃之誉。自员外郎稍迁羽林监、通直散骑常侍、冠军将军、给事黄门侍郎。清河王怿死后，叉黜略为怀朔镇副将。未及赴任，会熙起兵，与略书来去。寻值熙败，略遂潜行，自托旧识河内司马始宾。始宾便为获筏，夜与略俱渡盟津，诣上党屯留县栗法光。法光素敦信义，忻而纳之。略旧识刁双时为西河太守，略复归之。停止经年，双乃令从子昌送略潜遁江左。萧衍甚礼敬之，封略为中山王，邑一千户，宣城太守。……肃宗敕有司悉遣革等还南，因以徵略。衍乃备礼遣之。略之将还也，衍为置酒钱别，赐金银百斤，衍之百官，悉送别江上，遣其右卫徐确率百余人送至京师。肃宗诏光禄大夫刁双境首劳问，又敕徐州赐绢布各一千匹。除略侍中、义阳王，食邑一千户。还达石人驿亭，诏宗室、亲党、内外百官先相识

---

① （北魏）杨衒之撰，周祖谟校释：《洛阳伽蓝记校释》，中华书局2010年版，第152—155页。

者,听迎之近郊。赐帛三千匹,宅一区,粟五千石,奴婢三十人。其司马始宾除给事中、领直后,栗法光本县令,刁昌东平太守,刁双西兖州刺史。其略所至,一餐一宿之处,无不沾赏。寻改封东平王,又拜车骑大将军、左光禄大夫、仪同三司、领左卫将军,侍中如故。又本官领国子祭酒,迁大将军、尚书令。灵太后甚宠任之,其见委信,殆与元徽相埒。于时天下多事,军国万端,略守常自保,无他裨益,唯唯具臣而已。尔朱荣,略之姑夫,略素所轻忽;略又党于郑俨、徐纥,荣兼衔之。荣入洛也,见害于河阴。赠以本官,加太保、司空、徐州刺史,谥曰文贞。"①

《魏故侍中骠骑大将军仪同三司尚书令徐州刺史太保东平王元君墓志铭》:"君讳略,字俊兴,司州河南洛阳都乡照文里人也。大魏景穆皇帝之曾孙,南安惠王之孙,司徒公中山献武王之第四子。源资气始,号因物初。高祖深镜品族,洞晓宗由,穷万象之本,则大易氏。君高朗幼标,令问夙远。如璧之质,处琳琅以先奇;维国之桢,排山川而独颖。游志儒林,宅心仁苑,礼穷训则,义周物轨,信等脱剑,惠深赠纻,器博公琰,笔茂子云。汪汪焉量溢万顷,济济焉实怀多士。世宗宣武皇帝识重宗哲,特蒙钟爱,以貂珰之授,非懿不居。释褐员外散骑常侍,复迁通直。历步龙渊,声最东省。又以君焕才挺生,将雕龙枢内,寻转给事黄门侍郎加冠军将军。正光之初,元昆作蕃,投杼横集,滥尘安忍,在原之痛,事切当时,遂潜影去洛,避刃越江,卖买同价,宁此过也。伪主萧氏,雅相器尚,等秩亲枝,齐赏密席。而庄舄(洪流按:'舄'当作'焉')之念,虽荣愿本;渭阳之恋,偏楚心自。以孝昌元年旋轴象魏。孝明皇帝以君往滥家难,归阙诚深,锡兹茅土,用隆节胤,封东平王,食邑二千。云纲既收,迅翮复举。即授侍中左卫将军加车骑大将军,寻迁骠骑大将军仪同三司领国子祭酒,俄陟尚书令。吐纳两圣之言,

---

① (北齐)魏收:《魏书》,中华书局1975年版,第506—507页。

总裁百揆之职。三游非心,四维是务。临财不愿苟得,有佷无求取胜。奉公廉洁,刻妻之流;处事机明,辩䃺之类。虽伊姜播誉于殷周,曹何流称于汉晋,古今同美,千代一时。但民悖四方,主弃万国,则百莫储,唯匙斯应。母后握机,竞权宗氏,将使产禄之门,再闻此日。大将军荣远举义旗,无契而会,效踰叔牙,中兴魏道。乃欲赏罚贤谀,用允群望,而和光未分,暴皓麈下,皎月沉明,垂棘丧宝。甘井先竭,庄惠言征;鬼神依德,宫奇匪验。春秋卅有三,以大魏建义元年岁次戊申四月丙辰朔十三日戊辰薨于洛阳之北邙。故《黄鸟》之篇,哀结行路;珍瘁之文,慕萦遐迩。楚老于是长号,春相于是嘿音,悲感飞走,怆动人神。宸居追叹,赗侔博陆,诏赠太保徐州刺史,谥曰文贞王。窀穸于洛城之西陵。夫星周纪易,循环莫息,泉灵绵代,或颓或徙,故树镌琢之文,永题不朽之石。其词粤:维天挺气,维岳降灵,猗欤显哲,资和诞形。学由心晓,智以性成,辟强幼达,令思早名。一彼一此,不独擅声。藉德蹈荣,缘懿履秩,神仪优婉,貂璋曜逸。螭藻枢中,陪展皇室,惠乃尽人,益不先损。忠矣清朗,晶焉冰日,令问令望,谁党谁比。鹡鸰怀感,丧乱未申,岐肆北海,君寓东泯。绩高双化,才富二邻,前徽洛渚,后曜江滨。越声兴叹,秦音独欤,首丘斯遂,长轩此来。纳言归致,冢社诚开,八列光矣,十六盛哉。义旗创植,忠償未析,同烬薰莠,浑挫玉砾。梁木顿摧,宿草奄积,歌笑停音,琴觞罢席。世宇方尘,坟堂弥寂,永沦泉壤,长焕金石。大魏建义元年岁次戊申七月丙辰朔十八日癸酉建。妃范阳卢氏,字真心。父尚之,出身中书义郎皇子赵郡王咨议参军事司徒府右长史,俄转左长史除持节都督济州诸军事左将军济州刺史,后除光禄大夫赠散骑常侍使持节都督青州诸军事安东将军青州刺史,谥曰。世子顼,〔注〕字景式。大女摩利,未嫡。次女足华,未嫡。次女定华,未嫡。"①

---

① 赵超:《汉魏南北朝墓志汇编》,天津古籍出版社 2008 年版,第 237—239 页。

按：东平王元略（486—528），字俊兴。司州河南洛阳都乡照文里人。景穆皇帝之曾孙，南安惠王之孙，司徒公中山献武王之第四子。据其《墓志铭》"春秋卅有三，以大魏建义元年岁次戊申四月丙辰朔十三日戊辰薨于洛阳之北邙"，可以推算其生卒年。《洛阳伽蓝记》谓其"器度宽雅，文学优赡"，杨衒之乃心故国，溢美之情，见于文辞，此可补正史之阙。

30. 元景式（嗣东平王、东平公）

《洛阳伽蓝记·追先寺》："建义元年，（元略）薨于河阴，赠太保，谥曰'文贞'。嗣王景式舍宅为此寺。"①

《魏书·景穆十二王列传》："（元略）子景式，袭。武定中，北广平太守。齐受禅，爵例降。"②

按：元頍（生卒年不详），字景式，司州河南洛阳都乡照文里人，东平王元略世子。范祥雍《校注》云："《元略墓志》：'世子頍字景式。'《魏书·略传》作'景式'，与此同，盖頍后以字行。《志》可以补史阙。"周祖谟《校释》曰："景式名頍，頍盖即'规'字，见《元略》墓志。"

31. 元熙（中山王）

《洛阳伽蓝记·追先寺》："元乂专政，虐加宰辅。略密与其兄相州刺史中山王熙欲起义兵，问罪君侧。"③

《魏书·景穆十二王列传》："（元）熙，字真兴。好学，俊爽有文才，声著于世，然轻躁浮动。英深虑非保家之主，常欲废之，立第四子略为世子。宗议不听，略又固请，乃止。起家秘书郎，延昌二年袭封，累迁兼将作大匠，拜太常少卿、给事黄门侍郎，寻转光禄勋。时领军于忠执政。熙，忠之婿也，故岁中骤迁。寻除平西将

---

① （北魏）杨衒之撰，周祖谟校释：《洛阳伽蓝记校释》，中华书局2010年版，第155页。
② （北齐）魏收：《魏书》，中华书局1975年版，第507页。
③ （北魏）杨衒之撰，周祖谟校释：《洛阳伽蓝记校释》，中华书局2010年版，第153页。

军、东秦州刺史,进号安西将军,秘书监。寻以本将军授相州刺史。熙以七月入治,其日大风寒雨,冻死者二十余人,驴马数十匹。熙闻其祖父前事,心恶之。又有蛆生其庭。初,熙兄弟并为清河王怿所昵,及刘腾、元叉隔绝二宫,矫诏杀怿,熙乃起兵。……熙兵起甫十日,为其长史柳元章、别驾游荆、魏郡太守李孝怡率诸城人,鼓噪而入,杀熙左右四十余人,执熙,置之高楼,并其子弟。叉遣尚书左丞卢同斩之于邺街,传首京师。始熙妃于氏知熙必败,不从其谋,自初哭泣不绝,至于熙死。熙临刑为五言诗,示其僚吏曰:'义实动君子,主辱死忠臣。何以明是节?将解七尺身。'与知友别曰:'平生方寸心,殷勤属知己。从今一销化,悲伤无极已。'……灵太后反政,赠使持节、都督冀定瀛相幽五州诸军事、大将军、太尉公、冀州刺史,增本封一千户,谥曰文庄王。"①

《魏故使持节大将军太尉公中山王之墓志铭》:"王讳熙,字真兴,河南洛阳人也。恭宗景穆皇帝之曾孙,仪同三司南安惠王之孙,司徒献武王之世子。幼而歧嶷,操尚不群,好学博通,善言理义,文藻富赡,雅有俊才。丞相清河王居宗作宰,水镜当时,特所留心,以为宗之子政。年未志学,拜秘书郎中,文艺之美,领袖东观。迁给事中。王性不偶时,凝贞独秀,得其人,重之如山;非其意也,忽之如草。是以门无杂宾,冰清玉洁,有若月皎云间,松茂孤岭。见者羡其高风,望者人怀景慕。于是美誉彰于民听,休声播于远迩。延昌中,以世嫡才明,袭封中山王。世宗晏驾,皇上龙飞,山陵严重,任属亲贤,拜将作大匠。以秩宗儒棘,问礼所凭,徙太常少卿。俄以执戟近枢,琼机所在,迁给事黄门侍郎,转光禄勋卿,黄门郎如故。寻以东秦险要,都会一方,宣风敷化,任归维捍,拜使持节都督东秦州诸军事安西将军东秦州刺史。导德齐礼,先之敬让,吏惮其威,民怀其惠。虽廉叔来暮之讴,公沙神后之

---

① (北齐)魏收:《魏书》,中华书局1975年版,第503—505页。

歌，未之多也。熙平元年，入为秘书监。区分百氏，九流粲然，刘向司籍，如斯而已。神龟之初，以东魏形胜，镇控遐迩，邺守任隆，非王莫可，拜使持节都督相州诸军事安东将军相州刺史。清风善政，弥美于前，路不拾遗，余粮栖亩。道无常泰，否运暂屯，正光元年，奸臣擅命，离隔二宫，贼害贤辅。王投袂奋戈，志不俟旦，唱起义兵，将为晋阳之举，远近翕然，赴若响会。而天未悔祸，衅起不疑，同义爪牙，受贼重饵，翻然改图，千里同逆，变起仓卒，受制群凶。八月廿四日，与季弟司徒祭酒纂世子景献，第二子员外散骑侍郎仲献，第三子叔献同时被害。唯第四子叔仁年小得免。王临刑陶然，神色不变，援翰赋诗，与友朋告别，词义慷慨，酸动旁人。昆弟父子，俱瘗邺城之侧。孝昌元年追复王封，迎丧还洛阳，赠使持节大将军太尉公都督冀定相瀛幽五州诸军事冀州刺史，谥曰文庄王，增封一千户。二宫悲悼，亲临哀恸，行路咨嗟，莫不挥涕。孝昌元年岁次乙巳十一月壬寅朔廿日辛酉葬于旧茔。爰命史臣，勒铭泉室。其词曰：宝箓凝图，五灵代纪，金行弛御，玄符继起。维祖维宗，乃疆乃理，腾周越汉，跨虞迈似。赫赫景皇，本枝孙子，献武隆蕃，令问不已。猗欤君王，时维儁哲，玉润金晖，霜明冰洁。兰芬月朗，渊鉴景彻，孤心独秀，怀贞秉节。敬让既敷，像而不设，惠结甘棠，声徽往烈。诚深体国，闻难投戈，义感君子，赴者讴歌。捐躯逝命，死也靡他，忠谟不遂，运矣如何。慷慨临危，咨嗟中圮，宿志既申，无惭昔士。赫弈宠光，名芳图史，勒铭玄宫，式彰来美。"

按：元熙（？—520），字真兴，河南洛阳人。据其墓志铭，"恭宗景穆皇帝之曾孙，仪同三司南安惠王之孙，司徒献武王之世子"。《洛阳伽蓝记》载元熙兄弟四人起并被杀，事在正光元年（520），然所记之事甚略，墓志铭言其正光元年八月廿四日，与其侄元景献、二子元仲献、三子叔献同时被害，只有四子叔仁幸免于难，宜与

《魏书》本传参看。

### 32. 元祚（陈留庄王）

《洛阳伽蓝记·永明寺》："（元）景皓者，河州刺史陈留庄王祚之子。"①

《北史·魏诸宗室列传》："（元）建弟嫡子祚，字龙寿。宣武校艺，每于岁暮，诏令教习讲武。初，建以子罪失爵，祚欲求本封。有司奏听祚袭公，其王爵不轻，共求更议，诏从之。卒于河州刺史。节闵时，赠侍中、尚书仆射。"②

《魏书·高湖传附》："时河州刺史元祚为前刺史梁钊息景进等招引念生攻河州，祚以忧死。"③

按：元祚，《洛阳伽蓝记》仅交代其为景皓之父。范祥雍《校注》云："《北史》十五《魏诸宗室传》：'（陈留王）建弟嫡子祚，字龙寿。宣武校艺，每于岁暮诏令教习讲武。初，建以子罪失爵，祚欲求本封，有司奏听祚袭公，其王爵不轻与，求更议，诏从之。卒于河州刺史。节闵时赠侍中尚书仆射。'据此则元祚未袭爵为王，与《记》语不合，未知孰是。"考《北齐书·元景安传》："元景安，魏昭成五世孙也。高祖虔，魏陈留王。父永。……初永兄祚袭爵陈留王，祚卒，子景皓嗣。"④据此可知《北史》记载有疏漏，杨衒之《洛阳伽蓝记》言之有据，可正《北史》之失。

### 33. 元景皓（陈留王）

《洛阳伽蓝记·永明寺》："寺西有宜年里，里内有陈留王景皓、侍中安定公胡元吉等二宅。景皓者，河州刺史陈留庄王祚之子。立性虚豁，少有大度，爱人好士，待物无遗。夙善玄言道家之业，遂舍半宅安置佛徒，演唱大乘数部。并进京师大德超、光、眶、荣四法师、

---

① （北魏）杨衒之撰，周祖谟校释：《洛阳伽蓝记校释》，中华书局2010年版，第161页。
② （唐）李延寿：《北史》，中华书局1974年版，第576页。
③ （北齐）魏收：《魏书》，中华书局1975年版，第754页。
④ （唐）李百药：《北齐书》，中华书局1972年版，第542—544页。

三藏胡沙门菩提流支等咸预其席。诸方伎术之士，莫不归赴。"①

《魏书·孝静纪》："丁酉，复陈留王景皓、常山王绍宗、高密王永业爵。"②

《北齐书·元景安传》："初永兄祚袭爵陈留王，祚卒，子景皓嗣。天保时，诸元帝室亲近者多被诛戮。疏宗如景安之徒议欲请姓高氏，景皓云：'岂得弃本宗，逐他姓，大丈夫宁可玉碎，不能瓦全。'景安遂以此言白显祖，乃收景皓诛之，家属徙彭城。由是景安独赐姓高氏，自外听从本姓。"③

按：元景皓，河南洛阳人，河州刺史陈留庄王元祚之子。范祥雍《校注》云："景皓，《魏书》及《北史》皆未载，此可以补史之阙。"考《魏书》《北齐书》《北史》景皓均有记载，只是甚略，范《注》失考耳。

34. 李崇（陈留侯）

《洛阳伽蓝记·正始寺》："有石碑一枚，背上有侍中崔光施钱四十万，陈留侯李崇施钱二十万，自余百官各有差，少者不减五千已下。后人刊之。"④

《洛阳伽蓝记·高阳王寺》："雍嗜口味，厚自奉养，一食必以数万钱为限，海陆珍羞，方丈于前。陈留侯李崇谓人曰：'高阳一食，敌我千日。'崇为尚书令、仪同三司，亦富倾天下，僮仆千人。而性多俭吝，恶衣粗食，食常无肉，止有韭茹、韭菹。崇客李元佑语人云：'李令公一食十八种。'人问其故，元佑曰：'二韭一十八。'闻者大笑，世人即以为讥骂。"⑤

---

① （北魏）杨衒之撰，周祖谟校释：《洛阳伽蓝记校释》，中华书局2010年版，第160—161页。
② （北齐）魏收：《魏书》，中华书局1975年版，第305页。
③ （唐）李百药：《北齐书》，中华书局1972年版，第544页。
④ （北魏）杨衒之撰，周祖谟校释：《洛阳伽蓝记校释》，中华书局2010年版，第73页。
⑤ （北魏）杨衒之撰，周祖谟校释：《洛阳伽蓝记校释》，中华书局2010年版，第123—124页。

《洛阳伽蓝记·开善寺》："于时国家殷富，库藏盈溢，钱绢露积于廊者，不可校数。及太后赐百官负绢，任意自取，朝臣莫不称力而去。唯融与陈留侯李崇负绢过任，蹶倒伤踝。"①

《魏书·李崇传》："李崇，字继长，小名继伯，顿丘人也。文成元皇后第二兄诞之子。……然性好财货，贩肆聚敛，家资巨万，营求不息。子世哲为相州刺史，亦无清白状。邺洛市廛，收擅其利，为时论所鄙。……孝昌元年薨于位，时年七十一。赠侍中、骠骑大将军、司徒公、雍州刺史，谥曰武康。后重赠太尉公，增邑一千户，余如故。"②

《魏书·宣武灵皇后胡氏传》："仪同、陈留公李崇，章武王融并以所负过多，颠仆于地，崇乃伤腰，融至损脚。"③

按：李崇（455—525），小名继伯，字继长，顿丘人，文成皇后之侄。据《魏书》本传"孝昌元年薨于位，时年七十一"，可推算其生卒年。本传还详载其"性好财货，贩肆聚敛，家资巨万，营求不息"一事，《洛阳伽蓝记》记其"富倾天下，僮仆千人，而性多俭吝，恶衣粗食，食常无肉"，可相互印证。

35. 郁久闾阿那肱（蠕蠕主）

《洛阳伽蓝记·龙华寺》："正光元年，蠕蠕主郁久闾阿那肱来朝，执事者莫知所处，中书舍人常景议云：'咸宁中单于来朝，晋世处之王公特进之下。可班那肱蕃王仪同之间。'朝廷从其议。"④

《魏书·肃宗孝明帝纪》："九月壬辰，蠕蠕主阿那瓌来奔。⑤"

《魏书·敬宗孝庄帝纪》："诏蠕蠕主阿那瓌赞拜不名，上书不

---

① （北魏）杨衒之撰，周祖谟校释：《洛阳伽蓝记校释》，中华书局2010年版，第151页。
② （北齐）魏收：《魏书》，中华书局1975年版，第1465—1474页。
③ （北齐）魏收：《魏书》，中华书局1975年版，第338页。
④ （北魏）杨衒之撰，周祖谟校释：《洛阳伽蓝记校释》，中华书局2010年版，第116页。
⑤ （北齐）魏收：《魏书》，中华书局1975年版，第231页。

称臣。"①

《魏书·袁翻传》:"时蠕蠕主阿那瓌、后主婆罗门,并以国乱来降,朝廷问翻安置之所。……谬以非才,忝荷边任,猥垂访逮,安置蠕蠕主阿那瓌、婆罗门等处所远近利害之宜。"②

按:"蠕蠕主郁久闾阿那肱",如隐堂本作"□□至都久闾阿郍舟厷",范祥雍《校注》:"吴琯本、《汉魏》本上空格作'芮'字,'芮'下亦空一格。'至都'作主郁,'郍'作'那',肱作肱。绿君亭本、真意堂本二空格作'蠕蠕','至都'作'主郁'。注云'史作瓌,下同'。吴《集证》云:'案蠕蠕,国名也。郁久闾三字,姓也。阿那肱三字,名也。当作蠕蠕主郁久闾阿那肱来朝。案《魏书·肃宗纪》阿那肱作阿那瓌。'案《元河南志》亦作北夷郁久闾阿郍肱,《魏书·蠕蠕传》云:'姓郁久闾氏',吴说是也,今补正。郍肱即那肱。"周祖谟《校释》云:"郁久闾是姓氏,阿那肱乃人名。'郍'即'那'之别体。今据《津逮》本及《元河南志》校正。"

36. 尔朱天光（雍州刺史、陇西王）

《洛阳伽蓝记·宝光寺》:"普泰末,雍州刺史陇西王尔朱天光总士马于此寺。寺门无何都崩,天光见而恶之。其年天光战败,斩于东市也。"③

《魏书·尔朱天光传》:"尔朱天光,荣从祖兄子。少勇决,善弓马,荣亲爱之,每有军戎事要,常预谋策。……天光既不得渡,西北走,遇雨不可前进,乃执获之,与度律送于献武王。王致于洛,斩于都市,年三十七。"④

---

① （北齐）魏收:《魏书》,中华书局1975年版,第257页。
② （北齐）魏收:《魏书》,中华书局1975年版,第1541页。
③ （北魏）杨衒之撰,周祖谟校释:《洛阳伽蓝记校释》,中华书局2010年版,第137—138页。
④ （北齐）魏收:《魏书》,中华书局1975年版,第1673页。

按：尔朱天光（496—532），北秀容川（今山西朔州北）人，尔朱荣从祖兄子。《魏书》诸史详载其事，《洛阳伽蓝记》载其普泰末（532年）总士马于宝光寺，此可补史传之阙。

37. 尔朱世隆（乐平王）

《洛阳伽蓝记·永宁寺》："荣部下车骑将军尔朱阳都等二十人，随入东华门，亦为伏兵所杀。唯右仆射尔朱世隆素在家，闻荣死，总荣部曲，烧西阳门，奔河桥……世隆谓元龙曰：'太原王功格天地，道济生民，赤心奉国，神明所知。长乐不顾信誓，枉害忠良，今日两行铁字，何足可信？吾为太原王报仇，终不归降！'元龙见世隆呼帝为长乐，知其不款，且以言帝。帝即出库物置城西门外，募敢死之士，以讨世隆，一日即得万人。与归等战于郭外，凶势不摧。归等屡涉戎场，便利击刺；京师士众未习军旅，虽皆义勇，力不从心。三日频战，而游魂不息。帝更募人断河桥。有汉中人李苗为水军，从上流放火烧桥，世隆见桥被焚，遂大剽生民，北上太行。"[1]

《洛阳伽蓝记·建中寺》："建中寺，普泰元年尚书令乐平王尔朱世隆所立也。……建义元年尚书令乐平王尔朱世隆为荣追福，题以为寺。"[2]

《洛阳伽蓝记·龙华寺》："及京师倾覆，综弃州北走。时尔朱世隆专权，遣取公主至洛阳，世隆逼之，公主骂曰：'胡狗，敢辱天王女乎！'世隆怒，遂缢杀之。"[3]

《洛阳伽蓝记·平等寺》："至十二月，尔朱兆入洛阳，擒庄帝，帝崩于晋阳。在京宫殿空虚，百日无主。唯尚书令司州牧乐平王尔

---

[1] （北魏）杨衒之撰，周祖谟校释：《洛阳伽蓝记校释》，中华书局2010年版，第26—28页。

[2] （北魏）杨衒之撰，周祖谟校释：《洛阳伽蓝记校释》，中华书局2010年版，第32—34页。

[3] （北魏）杨衒之撰，周祖谟校释：《洛阳伽蓝记校释》，中华书局2010年版，第58页。

朱世隆镇京师。"①

《洛阳伽蓝记·景宁寺》："椿弟慎，冀州刺史，慎弟津，司空，并立性宽雅，贵义轻财，四世同居，一门三从。朝贵义居，未之有也。普泰中为尔朱世隆所诛。"②

《魏书·尔朱世隆传》："仲远弟世隆，字荣宗。……椿既至桥，尽杀世隆党附，令行台长孙稚诣阙奏状，别使都督贾智、张劝率骑掩执世隆与兄彦伯，俱斩之。时年三十三。……"③

按：尔朱世隆（500—532），字荣宗，北秀容（今山西朔州北）人。《魏书》《北史》详载其事，《洛阳伽蓝记》所载，可补史事之阙。

38. 尔朱那律归（或云尔朱弗律归）

《洛阳伽蓝记·永宁寺》："尔朱那律归等，领胡骑一千，皆白服来至郭下，索太原王尸丧。"④

按：尔朱那律归，北秀容人。范祥雍《校注》："吴琯本、《汉魏》本、真意堂本那作弗。《通鉴考异》七引作拂。弗与那形相近而讹，今正。""《通鉴》一百五十四胡三省注：'尔朱度律时在世隆所，或者拂律归即度律也。'"周祖谟《校释》云："案此侯那二氏盖为朔北胡民附于尔朱者，故复冠尔朱之姓。"

39. 尔朱仲远（彭城王）

《洛阳伽蓝记·平等寺》："彭城王尔朱仲远，世隆之兄也，镇滑台，表用其下都督乙瑗为西兖州刺史，先用后表。广陵答'已能近补，何劳远闻！'"⑤

《魏书·尔朱仲远传》："（尔朱）仲远，颇知书计。……后与天

---

① （北魏）杨衒之撰，周祖谟校释：《洛阳伽蓝记校释》，中华书局2010年版，第81页。
② （北魏）杨衒之撰，周祖谟校释：《洛阳伽蓝记校释》，中华书局2010年版，第88页。
③ （北齐）魏收：《魏书》，中华书局1975年版，第1668—1671页。
④ （北魏）杨衒之撰，周祖谟校释：《洛阳伽蓝记校释》，中华书局2010年版，第26—27页。
⑤ （北魏）杨衒之撰，周祖谟校释：《洛阳伽蓝记校释》，中华书局2010年版，第86—87页。

光等于韩陵战败,南走东郡,仍奔萧衍,死于江南。"①

按:尔朱仲远,北秀容(今山西朔州北)人。《魏书》《北史》记载甚详,《洛阳伽蓝记》载其骄横跋扈之事,正史失载,此可补史传之阙。

40. 尔朱兆(颍川王)

《洛阳伽蓝记·永宁寺》:"太原王命车骑将军尔朱兆潜师渡河,破延明于硖石。……永安三年,逆贼尔朱兆囚庄帝于寺。……长广王都晋阳,遣颍川王尔朱兆举兵向京师,子恭军失利,兆自雷波涉渡,擒庄帝于式乾殿。"②

《洛阳伽蓝记·瑶光寺》:"永安三年中,尔朱兆入洛阳,纵兵大掠,时有秀容胡骑数十入瑶光寺淫秽。自此后颇获讥训。京师语曰:'洛阳男儿急作髻,瑶光寺尼夺作婿。'"③

《洛阳伽蓝记·平等寺》:"至十二月,尔朱兆入洛阳擒庄帝,帝崩于晋阳。……初,世隆北叛,庄帝遣安东将军史仵龙、平北将军杨文义,各领兵三千守太行领,侍中源子恭镇河内。及尔朱兆马首南向,仵龙、文义等率众先降,子恭见仵龙、文义等降,亦望风溃散。兆遂乘胜逐北,直入京师,兵及阙下,矢流王室。"④

《魏书·尔朱兆传》:"尔朱兆,字万仁,荣从子也。少骁猛,善骑射,手格猛兽,跻捷过人。……献武王自邺进讨之,兆遂走于秀容。王又追击,度赤洪岭,破之,众并降散。兆窜于穷山,杀所乘马,自缢于树。王收而葬之。"⑤

---

① (北齐)魏收:《魏书》,中华书局1975年版,第1666—1667页。
② (北魏)杨衒之撰,周祖谟校释:《洛阳伽蓝记校释》,中华书局2010年版,第24—29页。
③ (北魏)杨衒之撰,周祖谟校释:《洛阳伽蓝记校释》,中华书局2010年版,第39—40页。
④ (北魏)杨衒之撰,周祖谟校释:《洛阳伽蓝记校释》,中华书局2010年版,第81—86页。
⑤ (北齐)魏收:《魏书》,中华书局1975年版,第1661—1664页。

按：尔朱兆（？—533），北秀容（今山西朔州北）人。《魏书》《北史》详载其事迹。《洛阳伽蓝记》多处记载其事迹，可与正史相参证。

41. 尔朱侯

《洛阳伽蓝记·永宁寺》："至十月一日，隆与荣妻北乡郡长公主至芒山冯王寺为荣追福荐斋，即遣尔朱侯讨伐、尔朱弗律归等，领胡骑一千，皆白服来至郭下，索太原王尸丧。"①

按：尔朱侯，周祖谟《校释》云："案此侯那二氏盖为朔北胡民附于尔朱者，故复冠尔朱之姓。"尔朱侯，正史无记载，此可补史传之阙。

42. 尔朱阳都

《洛阳伽蓝记·永宁寺》："荣部下车骑将军尔朱阳都等二十人，随入东华门，亦为伏兵所杀。"②

《魏书·孝庄纪》："是月，葛荣饥，使其仆射任褒率车三万余乘南寇，至沁水。癸卯，以高昌王世子光为平西将军、瓜州刺史，袭爵泰临县开国伯、高昌王。太尉公、上党王天穆为大都督、东北道诸军事，率都督宗正珍孙、奚毅、贺拔胜、尔朱阳都等讨任褒。"③

《梁书·羊侃传》："魏人大骇，令仆射于晖率众数十万，及高欢、尔朱阳都等相继而至，围侃十余重，伤杀甚众。"④

按：尔朱阳都（？—530），尔朱荣之车骑将军，无专传，散见于《魏书》《梁书》《南史》诸史，《洛阳伽蓝记》记其官车骑将军，正史失载，此可补史传之阙。

---

① （北魏）杨衒之撰，周祖谟校释：《洛阳伽蓝记校释》，中华书局2010年版，第26—27页。
② （北魏）杨衒之撰，周祖谟校释：《洛阳伽蓝记校释》，中华书局2010年版，第26页。
③ （北齐）魏收：《魏书》，中华书局1975年版，第258页。
④ （唐）姚思廉：《梁书》，中华书局1973年版，第558页。

43. 尔朱荣（太原王）

《洛阳伽蓝记·永宁寺》："建义元年，太原王尔朱荣总士马于此寺。荣字天宝，北地秀容人也。世为第一领民酋长、博陵郡公。部落八千余家，有马数万匹，富等天府。武泰元年二月中，帝崩，无子，立临洮王世子钊以绍大业，年三岁。太后贪秉朝政，故以立之。荣谓并州刺史元天穆曰：'皇帝晏驾，春秋十九。海内士庶，犹曰幼君。况今奉未言之儿以临天下，而望升平，其可得乎？吾世荷国恩，不能坐看成败。今欲以铁马五千，赴哀山陵，兼问侍臣帝崩之由。君竟谓如何？'穆曰：'明公世跨并、肆，雄才杰出。部落之民，控弦一万。若能行废立之事，伊、霍复见于今日。'荣即共穆结异姓兄弟，穆年大，荣兄事之；荣为盟主，穆亦拜荣。于是密议长君诸王之中，不知谁应当璧。遂于晋阳，人各铸像不成，唯长乐王子攸像，光相具足，端严特妙。是以荣意在长乐，遣苍头王丰入洛约以为主。长乐即许之，共克期契。荣三军皓素，扬旌南出。太后闻荣举兵，召王公议之。时胡氏专宠，皇宗怨望，入议者莫肯致言。唯黄门侍郎徐纥曰：'尔朱荣马邑小胡，人才凡鄙，不度德量力，长戟指阙，所谓穷辙拒轮，积薪候燎。今宿卫文武，足得一战。但守河桥，观其意趣。荣悬军千里，兵老师弊。以逸待劳，破之必矣。'后然纥言，即遣都督李神轨、郑季明等领众五千镇河桥。四月十一日，荣过河内至高头驿。长乐王从雷陂北渡赴荣军所，神轨、季明等见长乐王往，遂开门降。十二日，荣军于芒山之北，河阴之野。十三日，召百官赴驾，至者尽诛之。王公卿士及诸朝臣死者二千余人。十四日，车驾入城，大赦天下，改号为建义元年，是为庄帝。于时新经大兵，人物歼尽，流迸之徒惊骇未出。……时太原王位极心骄，功高意侈，与夺任情，臧否肆意。帝怒谓左右曰：'朕宁作高贵乡公死，不作汉献帝生！'九月二十五日，诈言产太子，荣穆并入朝，庄帝手刃荣于明光殿，穆为伏兵鲁遥所杀。荣世子部落大人亦死焉。荣部下车骑将军尔朱阳都等二十人，随入东华门，亦为伏兵所杀。"①

《洛阳伽蓝记·平等寺》："明年四月，尔朱荣入洛阳，诛戮百官，死亡涂地。……黄门侍郎邢子才为赦文，叙述庄帝枉煞太原王之状。广陵王曰：'永安手翦强臣，非为失德。直以天未厌乱，逢成济之祸。'谓左右：'将笔来，朕自作之。'直言门下：'朕以寡德，运属乐推，思与亿兆，同兹大庆。肆眚之科，一依恒式。'广陵杜口八载，至是始言，海内庶士，咸称圣君。于是封长广为东海王，世隆加仪同三司尚书令乐平王，余官如故；赠太原王相国晋王，加九锡，立庙于芒岭首阳。上旧有周公庙，世隆欲以太原王功比周公，故立此庙。庙成，为火所灾。有一柱焚之不尽，后三日雷雨震电，霹雳击为数段。柱下石及庙瓦皆碎于山下。复命百官议太原王配飨。司直刘季明议云不合。世隆问其故。季明曰：'若配世宗，于宣武无功；若配孝明，亲害其母；若配庄帝，为臣不终，为庄帝所戮。以此论之，无所配也。'"②

《洛阳伽蓝记·景宁寺》："建义初，阳城太守薛令伯，闻太原王诛百官，立庄帝，弃郡东走。忽梦射得雁，以问元慎。"③

《洛阳伽蓝记·高阳王寺》："高阳王寺，高阳王雍之宅也，在津阳门外三里御道西。雍为尔朱荣所害也，舍宅以为寺。"④

《洛阳伽蓝记·宣忠寺》："永安末，庄帝谋煞尔朱荣，恐事不果，请计于徽。"⑤

《洛阳伽蓝记·白马寺》："有沙门宝公者，不知何处人也。形貌

---

① （北魏）杨衒之撰，周祖谟校释：《洛阳伽蓝记校释》，中华书局2010年版，第13—26页。
② （北魏）杨衒之撰，周祖谟校释：《洛阳伽蓝记校释》，中华书局2010年版，第80—86页。
③ （北魏）杨衒之撰，周祖谟校释：《洛阳伽蓝记校释》，中华书局2010年版，第95页。
④ （北魏）杨衒之撰，周祖谟校释：《洛阳伽蓝记校释》，中华书局2010年版，第122页。
⑤ （北魏）杨衒之撰，周祖谟校释：《洛阳伽蓝记校释》，中华书局2010年版，第130页。

鬼陋，心机通达，过去未来，预睹三世。发言似谶，不可得解，事过之后，始验其实。胡太后闻之，问以世事。宝公曰：'把粟与鸡呼朱朱。'时人莫之能解。建义元年，后为尔朱荣所害，始验其言。"①

《魏书·尔朱荣传》："尔朱荣，字天宝，北秀容人也。其先居于尔朱川，因为氏焉。常领部落，世为酋帅。高祖羽健，登国初为领民酋长，率契胡武士千七百人从驾平晋阳，定中山。论功拜散骑常侍。……荣袭爵后，除直寝、游击将军。正光中，四方兵起，遂散畜牧，招合义勇，给其衣马。蠕蠕主阿那瑰寇掠北鄙，诏假荣节、冠军将军、别将，隶都督李崇北征。……于时武泰元年四月九日也。十一日，荣奉帝为主，诏以荣为使持节、侍中、都督中外诸军事、大将军、开府、兼尚书令、领军将军、领左右、太原王，食邑二万户。十二日，百官皆朝于行宫。十三日，荣惑武卫将军费穆之说，乃引迎驾百官于行宫西北，云欲祭天。朝士既集，列骑围绕，责天下丧乱，明帝卒崩之由，云皆缘此等贪虐，不相匡弼所致。因纵兵乱害，王公卿士皆敛手就戮，死者千三百余人。皇弟、皇兄并亦见害，灵太后、少主其日暴崩。……建义初，北海王元颢南奔萧衍，衍乃立为魏主，资以兵将。……又城阳王徽、侍中李彧等欲擅威权，惧荣害之，复相间构，日月滋甚，于是庄帝密有图荣之意。三年九月，荣启将入朝。朝士虑其有变，庄帝又畏恶之。荣从弟世隆与荣书，劝其不来，荣妻北乡郡长公主亦劝不行，荣并不从。帝既图荣，荣至入见，即欲害之，以天穆在并，恐为后患，故隐忍未发。荣之入洛，有人告荣，云帝欲图之。荣即具奏，帝曰：'外人告云，亦言王欲害我，我岂信之？'于是荣不自疑，每入谒帝，从人不过数十，又皆挺身不持兵仗。及天穆至，帝伏兵于明光殿东廊，引荣及荣长子菩提、天穆等俱入。坐定，光禄少卿鲁安、典御李侃晞等抽刀而

---

① （北魏）杨衒之撰，周祖谟校释：《洛阳伽蓝记校释》，中华书局2010年版，第135—136页。

至，荣窘迫，起投御坐。帝先横刀膝下，遂手刃之，安等乱斫，荣与天穆、菩提同时俱死。荣时年三十八。"①

按：尔朱荣（493—530），字天宝，北秀容（今山西朔州北）人也。正史所载其事迹甚夥，《洛阳伽蓝记》载尔朱荣被孝庄帝所杀一事，婉曲生动，可补《魏书》之简略。

44. 尔朱荣妻（北乡郡长公主）

《洛阳伽蓝记·永宁寺》："至十月一日，隆与荣妻北乡郡长公主至芒山冯王寺为荣追福荐斋，即遣尔朱侯讨伐。"②

《魏书·孝庄纪》："是夜，仆射尔朱世隆、荣妻乡郡长公主，率荣部曲焚西阳门，出屯河阴。"③

《魏书·恩幸传·王叡传附椿妻魏氏传》："（王）椿妻，巨鹿魏悦之次女，……尔朱荣妻北乡郡长公主深所礼敬。"④

《北史·敬宗孝庄帝纪》："是夜，左仆射尔朱世隆、荣妻乡郡长公主率荣部曲，自西阳门出屯河阴，己亥，攻河桥，禽毅等，屠害之，据北中城，南逼京师。……"⑤

按：尔朱荣妻，北乡郡长公主，《魏书》作乡郡长公主，乃南安王元桢女。《洛阳伽蓝记》此条可与史传相参证。

45. 萧正德（西丰侯，萧衍子）

《洛阳伽蓝记·正觉寺》："后萧衍子西丰侯萧正德归降，时元乂欲为之设茗，先问：'卿于水厄多少？'正德不晓乂意，答曰：'下官虽生于水乡，而立身以来，未遭阳侯之难。'元乂与举坐之客皆笑焉。"⑥

《洛阳伽蓝记·龙华寺》："正光四年中，萧衍子西丰侯萧正德

---

① （北齐）魏收：《魏书》，中华书局 1975 年版，第 1643—1655 页。
② （北魏）杨衒之撰，周祖谟校释：《洛阳伽蓝记校释》，中华书局 2010 年版，第 26 页。
③ （北齐）魏收：《魏书》，中华书局 1975 年版，第 266 页。
④ （北齐）魏收：《魏书》，中华书局 1975 年版，第 1993 页。
⑤ （唐）李延寿：《北史》，中华书局 1974 年版，第 165—166 页。
⑥ （北魏）杨衒之撰，周祖谟校释：《洛阳伽蓝记校释》，中华书局 2010 年版，第 112 页。

来降，处金陵馆，为筑宅归正里，正德舍宅为归正寺。"①

《梁书·临贺王正德传》："临贺王正德，字公和，临川靖惠王第三子也。少粗险，不拘礼节。初，高祖未有男，养之为子。及高祖践极，便希储贰，后立昭明太子，封正德为西丰侯，邑五百户。自此怨望，恒怀不轨，睥睨宫扆，觊幸灾变。普通六年，以黄门侍郎为轻车将军，置佐史。顷之，遂逃奔于魏，有司奏削封爵。七年，又自魏逃归，高祖不之过也。复其封爵，仍除征虏将军。中大通四年，为信武将军、吴郡太守。征为侍中、抚军将军，置佐史，封临贺郡王，邑二千户，又加左卫将军。而凶暴日甚，招聚亡命。侯景知其有奸心，乃密令诱说，厚相要结。……景至，正德乃引军与景俱进，景推正德为天子，改年为正平元年，景为丞相。台城没，复太清之号，降正德为大司马。正德有怨言，景闻之，虑其为变，矫诏杀之。"②

按：萧正德（？—549），字公和，南兰陵（今江苏武进县）人。《洛阳伽蓝记》称其为萧衍子，据《梁书》本传实临川靖惠王萧宏第三子，为萧衍养子。《洛阳伽蓝记》称正光四年（523）中，萧正德逃奔北魏，《梁书》本传则称普通六年（525）奔魏，七年（526）逃归梁朝。若谓525年（北魏孝昌元年）奔魏，元义已除名为民，正德不得与元义相见，《梁书》当有误。

46. 萧彪（司农卿）

《洛阳伽蓝记·景宁寺》："景仁在南之日与庆之有旧，遂设酒引邀庆之过宅，司农卿萧彪、尚书右丞张嵩并在其坐。彪亦是南人，唯有中大夫杨元慎、给事中大夫王日旬是中原士族。"③

杨炯《后周青州刺史齐贞文公宇文公神道碑》："公讳彪，字明

---

① （北魏）杨衒之撰，周祖谟校释：《洛阳伽蓝记校释》，中华书局2010年版，第116页。
② （唐）姚思廉：《梁书》，中华书局1973年版，第828—829页。
③ （北魏）杨衒之撰，周祖谟校释：《洛阳伽蓝记校释》，中华书局2010年版，第89—90页。

俊,兰陵人也。即宣帝之元孙,高帝之曾孙,临川王之孙,平乐侯之子。禀神河岳,藉庆王侯。攀两曜之末光,乘五行之秀气。温厚廉让,当时以为达人;宣慈惠和,天下谓之才子。属三方鼎立,九土星分。禄去公朝,失诸侯之盟会;政由梁国,建天子之旌旗。士女同叹于商墟,鬼神共谋于曹社。公杜门屏迹,心不自安,与门生故吏数百人归于后魏。宣武皇帝以客礼待之,诏除给事中,假龙骧将军,正光五年兼彭城府长史。假节则将军比于王濬,优礼则长史兼于杜袭。龙骧可畏,晋后任之于渡江;骐骥不乘,魏氏托之于留府。六年除通直郎散骑常侍中书侍郎,永安三年帝北巡,迁抚军将军银青光禄大夫散骑常侍。散骑通直,起于天兴之元;中书侍郎,始自黄初之代。宣威抚军之号,仆射光禄之名,奇才总于文武,重任归于将相。徐方叛逆,以公为行军长史兼统别部,仍加鼓节。彭城宋邑,海岳徐州,峄阳孤桐,羽畎夏翟,昔称都会,今实边陲。鲁伯禽始得专征,周穆王遂行天讨。公手执旗鼓,坐谋帷幄,以陶侃部分之明,当阮孚戎旅之重。有如荀羡,独负逸群之才;不学江逌,空有连鸡之喻。徐州平,迁黄门侍郎扬州大中正。黄扉蔼蔼,青琐沈沈,有若张公之万户千门;博观图籍,太湖为浸,会稽为山,有若荀勖之十郡一州。诠藻人物,累迁大司农,秦称内史,汉曰司农。管夷吾陈不涸之名,耿寿昌立常平之议。时播百谷,后稷让于《虞书》;阜成兆民,列卿拜于周典。普泰元年迁车骑将军,加右光禄大夫,永熙二年出为颍川太守。地称汝颍,俗尚申韩,有郑伯之别都,有周公之朝邑。教之德化,无因历于八年;会于贤能,旁润逾于九里。于时齐武王居中作相,实有迁鼎之谋;周太祖在外持兵,深怀事君之道。昭公失位,由季氏之执权;襄王出居,成晋文之霸业。三年秋八月武帝幸长安,以义兵从顺。大统元年授开府仪同三司,封灵璧县开国子,邑三百户。金堤石印,清济浊河,爰赐土田,以为藩屏。汉之宰相,始开封邑;周之列侯,实兼卿士。二年拜车

167

骑大将军，九年迁五兵尚书，十年迁中书监，领骠骑大将军，加开府仪同三司，进爵为公，增邑一千户。天子有诏，不入军门；匈奴未灭，不营私第。蔡谟冕服，十六年迁侍中骠骑大将军，以下并如故。昔惟常伯，今则侍中，切问近对，拾遗补阙。冕旒无象，先问顾和；玉佩不存，即徵王粲。废帝后二年公不贺，出为使持节华州刺史，侍中并如故。桃林国邑，大荔城隍。三秦六辅之奥区，五岳四渎之襟带。倪宽之为内史，唯事溉田；薛宣之守冯翊，但知拱默。寻加特进，余如故。官品第一，朝廷所敬。辟吏如五府之间，班列在三公之后。唐虞之继文德也，稷契谟明于两朝；魏晋之顺大名也，裴王建功于二代。周武成三年进封青州齐郡公，邑二千户，赐号东岳先生。诏曰：'尧有四岳，朕惟公一人。赐杂彩二千段，甲第一区，雍州良田百顷。'其优礼如此。尧命羲仲，星鸟嵎夷之官；周赐姜牙，穆陵无棣之境。三王不袭，同盟固于泰山；百代相因，旧国传于负海。惟保定四年，公薨于长安私第。天子罢朝，群臣赴吊，丧用官给。呜呼哀哉！五年赠少保使持节扬光桂三州诸军事扬州刺史，谥曰贞公，礼也。"①

按：萧彪（？—564），字明俊，东海郡兰陵县人。周祖谟《校释》谓"史书无传"，范祥雍《校注》、杨勇《校笺》均无注。据陈于全《萧彪考》，萧彪即《全唐文》卷193杨炯《后周青州刺史齐贞文公宇文公神道碑》的碑主宇文彪。②据该碑，萧彪字明俊，即齐宣帝萧承之之元孙，齐高帝萧道成之曾孙，临川王萧映之孙，平乐侯之子。入北周改姓为宇文彪。

47. 萧综

《洛阳伽蓝记·龙华寺》："孝昌初，萧衍子豫章王综来降，闻此钟声，以为奇异，遂造《听钟歌》三首，行传于世。综字世谦，伪

---

① （清）董诰：《全唐文》，上海古籍出版社1990年版，第862—863页。
② 陈于全：《萧彪考》，《文学遗产》2011年第3期。

齐昏主宝卷遗腹子也。宝卷临政淫乱,吴人苦之。雍州刺史萧衍立南康王宝融为主,举兵向秣陵,事既克捷,遂杀宝融而自立。宝卷有美人吴景晖,时孕综经月,衍因幸景晖,及综生,认为己子,小名缘觉,封豫章王。综形貌举止甚似昏主,其母告之,令自方便。综遂归我圣阙,更改名曰缵,字德文,始为宝卷追服三年丧。明帝拜综太尉公,封丹阳王。永安年中,尚庄帝姊寿阳公主字莒犁。"①

《魏书·萧宝夤传》:"宝夤兄宝卷子赞,字德文,本名综,入国,宝夤改焉。初,萧衍灭宝卷,宝卷宫人吴氏始孕,匿而不言。衍乃纳之,生赞,以为己子,封豫章王。及长,学涉有才思。其母告之以实,赞昼则谈谑如常,夜则衔悲泣涕;结客待士,恒有来奔之志。为衍诸子深所猜疾,而衍甚爱宠之。……建义初,随尔朱荣赴晋阳,庄帝征赞还洛。转司徒,迁太尉,尚帝姊寿阳长公主。出为都督齐济西兖三州诸军事、骠骑大将军、开府仪同三司、齐州刺史。宝夤见擒,赞拜表请宝夤命。尔朱兆入洛,为城民赵洛周所逐。公主被录还京,尔朱世隆欲相陵逼,公主守操被害。赞既弃州为沙门,潜诣长白山。未几,趣白鹿山。至阳平,遇病而卒,时年三十一。"②

《梁书·豫章王综传》:"豫章王综,字世谦,高祖第二子也。天监三年,封豫章郡王,邑二千户。五年,出为使持节、都督南徐州诸军事、仁威将军、南徐州刺史,寻进号北中郎将。十年,迁都督郢、司、霍三州诸军事、云麾将军、郢州刺史。十三年,迁安右将军、领石头戍军事。十五年,迁西中郎将,兼护军将军,又迁安前将军、丹阳尹。十六年,复为北中郎将、南徐州刺史。普通二年,入为侍中、镇右将军,置佐史。……四年,出为使持节、都督南兖、兖、徐、青、冀五州诸军事、平北将军、南兖州刺史,给鼓吹一部。

---

① (北魏)杨衒之撰,周祖谟校释:《洛阳伽蓝记校释》,中华书局2010年版,第56—58页。
② (北齐)魏收:《魏书》,中华书局1975年版,第1325—1326页。

闻齐建安王萧宝寅在魏，遂使人入北与之相知，谓为叔父，许举镇归之。会大举北伐。六年，魏将元法僧以彭城降，高祖乃令综都督众军，镇于彭城，与魏将安丰王元延明相持。高祖以连兵既久，虑有衅生，敕综退军。综惧南归则无因复与宝寅相见，乃与数骑夜奔于延明，魏以为侍中、太尉、高平公、丹阳王，邑七千户，钱三百万，布绢三千匹，杂彩千匹，马五十匹，羊五百口，奴婢一百人。综乃改名缵，字德文，追为齐东昏服斩衰。于是有司奏削爵土，绝属籍，改其姓为悖氏。俄有诏复之，封其子直为永新侯，邑千户。大通二年，萧宝寅在魏据长安反，综自洛阳北遁，将赴之，为津吏所执，魏人杀之，时年四十九。"①

按：萧综（？—531），梁豫章王，字世谦。伪齐昏主萧宝卷遗腹子。小名缘觉，后封建安王、会稽公。入魏后更名为缵（《魏书》本传作"赞"），字德文。《魏书》谓其卒年三十一，《梁书》谓其卒年四十九，未知孰是，待考。《洛阳伽蓝记》载其来北魏的事迹，《魏书》《梁书》未载，此可补史传之阙。

48. 元莒犁（寿阳长公主，萧综妻）

《洛阳伽蓝记·龙华寺》："永安年中，（萧综）尚庄帝姊寿阳公主字莒犁。公主容色美丽，综甚敬之。与公主语，常自称'下官'。授齐州刺史，加开府。及京师倾覆，综弃州北走。时尔朱世隆专权，遣取公主至洛阳，世隆逼之。公主骂曰：'胡狗，敢辱天王女乎？我宁受剑而死，不为逆胡所污。'世隆怒之，遂缢杀之。"②

《魏书·萧宝夤传》："（萧综）尚帝姊寿阳长公主。出为都督齐济西兖三州诸军事、骠骑大将军、开府仪同三司、齐州刺史。宝夤见擒，赞拜表请宝夤命。尔朱兆入洛，为城民赵洛周所逐。公主被

---

① （唐）姚思廉：《梁书》，中华书局1973年版，第823—824页。
② （北魏）杨衒之撰，周祖谟校释：《洛阳伽蓝记校释》，中华书局2010年版，第58页。

录还京，尔朱世隆欲相陵逼，公主守操被害。"①

《魏书·高崇传附子道穆传》："帝姊寿阳公主行犯清路，执赤棒卒呵之不止，道穆令卒棒破其车。公主深以为恨，泣以诉帝。帝谓公主曰：'高中尉清直之人，彼所行者公事，岂可私恨责之也？'道穆后见帝，帝曰：'一日家姊行路相犯，极以为愧。'道穆免冠谢曰：'臣蒙陛下恩，守陛下法，不敢独于公主亏朝廷典章，以此负陛下。'帝曰：'朕以愧卿，卿反谢朕。'"②

按：元莒犁（？—530），北魏公主，为元勰之女，庶出，封为寿阳长公主。永安年间，下嫁萧综。永安三年（530）十二月，齐州城人赵洛周据城叛乱，驱逐齐州刺史萧赞。寿阳长公主被执送到洛阳，因不从强占被杀。普泰（531）时，与萧综合葬于嵩山。寿阳长公主，《魏书》及《北史》不载其字，《洛阳伽蓝记》可补其阙。其怒斥尔朱世隆死节之事，杨衒之记载最为生动，为诸史所不及。

49. 萧宝夤（寅）

《洛阳伽蓝记·景宁寺》："景仁，会稽山阴人也。正光年初从萧宝夤归化，拜羽林监，赐宅城南归正里，民间号为吴人坊，南来投化者多居其内。"③

《洛阳伽蓝记·龙华寺》："景明初，伪齐建安王萧宝寅来降，封会稽公，为筑宅于归正里。后进爵为齐王，尚南阳长公主。宝寅耻与夷人同列，令公主启世宗，求入城内。世宗从之，赐宅于永安里。"④

《魏书·萧宝夤列传》："萧宝夤，字智亮，萧鸾第六子，宝卷母弟也。鸾之窃位，封宝夤建安王。宝卷立，以为车骑将军、开府，……寻尚南阳长公主，赐帛一千匹，并给礼具。公主有妇德，事宝夤尽肃雍之礼，虽好合积年，而敬事不替。宝夤每入室，公主

---

① （北齐）魏收：《魏书》，中华书局1975年版，第1325—1326页。
② （北齐）魏收：《魏书》，中华书局1975年版，第1717页。
③ （北魏）杨衒之撰，周祖谟校释：《洛阳伽蓝记校释》，中华书局2010年版，第89页。
④ （北魏）杨衒之撰，周祖谟校释：《洛阳伽蓝记校释》，中华书局2010年版，第115页。

必立以待之，相遇如宾，自非太妃疾笃，未曾归休。宝夤器性温顺，自处以礼，奉敬公主，内外谐穆，清河王怿亲而重之。……永安三年，都督尔朱天光遣贺拔岳等破丑奴于安定，追擒丑奴、宝夤，并送京师。诏置阊阖门外都街之中，京师士女，聚共观视，凡经三日。……帝然其言，乃于太仆驼牛署赐死。宝夤之将死，神俊携酒就之以叙旧故，因对之下泣。而宝夤夷然自持，了不忧惧，唯称'推天委命，恨不终臣节'而已。公主携男女就宝夤诀别，恸哭极哀。宝夤死，色貌不改。宝夤有三子，皆公主所生，而并凡劣。"①

《南齐书·萧宝夤传》："鄱阳王宝夤，字智亮，明帝第六子也。……宣德太后临朝，梁王为建安公，改封宝夤为鄱阳王。中兴二年谋反，奔魏（洪流案：中华书局标点本"奔魏"作"谋反诛"，此从南监本、殿本）。"②

按：萧宝夤（485—530），一作萧宝寅，字智亮，东海兰陵人。齐明帝萧鸾第六子，东昏侯萧宝卷和齐和帝萧宝融同母兄弟，母为敬皇后刘惠瑞。萧宝夤归魏之年，《景宁寺》条作"正光年初"，《龙华寺》条作"景明初"，范祥雍《校注》云："史载在景明二年，考是年梁武帝（萧衍）废齐和帝（萧宝融）而自立，故宝夤奔魏，封会稽公、赐宅归正里，景仁随来，当在同年。此'正光'二字必是'景明'之讹。"考《南齐书》本传谓宝夤奔魏之年在"中兴二年"（502年），至是年三月，梁武帝萧衍自立，改年号天监元年，故萧宝夤奔魏应为魏宣武帝景明三年，而非二年，范祥雍《校注》盖误。

50. 南阳长公主（萧宝夤妻）

《洛阳伽蓝记·龙华寺》："景明初，伪齐建安王萧宝寅来降，封会稽公，为筑宅于归正里。后进爵为齐王，尚南阳长公主。宝寅耻与

---

① （北齐）魏收：《魏书》，中华书局1975年版，第1313—1326页。
② （南朝梁）萧子显：《南齐书》，中华书局1972年版，第1049—1057页。

夷人同列，令公主启世宗，求入城内。世宗从之，赐宅于永安里。"①

《魏书·肃宗纪》："武泰元年春正月……丁丑，雍州城人侯终德相率攻宝夤，宝夤携南阳公主及子，与百余骑渡渭而走，雍州平。"②

《魏书·萧宝夤列传》："（宝夤）寻尚南阳长公主，赐帛一千匹，并给礼具。公主有妇德，事宝夤尽肃雍之礼，虽好合积年，而敬事不替。宝夤每入室，公主必立以待之，相遇如宾，自非太妃疾笃，未曾归休。宝夤器性温顺，自处以礼，奉敬公主，内外谐穆，清河王怿亲而重之。"③

按：南阳长公主，《魏书》有记。《洛阳伽蓝记》记宝夤和公主先住在归正里，后住在永安里，正史无载，可补史事之阙。南阳长公主和萧综妻寿阳长公主虽出身皇室，但侍奉夫君以礼，可窥见元魏皇室妇女的生活情况。

## 第二节　百官

1. 刁宣
2. 李真奴
3. 公孙骧

《洛阳伽蓝记·庄严寺》："庄严寺，在东阳门外一里御道北，所谓东安里也。北为租场。里内有驸马都尉司马悦、济州刺史刁宣、幽州刺史李真奴、豫州刺史公孙骧等四宅。"④

《梁书·陈庆之传》："魏大将军上党王元天穆、王老生、李叔仁又率众四万，攻陷大梁，分遣老生、费穆兵二万，据虎牢，刁宣、

---

① （北魏）杨衒之撰，周祖谟校释：《洛阳伽蓝记校释》，中华书局2010年版，第115页。
② （北齐）魏收：《魏书》，中华书局1975年版，第248页。
③ （北齐）魏收：《魏书》，中华书局1975年版，第1315页。
④ （北魏）杨衒之撰，周祖谟校释：《洛阳伽蓝记校释》，中华书局2010年版，第68页。

刀双入梁、宋，庆之随方掩袭，并皆降款。"①

按：周祖谟《校释》注（此下简称"周注"）："刀"原作"分"，《逸史》本作"介"，此从《河南志》改，刀宣无传记，惟《魏书·刀双传》云："东平王元略姊饶安公主，刀宣妻也。"是宣为略之姊夫。周说是，刀宣为元略之姊夫。幽州刺史李真奴、豫州刺史公孙骧正史无记载，可补正史不足。

4. 山伟

《洛阳伽蓝记·永宁寺》："庄帝肇升太极，解网垂仁，唯散骑常侍山伟一人拜恩南阙。"②

《魏书·山伟传》："山伟，字仲才，河南洛阳人也，其先代人。……伟司神武门，其妻从叔为羽林队主，挝直长于殿门，伟即劾奏。匡善之，俄然奏正。帖国子助教，迁员外郎、廷尉评。……伟遂奏记，赞义德美。义素不识伟，访侍中安丰王延明、黄门郎元顺，顺等因是称荐之。义令仆射元钦引伟兼尚书二千石郎，后正名士郎。修《起居注》。仆射元顺领选，表荐为谏议大夫。尔朱荣之害朝士，伟时守直，故免祸。及庄帝入宫，仍除伟给事黄门侍郎。先是，伟与仪曹郎袁升、屯田郎李延孝、外兵郎李奂、三公郎王延业方驾而行，伟少居后。路逢一尼，望之叹曰：'此辈缘业，同日而死。'谓伟曰：'君方近天子，当作好官。'而升等四人，皆于河阴遇害，果如其言。俄领著作郎。前废帝立，除安东将军、秘书监，仍著作。初，尔朱兆之入洛，官守奔散，国史典书高法显密埋史书，故不遗落。伟自以为功，诉求爵赏。伟挟附世隆，遂封东阿县伯，而法显止获男爵。伟寻进侍中。孝静初，除卫大将军、中书令，监起居。后以本官复领著作，卒官。赠骠骑将军、开府仪同三司、都督、幽州刺史，谥曰文贞公。国史自邓渊、崔琛、崔浩、高允、李

---

① （唐）姚思廉：《梁书》，中华书局1973年版，第462页。
② （北魏）杨衒之撰，周祖谟校释：《洛阳伽蓝记校释》，中华书局2010年版，第18页。

彪、崔光以还，诸人相继撰录。綦俊及伟等谄说上党王天穆及尔朱世隆，以为国书正应代人修缉，不宜委之余人，是以俊、伟等更主大籍。守旧而已，初无述著。故自崔鸿死后，迄终伟身，二十许载，时事荡然，万不记一，后人执笔，无所凭据。史之遗阙，伟之由也。外示沉厚，内实矫竞。与綦俊少甚相得，晚以名位之间，遂若水火。与宇文忠之之徒代人为党，时贤畏恶之。而爱尚文史，老而弥笃。伟弟少亡，伟抚寡训孤，同居二十余载，恩义甚笃。不营产业，身亡之后，卖宅营葬，妻子不免飘泊，士友叹愍之。"[1]

按：山伟，字仲才，河南洛阳人。据《洛阳伽蓝记》，建义元年（528），孝庄帝即位，山伟为散骑常侍。《魏书·山伟传》载伟典修国史，实无著述，元魏一代史书之阙，伟难辞其咎。《魏书》载山伟事迹颇详，然未载其官散骑常侍一职，此可补史书之阙。

5. 毛鸿宾

《洛阳伽蓝记·法云寺》："永熙年中南青州刺史毛鸿宾赍酒之蕃，路逢贼盗，饮之即醉，皆被擒获，因复命'擒奸酒'。游侠语曰：'不畏张弓拔刀，唯畏白堕春醪。'"[2]

《北史·毛鸿宾传》："鸿宾大鼻眼，多鬓须，黑而且肥，状貌颇异，氐、羌见者皆畏之。加胆略骑射，俶傥不拘小节，昆季之中，尤轻财好施。遐虽云早立，而名出其下。及贼起，乡里推为盟主，常与遐一守一战。后拜岐州刺史、散骑常侍、开国县侯。遐笑谓鸿宾曰：'击贼之功，吾不居汝后，至于受赏，汝在吾前，当以德济物，不及汝故。'明帝以鸿宾兄弟所定处多，乃改北地郡为北雍州，鸿宾为刺史。诏曰：'此以昼锦荣卿也。'改三原县为建中郡，以旌其兄弟。后尔朱天光自关中还洛，夷夏心所忌者，皆将自随。鸿宾亦领乡中壮武二千人以从。洛中素闻其名，衣冠贫冗者，竞与之交。

---

[1] （北齐）魏收：《魏书》，中华书局1975年版，第1792—1794页。
[2] （北魏）杨衒之撰，周祖谟校释：《洛阳伽蓝记校释》，中华书局2010年版，第144页。

寻拜西兖州刺史。羁寓倦游之辈，四座常满，鸿宾资给衣食，与己悉同。私物不足，颇有公费。转南青州刺史。未几，征还，为有司所纠，鸿宾遂逃匿人间。月余，特诏原之。及孝武帝与齐神武有隙，令鸿宾镇潼关，为西道之寄。车驾西幸，浆糗乏绝，侍官三二日间，唯饮涧水。鸿宾奉献酒食，迎于稠桑，文武从者，始解饥渴。武帝把其手曰：'寒松劲草，所望于卿也。事平之日，宁忘主人。'仍留守潼关。后神武来寇，见禽至并州，忧恚卒。"①

按：毛鸿宾，毛遐弟，北地三原县（今陕西三原县）人。《北史》所载鸿宾传记甚详，《洛阳伽蓝记》载其永熙年中（532—534），曾任南青州刺史，并智擒盗贼一事，正史无载，此可补充毛鸿宾事迹。

6. 牛法尚

《洛阳伽蓝记·永宁寺》："帝升大夏门望之，遣主书牛法尚谓归等曰：'太原王立功不终，阴图衅逆，王法无亲，已依正刑，罪止荣身，余皆不问。卿等何为不降？官爵如故。'归曰：'臣从太原王来朝陛下，何忽今日枉致无理？臣欲还晋阳，不忍空去，愿得太原王尸丧，生死无恨。'发言雨泪，哀不自胜。群胡恸哭，声振京师。帝闻之，亦为伤怀。"②

按：主书，主文书之官，晋中书省置，本用武官，南朝宋改用文吏。宋置主书令吏，陈置主书而去令史之名。北魏亦为主书令史，北齐称主书。《洛阳伽蓝记》称牛法尚为"主书"，与北魏官职不合，待考。牛法尚，《魏书》失载，《资治通鉴》卷154有载。此可补史传之阙。

7. 王元龟

《洛阳伽蓝记·永宁寺》："正始初，诏刊律令，永作通式，敕景

---

① （唐）李延寿：《北史》，中华书局1974年版，第1809页。
② （北魏）杨衒之撰，周祖谟校释：《洛阳伽蓝记校释》，中华书局2010年版，第9页。

共治书侍御史高僧裕、羽林监王元龟、尚书郎祖莹、员外散骑侍郎李琰之等，撰集其事。"①

《魏书·元翻传》："正始初，诏尚书门下于金墉中书外省考论律令，翻与门下录事常景、孙绍，廷尉监张虎，律博士侯坚固，治书侍御史高绰，前军将军邢苗，奉车都尉程灵虬，羽林监王元龟，尚书郎祖莹、宋世景，员外郎李琰之，太乐令公孙崇等并在议限。"②

按：王元龟任北魏羽林监，并参与考论律令，此正可与《魏书》《北史》印证。"元龟"，范祥雍《校注》曰："各书皆作'龟'，唐钩沈本作'规'，不知何据。"据此可定唐《钩沉》本误。周祖谟《校释》曰："元龟，《魏书》无传。"杨勇《校笺》也未征引《魏书》和《北史》加以说明。

8. 王桃汤

《洛阳伽蓝记·宣忠寺》："宣忠寺东王典御寺，阉官王桃汤所立也。时阉官伽蓝皆为尼寺，唯桃汤独造僧寺，世人称之英雄。"③

《魏书·王温传》："王温，字桃汤，赵郡栾城人。父冀，高邑令，坐事被诛。温与兄继叔俱充宦者。高祖以其谨慎，补中谒者、小黄门，转中黄门、钩盾令。稍迁中尝食典御、中给事中，给事东宫，加左中郎将。世宗之崩，群官迎肃宗于东宫。温于卧中起肃宗，与保母扶抱肃宗，入践帝位。商阳王雍既居冢宰，虑中人朋党，出为钜鹿太守，加龙骧将军。灵太后临朝，征还为中常侍、光禄大夫，赐爵栾城伯，安东将军，领崇训太仆少卿。特除使持节、散骑常侍、抚军将军、瀛州刺史。还，除中侍中，进号镇东将军、金紫光禄大夫。迁车骑将军、左光禄大夫、光禄勋卿，侍中如故。孝昌二年，

---

① （北魏）杨衒之撰，周祖谟校释：《洛阳伽蓝记校释》，中华书局2010年版，第38页。
② （北齐）魏收：《魏书》，中华书局1975年版，第1536页。
③ （北魏）杨衒之撰，周祖谟校释：《洛阳伽蓝记校释》，中华书局2010年版，第133页。

封栾城县开国食，邑六百户。温后自陈本阳平武阳人，于是改封武阳县开国侯，邑如故。建义初，于河阴遇害，年六十六。永安初，赠骠骑大将军、仪同三司、雍州刺史。"①

按：王温（463—528），字桃汤，赵郡栾城（今属河北）人。事迹见《魏书·王温传》。据《魏书》本传"于河阴遇害，年六十六"，可推算其生卒年。《洛阳伽蓝记》载，当时阉官伽蓝皆为尼寺，唯独王桃汤独造立僧寺，可见当时阉官立寺之风气。

9. 王翊

《洛阳伽蓝记·昭仪尼寺》："池西南有愿会寺，中书侍郎王翊舍宅所立也。"②

《魏书·王肃列传附从子翊传》："翊，字士游，肃次兄琛子也。风神秀立，好学有文才。历司空主簿、清河王友、中书侍郎。颇锐于荣利，结婚于元叉，超拜左将军、济州刺史，寻加平东将军。清静爱民，有政治之称。入为散骑常侍。孝庄初，迁镇南将军、金紫光禄大夫，领国子监祭酒。永安元年冬卒，年三十七。赠侍中、卫将军、司空公、徐州刺史。"③

按：王翊（492—528），字士游，琅邪临沂（今属山东）人。据《魏书》"永安元年冬卒，年三十七"，可推算其生卒年。周祖谟《校释》注云今本均作"舍人"，《太平广记》《太平御览》及《永乐大典》俱作"侍郎"，周据改。作"侍郎"与史合。

10. 王肃

《洛阳伽蓝记·正觉寺》："劝学里东有延贤里，里内有正觉寺，尚书令王肃所立也。肃字恭懿，琅琊人也，伪齐雍州刺史奂之子也。赡学多通，才辞美茂，为齐秘书丞，太和十八年背逆归顺。时高祖

---

① （北齐）魏收：《魏书》，中华书局1975年版，第2031页。
② （北魏）杨衒之撰，周祖谟校释：《洛阳伽蓝记校释》，中华书局2010年版，第45页。
③ （北齐）魏收：《魏书》，中华书局1975年版，第1413页。

新营洛邑，多所造制，肃博识旧事，大有裨益，高祖甚重之，常呼王生。延贤之名，因肃立之。肃在江南之日，聘谢氏女为妻，及至京师，复尚公主。谢作五言诗以赠之。其诗曰：'本为箔上蚕，今作机上丝，得络逐胜去，颇忆缠绵时。'公主代肃答谢云：'针是贯线物，目中恒任丝，得帛缝新去，何能纳故时。'肃甚有愧谢之色，遂造正觉寺以憩之。肃忆父非理受祸，常有子胥报楚之意，卑身素服，不听音乐，时人以此称之。肃初入国，不食羊肉及酪浆等物，常饭鲫鱼羹，渴饮茗汁。京师士子道肃一饮一斗，号为漏卮。经数年已后，肃与高祖殿会，食羊肉酪粥甚多。高祖怪之，谓肃曰：'卿中国之味也，羊肉何如鱼羹？茗饮何如酪浆？'肃对曰：'羊者是陆产之最，鱼者乃水族之长。所好不同，并各称珍。以味言之，甚是优劣。羊比齐鲁大邦，鱼比邾莒小国，唯茗不中与酪作奴。'高祖大笑。因举酒曰：'三三横，两两纵，谁能辨之，赐金钟。'御史中尉李彪曰：'沽酒老妪瓮注瓨，屠儿割肉与秤同。'尚书左丞甄琛曰：'吴人浮水自云工，妓儿掷绳在虚空。'彭城王勰曰：'臣始解此字是'习'字。'高祖即以金钟赐彪。朝廷服彪聪明有智，甄琛和之亦速。彭城王谓肃曰：'卿不重齐鲁大邦，而爱邾莒小国。'肃对曰：'乡曲所美，不得不好。'彭城王重谓曰：'卿明日顾我，为卿设邾莒之食，亦有酪奴。'因此复号茗饮为酪奴。时给事中刘缟慕肃之风，专习茗饮。彭城王谓缟曰：'卿不慕王侯八珍，好苍头水厄。海上有逐臭之夫，里内有学颦之妇。以卿言之，即是也。'"①

《魏书·王肃传》："王肃，字恭懿，琅邪临沂人，司马衍丞相导之后也。……肃自谓《礼》、《易》为长，亦未能通其大义也。父奂及兄弟并为萧赜所杀，肃自建业来奔。是岁，太和十七年也。……寻征肃入朝，高祖手诏曰：'不见君子，中心如醉；一日三岁，我劳如何？

---

① （北魏）杨衒之撰，周祖谟校释：《洛阳伽蓝记校释》，中华书局 2010 年版，第 108—111 页。

179

饰馆华林，拂席相待，卿欲以何日发汝坟也？故复此敕。'……以破萧鸾将裴叔业功，进号镇南将军，加都督豫、南兖、东荆、东豫四州诸军事，封汝阳县开国子，食邑三百户，持节、中正、刺史如故。肃频表固让，不许，诏加鼓吹一部。二十二年，既平汉阳，诏肃曰：'夫知己贵义，君臣务恩，不能矜灾恤祸，恩义焉措？卿情同伍员，怀酷归朕，然未能翦一仇人，馘彼凶帅，何尝不兴言愤叹，羡吴闾而长息。比获萧鸾辅国将军黄瑶起，乃知是卿怨也。寻当相付，微望纾泄，使吾见卿之日，差得缓怀。'初，赜之收肃父奂也，司马黄瑶起攻奂杀之，故诏云然。高祖之伐淮北，令肃讨义阳，未克，而萧鸾遣将裴叔业寇涡阳。刘藻等救之，为叔业所败。……高祖崩，遗诏以肃为尚书令，与咸阳王禧等同为宰辅，征肃会驾鲁阳。肃至，遂与禧等参同谋谟。自鲁阳至于京洛，行途丧纪，委肃参量，忧勤经综，有过旧戚。……裴叔业以寿春内附，拜肃使持节、都督江西诸军事、车骑将军，与骠骑大将军、彭城王勰率步骑十万以赴之。……以肃淮南累捷，赏帛四千七百五十匹，进位开府仪同三司，封昌国县开国侯，食邑八百户，余如故。寻以肃为散骑常侍、都督淮南诸军事、扬州刺史、持节，余官如故。肃频在边，悉心抚接，远近归怀，附者若市，以诚绥纳，咸得其心。清身好施，简绝声色，终始廉约，家无余财。然性微轻佻，颇以功名自许，护疵称伐，少所推下，高祖每以此为言。景明二年薨于寿春，年三十八。世宗为举哀。诏曰：'肃奄至不救，痛惋兼怀，可遣中书侍郎贾思伯兼通直散骑常侍抚慰厥孤，给东园秘器、朝服一袭、钱三十万、帛一千匹、布五百匹、蜡三百斤，并问其卜迁远近，专遣侍御史一人监护丧事，务令优厚。'又诏曰：'死生动静，卑高有域，胜达所居，存亡崇显。故杜预之殁，窆于首阳；司空李冲，覆舟是托。顾瞻斯所，诚亦二代之九原也。故扬州刺史肃，诚义结于二世，英惠符于李杜，平生本意，愿终京陵，既有宿心，宜遂先志。其令葬于冲、预两坟之间，使之神游相得也。'赠侍中、司空公，本官如故。有司奏以肃忠心大度，宜谥匡公，诏谥宣简。肃宗初，诏为肃建碑铭。"①

按：王肃（464—501），字恭懿，琅邪临沂（今属山东）人。据《魏书》本传"景明二年薨于寿春，年三十八"，可推算其生卒年。《魏书》载王肃事迹颇多，《洛阳伽蓝记》所载文字，从另一方面见出王肃为人性情。此处亦是《洛阳伽蓝记》富有文学性与掌故性的形象体现。

11. 刘助

《洛阳伽蓝记·永宁寺》："太原王欲使帝幸晋阳，至秋更举大义。未决，召刘助筮之。助曰：'必克。'于是至明尽力攻之，如其言。"②

《魏书·艺术·刘灵助传》："刘灵助，燕郡人。师事刘弁，好阴阳占卜，而粗疏无赖，常去来燕恒之界，或时负贩，或复劫盗，卖术于市。后自代至秀容，因事尔朱荣。荣性信卜筮，灵助所占屡中，遂被亲待，为荣府功曹参军。建义初，荣于河阴王公卿士悉见屠害。时奉车都尉卢道虔兄弟亦相率朝于行宫，灵助以其州里，卫护之，由是朝士与诸卢相随免害者数十人。荣入京师，超拜光禄大夫，封长子县开国伯，食邑七百户，寻进爵为公，增邑通前千户。后从荣讨擒葛荣，特除散骑常侍、抚军将军、幽州刺史。又从大将军、上党王天穆讨邢杲。时幽州流民卢城人最为凶悍，遂令灵助兼尚书，军前慰劳之。事平而元颢入洛，天穆渡河。灵助先会尔朱荣于太行。及将攻河内，禽灵助筮之。灵助曰：'未时必克。'时已向中，士众疲怠，灵助曰：'时至矣。'荣鼓之，将士腾跃，即使克陷。及至北中，荣攻城不获，以时盛暑，议欲且还，以待秋凉。庄帝诏灵助筮之。灵助曰：'必当破贼。'诏曰：'何日？'灵助曰：'十八、十九

---

① （北齐）魏收：《魏书》，中华书局1975年版，第1407—1412页。
② （北魏）杨衒之撰，周祖谟校释：《洛阳伽蓝记校释》，中华书局2010年版，第24页。

间.'果如其言。车驾还宫,领幽州大中正,寻加征东将军,增邑五百户,进爵为燕郡公,诏赠其父僧安为幽州刺史。寻兼尚书左仆射,慰劳幽州流民于濮阳、顿丘,因率民北还。与都督侯渊等讨葛荣余党韩娄,灭之于蓟。仍厘州务,加车骑将军,又为幽、平、营、安四州行台。及尔朱荣死,庄帝幽崩。灵助本寒微,一朝至此,自谓方术堪能动众。又以尔朱有诛灭之兆,灵助遂自号燕王、车骑大将军、开府仪同三司、大行台,为庄帝举义兵。灵助驯养大鸟,称为己瑞,妄说图谶,言刘氏当王,又云'欲知避世入鸟村'。遂刻毡为人象,画桃木为符书,作诡道厌祝之法。民多信之。于时河西人纥豆陵步籓举兵逼晋阳,尔朱兆频战不利,故灵助唱言:'尔朱自然当灭,不须我兵。'由是幽、瀛、沧、冀之民悉从之。从之者夜悉举火为号,不举火者诸村共屠之。以普泰元年三月,率众至博陵之安国城,与叱列延庆、侯渊、尔朱羽生等战,战败被擒,斩于定州,传首洛阳,支分其体。初,灵助每云:'三月末,我必入定州,尔朱亦必灭。'及将战,灵助自筮之,封成不吉,以手折蓍,弃之于地,云'此何知也。'寻见擒,果以三月入定州,而齐献武王以明年闰二月破四胡于韩陵山,遂灭兆等。永熙二年,赠使持节、散骑常侍、都督幽瀛冀三州诸军事、骠骑大将军、尚书左仆射、开府仪同三司、幽州刺史,谥曰恭。"①

按:刘助(？—531),《魏书·尔朱荣传》作刘灵助,但《梁书·陈庆之传》亦作刘助,与此同。范祥雍《校注》疑"灵助"是助之字。刘助善于卜筮,且每言多验,其事又见《魏书·艺术列传》灵助本传,此可与《魏书》互证。

12. 史仵龙

《洛阳伽蓝记·平等寺》:"初世隆北叛,庄帝遣安东将军史仵龙、平北将军杨文义各领兵三千守太行领,侍中源子恭镇河内。及

---

① (北齐)魏收:《魏书》,中华书局1975年版,第1958—1960页。

尔朱兆马首南向，仵龙、文义等率众先降，子恭见仵龙、文义等降，亦望风溃散。兆遂乘胜逐北，直入京师，兵及阙下，矢流王室。至是论功，仵龙、文义各封一千户。广陵王曰：'仵龙、文义于王有勋，于国无功。'竟不许。"①

《魏书·源贺传附子雍弟子恭传》："既而尔朱兆率众南出，子恭所部都督史仵龙、羊文义开栅降兆。"②

《魏书·尔朱兆传》："进达太行，大都督源子恭下都督史仵龙开垒降兆，子恭退走。"③

按：《魏书》与《洛阳伽蓝记》所载史仵龙相合，俱载史仵龙降尔朱兆。惟《洛阳伽蓝记》载仵龙为"安东将军"，正史不载，此可补史传之缺。

13. 朱元龙

《洛阳伽蓝记·永宁寺》："帝闻之，亦为伤怀。遣侍中朱元龙赍铁券与世隆，待之不死，官位如故。世隆谓元龙曰：'太原王功格天地，道济生民，赤心奉国，神明所知。长乐不顾信誓，枉害忠良，今日两行铁字，何足可信？吾为太原王报仇，终不归降！'元龙见世隆呼帝为长乐，知其不款，且以言帝。"④

《魏书·朱瑞传》："朱瑞，字元龙，代郡桑干人。……永安中，瑞贵达，就赠平东将军、齐州刺史，惠赠使持节、冠军将军、恒州刺史。瑞长厚质直，敬爱人士。孝昌末，尔朱荣引为其府户曹参军，又为大行台郎中，甚为荣所亲任。……瑞虽为尔朱荣所委，而善处朝廷之间，庄帝亦赏遇之，曾谓侍臣曰：'为人臣当须忠实，至如朱元龙者，朕待之亦不异余人。'……瑞与世隆俱北走。既而以庄帝待之素厚，且见世隆等并无雄才，终当败丧，于路乃还。帝大悦，执

---

① （北魏）杨衒之撰，周祖谟校释：《洛阳伽蓝记校释》，中华书局2010年版，第86页。
② （北齐）魏收：《魏书》，中华书局1975年版，第936页。
③ （北齐）魏收：《魏书》，中华书局1975年版，第1662页。
④ （北魏）杨衒之撰，周祖谟校释：《洛阳伽蓝记校释》，中华书局2010年版，第27页。

其手曰：'社稷忠臣，当须如此。'……都督斛斯椿先与瑞有隙，数谮之于世隆。世隆性多忌，且以前日乖异，忿恨更甚，普泰元年七月，遂诛之，时年四十九。太昌初，赠使持节、骠骑大将军、开府仪同三司、青州刺史，谥曰恭穆。"①

按：朱瑞（483—531），字元龙，代郡桑干（今山西省山阴县东）人。据《魏书》本传"普泰元年七月，遂诛之，时年四十九"，可推算其生卒年。《洛阳伽蓝记》所载此处文字，史传未具，此可补正史之缺。

14. 朱异

《洛阳伽蓝记·景宁寺》："朱异怪，复问之。曰：'自晋宋以来，号洛阳为荒土，此中谓长江以北尽是夷狄。昨至洛阳，始知衣冠士族并在中原，礼仪富盛，人物殷阜，目所不识，口不能传。所谓帝京翼翼，四方之则，如登泰山者卑培塿，涉江海者小湘沅。北人安可不重？'"②

《梁书·朱异传》："朱异字彦和，吴郡钱唐人也。……初，景谋反，合州刺史鄱阳王范、司州刺史羊鸦仁并累有启闻，异以景孤立寄命，必不应尔，乃谓使者：'鄱阳王遂不许国家有一客！'并抑而不奏，故朝廷不为之备。"

"及寇至，城内文武咸尤之。皇太子又制《围城赋》，其末章云：'彼高冠及厚履，并鼎食而乘肥，升紫霄之丹地，排玉殿之金扉，陈谋谟之启沃，宣政刑之福威，四郊以之多垒，万邦以之未绥。问豺狼其何者？访虺蜴之为谁？'盖以指异。异因惭愤，发病卒，时年六十七。"③

《梁书·武帝纪下》："（太清二年）秋八月乙未，以右卫将军朱异为中领军。……乙丑，中领军朱异卒。"④

---

① （北齐）魏收：《魏书》，中华书局1975年版，第1769页。
② （北魏）杨衒之撰，周祖谟校释：《洛阳伽蓝记校释》，中华书局2010年版，第93页。
③ （唐）姚思廉：《梁书》，中华书局1973年版，第527—540页。
④ （唐）姚思廉：《梁书》，中华书局1973年版，第94页。

《魏书·岛夷萧衍传》："初景之将渡江也，衍沿道军戍，皆有启列，而中领军朱异恐忤衍意，且谓景不能渡，遂不为闻。"①

《北史·儒林传上·李业兴传》："梁散骑常侍朱异问业兴曰：'魏洛中委粟山是南郊邪？圆丘邪？'"②

《北史·文苑传·明克让传》："时舍人朱异在仪贤堂讲《老子》，克让预焉。"③

按：朱异（482—548），字彦和，吴郡钱塘（今浙江杭州）人。《梁书·朱异传》所载事迹颇详，《北史》与《梁书》《魏书》俱有多处论及朱异，朱异博学宏才，正史多处言其曾为"领军""中书舍人"，《洛阳伽蓝记》载朱异言论，亦可见朱异之口才，可充实正史记载。

15. 江革

《洛阳伽蓝记·追先寺》："孝昌元年，明帝宥吴人江革，请略归国。江革者，萧衍之大将也。萧衍谓曰：'朕宁失江革，不得无王。'略曰：'臣遭家祸难，白骨未收，乞还本朝，叙录存没。'因即悲泣，衍哀而遣之。"④

《梁书·江革传》："江革，字休映，济阳考城人也。……革幼而聪敏，早有才思，六岁便解属文。柔之深加赏器，曰：'此儿必兴吾门。'……除少府卿，出为贞威将军、北中郎南康王长史、广陵太守，改授镇北豫章王长史，将军、太守如故。时魏徐州刺史元法僧降附，革被敕随府王镇彭城。城既失守，革素不便马，乃泛舟而还，途经下邳，遂为魏人所执。魏徐州刺史元延明闻革才名，厚加接待。革称患脚不拜，延明将加害焉，见革辞色严正，更相敬重。时祖莹同被拘执，延明使莹作《欹器》、《漏刻铭》，革骂莹曰：'卿荷国厚

---

① （北齐）魏收：《魏书》，中华书局1975年版，第2185页。
② （唐）李延寿：《北史》，中华书局1974年版，第2723页。
③ （唐）李延寿：《北史》，中华书局1974年版，第2808页。
④ （北魏）杨衒之撰，周祖谟校释：《洛阳伽蓝记校释》，中华书局2010年版，第154页。

恩，已无报答，今乃为虏立铭，孤负朝廷。'延明闻之，乃令革作丈八寺碑并祭彭祖文，革辞以囚执既久，无复心思。延明逼之逾苦，将加棰扑。革厉色而言曰：'江革行年六十，不能杀身报主，今日得死为幸，誓不为人执笔。'延明知不可屈，乃止。日给脱粟三升，仅余性命。值魏主讨中山王元略反北，乃放革及祖芃还朝。诏曰：'前贞威将军、镇北长史、广陵太守江革，才思通赡，出内有闻，在朝正色，临危不挠，首佐台铉，实允佥谐。可太尉临川王长史。'……以此为权势所疾，乃谢病还家。除光禄大夫、领步兵校尉、南、北兖二州大中正，优游闲放，以文酒自娱。大同元年二月，卒，谥曰强子。有集二十卷，行于世。革历官八府长史，四王行事，三为二千石，傍无姬侍，家徒壁立，世以此高之。"①

《南史·豫章王综传》："综长史江革、太府卿祖暅并为魏军所禽，武帝闻之惊骇。"②

《北史·刁雍传附族孙双传》："朝廷乃以徐州所获俘江革、祖暅二人易之。"③

按：江革（？—535），字休映，济阳考城（今河南兰考）人。正史所载江革事迹甚详，周《校释》云孝昌元年（525）萧综降魏，综长史江革五千人被擒。肃宗令有司遣革等还南，因以征略归国。周说甚是，以上正史所载，即有江革被俘事，《洛阳伽蓝记》所载基本与《梁书》诸史相合。

16. 李次寿

《洛阳伽蓝记·魏昌尼寺》："魏昌尼寺，阉官瀛州刺史李次寿所立也。"④

《魏书·阉官传·李坚传》："李坚，字次寿，高阳易人也。高宗

---

① （唐）姚思廉：《梁书》，中华书局1973年版，第522—526页。
② （唐）李延寿：《南史》，中华书局1975年版，第1317页。
③ （唐）李延寿：《北史》，中华书局1974年版，第952页。
④ （北魏）杨衒之撰，周祖谟校释：《洛阳伽蓝记校释》，中华书局2010年版，第63页。

初，因事为阉人。文明太后临朝，稍迁至中给事中，赐爵魏昌伯。小心谨慎，常在左右，虽不及王遇、王质等，而亦见任用。高祖迁洛，转被委授，为太仆卿，检课牧产，多有滋息。世宗初，出为安东将军、瀛州刺史，本州之荣，同于王质。所在受纳，家产巨万。值京兆王愉反于冀州，坚勒众征愉，为愉所破。代还，遇风疾，拜光禄大夫，数年卒。赠抚军将军、相州刺史，赗帛五百匹。以弟子昙景为后，袭爵魏昌伯，为羽林监、直后。"①

按：李坚，字次寿，高阳易（今属河北保定）人。《魏书》与《北史》皆载有李次寿传，《洛阳伽蓝记》记李坚任瀛州刺史亦俱载史书，与史书相合。

17. 李神轨

《洛阳伽蓝记·永宁寺》："后然纥言，即遣都督李神轨、郑季明等，领众五千，镇河桥。四月十一日荣过河内，至高头驿。"②

《魏书·李崇传》："（李）世哲弟神轨，受父爵陈留侯。自给事中，稍迁员外常侍、光禄大夫。累出征讨，颇有将领之气。孝昌中，为灵太后宠遇，势倾朝野。时云见幸帷幄，与郑俨为双，时人莫能明也。频迁征东将军、武卫将军、给事黄门侍郎，常领中书舍人。时相州刺史、安乐王鉴据州反，诏神轨与都督源子邕等讨平之。武泰初，蛮帅李洪扇动诸落，伊阙已东，至于巩县，多被烧劫。诏神轨为都督，破平之。尔朱荣之向洛也，复为大都督，率众御之。出至河桥，值北中不守，遂便退还。寻与百官候驾于河阴，仍遇害焉。建义初，赠侍中、骠骑大将军、司空公、相州刺史，谥曰烈。"③

按：李神轨（？—528），顿丘（今河南濮阳）人。《魏书》有

---

① （北齐）魏收：《魏书》，中华书局1975年版，第2026页。
② （北魏）杨衒之撰，周祖谟校释：《洛阳伽蓝记校释》，中华书局2010年版，第16—17页。
③ （北齐）魏收：《魏书》，中华书局1975年版，第1475页。

传，较详，《洛阳伽蓝记》所载李神轨官职与正史相合。

18. 游肇

《洛阳伽蓝记·正始寺》："敬义里南有昭德里。里内有尚书仆射游肇、御史中尉李彪、七兵尚书崔休、幽州刺史常景、司农张伦等五宅。"①

《魏书·游肇传》："肇，字伯始，高祖赐名焉。幼为中书学生，博通经史及《苍》、《雅》、《林》说。高祖初，为内秘书侍御中散。司州初建，为都官从事，转通直郎、秘阁令，迁散骑侍郎、典命中大夫。车驾南伐，肇上表谏止，高祖不纳。寻迁太子中庶子。景明末，征为廷尉少卿，固辞，乃授黄门侍郎。迁散骑常侍，黄门如故。兼侍中，为畿内大使，黜陟善恶，赏罚分明。转太府卿，徙廷尉卿，兼御史中尉，黄门如故。肇，儒者，动存名教，直绳所举，莫非伤风败俗。持法仁平，断狱务于矜恕。尚书令高肇，世宗之舅，为百僚慑惮，以肇名与己同，欲令改易。肇以高祖所赐，秉志不许，高肇甚衔之。世宗嘉其刚梗……肃宗即位，迁中书令、光禄大夫，加金章紫绶，相州大中正。出为使持节，加散骑常侍、镇东将军、相州刺史，有惠政。征为太常卿，迁尚书右仆射，固辞，诏不许。肇于吏事，断决不速。主者谘呈，反覆论叙，有时不晓，至于再三，必穷其理，然后下笔；虽宠势干请，终无回挠。方正之操，时人服之。及领军元义之废灵太后，将害太傅、清河王怿，乃集公卿会议其事。于时群官莫不失色顺旨，肇独抗言以为不可，终不下署。正光元年八月卒，年六十九。诏给东园秘器、朝服一袭，赠帛七百匹。肃宗举哀于朝堂。赠使持节、散骑常侍、骠骑大将军、仪同三司、冀州刺史，谥文贞公。"②

---

① （北魏）杨衒之撰，周祖谟校释：《洛阳伽蓝记校释》，中华书局2010年版，第73—74页。
② （北齐）魏收：《魏书》，中华书局1975年版，第1215—1218页。

按：游肇（452—520），字伯始，广平任人。《魏书》所载游肇甚详，《洛阳伽蓝记》所载与《魏书》相合。

19. 李彪

《洛阳伽蓝记·序》："次北曰承明门。承明者，高祖所立，当金墉城前东西大道。迁京之始，宫阙未就，高祖住在金墉城，城西有王南寺，高祖数诣寺（与）沙门论义，故通此门，而未有名，世人谓之'新门'。时王公卿士常迎驾于新门，高祖谓御史中尉李彪曰：'曹植《诗》云：谒帝承明庐。此门宜以"承明"为称。'遂名之。"①

《洛阳伽蓝记·正始寺》："敬义里南有昭德里。里内有尚书仆射游肇、御史中尉李彪、七兵尚书崔休、幽州刺史常景、司农张伦等五宅。"②

《洛阳伽蓝记·正觉寺》："御史中尉李彪曰：'沽酒老妪瓮注瓨，屠儿割肉与秤同。'尚书左丞甄琛曰：'吴人浮水自云工，妓儿掷绳在虚空。'彭城王勰曰：'臣始解此字是习字。'高祖即以金钟赐彪。朝廷服彪聪明有智，甄琛和之亦速。"③

《魏书·李彪传》："李彪，字道固，顿丘卫国人，高祖赐名焉。家世寒微。少孤贫，有大志，笃学不倦。初受业于长乐监伯阳，伯阳称美之。晚与渔阳高悦、北平阳尼等将隐于名山，不果而罢。悦兄闾，博学高才，家富典籍，彪遂于悦家手抄口诵，不暇寝食。既而还乡里。平原王叡年将弱冠，雅有志业，娶东徐州刺史博陵崔鉴女，路由冀相，闻彪名而诣之，修师友之礼，称之于郡，遂举孝廉。

---

① （北魏）杨衒之撰，周祖谟校释：《洛阳伽蓝记校释》，中华书局2010年版，第30—31页。
② （北魏）杨衒之撰，周祖谟校释：《洛阳伽蓝记校释》，中华书局2010年版，第73—74页。
③ （北魏）杨衒之撰，周祖谟校释：《洛阳伽蓝记校释》，中华书局2010年版，第110—111页。

至京师，馆而受业焉。高闾称之于朝贵，李冲礼之甚厚，彪深宗附。高祖初，为中书教学博士，后假员外散骑常侍、建威将军、卫国子，使于萧赜。迁秘书丞，参著作事。自成帝以来至于太和，崔浩、高允著述《国书》，编年序录，为《春秋》之体，遗落时事，三无一存。彪与秘书令高祐始奏从迁固之体，创为纪传表志之目焉。……彪稍见礼遇，加中垒将军。……其年，加员外散骑常侍，使于萧赜。赜遣其主客郎刘绘接对，并设燕乐。……后车驾南征，假彪冠军将军、东道副将，寻假征虏将军。车驾还京，迁御史中尉，领著作郎。彪既为高祖所宠，性又刚直，遂多所劾纠，远近畏之，豪右屏气。……诏彪兼通直散骑常侍，行汾州事，非彪好也，固请不行，有司切遣之。会遘疾累旬，景明二年秋，卒于洛阳，年五十八。"①

按：李彪（544—501），字道固，顿丘卫国人。《魏书》有《李彪传》，事迹甚详，李彪经学之士，博学宏才，《洛阳伽蓝记》所载三条，可与正史相参，一可补正史材料，二可见李彪之博学，《洛阳伽蓝记》所载有关李彪掌故，可见当时历史之情境。三条所记，亦可彰显《洛阳伽蓝记》之文学性。

20. 崔休

《洛阳伽蓝记·正始寺》："敬义里南有昭德里。里内有尚书仆射游肇、御史中尉李彪、七兵尚书崔休、幽州刺史常景、司农张伦等五宅。"②

《魏书·崔休传》："崔休，字惠盛，清河人。……休少孤贫，矫然自立。举秀才，入京师，与中书郎宋弁、通直郎邢峦雅相知友。尚书王嶷钦其人望，为长子娉休姊，赠以货财，由是少振。高祖纳休妹为嫔，以为尚书主客郎。转通直正员郎，兼给事黄门侍

---

① （北齐）魏收：《魏书》，中华书局1975年版，第1381—1398页。
② （北魏）杨衒之撰，周祖谟校释：《洛阳伽蓝记校释》，中华书局2010年版，第73—74页。

郎。……入为吏部郎中，迁散骑常侍，权兼选任。休爱才好士，多所拔擢。广平王怀数引谈宴，世宗责其与诸王交游，免官。后除龙骧将军、洛州刺史。在州数年，以母老辞州，许之。寻行幽州事，征拜司徒右长史。休聪明强济，雅善断决，幕府多事，辞讼盈几，剖判若流，殊无疑滞，加之公平清洁，甚得时谈。复除吏部郎中，加征虏将军、冀州大中正。迁光禄大夫，行河南尹。肃宗初，即真，加平东将军。寻除平北将军、幽州刺史，进号安北将军。迁安东将军、青州刺史。青州九郡民单攦、李伯徽、刘通等一千人，上书讼休德政，灵太后善之。休在幽青州五六年，皆清白爱民，甚著声绩，二州怀其德泽，百姓追思之。征为安南将军、度支尚书，寻进号抚军将军、七兵尚书，又转殿中尚书。休久在台阁，明习典礼，每朝廷疑议，咸取正焉。诸公咸相谓曰：'崔尚书下意处，我不能异也。'正光四年卒，年五十二。赠帛五百匹，赠车骑将军、尚书仆射、冀州刺史，谥文贞侯。"①

按：崔休（472—523）字惠盛，清河（今山东武城）人。其事迹，周祖谟《校释》考析甚详，云："'七部尚书'，原作'兵部尚书'，《逸史》本作'七兵书'。《大典》引及《河南志》作'七兵尚书'，是也。今据改。又'休'各本误作'林'，今依《河南志》及《魏书》卷六十九休传改。"周注考析甚确，《魏书》所云"七兵尚书"，正可证周说为是。

21. 常景

《洛阳伽蓝记·永宁寺》："是以常景碑云：'须弥宝殿，兜率净宫，莫尚于斯'也。"②

《洛阳伽蓝记·永宁寺》："诏中书舍人常景为寺碑文。景字永

---

① （北齐）魏收：《魏书》，中华书局1975年版，第1525—1526页。
② （北魏）杨衒之撰，周祖谟校释：《洛阳伽蓝记校释》，中华书局2010年版，第73—74页。

昌，河内人也。敏学博通，知名海内。太和十九年，为高祖所器，拔为律学博士，刑法疑狱，多访于景。正始初，诏刊律令，永作通式，敕景共治书侍御史高僧裕、羽林监王元龟、尚书郎祖莹、员外散骑侍郎李琰之等，撰集其事。又诏太师彭城王勰、青州刺史刘芳，入预其议。景讨正科条，商榷古今，甚有伦序，见行于世，今律二十篇是也。又共芳造洛阳宫殿门阁之名，经途里邑之号。出除长安令，时人比之潘岳。其后历位中书舍人，黄门侍郎，秘书监，幽州刺史，仪同三司。学徒以为荣焉。景入参近侍，出为侯牧，居室贫俭，事等农家，唯有经史，盈车满架。所著文集，数百余篇，给事中封旿伯作序行于世。"①

《洛阳伽蓝记·正始寺》："敬义里南有昭德里。里内有尚书仆射游肇、御史中尉李彪、七兵尚书崔休、幽州刺史常景、司农张伦等五宅。"②

《洛阳伽蓝记·龙华寺》："神龟中，常景为《汭颂》……"③

《洛阳伽蓝记·龙华寺》："正光元年，蠕蠕主郁久闾阿那肱来朝，执事者莫知所处，中书舍人常景议云：'咸宁中单于来朝，晋世处之王公特进之下。可班郁肱蕃王仪同之间。'朝廷从其议。"④

《魏书·常景传》："常景，字永昌，河内人也。父文通，天水太守。景少聪敏，初读《论语》、《毛诗》，一受便览。及长，有才思，雅好文章。廷尉公孙良举为律博士，高祖亲得其名，既而用之。后为门下录事、太常博士。正始初，诏尚书、门下于金墉中书外省考论律令，敕景参议。……景淹滞门下，积岁不至显官，以蜀司马相如、王褒、严君平、扬子云等四贤，皆有高才而无重位，乃托意以赞之。……景在枢密十有余年，为侍中崔光、卢昶、游肇、元晖尤

---

① （北魏）杨衒之撰，周祖谟校释：《洛阳伽蓝记校释》，中华书局2010年版，第9—10页。
② （北魏）杨衒之撰，周祖谟校释：《洛阳伽蓝记校释》，中华书局2010年版，第73—74页。
③ （北魏）杨衒之撰，周祖谟校释：《洛阳伽蓝记校释》，中华书局2010年版，第113页。
④ （北魏）杨衒之撰，周祖谟校释：《洛阳伽蓝记校释》，中华书局2010年版，第116页。

所知赏。累迁积射将军、给事中。延昌初，东宫建，兼太子屯骑校尉，录事皆如故。其年受敕撰门下诏书，凡四十卷。尚书元苌出为安西将军、雍州刺史，请景为司马，以景阶次不及，除录事参军、襄威将军，带长安令。甚有惠政，民吏称之。……是年九月，蠕蠕主阿那瑰归阙，朝廷疑其位次。高阳王雍访景，景曰：'昔咸宁中，南单于来朝，晋世处之王公、特进之下。今日为班，宜在蕃王、仪同三司之间。'雍从之。朝廷典章，疑而不决，则时访景而行。初，平齐之后，光禄大夫高聪徙于北京，中书监高允为之娉妻，给其资宅。聪后为允立碑，每云：'吾以此文报德，足矣。'豫州刺史常绰以未尽其美。景尚允才器，先为《遗德颂》，司徒崔光闻而观之，寻味良久，乃云：'高光禄平日每矜其文，自许报允之德，今见常生此《颂》，高氏不得独擅其美也。'侍中崔光、安丰王延明受诏议定服章，敕景参修其事。寻进号冠军将军。阿那瑰之还国也，境上迁延，仍陈窘乏。遣尚书左丞元孚奉诏振恤，阿那瑰执孚过柔玄，奔于漠北。遣尚书令李崇、御史中尉兼右仆射元纂追讨，不及。乃令景出塞，经瓫山，临瀚海，宣敕勒众而返。景经涉山水，怅然怀古，乃拟刘琨《扶风歌》十二首。进号征虏将军。孝昌初，兼给事黄门侍郎。寻除左将军、太府少卿，仍舍人。固辞少卿不拜，改授散骑常侍，将军如故。徐州刺史元法僧叛入萧衍，衍遣其豫章王萧综入据彭城。时安丰王延明为大都督、大行台，率临淮王彧等众军讨之。既而萧综降附，徐州清复，遣景兼尚书，持节驰与行台、都督观机部分。景经洛汭，乃作铭焉。是时，尚书令萧宝夤，都督崔延伯，都督、北海王颢，都督、车骑将军元恒芝等并各出讨，诏景诣军宣旨劳问。还，以本将军授徐州刺史……永安初，诏复本官，兼黄门侍郎，又摄著作，固辞不就。二年，除中军将军、正黄门。先是，参议《正光壬子历》，至是赐爵高阳子。元颢内逼，庄帝北巡，景与侍中、大司马、安丰王延明在禁中召诸亲宾，安慰京师。颢入洛，

193

景仍居本位。庄帝还宫，解黄门。普泰初，除车骑将军、右光禄大夫、秘书监。以预诏命之勤，封濮阳县子。后以例追。永熙二年，监议事。景所著述数百篇，见行于世，删正晋司空张华《博物志》及撰《儒林》、《列女传》各数十篇云。"①

按：常景（？—550），字永昌，河内（今河南温县）人。生平见《魏书》卷八十二、《北史》卷四十二，甚详。《洛阳伽蓝记》所载常景有五处，较此书载其他人物为详。常景博学之士，《洛阳伽蓝记》所载诸条，如常景所赋颂词，史传无载，可补正史。另严可均辑《全后魏文》时，常景的《洛桥铭》即来自《洛阳伽蓝记》所载《汭颂》，另《永宁寺》条常景《碑》云："须弥宝殿，兜率净宫，莫尚于斯"，严氏漏辑，足见《洛阳伽蓝记》保存北魏文献的功绩。《洛阳伽蓝记》所载常景生平及著述与正史相合相应。所载"正光元年，蠕蠕主郁久闾阿那肱来朝"事，亦见于正史。

22. 张伦

《洛阳伽蓝记·正始寺》："敬义里南有昭德里。里内有尚书仆射游肇、御史中尉李彪、七兵尚书崔休、幽州刺史常景、司农张伦等五宅。"②

《魏书·张衮传》："（张）伦，字天念。年十余岁，入侍左右。稍迁护军长史、员外常侍，转大司农少卿、燕州大中正。熙平中，蠕蠕主丑奴遣使来朝，抗敌国之书，不修臣敬。朝议将依汉答匈奴故事，遣使报之。……出为后将军、肆州刺史。还朝，除燕州大中正。孝庄初，迁太常少卿，不拜，转大司农卿。卒官。"③

按：张伦，字天念，上谷沮阳人。《魏书》有张伦传，《洛阳伽蓝记》所载官职与《魏书》相合。

---

① （北齐）魏收：《魏书》，中华书局1975年版，第1800—1808页。
② （北魏）杨衒之撰，周祖谟校释：《洛阳伽蓝记校释》，中华书局2010年版，第73—74页。
③ （北齐）魏收：《魏书》，中华书局1975年版，第9页。

## 23. 李琰之

《洛阳伽蓝记·永宁寺》："敕景共治书侍御史高僧裕、羽林监王元龟、尚书郎祖莹、员外散骑侍郎李琰之等,撰集其事。"①

《魏书·李琰之传》："李琰之,字景珍,小字默蠡,陇西狄道人,司空韶之族弟。……寻为侍中李彪启兼著作郎,修撰国史。稍迁国子博士,领尚书仪曹郎中,转中书侍郎、司农少卿、黄门郎,修国史。迁国子祭酒,转秘书监、兼七兵尚书。迁太常卿。孝庄初,太尉元天穆北讨葛荣,以琰之兼御史中尉,为北道军司。还,除征东将军,仍兼太常。……出为卫将军、荆州刺史。顷之,兼尚书左仆射、三荆二郢大行台。寻加散骑常侍。琰之虽以儒素自业,而每语人言"吾家世将种",自云犹有关西风气。及至州后,大好射猎,以示威武。尔朱兆入洛,南阳太守赵修延以琰之庄帝外戚,诬琰之规奔萧衍,袭州城,遂被囚执,修延仍自行州事。城内人斩修延,还推琰之厘州任。出帝初,征兼侍中、车骑大将军、左光禄大夫、仪同三司。永熙二年薨。赠侍中、骠骑大将军、司徒公、雍州刺史,谥曰文简。"②

按:李琰之(?—533),字景珍,小字默蠡,陇西狄道(今甘肃省临洮县)人。《魏书》有传,所载较详,《洛阳伽蓝记》所载与诸史相合,可为佐证。

## 24. 李韶

《洛阳伽蓝记·秦太上君寺》："在东阳门外二里御道北,所谓晖文里。里内有太保崔光、太傅李延寔、冀州刺史李韶、秘书监郑道昭等四宅。并丰堂崛起,高门洞开。赵逸云:'晖文里是晋马道里,延寔宅是蜀主刘禅宅,延寔宅东有修和宅,是吴主孙皓宅,李

---

① (北魏)杨衒之撰,周祖谟校释:《洛阳伽蓝记校释》,中华书局2010年版,第73—74页。
② (北齐)魏收:《魏书》,中华书局1975年版,第1797—1798页。

韶宅是晋司空张华宅。'"①

《魏书·李韶传》："（李）韶，字元伯，学涉，有器量。与弟彦、虔、蕤并为高祖赐名焉。韶又为季父冲所知重。延兴中，补中书学生。袭爵姑臧侯，除仪曹令。时修改车服及羽仪制度，皆令韶典焉。迁给事黄门侍郎。后例降侯为伯。兼大鸿胪卿，黄门如故。肃宗初，入为殿中尚书，行雍州事。后除中军大将军、吏部尚书，加散骑常侍。韶在选曹，不能平心守正，通容而已，议者贬之。出为冀州刺史。清简爱民，甚收名誉，政绩之美，声冠当时。肃宗嘉之，就加散骑常侍。迁车骑大将军，赐剑佩、貂蝉各一具，骅骝马一匹，并衣服寝具。韶以年及悬车，抗表逊位。优旨不许。转定州刺史，常侍如故。及赴中山，冀州父老皆送出西境，相聚而泣。二州境既连接，百姓素闻风德，州内大治。正光五年四月，卒于官，年七十二。诏赠帛七百匹，赠侍中、持节、散骑常侍、车骑大将军、司空公、雍州刺史，谥曰文恭。既葬之后，有冀州兵千余人戍于荆州，还经韶墓，相率培冢，数日方归。其遗爱如此。初，韶克定秦陇，永安中追封安城县开国伯，邑四百户。"②

按：周《校释》注云，"'韶'原作'诏'，《大典》同，《逸史》本空阙。按《河南志》作'韶'，今从之。《如隐》本下文作'韶'，不误。"周说考辨甚是。李韶（453—524），字元伯，陇西狄道（今甘肃省临洮县）人。《魏书》有传，甚详。《洛阳伽蓝记》所载李韶为冀州刺史，见于本传，与正史相合。《洛阳伽蓝记》又云"李韶宅是晋司空张华宅"，可据此知张华故居方位也。

25. 李澄

《洛阳伽蓝记·景兴尼寺》："步兵校尉李澄问曰：'太尉府前砖

---

① （北魏）杨衒之撰，周祖谟校释：《洛阳伽蓝记校释》，中华书局2010年版，第69页。
② （北齐）魏收：《魏书》，中华书局1975年版，第886—887页。

浮屠，行制甚古，犹未崩毁，未知早晚造？'"①

按：李澄，《太平广记》引作"李登"，李澄任步兵校尉，《魏书》无载，此可补史传之缺。

26. 李延寔

《洛阳伽蓝记·秦太上君寺》："在东阳门外二里御道北，所谓晖文里。里内有太保崔光、太傅李延寔、冀州刺史李韶、秘书监郑道昭等四宅。并丰堂崛起，高门洞开。赵逸云：晖文里是晋马道里，延寔宅是蜀主刘禅宅，延寔宅东有修和宅，是吴主孙皓宅，李韶宅是晋司空张华宅。"②

《魏书·李延寔传》："李延寔，字禧，陇西人，尚书仆射冲之长子。性温良，少为太子舍人。世宗初，袭父爵清泉县侯。累迁左将军、光州刺史，庄帝即位，以元舅之尊，超授侍中、太保，封濮阳郡王。延寔以太保犯祖讳，又以王爵非庶姓所宜，抗表固辞。徒封濮阳郡公，改授太傅。寻转司徒公，出为使持节、侍中、太傅、录尚书事、青州刺史。尔朱兆入洛，乘舆幽絷，以延实外戚，见害于州馆。出帝初，归葬洛阳。赠使持节、侍中、太师、太尉公、录尚书事、都督、雍州刺史、谥曰孝懿。"③

按：李延寔（？—528），字禧，陇西人（今属甘肃），孝庄帝舅。《洛阳伽蓝记》载其为太傅，与正史所载官职相同。且言其宅在晖文里，可补正史之阙。

27. 邢子才

《洛阳伽蓝记·平等寺》："黄门侍郎邢子才为赦文，叙述庄帝枉杀太原王之状。"④

《洛阳伽蓝记·景明寺》："是以邢子才《碑文》云'俯闻激电，

---

① （北魏）杨衒之撰，周祖谟校释：《洛阳伽蓝记校释》，中华书局2010年版，第66页。
② （北魏）杨衒之撰，周祖谟校释：《洛阳伽蓝记校释》，中华书局2010年版，第69页。
③ （北齐）魏收：《魏书》，中华书局1975年版，第1836—1837页。
④ （北魏）杨衒之撰，周祖谟校释：《洛阳伽蓝记校释》，中华书局2010年版，第85页。

旁属奔星',是也。"①

《洛阳伽蓝记·景明寺》："至永熙年中始诏国子祭酒邢子才为寺碑文。子才,河间人也。志性通敏,风情雅润,下帷覃思,温故知新。文宗学府,腾班马而孤上,英规胜范,凌许郭而独高。是以衣冠之士,辐辏其门,怀道之宾,去来满室。升其堂者,若登孔氏之门;沾其赏者,犹听东吴之句。藉甚当时,声驰遐迩。正光末,解褐为世宗挽郎,奉朝请。寻进中书侍郎、黄门［侍郎］。子才洽闻博见,无所不通,军国制度,罔不访及。自王室不靖,虎门业废。后迁国子祭酒,谟训上庠。子才罚惰赏勤,专心劝诱,青领之生,竞怀雅术。洙泗之风,兹焉复盛。永熙年末,以母老辞,帝不许之。子才恪请,辞情恳至,涕泪俱下,帝乃许之。诏以光禄大夫归养私庭,所在之处,给事力五人,岁一入朝,以备顾问。王侯祖道,若汉朝之送二疏。暨皇居徙邺,民讼殷繁,前革后沿,自相与夺,法吏疑狱,簿领成山,乃敕子才与散骑常侍温子升撰《麟趾新制》十五篇。省府以之决疑,州郡用为治本。武定中,除骠骑大将军、西兖州刺史。为政清静,吏民安之。后征为中书令。时戎马在郊,朝廷多事,国礼朝仪,咸自子才出。所制诗赋诏策章表碑颂赞记五百篇,皆传于世。邻国钦其模楷,朝野以为美谈也。"②

《北齐书·邢邵传》："邢邵,字子才。河间鄚人,魏太常贞之后。父虬,魏光禄卿。邵小字吉,少时有避,遂不行名。……释巾为魏宣武挽郎,除奉朝请,迁著作佐郎。深为领军元叉所礼,叉新除尚书令。……永安初,累迁中书侍郎,所作诏诰,文体宏丽。及尔朱荣入洛,京师扰乱,邵与弘农杨愔避地嵩高山。普泰中,兼给

---

① （北魏）杨衒之撰,周祖谟校释:《洛阳伽蓝记校释》,中华书局 2010 年版,第 98 页。
② （北魏）杨衒之撰,周祖谟校释:《洛阳伽蓝记校释》,中华书局 2010 年版,第 99—102 页。

事黄门侍郎，寻为散骑常侍。太昌初，敕令恒直内省，给御食，令覆按尚书门下事，凡除大官，先问其可否，然后施行。除卫将军、国子祭酒。……及卒，人士为之伤心，痛悼虽甚，竟不再哭，宾客吊慰，抆泪而已。其高情达识，开遣滞累，东门吴以还，所未有也。有集三十卷，见行于世。"①

按：邢邵（496—561?），字子才。河间鄚（今河北任丘北）人。名邵，因避彭城王劭嫌名，以字行。《北齐书》云邢邵为黄门侍郎，与《洛阳伽蓝记》所载相合，其事迹可补正史。

28. 邢峦

《洛阳伽蓝记·景林寺》："里中〔有〕太傅录尚书〔事〕长孙稚、尚书右仆射郭祚、吏部尚书邢峦、廷尉卿元洪超、卫尉卿许伯桃、凉州刺史尉成兴等六宅。皆高门华屋，斋馆敞丽，楸槐荫途，桐杨夹植，当世名为贵里。掘此地者，辄得金玉宝玩之物。时邢鸾家常掘得丹砂，及钱数十万，铭云：'董太师之物。'后梦卓夜中随峦索此物，峦不与之，经年峦遂卒矣。"②

《魏书·邢峦传》："邢峦，字洪宾，河间鄚人也。……州郡表贡，拜中书博士，迁员外散骑侍郎，为高祖所知赏。兼员外散骑常侍，使于萧赜，还。拜通直郎，转中书侍郎，甚见顾遇，常参座席。……迁殿中尚书，加抚军将军。延昌三年，暴疾卒，年五十一。"③

按：邢峦（464—514），字洪宾，河间鄚（今河北任丘北）人。邢峦，如隐堂诸本作"邢鸾"。周祖谟《校释》云："案《金石录》目录二有《后魏车骑大将军邢峦碑》，延昌三年十月立。其《跋尾》十一称'碑云：峦字山宾，而史作洪宾。'然则以作峦为是。今据改。"《洛阳伽蓝记》所载可补正史。

---

① （唐）李百药：《北齐书》，中华书局 1972 年版，第 475—479 页。
② （北魏）杨衒之撰，周祖谟校释：《洛阳伽蓝记校释》，中华书局 2010 年版，第 47—48 页。
③ （北齐）魏收：《魏书》，中华书局 1975 年版，第 1437—1477 页。

## 29. 孟仲晖

《洛阳伽蓝记·永明寺》:"时有奉朝请孟仲晖者,武威人也。父宾,金城太守。晖志性聪明,学兼释氏,四谛之义,穷其旨归。恒来造第,与沙门论议,时号为'玄宗先生'。晖遂造人中夹纻像一躯,相好端严,希世所有。置皓前厅,须臾弥宾坐。永安二年中,此像每夜行绕其坐,四面脚迹,隐地成文。于是士庶异之,咸来观瞩。由是发心者,亦复无量。永熙三年秋,忽然自去,莫知所之。其年冬,而京师迁邺。武定五年,晖为洛州开府长史,重加采访,寥无影迹。"①

按:孟仲晖,武威(今属甘肃)人。正史无记载。范祥雍《校注》认为"《新唐书》五十八《艺文志》有孟仲晖《七贤传》七卷,与此孟仲晖殆是一人"。考《旧唐书·经籍志上》有《七贤传》七卷,孟仲晖撰,列萧梁阮孝绪《高隐传》之后,北齐刘昼《高才不遇传》之前。而《新唐书·艺文志二》则列于东晋戴逵《竹林七贤论》之后。结合《洛阳伽蓝记》著书时代,范先生的推论不误。

## 30. 长孙稚

《洛阳伽蓝记·永宁寺》:"永熙三年二月,浮图为火所烧。帝登凌云台望火,遣南阳王宝炬、录尚书[事]长孙稚将羽林一千救赴火所,莫不悲惜,垂泪而去。"②

《洛阳伽蓝记·修梵寺》:"里中[有]太傅录尚书[事]长孙稚、尚书右仆射郭祚、吏部尚书邢峦、廷尉卿元洪超、卫尉卿许伯桃、凉州刺史尉成兴等六宅,皆高门华屋,斋馆敞丽,楸槐荫途,桐杨夹植,当世名为贵里。"③

---

① (北魏)杨衒之撰,周祖谟校释:《洛阳伽蓝记校释》,中华书局2010年版,第161—162页。
② (北魏)杨衒之撰,周祖谟校释:《洛阳伽蓝记校释》,中华书局2010年版,第31页。
③ (北魏)杨衒之撰,周祖谟校释:《洛阳伽蓝记校释》,中华书局2010年版,第47—48页。

《魏书·长孙稚传》:"(长孙)冀归,六岁袭爵,降为公。高祖以其幼承家业,赐名稚,字承业。稚聪敏有才艺,虚心爱士。为前将军,从高祖南讨,授七兵尚书、太常卿、右将军。世宗时,侯刚子渊,稚之女婿。刚为元叉所厚,故稚骤得转进。出为抚军大将军,领扬州刺史,假镇南大将军,都督淮南诸军事。……庄帝初,封上党王,寻改冯翊王,后降为郡公。迁司徒公,加侍中、兼尚书令、大行台,仍镇长安。前废帝立,迁太尉公,录尚书事。及韩陵之败,斛斯椿先据河桥,谋诛尔朱。使稚入洛,启帝诛世隆兄弟之意。出帝初,转太傅,录尚书事。以定策功,更封开国子。……出帝入关,稚时镇虎牢,亦随赴长安。"①

按:长孙稚(?—535),原名冀归,字承业。孝文帝赐名稚,代人。长孙稚,如隐堂本作"椎",殆形近致讹。《魏书》有长孙稚传,录尚书事亦见于史书中,此可与正史参看。

31. 侯刚

《洛阳伽蓝记·法云寺》:"景明中比丘道恒立灵仙寺于其上。台西有河阳县,台东有侍中侯刚宅。"②

《魏书·恩幸传》:"侯刚,字乾之,河南洛阳人,其先代人也。本出寒微,少以善于鼎俎。进饪出入。久之,拜中散,累迁冗从仆射、尝食典御。世宗以其质直,赐名刚焉。稍迁奉车都尉、右中郎将、领刀剑左右,加游击将军、城门校尉。迁武卫将军,仍领典御,又加通直散骑常侍。诏曰:'太和之季,蚁寇侵疆,先皇于不豫之中,命师出讨。抚戎暴露,触御乖和,朕属当监国,弗获随侍,而左右服事,唯藉忠勤。刚于违和之中,辛勤行饪。追远录诚,宜先推叙。其以刚为右卫大将军。'后领太子中庶子。……刚自太和进食,遂为典御,历两都、三帝、二太后,将三十年,至此始解。未

---

① (北齐)魏收:《魏书》,中华书局1975年版,第647—649页。
② (北魏)杨衒之撰,周祖谟校释:《洛阳伽蓝记校释》,中华书局2010年版,第141页。

几,加散骑常侍。御史中尉元匡之废也,太后访代匡者,刚为太傅、清河王怿所举,遂除车骑将军,领御史中尉,常侍、卫尉如故。及领军元叉执政擅权,树结亲党,刚长子,叉之妹夫,乃引刚为侍中、左卫将军,还领尚食典御,以为枝援。俄加车骑大将军、领左右,复前削之封。寻加仪同,复领御史中尉。刚启军旅稍兴,国用不足,求以封邑俸粟赈给征人,肃宗许之。孝昌元年,除领军,余官如故。初元叉之解领军也,灵太后以叉腹心尚多,恐难卒制,故权以刚代之,示安其意。寻出为散骑常侍、冀州刺史、将军、仪同三司。……刚终于家。永安中,赠司徒公。"①

《魏故侍中使持节都督冀州诸军事车骑大将军仪同三司冀州刺史武阳县开国公侯君之墓志》:"公讳刚,字乾之,上谷居庸人也。其先大司徒霸,出屏桐川,入厘百揆,开谋世祖,道被东汉。高祖魏昌公相州刺史,经始王业,勋隆佐命。曾祖江阳侯并州刺史,秉文誓武,有声关陇。祖镇南平原镇将,世号御侮,功著淮济。父内小,以儒雅稽古,清韵夷放。数君皆弈叶忠孝,北京民誉也。爰逮于公,庆余藉甚,贞和简粹,本乎其性,少私寡欲,不修自远。太和五年,文明太后调为内小,季年从驾襄沔,以军功转虎威将军冗从仆射,尝食典御。世宗即位,除奉车都尉,累迁至武卫将军通直常侍。延昌元年,进右卫将军。及春宫始建,选尽时良,仍以本官领太子中庶子。四年,散骑常侍卫尉卿,寻加抚军将军侍中卫将军本州大中正。初先帝晏驾,天造唯始,紫宫连艮,承华习坎。公乃保迎东储,克济屯否,故启国武阳,食我千室,封当其功,礼也。神龟二年,迁车骑将军御史中尉。密网初结,有触即离,霜风暂吹,所加必偃。蕃收庶政,婪心斯绝。京师权豪,即不垂手。三年,复入居常伯,还领禁戎,王言克谐,军政缉穆。正光初,加车骑大将军。三年,仪同三司。四年五月,总兼宪职。九月,复拜御史中尉,余官如故。

---

① (北齐) 魏收:《魏书》,中华书局1975年版,第2004—2006页。

于时朝政颇宽，贪欲滋竞，迩及四方，苦音切路。公平生好善，独憎耶暴，及绳简所施，事多贵戚。是以骢传告清，绣衣渐歇，四五年间，民称更治。初以暮年多病，频上表，求解侍中中尉。每答不许。六年正月，复拜领军将军加侍中，车骑仪同中尉如故。四月，改授使持节散骑常侍都督冀州诸军事本将军冀州刺史，仪同开国如故，给班剑廿人。行达汲郡，敕令还京。公确焉平直，不以贵贱改心；湛然纯一，不以显晦易行。至有怀假，常危坐独思，不交宾客，门庐希简，不异凡舍。朝廷之士，亦无造请。家臣外戚，自非吉凶吊庆，动径岁序，莫觌其面。常论臣子之急，以忠孝为心，清慎为体，曾不以荣利关言，产业经意，所可自得者，守一而已。方当增命九锡，分风二陕，毗升平之逸化，陪宗山之盛礼。而天不慭遗，岩颓奄及，春秋六十有一，以魏孝昌二年岁次鹑火三月庚子朔十一日庚戌寝疾薨于洛阳中练里第。越十月丁卯朔十八日甲申葬于马鞍山之阳。若夫沸腾易川，岸谷变位，缣竹炳于俄顷，金石载于永久，故铭泉刊德，以照不朽。其词曰：启胄燕河，世振其芳，派彼清流，胤此岳方。经周纬汉，绰有余光，始云其美，终然允臧。德祖承祀，下武唯新，驱车出卫，推毂入秦。功济平俗，建等茂亲，令问不已，实显伊人。公既诞载，实隆家国，撝谦不伐，怀明如默。情有余款，心无诡或，展如斯人，四方之则。入宣戎政，出倍銮翼，再敷王言，三治宪职。豺狼斯道，两观俱息，民咏史鱼，朝称司直。巍如岳峻，湛若川平，当官正色，在法斯明。简绳一举，远震迩惊，有威必服，在感忘生。眷惟昔宠，礼茂明朝，穆穆承华，炫炫金貂，三槐绮植，九棘连霄。为山始覆，前路尚遥，毁梯税驾，顿我神镳。我将祖奠，言徂西皋，楚楚酸绋，迟迟篸柳。生灭相寻，谁无谁有，一随川逝，方从地久。孝昌二年十月十八日侍御史谯郡戴智深文。"①

按：侯刚（466—526），字乾之，《魏书》言其河南洛阳人，而

---

① 赵超：《汉魏南北朝墓志汇编》，天津古籍出版社2008年版，第188—190页。

其《墓志》则曰"上谷居庸（今属北京市）人"，当以墓志为确。据其墓志"春秋六十有一，以魏孝昌二年岁次鹑火三月庚子朔十一日庚戌寝疾薨于洛阳中练里第"，可推算其生卒年。《洛阳伽蓝记》称其为"侍中"，与《魏书》《北史》及其《墓志》所载相符。

32. 段晖

《洛阳伽蓝记·昭仪尼寺》："寺南有宜寿里，内有苞信县令段晖宅。"①

按：段晖，如隐堂本作"叚"，绿君亭本、吴《集证》本作"段"，是。段晖，苞信县（今河南息县东北）令。范祥雍《校注》曰："周延年注：'晖字长祚，武威姑臧人，见《魏书》。'按段长祚为段承根之父，先仕西秦，后归魏，因欲南奔，为魏世祖太武帝（拓跋焘）所杀，见《魏书·段承根传》。不闻其曾任苞信县令。且其死时，离魏徙都洛阳时尚远，亦不当在洛阳有住宅；又当时奉佛尚未盛行，太武帝且严禁废止，更不可能有舍宅作寺事。因之，此段晖当另有其人，与段长祚不涉，周氏说误。"范说有据，当从。

33. 胡孝世

《洛阳伽蓝记·永宁寺》："衒之尝与河南尹胡孝世共登之，下临云雨，信哉不虚！"②

按："胡孝世"，吴《集证》本作"胡世孝"。《洛阳伽蓝记》中和杨衒之有交往记录的当推胡孝世，其官至河南尹，正史无载，此可补史传之缺。

34. 原士康

《洛阳伽蓝记·高阳王寺》："美人徐月华，善弹箜篌，能为《明妃出塞》之歌，闻者莫不动容。永安中，与卫将军原士康为侧室，宅近青阳门。徐鼓箜篌而歌，哀声入云，行路听者，俄而成市。徐常语

---

① （北魏）杨衒之撰，周祖谟校释：《洛阳伽蓝记校释》，中华书局2010年版，第45页。
② （北魏）杨衒之撰，周祖谟校释：《洛阳伽蓝记校释》，中华书局2010年版，第11页。

士康曰：'王有二美姬，一名修容，一名艳姿，并蛾眉皓齿，洁貌倾城。脩容亦能为《绿水歌》，艳姿善《火凤舞》，并爱倾后室，宠冠诸姬。'士康闻此，遂常令徐鼓《绿水》、《火凤》之曲焉。"①

按：原士康为卫将军，《太平广记》"卫"作"荀"。"原"，绿君亭本、真意堂本作"源"。原士康，正史无载，此可补史传之阙。

35. 徐纥

《洛阳伽蓝记·景乐寺》："时胡氏专宠，皇宗怨望，入议者莫肯致言。唯黄门侍郎徐纥曰：'尔朱荣马邑小胡，人才凡鄙，不度德量力，长戟指阙，所谓穷辙拒轮，积薪候燎！今宿卫文武足得一战，但守河桥，观其意趣；荣悬军千里，兵老师弊，以逸待劳，破之必矣。'后然纥言，即遣都督李神轨、郑季明等，领众五千，镇河桥。"②

《洛阳伽蓝记·崇真寺》："时太后闻之，遣黄门侍郎徐纥依慧凝所说即访宝明等寺。"③

《洛阳伽蓝记·菩提寺》："沙门达多发冢取砖，得一人以进。时太后与明帝在华林都堂，以为妖异。谓黄门侍郎徐纥曰：'上古以来，颇有此事否？'纥曰：'昔魏时发冢，得霍光女婿范明友家奴，说汉朝废立，与史书相符，此不足为异也。'后令问其姓名，死来几年，何所饮食。"④

《魏书·恩幸传·徐纥传》："徐纥，字武伯，乐安博昌人也。家世寒微。纥少好学，有名理，颇以文词见称。察孝廉，对策上第，高祖拔为主书。世宗初，除中书舍人。谄附赵修，迁通直散骑侍郎。

---

① （北魏）杨衒之撰，周祖谟校释：《洛阳伽蓝记校释》，中华书局2010年版，第124页。
② （北魏）杨衒之撰，周祖谟校释：《洛阳伽蓝记校释》，中华书局2010年版，第16—17页。
③ （北魏）杨衒之撰，周祖谟校释：《洛阳伽蓝记校释》，中华书局2010年版，第62页。
④ （北魏）杨衒之撰，周祖谟校释：《洛阳伽蓝记校释》，中华书局2010年版，第119—120页。

及修诔,坐党徙罕。虽在徒役,志气不挠。故事,捉逃役流兵五人,流者听免,纥以此得还。久之,复除中书舍人。太傅、清河王怿又以文翰待之。及领军元叉之害怿也,出为雁门太守。纥称母老解郡还乡。至家未几,寻入洛,饰貌事叉,大得叉意。及叉父继西镇潼关,以纥为从事中郎。寻以母忧归乡里。灵太后反政,以纥曾为怿所顾待,复起为中书舍人。纥又曲事郑俨,是以特被信任,俄迁给事黄门侍郎,仍领舍人,总摄中书门下之事,军国诏命,莫不由之。时有急速,令数友执笔,或行或卧,人别占之,造次俱成,不失事理,虽无雅裁,亦可通情。时黄门侍郎太原王遵业、琅雅王诵并称文学,亦不免为纥秉笔,求其指授。寻加镇南将军、金紫光禄大夫,黄门、舍人如故……"①

按:徐纥,字武伯,乐安博昌(今山东广饶)人。《洛阳伽蓝记》所载徐纥官职为黄门侍郎,与《魏书》相同,所记徐纥事迹,可补正史。

36. 祖莹

《洛阳伽蓝记·永宁寺》:"正始初,诏刊律令,永作通式,敕景共治书侍御史高僧裕、羽林监王元龟、尚书郎祖莹、员外散骑侍郎李琰之等,撰集其事。"②

《洛阳伽蓝记·永宁寺》:"颢与庄帝书曰:'大道既隐,天下匪公。祸福不追,与能义绝。……'此黄门郎祖莹之词也。"③

《魏书·祖莹传》:"祖莹,字元珍,范阳遒人也。……再迁尚书三公郎。……为冀州镇东府长史,以货贿事发,除名。后侍中崔光举为国子博士,仍领尚书左户部。李崇为都督北讨,引莹为长吏。坐截没军资,除名。未几,为散骑侍郎。……累迁国子祭酒,领给

---

① (北齐)魏收:《魏书》,中华书局1975年版,第2007—2009页。
② (北魏)杨衒之撰,周祖谟校释:《洛阳伽蓝记校释》,中华书局2010年版,第9页。
③ (北魏)杨衒之撰,周祖谟校释:《洛阳伽蓝记校释》,中华书局2010年版,第20—23页。

事黄门侍郎，幽州大中正，监起居事，又监议事。元颢入洛，以莹为殿中尚书。庄帝还宫，坐为颢作诏罪状尔朱荣，免官。后除秘书监，中正如故。以参议律历，赐爵容城县子。坐事系于廷尉。前废帝迁车骑将军。……迁车骑大将军。及出帝登阼，莹以太常行礼，封文安县子。天平初，将迁邺，齐献武王因召莹议之。以功迁仪同三司，进爵为伯。薨，赠尚书左仆射、司徒公、冀州刺史。"①

温子昇《司徒祖莹墓志》："自天命生商，王居徙亳，源源愍远，枝叶繁华。祖德润于身，声高邦国；父行成于己，名重京师。公钟美多福，资神积善，器局闲灵，志识开悟，口含碧鸡之辨，手握雕龙之文，门有善业，家传庆灵。砺金成器，相遣满籝；琢玉为宝，待价联城。匪直也人，实惟有道，言折秋毫，辞连春藻。"②

按：祖莹（？—535），字元珍，范阳遒（今河北涞水县）人。《魏书》《北史》均有详细记载。《洛阳伽蓝记》所记祖莹之事，可与正史相参看。祖莹的《与庄帝书》，《魏书》和《北史》俱未采录，严可均的《全后魏文》祖莹下亦失收，具有很高的文献价值。

37. 荀勖

《洛阳伽蓝记·昭仪尼寺》："晖甚异之。遂掘光所，得金像一躯，可高三尺，并有二菩萨。趺坐上铭云：晋太始二年五月十五日侍中中书监荀勖造。晖遂舍宅为光明寺。时人咸云此是荀勖故宅。其后盗者欲窃此像，像与菩萨合声喝贼，盗者惊怖，应即殒倒。众僧闻像叫声，遂来捉得贼。"③

《晋书·荀勖传》："荀勖字公曾，颍川颍阴人……仕魏，辟大将军曹爽掾，迁中书通事郎。爽诛，门生故吏无敢往者，勖独临

---

① （北齐）魏收：《魏书》，中华书局 1975 年版，第 1798—1800 页。
② （唐）欧阳询：《艺文类聚》，上海古籍出版社 1999 年版，第 837 页。
③ （北魏）杨衒之撰，周祖谟校释：《洛阳伽蓝记校释》，中华书局 2010 年版，第 45—46 页。

赴，众乃从之。为安阳令，转骠骑从事中郎。勖有遗爱，安阳生为立祠。迁廷尉正，参文帝大将军军事，赐爵关内侯，转从事中郎，领记室。……太康十年卒，诏赠司徒，赐东园秘器、朝服一具、钱五十万、布百匹。遣兼御史持节护丧，谥曰成。"①

按：荀勖（？—289），字公曾，颍川颍阴（今河南许昌市）人。《洛阳伽蓝记》所载荀勖故宅不见于正史。且荀勖造佛像，可以窥见西晋佛教流传的情况，对研究西晋佛教史有重要的参考价值。此可补史传之阙。

38. 马僧相

《洛阳伽蓝记·禅虚寺》："有羽林马僧相善角觝戏，掷戟与百尺树齐等。虎贲张车渠，掷刀出楼一丈。帝亦观戏在楼，恒令二人对为角戏。"②

按：马僧相，《永乐大典》卷13824作"冯僧相"。正史无记载，可补史传之阙。

39. 马宪

《洛阳伽蓝记·明悬尼寺》："穀水周围绕城，至建春门外，东入阳渠石桥。桥有四石柱，在道南，铭云：'汉阳嘉四年将作大匠马宪造。'"③

按：《水经·穀水注》："谷水又东屈，南径建春门石桥下，即上东门也。……桥首建两石柱。桥之《右柱铭》云：阳嘉四年乙酉壬申，诏书以城下漕渠，东通河、济，南引江、淮，方贡委输，所由而至。使中谒者魏郡清渊马宪监作石桥梁柱，敦敕工匠尽要妙之巧。攒立重石，累高周距，桥工路博，流通万里云云。"《洛阳伽蓝记》谓马宪为将作大匠，《穀水注》称其为中谒者。据范祥雍《校注》

---

① （唐）房玄龄等：《晋书》，中华书局1974年版，第1152—1157页。
② （北魏）杨衒之撰，周祖谟校释：《洛阳伽蓝记校释》，中华书局2010年版，第165—166页。
③ （北魏）杨衒之撰，周祖谟校释：《洛阳伽蓝记校释》，中华书局2010年版，第55页。

考，当以《榖水注》为准。

40. 高僧裕

《洛阳伽蓝记·永宁寺》："正始初，诏刊律令，永作通式，敕景共治书侍御史高僧裕、羽林监王元龟、尚书郎祖莹、员外散骑侍郎李琰之等，撰集其事。"①

《魏书·高允传》："子绰，字僧裕。少孤，恭敏自立。身长八尺，腰带十围，沉雅有度量，博涉经史。太和十五年拜奉朝请、太尉法曹行参军，寻兼尚书祠部郎。以母忧去职。久之，除治书侍御史，转洛阳令。绰为政强直，不避豪贵，邑人惮之。又诏参议律令。迁长兼国子博士，行颍川郡事。诏假节，行泾州刺史。延昌初，迁尚书右丞，参议《壬子历》。肃宗初，司徒清河王怿司马、冠军，又随怿迁太尉司马。……俄行荥阳郡事，以本将军出除豫州刺史。为政清平，抑强扶弱，百姓爱之，流民归附者二千余户。迁后将军、并州刺史。正光三年冬，暴疾卒，年四十八。四年九月，诏赠安东将军、冀州刺史，谥曰简。"②

按：高绰（475—522），字僧裕，勃海（今属河北）人。据《魏书》"正光三年冬，暴疾卒，年四十八"，可推算其生卒年。《洛阳伽蓝记》载高僧裕为治书侍御史，官职与正史相符。

41. 高显略

《洛阳伽蓝记·大统寺》："大统寺，在景明寺西，即所谓利民里。寺南有三公令史高显略宅。"③

按：高显略，据范祥雍《校注》："张合校云：'案《寰宇记》作尚书高显业。'按《太平广记》三百九十一作高显洛，据下文则作洛为是，今从之。《酉阳杂俎》十《物异篇》作洛阳令史高显。"杨

---

① （北魏）杨衒之撰，周祖谟校释：《洛阳伽蓝记校释》，中华书局2010年版，第9页。
② （北齐）魏收：《魏书》，中华书局1975年版，第1090—1091页。
③ （北魏）杨衒之撰，周祖谟校释：《洛阳伽蓝记校释》，中华书局2010年版，第102页。

勇《校笺》亦从此说。而周祖谟《校释》则定为高显略。高显略，正史不载，此可补史传之缺。

42. 寇祖仁

《洛阳伽蓝记·宣忠寺》："及尔朱兆擒庄帝，徽投前洛阳令寇祖仁。祖仁一门刺史，皆是徽之将校，以有旧恩，故往投之。祖仁谓子弟等曰：'时闻尔朱兆募城阳王甚重，擒获者千户侯。今日富贵至矣！'遂斩送之。徽初投祖仁家，赍金一百斤、马五十匹，祖仁利其财货，故行此事。所得金马，总亲之内均分之。所谓'匹夫无罪，怀璧其罪'，信矣。兆得徽首，亦不勋赏祖仁。兆忽梦徽云：'我有黄金二百斤、马一百匹，在祖仁家，卿可取之。'兆悟觉，即自思量：城阳禄位隆重，未闻清贫，常自入其家采掠，本无金银，此梦或真。至晓掩祖仁，征其金马。祖仁谓人密告，望风款服，云实得金一百斤、马五十匹。兆疑其藏隐，依梦征之。祖仁诸房素有金三十斤，马三十匹，尽送致兆，犹不充数。兆乃发怒捉祖仁，悬首高树，大石坠足，鞭捶之以及于死。时人以为交报。"[1]

《魏书·寇讃传》："长子祖训，顺阳太守。祖训弟治，字祖礼。……治弟弥，兼尚书郎。为城阳王徽所亲待。永安末，徽避尔朱兆脱身南走，归命于弥。弥不纳，遣人加害，时论深责之。后没关西。"[2]

《魏书·城阳王元徽传》："及尔朱兆之入，禁卫奔散，庄帝步出云龙门。徽乘马奔度，帝频呼之，徽不顾而去。遂走山南，至故吏寇弥宅。弥外虽容纳，内不自安，乃怖徽云，官捕将至，令其避他所。使人于路邀害，送尸于尔朱兆。"[3]

按：《通鉴考异》卷七云："《魏书》作寇祢（今《魏书》'祢'

---

[1] （北魏）杨衒之撰，周祖谟校释：《洛阳伽蓝记校释》，中华书局2010年版，第131—132页。
[2] （北齐）魏收：《魏书》，中华书局1975年版，第948页。
[3] （北齐）魏收：《魏书》，中华书局1975年版，第512页。

作'弥'），按寇赞诸孙所字皆连祖字，或者名祢字祖仁。"周祖谟《校释》云："祖仁当是弥字。弥为寇臻子，寇赞孙。史称臻长子祖训，祖训弟治，字祖礼，治弟弥，则弥字祖仁无疑。"又云"《赞传》言弥兼尚书郎，不云为洛阳令。其兄治则洛阳令也"。可见《魏书》与《洛阳伽蓝记》有抵牾。另《魏书》云祖弥"后没关西"，并未云其为尔朱兆所杀，可见《洛阳伽蓝记》有考证的价值。

43. 尉成兴

《洛阳伽蓝记·修梵寺》："里中〔有〕太傅录尚书〔事〕长孙稚、尚书右仆射郭祚、吏部尚书邢峦、廷尉卿元洪超、卫尉卿许伯桃、凉州刺史尉成兴等六宅。"①

《魏书·尉古真传》："（尉）古真族玄孙聿，字成兴，性耿介。肃宗时，为武卫将军。是时，领军元叉秉权，百僚莫不致敬，而聿独长揖不拜。寻出为平西将军、东凉州刺史。凉州绯色，天下之最，叉送白绫二千匹，令聿染，拒而不许。叉讽御史劾之，驿征至京。覆验无状，还复任。寻卒于州，时年五十。赠安北将军、朔州刺史。"②

按：尉聿，字成兴，代（今山西大同）人。《魏书》载尉成兴为东凉州刺史，《洛阳伽蓝记》记为凉州刺史，《北史》卷二十记载相同，考《魏书·地形志》，北魏无东凉州，《洛阳伽蓝记》《北史》所记不误，《魏书》中的"东"字为衍文，当删。

44. 崔光

《洛阳伽蓝记·秦太上君寺》："在东阳门外二里御道北，所谓晖文里。里内有太保崔光、太傅李延寔、冀州刺史李韶、秘书监郑道昭等四宅。"③

---

① （北魏）杨衒之撰，周祖谟校释：《洛阳伽蓝记校释》，中华书局2010年版，第47—48页。
② （北齐）魏收：《魏书》，中华书局1975年版，第659—660页。
③ （北魏）杨衒之撰，周祖谟校释：《洛阳伽蓝记校释》，中华书局2010年版，第69页。

《洛阳伽蓝记·正始寺》:"有石碑一枚,背上有侍中崔光施钱四十万,陈留侯李崇施钱二十万,自余百官各有差,少者不减五千已下。后人刊之。"①

《洛阳伽蓝记·开善寺》:"唯融与陈留侯李崇负绢过任,蹶倒伤踝。侍中崔光止取两匹。太后问曰:'侍中何少?'对曰:'臣有两手,唯堪两疋,所获多矣。'朝贵服其清廉。"②

《魏书·崔光传》:"崔光,本名孝伯,字长仁,高祖赐名焉。东清河鄃人也。……世宗即位,正除侍中。初,光与李彪共撰国书。太和之末,彪解著作,专以史事任光。……迁太常卿,领齐州大中正。四年秋,除中书令,进号镇东将军……延昌元年春,迁中书监,侍中如故。二年,世宗幸东宫,召光与黄门甄琛、广阳王渊等,并赐坐。三年,迁右光禄大夫,侍中、监如故。初,永平四年,以黄门郎孙惠蔚代光领著作。惠蔚首尾五载,无所厝意。至是三月,尚书令、任城王澄表光宜还史任,于是诏光还领著作。四月,迁特进。五月,以奉迎肃宗之功,封光博平县开国公,食邑二千户。七月,领国子祭酒。八月,诏光乘步挽于云龙门出入。寻迁车骑大将军、仪同三司。……熙平元年二月,太师、高阳王雍等奏举光授肃宗经。……四月,更封光平恩县开国侯,食邑一千户,以朝阳伯转授第二子勖。其月,敕赐羊车一乘。正光元年冬,赐光几杖、衣服。二年春,肃宗亲释奠国学,光执经南面,百僚陪列。司徒、京兆王继频上表以位让光。夏四月,以光为司徒、侍中、国子祭酒,领著作如故。光表固辞历年,终不肯受。……凡所为诗赋铭赞诔颂表启数百篇,五十余卷,别有集。"③

按:崔光(451—523),本名孝伯,字长仁,东清河鄃(今属山

---

① (北魏)杨衒之撰,周祖谟校释:《洛阳伽蓝记校释》,中华书局2010年版,第73页。
② (北魏)杨衒之撰,周祖谟校释:《洛阳伽蓝记校释》,中华书局2010年版,第151—152页。
③ (北齐)魏收:《魏书》,中华书局1975年版,第1487—1500页。

东）人。《魏书》有传。此书所载，可补正史。《洛阳伽蓝记》"秦太上君寺"条记崔光为太保，"开善寺"条记崔光为人清廉，只取两匹丝绢，为《魏书》所不载，此可补史传之缺。

45. 崔孝忠

《洛阳伽蓝记·秦太上君寺》："临淄官徒布在京邑，闻怀砖慕势，咸共耻之，唯崔孝忠一人不以为意。问其故，孝忠曰：'营丘风俗，太公余化，稷下儒林，礼义所出。今虽凌迟，足为天下模楷。苟济人非许郭，不识东家，虽复莠言自口，未宜荣辱也。'"①

《魏书·崔挺传》："（崔）绪小弟孝忠，侍御史、秘书郎。并有容貌，无他才识。"②

按：崔孝忠，博陵安平（今属河北）人。《魏书》谓崔孝忠"并有容貌，无他才识"，《洛阳伽蓝记》则载其颇有辩才，此处可补《魏书》之不足。

46. 崔叔仁

《洛阳伽蓝记·秦太上君寺》："颍川荀济，风流名士，高鉴妙识，独出当世。清河崔叔仁称齐士大夫，曰：'齐人外矫仁义，内怀鄙吝；轻同羽毛，利等锥刀。好驰虚誉，阿附成名，威势所在，侧肩竞入，求其荣利，甜然浓泗。譬于四方，慕势最甚。'号齐士子为'慕势诸郎'。"③

《魏书·崔休传》："（崔）仲文弟叔仁，性轻侠，重衿期。历通直散骑侍郎、司徒司马、散骑常侍，出为骠骑将军、颍州刺史。以贪污为御史所劾。兴和中，赐死于宅。临刑，赋诗与诸弟诀别而不

---

① （北魏）杨衒之撰，周祖谟校释：《洛阳伽蓝记校释》，中华书局2010年版，第72—73页。
② （北齐）魏收：《魏书》，中华书局1975年版，第1274页。
③ （北魏）杨衒之撰，周祖谟校释：《洛阳伽蓝记校释》，中华书局2010年版，第71—72页。

及其兄，以其不甚营救故也。"①

按：崔叔仁，清河（今属河北）人。《魏书》有传。《太平广记》引作"淑仁"，误。《洛阳伽蓝记》所载叔仁事迹，可补正史所缺，亦更可见叔仁性格。

47. 崔延伯

《洛阳伽蓝记·法云寺》："有田僧超者，善吹筎，能为《壮士歌》、《项羽吟》，征西将军崔延伯甚爱之。正光末，高平失据，虎吏充斥，贼帅万俟鬼奴寇暴泾岐之间，朝廷为之旰食，诏延伯总步骑五万讨之。延伯出师于洛阳城西张方桥，即汉之夕阳亭也。时公卿祖道，车骑成列，延伯危冠长剑耀武于前，僧超吹《壮士笛曲》于后，闻之者懦夫成勇，剑客思奋。延伯胆略不群，威名早著，为国展力，二十余年，攻无全城，战无横陈，是以朝廷倾心送之。延伯每临阵，常令僧超为壮士声，甲胄之士莫不踊跃。延伯单马入阵，旁若无人，勇冠三军，威镇戎竖。二年之间，献捷相继。鬼奴募善射者射僧超亡，延伯悲惜哀恸，左右谓伯牙之失钟子期不能过也。后延伯为流矢所中，卒于军中。于是五万之师，一时溃散。"②

《魏书·崔延伯传》："崔延伯，博陵人也。……延伯有气力，少以勇壮闻。仕萧赜，为缘淮游军，带濠口戍主。太和中入国，高祖深嘉之，常为统帅。胆气绝人，兼有谋略，所在征讨，咸立战功。积劳稍进，除征虏将军、荆州刺史，赐爵定陵男。……永平中，转后将军、幽州刺史。……二年，除安北将军、并州刺史。在州贪污，闻于远近。还为金紫光禄大夫。出为镇南将军、行岐州刺史，假征西将军，赐骅骝马一匹。正光五年秋，以往在扬州建淮桥之

---

① （北齐）魏收：《魏书》，中华书局1975年版，第1527页。
② （北魏）杨衒之撰，周祖谟校释：《洛阳伽蓝记校释》，中华书局2010年版，第142—143页。

勋，封当利县开国男，食邑二百户，寻增邑一百户，改封新丰，进爵为子。……授右卫将军。于时万俟丑奴、宿勤明达等寇掠泾州。先是，卢祖迁、伊瓮生数将等皆以元志前行之始，同时发雍，从六陌道将取高平。……延伯中流矢，为贼所害，士卒死者万余人。延伯善将抚，能得众心，与康生、大眼为诸将之冠，延伯末路功名尤重。时大寇未平而延伯死，朝野叹惧焉。赠使持节、车骑大将军、仪同三司、定州刺史，谥曰武烈。"①

按：崔延伯，博陵（今属河北）人，《魏书》有传。博陵崔氏，世为望族，延伯出身亦不贱矣。《魏书》载有崔延伯征万俟丑奴一事，但没有记载延伯使田僧超吹《壮士笛曲》以鼓舞士气一事。《洛阳伽蓝记》所载事迹甚详，可补正史之缺。

**48. 张隽**

《洛阳伽蓝记·菩提寺》："后即遣门下录事张隽诣阜财里，访涵父母，果得崔畅，其妻魏氏。隽问畅曰：'卿有儿死否？'畅曰：'有息子洪，年十五而死。'隽曰：'为人所发，今日苏活，在华林园中，主人故遣我来相问。'畅闻惊怖曰：'实无此儿，向者谬言。'隽还，具以实陈闻，后遣隽送涵回家。"②

按：张隽，各本作"张秀㩋"，《法苑珠林》引作"张俊"，《太平广记》卷375引作"隽"。张隽为北魏门下录事，正史无记载，此可补史实之缺。

**49. 张车渠**

《洛阳伽蓝记·禅虚寺》："有羽林马僧相善角觝戏，掷戟与百尺树齐等。虎贲张车渠，掷刀出楼一丈。帝亦观戏在楼，恒令二人对为角戏。"③

---

① （北齐）魏收：《魏书》，中华书局1975年版，第1636—1639页。
② （北魏）杨衒之撰，周祖谟校释：《洛阳伽蓝记校释》，中华书局2010年版，第120页。
③ （北魏）杨衒之撰，周祖谟校释：《洛阳伽蓝记校释》，中华书局2010年版，第165—166页。

《魏书·宣武灵皇后胡氏传》："其后太后从子都统僧敬与备身左右张车渠等数十人，谋杀叉，复奉太后临朝，事不克，僧敬坐徙边，车渠等死，胡氏多免黜。"①

《魏书·胡国珍传附从孙虔传》："元叉之废灵太后，虔时为千牛备身，与备身张车渠等谋杀叉。"②

按：张车渠，范祥雍《校注》云："各本'车'下皆有'渠'字。吴《集证》本无，云：'按《魏书·灵后补传》：太后从子都统僧敬与备身左右张车渠等数十人谋杀义，复奉太后临朝。则此当从何本补一渠字也。'今从各本及《永乐大典》补。"《伽蓝记》载张车渠为虎贲，善于掷刀，史传未载，可补正史之阙。

50. 张景仁
51. 张嵩

《洛阳伽蓝记·景宁寺》："孝义里东，即是洛阳小市。北有车骑将军张景仁宅。景仁，会稽山阴人也。正光年初从萧宝夤归化，拜羽林监，赐宅城南归正里。民间号为'吴人坊'，南来投化者多居其内。近伊洛二水，任其习御。里三千余家，自立巷市。所卖口味，多是水族，时人谓为鱼鳖市也。景仁住此以为耻，遂徙居孝义里焉……景仁在南之日与庆之有旧，遂设酒引邀庆之过宅。司农卿萧彪、尚书右丞张嵩并在其座，彪亦是南人。唯有中大夫杨元慎、给事中大夫王晌是中原士族。"③

《魏书·任城王澄传》："萧衍冠军将军张惠绍、游击将军殷遏、骁骑将军赵景悦、龙骧将军张景仁等率众五千，送粮钟离。"④

《魏书·刘洁传》："世祖之征也，洁私谓亲人曰：'若军出无

---

① （北齐）魏收：《魏书》，中华书局1975年版，第339页。
② （北齐）魏收：《魏书》，中华书局1975年版，第1836页。
③ （北魏）杨衒之撰，周祖谟校释：《洛阳伽蓝记校释》，中华书局2010年版，第89—90页。
④ （北齐）魏收：《魏书》，中华书局1975年版，第473页。

功，车驾不返者，吾当立乐平王。'洁又使右丞张嵩求图谶，问：'刘氏应王，继国家后，我审有名姓否？'嵩对曰：'有姓而无名。'穷治款引，搜嵩家，果得谶书。"①

按：张景仁，会稽山阴（今浙江绍兴）人，原为梁萧衍龙骧将军，随萧宝夤入北魏，封为车骑将军。此可补《魏书》之缺。另《北齐书》载有张景仁者，济北人，当系另一人。

张嵩，《洛阳伽蓝记》称其为尚书右丞，与《魏书》《北史》所载吻合。

52. 斛斯椿

《洛阳伽蓝记·永宁寺》："至七月中，平阳王为侍中斛斯椿所挟，奔于长安。十月而京师迁邺。"②

《洛阳伽蓝记·平等寺》："七月中，帝为侍中斛斯椿所使，奔于长安。至十月终，而京师迁邺焉。"③

《魏书·斛斯椿传》："斛斯椿，字法寿，广牧富昌人也。……（椿）又说帝数出游幸，号令部曲，别为行陈，椿自约勒，指麾其间。从此以后，军谋朝政，一决于椿。又劝帝征兵，诡称南讨，将以伐齐献武王，帝从之。遂陈兵城西，北接邙山，南至洛水，帝诘旦戎服与椿临阅焉。献武王以椿乱政，欲诛之。椿谮说既行，因此遂相恐动。出帝勒兵河桥，令椿为前军，营于邙山北。寻遣椿率步骑数千镇虎牢。椿弟豫州刺史元寿与都督贾显智守滑台，献武王令相州刺史窦泰击破之。椿惧已不免，复启出帝，假说游声以劫胁。帝信之，遂入关，椿亦西走长安。椿狡猾多事，好乱乐祸，于时败国，朝野莫不仇疾之。元寿寻为部下所杀。"④

---

① （北齐）魏收：《魏书》，中华书局1975年版，第689页。
② （北魏）杨衒之撰，周祖谟校释：《洛阳伽蓝记校释》，中华书局2010年版，第32页。
③ （北魏）杨衒之撰，周祖谟校释：《洛阳伽蓝记校释》，中华书局2010年版，第87—88页。
④ （北齐）魏收：《魏书》，中华书局1975年版，第1772—1774页。

按：斛斯椿（493—534），字法寿，广牧富昌（今内蒙古准格尔旗）人。《洛阳伽蓝记》载平阳王为斛斯椿所挟出奔长安一事，《魏书》椿传叙述详细，可印证之。

53. 许伯桃

《洛阳伽蓝记·修梵寺》："里中［有］太傅录尚书［事］长孙稚、尚书右仆射郭祚、吏部尚书邢峦、廷尉卿元洪超、卫尉卿许伯桃、凉州刺史尉成兴等六宅。"①

按：许伯桃，《魏书》《北史》无传，周祖谟云惟《广弘明集》卷一述孝明帝正光元年召释道二宗门人论议，有卫尉许伯桃。范祥雍云《续高僧传》卷30《昙无最传》亦载有"卫尉许伯桃"，此可与《洛阳伽蓝记》相印证。

54. 许超

《洛阳伽蓝记·修梵寺》："京兆许超梦盗羊入狱，问于元慎。［元慎］曰：'君当得阳城令。'其后有功，封城阳侯。"②

按：许超，绿君亭本"超"作"兆"，许超为城阳侯，正史无传，此可补史传之阙。

55. 郭文远

《洛阳伽蓝记·凝玄寺》："唯冠军将军郭文远游憩其中，堂宇园林，匹于邦君。时陇西李元谦乐双声语，常经文远宅前过，见其门阀华美，乃曰：'是谁第宅？过佳！'婢春风出曰：'郭冠军家。'元谦曰：'凡婢双声。'春风曰：'伫奴慢骂。'元谦服婢之能，于是京邑翕然传之。"③

按：郭文远，为北魏冠军将军，正史无载，此可补史传之阙。

---

① （北魏）杨衒之撰，周祖谟校释：《洛阳伽蓝记校释》，中华书局2010年版，第47—48页。
② （北魏）杨衒之撰，周祖谟校释：《洛阳伽蓝记校释》，中华书局2010年版，第95页。
③ （北魏）杨衒之撰，周祖谟校释：《洛阳伽蓝记校释》，中华书局2010年版，第168页。

### 56. 郭祚

《洛阳伽蓝记·修梵寺》："里中［有］太傅录尚书［事］长孙稚、尚书右仆射郭祚、吏部尚书邢峦、廷尉卿元洪超、卫尉卿许伯桃、凉州刺史尉成兴等六宅。"①

《魏书·郭祚传》："郭祚，字季祐，太原晋阳人，魏车骑郭淮弟亮后也。……高祖初，举秀才，对策上第，拜中书博士，转中书侍郎，迁尚书左丞，长兼给事黄门侍郎。祚清勤在公，夙夜匪懈，高祖甚知赏之。从高祖南征，及还，正黄门。高祖崩，咸阳王禧等奏祚兼吏部尚书，寻除长兼吏部尚书、并州大中正。……出为使持节、镇北将军、瀛州刺史。及太极殿成，祚朝于京师，转镇东将军、青州刺史。……入为侍中、金紫光禄大夫、并州大中正，迁尚书右仆射。……寻加散骑常侍。……世宗末年，每引祚入东宫，密受赏赉，多至百余万，杂以锦绣。又特赐以剑杖，恩宠甚深，迁左仆射。出除使持节、散骑常侍、都督雍岐华三州诸军事、征西将军、雍州刺史。……于时，领军于忠恃宠骄恣；崔光之徒，曲躬承奉。祚心恶之，乃遣子太尉从事中郎景尚说高阳王雍，令出忠为州。忠闻而大怒，矫诏杀祚，时年六十七。"②

按：郭祚（448—515），字季祐，太原晋阳（今属山西太原）人。其先籍贯为太原阳曲（今山西太原）。《洛阳伽蓝记》谓郭祚为尚书右仆射，可与《魏书》印证之。

### 57. 陈勰

《洛阳伽蓝记·永明寺》："出阊阖门城外七里，有长分桥。中朝时以榖水浚急，注于城下，多坏民家，立石桥以限之，长则分流入洛，故名曰长分桥。或云：晋河间王在长安遣张方征长沙王，营军

---

① （北魏）杨衒之撰，周祖谟校释：《洛阳伽蓝记校释》，中华书局2010年版，第47—48页。
② （北齐）魏收：《魏书》，中华书局1975年版，第1421—1426页。

于此，因名为张方桥也。未知孰是。今民间语讹，号为张夫人桥。朝士送迎，多在此处。长分桥西，有千金堨。计其水利，日益千金，因以为名。昔都水使者陈勰所造，令备夫一千，岁恒修之。"①

按：勰，如隐堂本作"思劦"，吴《集证》本作"勰"。《水经注》引作"协"。据《晋书》《魏书》《隋书》等当以"勰"字为正。陈勰，西晋都水使者、将作大匠，曾在洛阳造千金堨（又称"千金堨""千金渠"），到北魏时，民尚赖其利，陈勰史无专传，其事迹散见于《晋书》《宋书》《魏书》中。《洛阳伽蓝记》所载陈勰官职与事迹，可补史传之未备。杨衒之所提到的千金堨，《水经·穀水注》曰："穀水又东流迳乾祭门北，……东至千金堨。《河南十二县境簿》曰：河南县城东十五里有千金堨。《洛阳记》曰：千金堨旧堨穀水，魏时更修此堨，谓之千金堨。积石为堨而开沟渠五所，谓之五龙渠。渠上立堨，堨之东首，立一石人。石人腹上刻勒云：太和五年二月八日庚戌造筑此堨，更开沟渠此水衡渠上，其水助其坚也，必经年历世，是故部立石人以记之云尔。盖魏明帝修王、张故绩也。堨是都水使者陈协所造。《语林》曰：陈协数进阮步兵酒，后晋文王欲修九龙堰，阮举协，文王用之。掘地得古承水铜龙六枚，堰遂成。水历堨东注，谓之千金渠。"②

58. 陈庆之

《洛阳伽蓝记·景宁寺》："永安二年萧衍遣主书陈庆之送北海入洛阳僭帝位。庆之为侍中。景仁在南之日与庆之有旧，遂设酒引邀庆之过宅。司农卿萧彪、尚书右丞张嵩并在其座，彪亦是南人。唯有中大夫杨元慎、给事中大夫王眴是中原士族。庆之因醉谓萧张等曰：'魏朝甚盛，犹曰五胡，正朔相承，当在江左。秦朝玉玺，今

---

① （北魏）杨衒之撰，周祖谟校释：《洛阳伽蓝记校释》，中华书局2010年版，第162—163页。
② （北魏）郦道元撰，陈桥驿注释：《水经注》，浙江古籍出版社2001年版，第257页。

在梁朝。'元慎正色曰：'江左假息，僻居一隅，地多湿垫，攒育虫蚁，疆土瘴疠，蛙黾共穴，人鸟同群。短发之君，无杼首之貌；文身之民，禀蕞陋之质。浮于三江，棹于五湖，礼乐所不沾，宪章弗能革。虽复秦余汉罪，杂以华音，复闽楚难言，不可改变。虽立君臣，上慢下暴。是以刘劭杀父于前，休龙淫母于后，见逆人伦，禽兽不异。加以山阴请婿卖夫，朋淫于家，不顾讥笑。卿沐其遗风，未沾礼化，所谓阳翟之民不知瘿之为丑。我魏膺箓受图，定鼎嵩洛，五山为镇，四海为家。移风易俗之典，与五帝而并迹，礼乐宪章之盛，凌百王而独高。岂卿鱼鳖之徒，慕义来朝，饮我池水，啄我稻粱，何为不逊，以至于此？'庆之等见元慎清词雅句，纵横奔发，杜口流汗，含声不言。于后数日，庆之遇病，心上急痛，访人解治。元慎自云能解，庆之遂凭元慎。元慎即口含水噀庆之曰：'吴人之鬼，住居建康，小作冠帽，短制衣裳，自呼阿侬，语则阿傍。菰稗为饭，茗饮作浆，呷啜莼羹，唼嚼蟹黄，手把豆蔻，口嚼槟榔。乍至中土，思忆本乡，急手速去，还尔丹阳。若其寒门之鬼。□头犹脩，网鱼漉鳖，在河之洲，咀嚼菱藕，捃拾鸡头，蛙羹蚌臛，以为膳羞。布袍芒履，倒骑水牛。沅湘江汉，鼓棹遨游，随波溯浪，噞喁沈浮，白苎起舞，扬波发讴。急手速去，还尔扬州。'庆之伏枕曰：'杨君见辱深矣。'自此后，吴儿更不敢解语。北海寻伏诛。其庆之还奔萧衍，衍用其为司州刺史，钦重北人，特异于常。朱异怪复问之。曰：'自晋宋以来，号洛阳为荒土，此中谓长江以北，尽是夷狄。昨至洛阳，始知衣冠士族并在中原，礼仪富盛，人物殷阜，目所不识，口不能传。所谓帝京翼翼，四方之则，如登泰山者卑培塿，涉江海者小湘沅。北人安可不重？'庆之因此羽仪服式悉如魏法，江表士庶竞相模楷，褒衣博带，被及秣陵。"[1]

---

[1] （北魏）杨衒之撰，周祖谟校释：《洛阳伽蓝记校释》，中华书局2010年版，第89—93页。

《梁书·陈庆之传》:"陈庆之,字子云,义兴国山人也。幼而随从高祖。高祖性好棋,每从夜达旦不辍,等辈皆倦寐,惟庆之不寝,闻呼即至,甚见亲赏。……大通初,魏北海王元颢以本朝大乱,自拔来降,求立为魏主。高祖纳之,以庆之为假节、飙勇将军,送元颢还北。颢于涣水即魏帝号,授庆之使持节、镇北将军、护军、前军大都督,发自铚县,进拔荥城,遂至睢阳。……至都,仍以功除右卫将军,封永兴县侯,邑一千五百户。出为持节、都督缘淮诸军事、奋武将军、北兖州刺史。……中大通二年,除都督南、北司、西豫、豫四州诸军事、南、北司二州刺史,余并如故。……大同二年,魏遣将侯景率众七万寇楚州,刺史桓和陷没,景仍进军淮上,贻庆之书使降。……五年十月,卒,时年五十六。"①

按:陈庆之(484—539),字子云,义兴国山(今江苏省宜兴市)人。据《梁书》本传,陈庆之可谓文武全才,且棋艺精湛,深为梁武帝萧衍赏识。杨衒之《洛阳伽蓝记》则对庆之加以戏谑嘲讽,很可能带有地域歧视的性质。

59. 杨泰

60. 杨抚

61. 杨辞

62. 杨许

63. 杨元慎

《洛阳伽蓝记·景宁寺》:"元慎,弘农人,晋冀州刺史峤六世孙。曾祖泰,从宋武入关,为上洛太守七年,背伪来朝,明[元]帝赐爵临晋侯,广武郡、陈郡太守,赠凉州刺史,谥烈侯。祖抚,明经,为中博士。父辞,自得丘壑,不事王侯。叔父许,河南令,蜀郡太守。世以学行著闻,名高州里。元慎清尚卓逸,少有高操,任心自放,不为时羁。乐水爱山,好游林泽。博识文

---

① (唐)姚思廉:《梁书》,中华书局1973年版,第459—465页。

渊，清言入神，造次应对，莫有称者。读老庄，善言玄理。性嗜酒，饮至一石，神不乱常。慷慨叹不得与阮籍同时生。不愿仕宦，为中散，常辞疾退闲，未常修敬诸贵，亦不庆吊亲知。贵为交友，故时人弗识也。"①

《洛阳伽蓝记·景宁寺》："景仁在南之日与庆之有旧，遂设酒引邀庆之过宅。司农卿萧彪、尚书右丞张嵩并在其座，彪亦是南人。唯有中大夫杨元慎、给事中大夫王日旬是中原士族。"②

按：杨元慎，弘农（今属河南）人。《酉阳杂俎》卷8《梦篇》记杨元慎解梦事，"慎"作"积"。杨辞，吴琯本、《汉魏》本"辞"作"甜"。杨泰、杨抚、杨辞、杨许，诸史均无记载，杨氏家族的情况，以《洛阳伽蓝记》此处的记载最为详细，可补史传之缺。

64. 杨文义

《洛阳伽蓝记·平等寺》："初世隆北叛，庄帝遣安东将军史仵龙、平北将军杨文义各领兵三千守太行岭，侍中源子恭镇河内。及尔朱兆马首南向，仵龙、文义等率众先降，子恭见仵龙、文义等降，亦望风溃散。"③

《魏书·庄帝纪》："十有二月壬寅朔，尔朱兆寇丹谷，都督崔伯凤战殁，都督羊文义、史五龙降兆，大都督源子恭奔退。"④

《魏书·源子恭传》："既而尔朱兆率众南出，子恭所部都督史仵龙、羊文义开栅降兆。"⑤

按：杨文义，见于《洛阳伽蓝记》。《魏书》《庄帝纪》《源子恭

---

① （北魏）杨衒之撰，周祖谟校释：《洛阳伽蓝记校释》，中华书局2010年版，第93—94页。
② （北魏）杨衒之撰，周祖谟校释：《洛阳伽蓝记校释》，中华书局2010年版，第89—90页。
③ （北魏）杨衒之撰，周祖谟校释：《洛阳伽蓝记校释》，中华书局2010年版，第86页。
④ （北齐）魏收：《魏书》，中华书局1975年版，第268页。
⑤ （北齐）魏收：《魏书》，中华书局1975年版，第936页。

传》均作"羊文义",《资治通鉴》卷 155 引作"平北将军阳文义"①,则文义的姓氏之争与杨衒之的情况完全一样,对于考证杨衒之的姓氏问题有一定的参考价值。

65. 杨椿

66. 杨慎

67. 杨津

《洛阳伽蓝记·景宁寺》:"景宁寺,太保司徒公杨椿所立也。在青阳门外三里御道南,所谓景宁里也。高祖迁都洛邑,椿创居此里,遂分宅为寺,因以名之。制饰甚美,绮柱朱帘。椿弟慎,冀州刺史,慎弟津,司空,并立性宽雅,贵义轻财,四世同居,一门三从。朝贵义居,未之有也。"②

《魏书·杨椿传》:"(杨)椿,字延寿,本字仲考,太和中与播俱蒙高祖赐改。性宽谨。初拜中散、典御厩曹。以端慎小心,专司医药,迁内给事,与兄播并侍禁闱。又领兰台行职,改授中部曹,析讼公正,高祖嘉之。……转授宫舆曹少卿,加给事中。出为安远将军、豫州刺史。……后降为宁朔将军、梁州刺史。……后武都氐杨会反,假椿节、冠军将军、都督西征诸军事、行梁州刺史,与军司羊祉讨破之。于后梁州运粮,为群氐劫夺,诏椿兼征虏将军,持节招慰。寻以氐叛,拜光禄大夫、假平西将军、督征讨诸军事以讨之。还,兼太仆卿。……入正太仆卿,加安东将军。……永平初,徐州城人成景俊以宿豫叛,诏椿率众四万讨之,不克而返。久之,除都督朔州抚冥武川怀朔三镇三道诸军事、平北将军、朔州刺史。……寻加抚军将军,入除都官尚书,监修白沟堤堰。复以本将军除定州刺史。……诏复除椿都督雍岐南豳三州诸军事、本将军、开府仪同三司、雍州刺史、讨蜀大都督。椿辞以老病,不行。建义元年,迁司

---

① (宋)司马光:《资治通鉴》,中华书局 1956 年版,第 4800 页。
② (北魏)杨衒之撰,周祖谟校释:《洛阳伽蓝记校释》,中华书局 2010 年版,第 88 页。

徒公。……普泰元年七月,为尔朱天光所害,年七十七,时人莫不冤痛之。太昌初,赠都督冀定殷相四州诸军事、太师、丞相、冀州刺史。"①

《魏书·杨顺传》:"颖弟顺,字延和,宽裕谨厚。太和中,起家奉朝请。累迁直阁将军、北中郎将、兼武卫将军、太仆卿。预立庄帝之功,封三门县开国公,食邑七百户。出为平北将军、冀州刺史,寻进号抚军将军。罢州还,遇害,年六十五。太昌初,赠都督相殷二州诸军事、太尉公、录尚书事、相州刺史。"②

《魏书·杨津传》:"顺弟(杨)津,字罗汉,……转振威将军,领监曹奏事令。又为直寝,迁太子步兵校尉。高祖南征,以津为都督征南府长史,至悬瓠,征加直阁将军。后从驾济淮,司徒诞薨,高祖以津送柩还都。迁长水校尉,仍直阁。景明中,世宗游于北邙,津时陪从。太尉、咸阳王禧谋反,世宗驰入华林。时直阁中有同禧谋,皆在从限。……孝昌初,加散骑常侍,寻以本官行定州事。既而近镇扰乱,侵逼旧京,乃加津安北将军、假抚军将军、北道大都督、右卫,寻转左卫,加抚军将军。……永安初,诏除津本将军、荆州刺史,加散骑常侍、当州都督。津以前在中山陷寇,诣阙固辞,竟不之任。二年,兼吏部尚书,又除车骑将军、左光禄大夫,仍除吏部。元颢内逼,庄帝将亲出讨,以津为中军大都督、兼领军将军。未行,颢入。及颢败,津乃入宿殿中,扫洒宫掖,遣第二子逸封闭府库,各令防守。及帝入也,津迎于北邙,流涕谢罪,帝深嘉慰之。寻以津为司空、加侍中。……普泰元年,亦遇害于洛,时年六十三。"③

按:杨椿(455—531),字延寿;杨顺,字延和;杨津(469—

---

① (北齐)魏收:《魏书》,中华书局1975年版,第1284—1291页。
② (北齐)魏收:《魏书》,中华书局1975年版,第1295页。
③ (北齐)魏收:《魏书》,中华书局1975年版,第1296—1300页。

531），字罗汉，恒农华阴（今属陕西）人。《洛阳伽蓝记》所载杨椿、杨慎、杨津弟兄三人，均见于《魏书·杨播传》。周《校释》云："慎"，《魏书》卷五十八作"顺"，唐人写书"慎"与"顺"二字，每每互易。《魏书》云："顺，字延和"，义正相应，是当作"顺"。周说甚是。《魏书》所载杨顺，即《洛阳伽蓝记》所载杨慎也。

68. 杨宽

《洛阳伽蓝记·永宁寺》："帝遣侍中源子恭、黄门侍郎杨宽，领步骑三万，镇河内。"①

《洛阳伽蓝记·秦太上君寺》："时黄门侍郎杨宽在帝侧，晓怀塼之义，私问舍人温子升。"②

《周书·杨宽传》："杨宽字景仁，弘农华阴人也。……弱冠，除奉朝请。……孝庄践阼，拜通直散骑侍郎，领河南尹丞，行洛阳令。邢杲反，宽以都督从太宰、上党王元天穆讨平之。就拜通直散骑常侍。……孝庄反正，拜中军将军、太府卿、华州大中正，封澄城县伯，邑三百户。……进宽镇北将军、使持节、大都督，随机扞御。……孝武初，改授散骑常侍、骠骑将军、给事黄门侍郎，监内典书事。……又除黄门侍郎，兼武卫将军。孝武与齐神武有隙，遂召募骑勇，广增宿卫。以宽为合内大都督，专总禁旅。从孝武入关，兼吏部尚书。录从驾勋，进爵华山郡公，邑一千二百户。

大统初，迁车骑大将军、太子太傅、仪同三司。三年，使茹茹，迎魏文悼后。还，拜侍中、都督泾州诸军事、泾州刺史。五年，除骠骑大将军、开府仪同三司、都督东雍州诸军事、东雍州刺史，即本州也。十年，转河州刺史。十六年，兼大丞相府司马。……魏恭帝二年，除廷尉卿。世宗初，拜大将军，增邑一千二百户。从贺兰

---

① （北魏）杨衒之撰，周祖谟校释：《洛阳伽蓝记校释》，中华书局2010年版，第28页。
② （北魏）杨衒之撰，周祖谟校释：《洛阳伽蓝记校释》，中华书局2010年版，第70页。

祥讨吐谷浑，破之，别封宜阳县公，邑一千户。除小冢宰，转御正中大夫。武成二年，诏宽与麟趾学士参定经籍。……保定元年，除总管梁兴等十九州诸军事、梁州刺史。其年，薨于州。赠华陕虞上潞五州刺史。谥曰元。"①

按：杨宽（？—561），字景仁，弘农华阴（今属陕西）人。《周书》载杨宽传记甚详，《北史》亦有传。周祖谟《校释》云：杨宽"至出帝太昌初，方除给事黄门侍郎。见《魏书》卷五十八《杨播传》。此云庄帝时为黄门郎，与史有异"。存此以备考。

69. 杨机

《洛阳伽蓝记·景兴尼寺》："建阳里东有绥民里，里内有洛阳县，临渠水。县门外有《洛阳令杨机清德碑》。"②

《魏书·杨机传》："杨机，字显略，天水冀人。……机少有志节，为士流所称。河南尹李平、元晖并召署功曹，晖尤委以郡事。……解褐奉朝请。于时皇子国官，多非其人，诏选清直之士，机见举为京兆王愉国中尉，愉甚敬惮之。迁给事中、伏波将军、廷尉评。延昌中，行河阴县事。机当官正色，不避权势，明达政事，断狱以情，甚有声誉。平东将军、荆州刺史杨大眼启为其府长史。熙平中，为泾州平西府长史。寻授河阴令，转洛阳令，京辇伏其威风，希有干犯。凡诉讼者，一经其前后，皆识其名姓，并记事理，世咸异之。迁镇军将军、司州治中，转别驾。荆州蛮叛，兼尚书左丞、南道行台讨之。还，除中散大夫，复为别驾，州牧、高阳王雍事多委机。出除清河内史，转左将军、河北太守，并有能名。建义初，拜平南将军、光禄大夫、兼廷尉卿。又除安南将军、司州别驾。未几，行河南尹。转廷尉卿，徙卫尉卿，出除安西将军、华州刺史。永熙中，卫将军、右光禄大夫。寻除度支尚书。机方直之心久而弥厉，奉公正己，为

---

① （唐）令狐德棻：《周书》，中华书局1971年版，第364—367页。
② （北魏）杨衒之撰，周祖谟校释：《洛阳伽蓝记校释》，中华书局2010年版，第64页。

时所称。家贫无马，多乘小犊车，时论许其清白。与辛雄等并诛，年五十九。"①

按：杨机（474—532），字显略，天水冀（今甘肃省甘谷县）人。《魏书》《北史》俱有《杨机传》，所载甚详，杨机为洛阳令均见于史书，《洛阳伽蓝记》此条与史书相合。

70. 源子恭

《洛阳伽蓝记·永宁寺》："三日频战，而游魂不息。帝更募人断河桥。有汉中人李苗为水军，从上流放火烧桥，世隆见桥被焚，遂大剽生民，北上太行。帝遣侍中源子恭、黄门郎杨宽，领步骑三万，镇河内。世隆至高都，立太原太守长广王晔为主，改号曰建明元年。尔朱氏自封王者八人。长广王都晋阳，遣颍川王尔朱兆举兵向京师。子恭军失利，兆自雷波涉渡，擒庄帝于式乾殿。"②

《洛阳伽蓝记·平等寺》："初，世隆北叛，庄帝遣安东将军史仵龙、平北将军杨文义，各领兵三千守太行领，侍中源子恭镇河内。及尔朱兆马首南向，仵龙、文义等率众先降。子恭见仵龙、文义等降，亦望风溃散。"③

《魏书·源贺传》："（源）子恭，字灵顺，聪惠好学。初辟司空参军事。司徒祭酒、尚书北主客郎中，摄南主客事。……河州羌却铁忽反，杀害长吏，诏子恭持节为行台，率诸将讨之。子恭严勒州郡及诸军，不得犯民一物，轻与贼战，然后示以威恩，两旬间悉皆降款。朝廷嘉之。正光元年，为行台左丞，巡行北边。转为起部郎。明堂、辟雍并未建就，……除冠军将军、中散大夫，又领治书侍御史。秦益氏反，诏子恭持节为都督、河间王琛军司以讨之。事平，仍行南秦州事。及六镇反，以子恭兼给事黄门郎，持节慰劳。还，

---

① （北齐）魏收：《魏书》，中华书局1975年版，第1706—1707页。
② （北魏）杨衒之撰，周祖谟校释：《洛阳伽蓝记校释》，中华书局2010年版，第28—29页。
③ （北魏）杨衒之撰，周祖谟校释：《洛阳伽蓝记校释》，中华书局2010年版，第86页。

拜河内太守，加后将军，平绛蜀反。丹谷、清廉二路险涩不通，以子恭为当郡别将。俄而建兴蜀复反，相与连势，进子恭为持节、散骑常侍、假平北将军、征建兴都督，仍兼尚书行台，与正平都督长孙稚合势进讨，大破之。正平贼帅范明远与贼帅刘牙奴并面缚请降。事平，除平南将军、豫州刺史，寻加散骑常侍、抚军将军。……天平初，除中书监。三年，拜魏尹，又为齐献武王军司。……元象元年。兴和二年，赠都督徐衮二州诸军事、骠骑大将军、尚书左仆射、司空公、兖州州刺史，谥曰文献。"①

按：源子恭（？—538），字灵顺，传为河西王秃发傉檀之后。《魏书·源贺传》有源子恭传。是传"元象元年"后，李慈铭、张森楷并云此句下当脱"卒"字。据此可知源子恭当卒于"元象元年"，即538年，生年不详。《洛阳伽蓝记》此条记子恭为侍中，其事可补正史之阙。

71. 温子升

《洛阳伽蓝记·秦太上君寺》："时黄门侍郎杨宽在帝侧，不晓怀砖之义，私问舍人温子升。子升曰：'吾闻至尊兄彭城王作青州刺史，问其宾客从至青州者云：齐土之民，风俗浅薄，虚论高谈，专在荣利。太守初欲入境，皆怀砖叩首，以美其意；及其代下还家，以砖击之。言其向背速于反掌。是以京师谣语曰：狱中无系囚，舍内无青州，假令家道恶，腹中不怀愁。怀砖之义起在于此也。'"②

《洛阳伽蓝记·景明寺》："暨皇居徙邺，民讼殷繁，前革后沿，自相与夺，法吏疑狱，簿领成山，乃敕子才与散骑常侍温子升撰《麟趾新制》十五篇。"③

---

① （北齐）魏收：《魏书》，中华书局1975年版，第932—936页。
② （北魏）杨衒之撰，周祖谟校释：《洛阳伽蓝记校释》，中华书局2010年版，第70—71页。
③ （北魏）杨衒之撰，周祖谟校释：《洛阳伽蓝记校释》，中华书局2010年版，第102页。

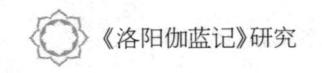

《洛阳伽蓝记·宣忠寺》："中书舍人温子升曰：'陛下色变！'帝连索酒饮之，然后行事。"①

《洛阳伽蓝记·大觉寺》："大觉寺，广平王怀舍宅也，在融觉寺西一里许。北瞻芒岭，南眺洛汭，东望宫阙，西顾旗亭，神皋显敞，实为胜地。是以温子升碑云：'面水背山，左朝右市'是也。"②

《魏书·文苑传·温子升传》："温子升，字鹏举，自云太原人，晋大将军峤之后也。世居江左。祖恭之，刘义隆彭城王义康户曹，避难归国，家于济阴冤句，因为其郡县人焉。……熙平初，中尉、东平王匡博召辞人，以充御史，同时射策者八百余人，子升与卢仲宣、孙搴等二十四人为高第。于时预选者争相引决，匡使子升当之，皆受屈而云。……正光末，广阳王渊为东北道行台，召为郎中，军国文翰皆出其手。于是才名转盛。黄门郎徐纥受四方表启，答之敏速，于渊独沉思曰：'彼有温郎中，才藻可畏。'高车破走，珍实盈满，子升取绢四十匹。及渊为葛荣所害，子升亦见羁执。荣下都督和洛兴与子升旧识，以数十骑潜送子升，得达冀州。还京，李楷执其手曰：'卿今得免，足使夷甫惭德。'自是无复官情，闭门读书，厉精不已。……庄帝还宫，为颢任使者多被废黜，而子升复为舍人。天穆每谓子升曰：'恨不用卿前计。'除正员郎，仍舍人。及帝杀尔朱荣也，子升预谋，当时赦诏，子升词也。荣入内，遇子升，把诏书问是何文书，子升颜色不变，曰'敕'。荣不视之。尔朱兆入洛，子升惧祸逃匿。永熙中，为侍读兼舍人、镇南将军、金紫光禄大夫，迁散骑常侍、中军大将军，后领本州大中正。……及元仅、刘思逸、荀济等作乱，文襄疑子升知其谋。方使之作献武王碑文，既成，乃饿诸晋阳狱，食弊襦而死，弃尸路隅，没其家口。太尉长史宋游道收葬之，又为集其文笔为三十五卷。子升外恬静，与物无竞，言有

---

① （北魏）杨衒之撰，周祖谟校释：《洛阳伽蓝记校释》，中华书局2010年版，第131页。
② （北魏）杨衒之撰，周祖谟校释：《洛阳伽蓝记校释》，中华书局2010年版，第157页。

准的，不妄毁誉，而内深险。事故之际，好预其间，所以终致祸败。又撰《永安记》三卷。无子。"①

《北史·魏收传》："（魏收）与济阴温子升、河间邢子才齐誉，世号三才。"②

按：温子升（496—547），字鹏举，自云太原（今属山西）人。与魏收、邢邵并称"北地三才"。《魏书·文苑传》有温子升传，温作为魏时文人，当时亦有盛名。《洛阳伽蓝记》此条诸史未载，可补正史。另温子升《大觉寺碑》，钱锺书云其"辑自《艺文类聚》，非全文也。《洛阳伽蓝记》卷四《大觉寺》：'温子升《碑》云："面山背水，左朝右市"，是也'，两句即为《类聚》略去，严氏未补"。③ 可知《洛阳伽蓝记》保存中古文献的价值。

72. 董卓

《洛阳伽蓝记·修梵寺》："寺北有永和里，汉太师董卓之宅也。"④

《三国志·董卓传》："董卓字仲颖，陇西临洮人也。……三年四月，司徒王允、尚书仆射士孙瑞、卓将吕布共谋诛卓。是时，天子有疾新愈，大会未央殿。布使同郡骑都尉李肃等，将亲兵十余人，伪著卫士服守掖门。布怀诏书。卓至，肃等格卓。卓惊呼布所在。布曰'有诏'，遂杀卓，夷三族。主簿田景前趋卓尸，布又杀之；凡所杀三人，余莫敢动。"⑤

按：董卓（？—192）字仲颖，陇西临洮（今甘肃省岷县）人。《三国志·董卓传》载董卓事迹甚详，无董卓之宅地描述，可据《洛阳伽蓝记》此条考董卓故居方位。

---

① （北齐）魏收：《魏书》，中华书局1975年版，第1874—1876页。
② （北齐）魏收：《魏书》，中华书局1975年版，第2027页。
③ 钱锺书：《管锥编》，中华书局1986年版，第1493页。
④ （北魏）杨衒之撰，周祖谟校释：《洛阳伽蓝记校释》，中华书局2010年版，第47页。
⑤ （晋）陈寿：《三国志》，中华书局1959年版，第171—180页。

## 73. 贾璨

《洛阳伽蓝记·凝玄寺》："凝玄寺，阉官济州刺史贾璨所立也。"①

《魏书·阉官传·贾粲传》："贾粲，字季宣，酒泉人也。太和中，坐事腐刑。颇涉书记。世宗末，渐被知识，得充内侍。自崇训丞为长兼中给事中、中尝药典御，转长兼中常侍。迁光禄少卿、光禄大夫。灵太后之废，粲与元叉、刘腾等伺帝动静。右卫奚康生之谋杀叉也，灵太后、肃宗同升于宣光殿，左右侍臣俱立西阶下。康生既被囚执，粲绐太后曰：'侍官怀恐不安，陛下宜亲安慰。'太后信之，适下殿，粲便扶肃宗于东序，前御显阳，还闭太后于宣光殿。粲既叉党，威福亦震于京邑。自云本出武威，魏太尉文和之后，遂移家属焉。时武威太守韦景承粲意，以其兄绪为功曹。绪时年向七十。未几，又以绪为西平太守，比景代下，已转武威太守。灵太后反政，欲诛粲，以叉、腾党与不一，恐惊动内外乃止。出粲为济州刺史，未几，遣武卫将军刁宣驰驿杀之，资财没于县官。"②

按：贾璨，字季宣，酒泉（今属甘肃）人。周祖谟《校释》注云："'璨'，《魏书》卷九十四《阉官传》作'粲'。"《魏书》有贾粲传较详，《洛阳伽蓝记》记其为济州刺史，可与《魏书》相证；《洛阳伽蓝记》记其立凝玄寺，可补史书之阙。

## 74. 甄琛

《洛阳伽蓝记·报德寺》："高祖大笑，因举酒曰：'三三横，两两纵，谁能辨之赐金钟。'御史中尉李彪曰：'沽酒老妪瓮注瓨，屠儿割肉与秤同。'尚书右丞甄琛曰：'吴人浮水自云工，妓儿掷绳在虚空。'彭城王勰曰：'臣始解此字是习字。'高祖即以金钟赐彪。朝廷服彪聪明有智，甄琛和之亦速。"③

---

① （北魏）杨衒之撰，周祖谟校释：《洛阳伽蓝记校释》，中华书局2010年版，第166页。
② （北齐）魏收：《魏书》，中华书局1975年版，第2029页。
③ （北魏）杨衒之撰，周祖谟校释：《洛阳伽蓝记校释》，中华书局2010年版，第120—121页。

《北史·甄琛传》:"甄琛字思伯,中山毋极人,汉太保邯之后也。……诏曰:'司盐之税,乃自古通典,然兴制利人,亦世或不同。甄琛之表,实所谓助政毗俗者也。可从其前计,尚书严为禁豪强之制也。……卒官,赠骠骑将军、仪同三司、瀛洲刺史,谥曰靖。'"①

按:甄琛(? —524)字思伯,中山毋极(今河北省无极县)人,汉太保邯之后。《魏书》本传载其"正光五年冬卒",即524年。诸史所载甄琛具详,《洛阳伽蓝记》所载此事不见于诸史,可补充史料。此条所载对话,生动并有趣味性,颇富文学性。

75. 刘季明

《洛阳伽蓝记·平等寺》:"有一柱焚之不尽,后三日雷雨震电,霹雳击为数段,柱下石及庙瓦皆碎于山下。复命百官议太原王配飨。司直刘季明议云:'不合。'世隆问其故。季明曰:'若配世宗,于宣武无功;若配孝明,亲害其母;若配庄帝,为臣不终,为庄帝所戮。以此论之,无所配也。'世隆怒曰:'卿亦合死。'季明曰:'下官既为议臣,依礼而言。不合圣心,俘翦惟命。'议者咸叹季明不避强御,莫不叹伏焉。世隆既有忿言,季明终得无患。"②

《魏书·礼志四》:"十一月,侍中、国子祭酒、仪同三司崔光上言:'被台祠部曹符,文昭皇太后改葬,议至尊、皇太后、群臣服制轻重。四门博士刘季明议云:'案《丧服》,《记》虽云"改葬缌",文无指据,至于注解,乖异不同。'"③

《北史·尔朱荣传》:"又诏百官议荣配飨,司直刘季明曰:'晋王若配永安,则不能终臣节。以此论之,无所配。'世隆作色曰:'卿合配?'季明曰:'下官预在议限,据理而言,不合上心,诛翦唯

---

① (唐)李延寿:《北史》,中华书局1974年版,第1469—1476页。
② (北魏)杨衒之撰,周祖谟校释:《洛阳伽蓝记校释》,中华书局2010年版,第86页。
③ (北齐)魏收:《魏书》,中华书局1975年版,第2808页。

命。'众为之危，季明自若。"①

按：刘季明，《魏书》载其为四门博士，《北史》载其为司直。《洛阳伽蓝记》所载刘季明"不避强御"、耿直不阿的事迹，《北史》稍加剪裁，补入史传。《洛阳伽蓝记》所记，乃文学掌故，文笔生动，彰显此书的文学性。

76. 刘芳

《洛阳伽蓝记·永宁寺》："太和十九年，为高祖所器，拔为律学博士。刑法疑狱，多访于景。正始初，诏刊律令，永作通式。敕景共治书侍御史高僧裕、羽林监王元龟、尚书郎祖莹、员外散骑侍郎李琰之等撰集其事。又诏太师彭城王勰、青州刺史刘芳，入预其议。"②

《魏书·刘芳列传》："刘芳，字伯文，彭城人也，汉楚元王之后也。……诏以芳经学精洽，超迁国子祭酒。以母忧去官。高祖南征宛邓，起为辅国将军、太尉长史，从太尉、咸阳王禧攻南阳。萧鸾将裴叔业入寇徐州，疆场之民颇怀去就，高祖忧之，以芳为散骑常侍、国子祭酒、徐州大中正，行徐州事。后兼侍中，从征马圈。……咸阳王禧等奉申遗旨，令芳入授世宗经。及南徐州刺史沈陵外叛，徐州大水，遣芳抚慰赈恤之。寻正侍中，祭酒、中正并如故。……迁中书令，祭酒如故。出除安东将军、青州刺史。为政儒缓，不能禁止奸盗，廉清寡欲，无犯公私。还朝，议定律令。……延昌二年卒，年六十一。诏赐帛四百匹，赠镇东将军、徐州刺史，谥文贞。"③

按：刘芳（453—513），字伯文，彭城（今江苏徐州）人。《魏书》与《北史》所载刘芳事迹甚详，《洛阳伽蓝记》所云"青州刺史刘芳"，亦为二史所载。

77. 刘澄之

《洛阳伽蓝记·明悬尼寺》："衒之案刘澄之《山川古今记》、戴

---

① （唐）李延寿：《北史》，中华书局1974年版，第1762页。
② （北魏）杨衒之撰，周祖谟校释：《洛阳伽蓝记校释》，中华书局2010年版，第9—10页。
③ （北齐）魏收：《魏书》，中华书局1975年版，第1219—1227页。

延之《西征记》并云'晋太康元年造',此则失之远矣。"①

《宋书·顺帝纪》:"以骠骑长史刘澄之为南豫州刺史。"②

《隋书·经籍志·史志》:"《永初山川古今记》二十卷,齐都官尚书刘澄之撰""《司州山川古今记》三卷,刘澄之撰"。③

《新唐书·艺文志》:"刘澄之《永初山川古今记》二十卷。"④

按:《隋志》著录《山川古今记》为齐都官尚书刘澄之撰,《洛阳伽蓝记》可证之。刘澄之《山川古今记》,又称《宋永初山川古今记》,该书已佚,《初学记》卷24有"刘澄之《山川古今记》曰:'彭城西南有戏马台'","《宋永初山川古今记》曰缙云堂黄帝炼丹"、"刘澄之《宋永初山川古今记》曰'魏武听政,殿前有听政门'",《山川古今记》"彭城西南有项羽戏马台,宋武帝尝九日登之"诸条。

### 78. 刘缟

《洛阳伽蓝记·正觉寺》:"时给事中刘缟慕肃之风,专习茗饮,彭城王谓缟曰:'卿不慕王侯八珍,好苍头水厄。海上有逐臭之夫,里内有学颦之妇,以卿言之,即是也。'其彭城王家有吴奴,以此言戏之。"⑤

按:刘缟,如隐堂本作"缟",吴琯本、《汉魏》本、真意堂本"缟"作"镐"。案《太平御览》卷867引作"缟",与此同。刘缟任北魏给事中,正史无载,此可补史传之缺。

### 79. 刘腾

《洛阳伽蓝记·建中寺》:"建中寺,普泰元年,尚书令乐平王尔

---

① (北魏)杨衒之撰,周祖谟校释:《洛阳伽蓝记校释》,中华书局2010年版,第55—56页。
② (梁)沈约:《宋书》,中华书局1974年版,第194页。
③ (唐)魏征:《隋书》,中华书局1973年版,第984—985页。
④ (宋)欧阳修:《新唐书》,中华书局1975年版,第1502页。
⑤ (北魏)杨衒之撰,周祖谟校释:《洛阳伽蓝记校释》,中华书局2010年版,第111页。

朱世隆所立也。本是阉官司空刘腾宅。……刘腾宅东有太仆寺。……至孝昌二年，太后反政，遂诛义等，没腾田宅。元义诛日，腾已物故，太后追思腾罪，发墓残尸，使其神灵无所归趣。"①

《洛阳伽蓝记·长秋寺》："长秋寺，刘腾所立也。腾初为长秋卿，因以为名。"②

《魏书·阉官传·刘腾传》："刘腾，字青龙，本平原城民，徙属南兖州之谯郡。幼时坐事受刑，补小黄门，转中黄门。高祖之在悬瓠，腾使诣行所。高祖问其中事，腾具言幽后私隐，与陈留公主所告符协，由是进冗从仆射，仍中黄门。后与茹皓使徐兖，采召民女。及还，迁中给事，稍迁中尹、中常侍，特加龙骧将军。后为大长秋卿、金紫光禄大夫、太府卿。肃宗践极之始，以腾预在宫卫，封开国子，食邑三百户。是年，灵太后临朝，以与于忠保护之勋，除崇训太仆，加中侍中，改封长乐县开国公，食邑一千五百户。拜其妻时为钜鹿郡君，每引入内，受赏赉亚于诸主外戚。所养二子，为郡守、尚书郎。腾曾疾笃，灵太后虑或不救，迁卫将军、仪同三司，余官仍旧。后疾瘳。腾之拜命，肃宗当为临轩，会其日大风寒甚而罢，乃遣使持节授之。腾幼充宫役，手不解书，裁知署名而已。奸谋有余，善射人意。灵太后临朝，特蒙进宠，多所干托，内外碎密，栖栖不倦。洛北永桥，太上公、太上君及城东三寺，皆主修营。……正光四年三月，薨于位，年六十。赠帛七百匹、钱四十万、蜡二百斤。鸿胪少卿护丧事。中官为义息，衰绖者四十余人。腾之初治宅也，奉车都尉周特为之筮，不吉，深谏止之，腾怒而不用。特告人曰：'必困于三月、四月之交。'至是果死，厅事甫成，陈尸其下。追赠使持节、骠骑大将军、太尉公、冀州刺史。腾之葬日，阉官为义服，

---

① （北魏）杨衒之撰，周祖谟校释：《洛阳伽蓝记校释》，中华书局 2010 年版，第 32—34 页。
② （北魏）杨衒之撰，周祖谟校释：《洛阳伽蓝记校释》，中华书局 2010 年版，第 35 页。

杖绖衰缞者以百数，朝贵皆从，轩盖填塞，相属郊野。魏初以来，权阉存亡之盛莫及焉。灵太后反政，追夺爵位，发其冢散露骸骨，没入财产。后腾所养一子叛入肃衍，太后大怒，因徙腾余养于北裔，寻遣密使追杀之于汲郡。"①

按：刘腾（464—523），字青龙，本平原（今属山东）人，后徙居南兖州谯郡（今安徽亳州）。诸史所载刘腾事迹甚详，其人关系北魏王朝的兴衰。《洛阳伽蓝记》所记刘腾住处，为正史所无，可补史传之阙。

80. 樊元宝

《洛阳伽蓝记·秦太上公寺》："时有虎贲骆子渊者，自云洛阳人。昔孝昌年，戍在彭城。其同营人樊元宝得假还京，子渊附书一封，令达其家，云：'宅在灵台南，近洛河，卿但是至彼，家人自出相看。'元宝如其言，至灵台南，了无人家可问，徙倚欲去。忽见一老翁来问：'从何而来，徬徨于此？'元宝具向道之。老翁云：'是吾儿也。'取书，引元宝入。遂见馆阁崇宽，屋宇佳丽。坐，命婢取酒。须臾，见婢抱一死小儿而过，元宝初甚怪之。俄而酒至，色甚红，香美异常。兼设珍羞，海陆具备。饮讫辞还，老翁送元宝出，云：'后会难期。'以为凄恨，别甚殷勤。老翁还入，元宝不复见其门巷。但见高岸对水，渌波东倾。唯见一童子可年十五，新溺死，鼻中出血。方知所饮酒，是其血也。及还彭城，子渊已失矣。元宝与子渊同戍三年，不知是洛水之神也。"②

按：樊元宝，当为虎贲，即守门之军卫。杨衒之记载樊元宝事迹当来自民间传闻，缺乏可信度，故正史无载。

81. 蔡邕

《洛阳伽蓝记·报德寺》："堂前有《三种字石经》二十五碑，

---

① （北齐）魏收：《魏书》，中华书局1975年版，第2027—2028页。
② （北魏）杨衒之撰，周祖谟校释：《洛阳伽蓝记校释》，中华书局2010年版，第104—106页。

表里刻之。写《春秋》、《尚书》二部，作篆、科斗、隶三种字，汉右中郎将蔡邕笔之遗迹也。"①

《后汉书·蔡邕列传》："蔡邕字伯喈，陈留圉人也。……初平元年，拜左中郎将，从献帝迁都长安，封高阳乡侯……"②

按：蔡邕（133—192），字伯喈，陈留圉（今河南开封市）人。《后汉书》有传。《洛阳伽蓝记》将"左中郎将"误记为"右中郎将"。

82. 郑季明

《洛阳伽蓝记·永宁寺》："后然纥言，即遣都督李神轨、郑季明等，领众五千，镇河桥。四月十一日荣过河内至高头驿。长乐王从雷陂北渡赴荣军所，神轨、季明等见长乐王往，遂开门降。"③

《魏书·郑羲列传附连山孙先护传》："及尔朱荣称兵向洛，灵太后令先护与郑季明等固守河梁，先护闻庄帝即位于河北，遂开门纳荣。"④

按：郑季明，北魏都督。《洛阳伽蓝记》所载大抵与正史相符，可相证也。

83. 郑道昭

《洛阳伽蓝记·秦太上君寺》："里内有太保崔光、太傅李延实、冀州刺史李韶、秘书监郑道昭等四宅。"⑤

《魏书·郑道昭传》："道昭，字僖伯。少而好学，综览群言。初为中书学生，迁秘书郎，拜主文中散，徙员外散骑侍郎、秘书丞、兼中书侍郎。……寻正除中书郎，转通直散骑常侍。北海王详为司

---

① （北魏）杨衒之撰，周祖谟校释：《洛阳伽蓝记校释》，中华书局2010年版，第106页。
② （南朝宋）范晔：《后汉书》，中华书局1965年版，第1979—2008页。
③ （北魏）杨衒之撰，周祖谟校释：《洛阳伽蓝记校释》，中华书局2010年版，第16—17页。
④ （北齐）魏收：《魏书》，中华书局1975年版，第1247页。
⑤ （北魏）杨衒之撰，周祖谟校释：《洛阳伽蓝记校释》，中华书局2010年版，第69页。

徒，以道昭与琅邪王秉为谘议参军。迁国子祭酒，……广平王怀为司州牧，以道昭与宗正卿元匡为州都。……迁秘书监、荥阳邑中正。出为平东将军、光州刺史，转青州刺史，将军如故。复入为秘书监，加平南将军。熙平元年卒，赠镇北将军、相州刺史，谥曰文恭。道昭好为诗赋，凡数十篇。其在二州，政务宽厚，不任威刑，为吏民所爱。"①

按：郑道昭（？—516），字僖伯，荥阳开封（今属河南）人。《魏书》诸史所载郑道昭较详，《洛阳伽蓝记》所载郑道昭等人四宅，可补正史之未详。

84. 鲁遥

《洛阳伽蓝记·永宁寺》："永安三年……九月二十五日，诈言产太子，荣、穆并入朝，庄帝手刃荣于明光殿，穆为伏兵鲁遥所杀，荣世子部落大人亦死焉。"②

《魏书·尔朱荣传》："帝伏兵于明光殿东廊，引荣及荣长子菩提、天穆等俱入。坐定，光禄少卿鲁安、典御李侃晞等抽刀而至，荣窘迫，起投御坐。帝先横刀膝下，遂手刃之，安等乱斫，荣与天穆、菩提同时俱死。"③

按：鲁遥，光禄少卿。《洛阳伽蓝记》载天穆为"鲁遥"所杀，《魏书》则记为光禄少卿"鲁安"所杀，当是一人，究竟何书为是，两存其说，俟考。

85. 卢白头

《洛阳伽蓝记·景林寺》："有石铭一所，国子博士卢白头为其文。白头，一字景裕，范阳人也。性爱恬静，丘园放敖。学极六经，说通百氏。普泰初，起家为国子博士。虽在朱门，以注述为事，注

---

① （北齐）魏收：《魏书》，中华书局1975年版，第1240—1242页。
② （北魏）杨衒之撰，周祖谟校释：《洛阳伽蓝记校释》，中华书局2010年版，第25—26页。
③ （北齐）魏收：《魏书》，中华书局1975年版，第1655页。

《周易》行之于世也。"①

《魏书·儒林传·卢景裕传》："卢景裕,字仲儒,小字白头,范阳涿人也。章武伯同之兄子。少聪敏,专经为学。居拒马河,将一老婢作食,妻子不自随从。又避地大宁山,不营世事,居无所业,惟在注解。其叔父同职居显要,而景裕止于园舍,情均郊野,谦恭守道,贞素自得。由是世号居士。前废帝初,除国子博士,参议正声,甚见亲遇,待以不臣之礼。永熙初,以例解。天平中,还乡里,与邢子才、魏季景、魏收、邢昕等同征赴邺。景裕寓托僧寺,讲听不已。未几,归本郡。……景裕虽不聚徒教授,所注《易》大行于世。又好释氏,通其大义。天竺胡沙门道悕每论诸经论,辄托景裕为之序。景裕之败也,系晋阳狱,至心诵经,枷锁自脱。是时又有人负罪当死,梦沙门教讲经,觉时如所梦,默诵千遍,临刑刀折,主者以闻,赦之。此经遂行于世,号曰《高王观世音》。"②

按：卢景裕,字仲儒,小字白头,范阳涿（今河北涿州市）人。范祥雍《校注》校曰："吴集证云：'按景裕一字白头,见《魏书》本传,此句疑有倒误。'按《魏书·儒林列传》作'卢景裕字仲孺,小字白头'。则'白头'本有二字,两书所记有异,不能强为之合。"《魏书》中华书局标点本作"卢景裕,字仲儒",武英殿本则作"仲孺",与《北史》同,则卢景裕的字当为"仲孺",中华书局标点本当有误。另《洛阳伽蓝记》此处卢白头"注《周易》行之于世",《隋书·经籍志一》著录有"《周易》一帙十卷,卢氏注"。《旧唐书·经籍志》、《新唐书·艺文志》同,都未注明卢氏名字,据《洛阳伽蓝记》及《魏书》、《北史》则可断定此书当为卢景裕所著。

---

① （北魏）杨衒之撰,周祖谟校释：《洛阳伽蓝记校释》,中华书局2010年版,第49—50页。

② （北齐）魏收：《魏书》,中华书局1975年版,第1859—1860页。

### 86. 卢景宣

《洛阳伽蓝记·平等寺》："至二年二月五日土木毕功，帝率百僚作万僧会。其日寺门外有石像，无故自动，低头复举，竟日乃止。帝躬来礼拜，怪其诡异。中书舍人卢景宣曰：'石立社移，上古有此，陛下何怪也？'帝乃还宫。七月中，帝为侍中斛斯椿所使，奔于长安。至十月终，而京师迁邺焉。"[1]

《北史·卢辩传》："辩字景宣，少好学，博通经籍。正光初，举秀才，为太学博士。……节闵帝立，除中书舍人。……孝武即位，以辩为广平王赞师。永熙二年，平等浮屠成，孝武会万僧于寺。石佛低举其头，终日乃止。帝礼拜之。辩曰：'石立社移，自古有此，陛下何怪。'……孝武至长安，封范阳县公。历位给事黄门侍郎，领著作，加本州大中正。周文帝以辩有儒术，甚礼之，朝廷大议，常召顾问。迁太子少保，领国子祭酒。赵青雀之乱，魏太子出居渭北，辩时随从，亦不告家人。其执志敢决，皆此类也。寻除太常卿、太子少傅，转少师，魏太子及诸王等皆行束脩之礼，受业于辩，进爵范阳郡公。自孝武西迁，朝仪湮坠，于时朝廷宪章、乘舆法服、金石律吕、晷刻浑仪，皆令辩因时制宜。皆合轨度，多依古礼。性强记默识，能断大事，凡所创制，处之不疑。加骠骑大将军、开府仪同三司，累迁尚书令。及建门官，为师氏中大夫。明帝即位，迁小宗伯，进位大将军。帝尝与诸公幸其第，儒者荣之。出为宜州刺史，以患不之部。卒，谥曰献，配食文帝庙庭。……隋开皇初，以辩前代名德，追封沈国公。"[2]

按：卢辩，字景宣，范阳涿（今河北涿县）人。诸史所载卢景宣较详，《洛阳伽蓝记》所载卢景宣此条，正是其学识之显露，李延

---

[1] （北魏）杨衒之撰，周祖谟校释：《洛阳伽蓝记校释》，中华书局 2010 年版，第 87—88 页。

[2] （唐）李延寿：《北史》，中华书局 1974 年版，第 1099—1100 页。

寿修《北史》时全载其事，当取材于杨衒之的《洛阳伽蓝记》，足见《洛阳伽蓝记》的文献价值所在。

87. 穆亮

《洛阳伽蓝记·序》："太和十七年，高祖迁都洛阳，诏司空公穆亮营造宫室。洛阳城门，依魏晋旧名。"①

《魏书·穆亮传》："（穆）亮，字幼辅，初字老生，早有风度。显祖时，起家为侍御中散。尚中山长公主，拜驸马都尉，封赵郡王，加侍中、征南大将军。徙封长乐王。高祖初，除使持节、秦州刺史。在州未期，大著声称。征为殿中尚书。又迁使持节、征西大将军、西戎校尉、敦煌镇都大将。政尚宽简，赈恤穷乏。被征还朝，百姓追思之。除都督秦梁益三州诸军事、征南大将军、领护西戎校尉、仇池镇将。……亮表卜为广业太守，豪右咸悦，境内大安。征为侍中、尚书右仆射。……尚书陆睿举亮为司州大中正。时萧赜遣将陈显达攻陷醴阳，加亮使持节，征南大将军，都督怀、洛、南、北豫、徐、兖六州诸军事以讨之。显达遁走，乃还。寻迁司空，参议律令。例降爵为公。……寻领太子太傅。……寻除使持节、征北大将军、开府、仪同三司、冀州刺史。徙封顿丘郡开国公，食邑五百户，以绍崇爵。世宗即位，迁定州刺史，寻除骠骑大将军、尚书令，俄转司空公。景明三年薨，时年五十二。"②

《太尉领司州牧骠骑大将军顿丘郡开国公穆文献公亮墓志铭》："高祖崇，侍中太尉宜都贞公。禀萧曹之资，佐命列祖，廓定中原，左右皇极。曾祖闼，太尉宜都文成王。以申甫之俊，光辅太宗，弼谐帝猷，宪章百辟。尚宜阳公主。祖寿，侍中征东大将军领中秘书监宜都文宣王。含章挺秀，才高器远，爰眦世祖，克广大业，处三

---

① （北魏）杨衒之撰，周祖谟校释：《洛阳伽蓝记校释》，中华书局2010年版，序，第26页。

② （北齐）魏收：《魏书》，中华书局1975年版，第667—671页。

司之首，总机衡之任。尚乐陵公主。父平国，征东大将军领中书监驸马都尉。位班三司，式协时雍。尚城阳、长乐二公主。四叶重晖，三台迭映，余庆流演，实挺明懿。公弱冠登朝，爰暨知命，内赞百揆，外抚方服，宣道扬化卅余载。以景明三年岁在壬午夏闰四月晦寝疾薨于第。天子震悼，群公哀动，赠襚之礼，有加恒典。乃刊石立铭，载播徽烈。其辞曰：云岩升彩，天渊降灵，履顺开祉，命世笃生。纂戎令绪，遹骏茂声，朝累台铉，家积忠英。神清气邈，志和虑正，体仁为心，秉义为性。敦诗悦礼，恩恭能敬，内殖德本，外延衮命。晖金溢竹，组绂斯繁，四登三事，五总纳言。一传储宫，再统征轩，风芳冀东，泽流陕西。余祉愆顺，灵道匪仁，国丧茂台，家徂慈亲。瑶摧荆岭，玉碎琨津，敬铭幽石，式扬芳尘。维大魏景明三年岁次壬午六月丁亥朔廿九日乙卯。"[1]

按：穆亮（451—502），初字老生，后字幼辅，代人。高祖穆崇，北魏开国功臣；曾祖穆囚，尚宜阳公主；祖穆寿，尚乐陵公主；父穆平国，尚城阳、长乐二公主，家世极为显赫。穆亮营造宫室一事，又见《魏书·高祖纪下》："太和十七年九月幸洛阳，周巡故宫基址。帝顾谓侍臣曰：'晋德不修，早倾宗祀，荒毁至此，用伤朕怀。'诏征司空穆亮与尚书李冲、将作大匠董爵经始洛京。"《洛阳伽蓝记》此条所载，可与正史相参看。

88. 骆子渊

《洛阳伽蓝记·秦太上公寺》："当时甲胄之士，号明堂队。时虎贲骆子渊者，自云洛阳人。昔孝昌年，戍在彭城。其同营人樊元宝得假还京，子渊附书一封，令达其家，云：'宅在灵台南，近洛河，卿但是至彼，家人自出相看。'元宝如其言，至灵台南，了无人家可问，徙倚欲去。忽见一老翁来问：'从何而来，徬徨于此？'元宝具向道之。老翁云：'是吾儿也。'取书，引元宝入。遂见馆

---

[1] 赵超：《汉魏南北朝墓志汇编》，天津古籍出版社2008年版，第41—42页。

阁崇宽，屋宇佳丽。坐，命婢取酒。须臾，见婢抱一死小儿而过，元宝初甚怪之。俄而酒至，色甚红，香美异常。兼设珍羞，海陆具备。饮讫辞还，老翁送元宝出，云：'后会难期。'以为凄恨，别甚殷勤。老翁还入，元宝不复见其门巷。但见高岸对水，渌波东倾。唯见一童子可年十五，新溺死，鼻中出血。方知所饮酒，是其血也。及还彭城，子渊已失矣。元宝与子渊同戍三年，不知是洛水之神也。"①

按：骆子渊，洛阳人，为虎贲，正史无记载，由于此条出自民间传说，故史传无载。

89. 戴延之

《洛阳伽蓝记·明悬尼寺》："衒之按：刘澄之《山川古今记》、戴延之《西征记》并云'晋太康元年造'，此则失之远矣。"②

《隋书·经籍志》："《西征记》二卷，戴延之撰。"③

按：戴祚，字延之，江东人。晋、宋间小说家。曾随宋武帝刘裕西征姚秦，作《西征记》二卷。《隋志》著录《西征记》二卷为戴延之所撰，《洛阳伽蓝记》正可证之。

90. 薛令伯

《洛阳伽蓝记·景宁寺》："建义初，阳城太守薛令伯，闻太原王诛百官，立庄帝，弃郡东走。忽梦射得雁，以问元慎。元慎曰：'卿执羔，大夫执雁，君当得大夫之职。'俄然令伯除为谏议大夫。"④

按：薛令伯为北魏阳城太守、谏议大夫，正史无记载，此可补史传之阙。

---

① （北魏）杨衒之撰，周祖谟校释：《洛阳伽蓝记校释》，中华书局2010年版，第104—106页。
② （北魏）杨衒之撰，周祖谟校释：《洛阳伽蓝记校释》，中华书局2010年版，第55—56页。
③ （唐）魏征：《隋书》，中华书局1973年版，第982页。
④ （北魏）杨衒之撰，周祖谟校释：《洛阳伽蓝记校释》，中华书局2010年版，第95页。

## 91. 韩子熙

《洛阳伽蓝记·冲觉寺》："孝昌元年，太后还总万机，……拔清河国郎中令韩子熙为黄门侍郎。"①

《魏书·韩子熙传》："子熙，字元雍。少自修整，颇有学识。弱冠，未能自通，侍中崔光举子熙为清河王怿常侍，迁郎中令。……后灵太后返政，以元义为尚书令，解其领军。……书奏，灵太后义之，乃引子熙为中书舍人。后遂剖腾棺，赐义死。寻修国史，加宁朔将军。未几，除著作郎，又兼司州别驾。转辅国将军、鸿胪少卿。建义初，兼黄门，寻正。……未几，兼尚书吏部郎。普泰初，除通直散骑常侍、抚军将军、光禄大夫，寻正吏部郎。出帝初，还领著作郎。以奉册之故，封历城县开国子，食邑五百户，又加卫将军、右光禄大夫。天平初，为侍读，又除国子祭酒。……寻除骠骑将军。元象中，加卫大将军。……兴和中，孝静欲行释奠，敕子熙为侍讲。寻卒，遗戒不求赠谥，其子不能遵奉，遂至干谒。武定初，赠骠骑将军、仪同三司、幽州刺史。"②

按：韩子熙，字元雍，昌黎棘城（今辽宁义县）人。《魏书》与《北史》所载之事颇有重合之处，云其建义初（528）年兼"黄门"之职，《洛阳伽蓝记》所记可佐正史。

## 92. 魏收

《洛阳伽蓝记·平等寺》："平阳王，武穆王少子。诏中书侍郎魏收等为寺碑文。"③

《北齐书·魏收传》："魏收，字伯起，小字佛助，巨鹿下曲阳人也。……初除太学博士。……永安三年，除北主客郎中。节闵帝立，妙简近侍，诏试收为《封禅书》，收下笔便就，不立稿草，文将千

---

① （北魏）杨衒之撰，周祖谟校释：《洛阳伽蓝记校释》，中华书局2010年版，第129页。
② （北齐）魏收：《魏书》，中华书局1975年版，第1334—1337页。
③ （北魏）杨衒之撰，周祖谟校释：《洛阳伽蓝记校释》，中华书局2010年版，第87页。

言，所改无几。时黄门郎贾思同侍立，深奇之，白帝曰：'虽七步之才，无以过此。'迁散骑侍郎，寻敕典起居注，并修国史，兼中书侍郎，时年二十六。孝武初，又诏收摄本职，文诰填积，事咸称旨。……收兼通直散骑常侍，副王昕使梁，昕风流文辩，收辞藻富逸，梁主及其群臣咸加敬异。……及孙搴死，司马子如荐收，召赴晋阳，以为中外府主簿。……寻加兼著作郎。……文襄崩，文宣如晋阳，令与黄门郎崔季舒、高德正，吏部郎中尉瑾于北第掌机密。转秘书监，兼著作郎，又除定州大中正。时齐将受禅，杨愔奏收置之别馆，令撰禅代诏册诸文，遣徐之才守门不听出。天保元年，除中书令，仍兼著作郎，封富平县子。二年，诏撰魏史。四年，除魏尹，故优以禄力，专在史阁，不知郡事。……八年夏，除太子少傅、监国史，复参议律令。……又除兼太子少傅，解侍中。……大宁元年，加开府。河清二年，兼右仆射。……天统元年，除左光禄大夫。二年，行齐州刺史，寻为真。……武平三年薨。赠司空、尚书左仆射，谥文贞。有集七十卷。"①

按：魏收（505—572），字伯起，小字佛助，巨鹿下曲阳（今河北平乡）人。《北齐书》《北史》有传。《洛阳伽蓝记》谓收撰平等寺碑文时官中书侍郎，考《北齐书·魏收传》"（收）迁散骑侍郎，寻敕典起居注，并修国史，兼中书侍郎，时年二十六"，魏收生于正始二年（505），则撰写碑文的时间当在531年。

93. 魏季景

《洛阳伽蓝记·景宁寺》"尚书左丞魏季景谓人曰：'张天锡有此事，其国遂灭，此亦不祥之征。'至明年而广陵被废死。"②

《北史·魏季景传》："魏季景，收族叔也。……子季景少孤，清苦自立，博学有文才，弱冠有名京师。时邢子明称有才学，殆与子

---

① （唐）李百药：《北齐书》，中华书局1972年版，第483—495页。
② （北魏）杨衒之撰，周祖谟校释：《洛阳伽蓝记校释》，中华书局2010年版，第96页。

才相侔，季景与收相亚，洛中号两邢二魏。庄帝时，为中书侍郎。普泰中，为尚书右丞。季景善附会，宰要当朝，必先事其左右。尔朱世隆特赏爱之。于时才名甚盛，颇过其实。太昌中，位给事黄门侍郎，甚见信待，除定州大中正。孝武帝释奠，季景与温子升、李业兴、窦瑗等俱为摘句。天平初，因迁都，遂居柏人西山。内怀忧悔，乃为择居赋。元象初，兼给事黄门侍郎，后兼散骑常侍，使梁。还，历大司农卿、魏郡尹。卒，家无余财，遗命薄葬，赠散骑常侍、卫尉卿。所著文笔二百余篇。"①

按：魏季景，魏收族叔，巨鹿下曲阳（今河北平乡）人。其名与魏收相亚，洛中称"二魏"。《洛阳伽蓝记》所载魏季景事，诸史未载。另据《北史》本传称季景"普泰中，为尚书右丞"，而此作"左丞"，存次两说，俟考。

94. 李同轨

《洛阳伽蓝记·景林寺》："永安中，庄帝马射于华林园，百官皆来读碑，疑'苗'字误。国子博士李同轨曰：'魏明英才，世称三祖。公干仲宣，为其羽翼。但未知本意如何，不得言误也。'衒之时为奉朝请，因即释曰：'以蒿覆之，故言苗茨。何误之有？'"②

《魏书·儒林传·李同轨传》："李同轨，赵郡高邑人，阳夏太守义深之弟。体貌魁岸，腰带十围，学综诸经，多所治诵，兼读释氏，又好医术。年二十二，举秀才，射策，除奉朝请，领国子助教。转著作郎，典仪注，修国史，迁国子博士，加征虏将军。永熙二年，出帝幸平等寺，僧徒讲法，敕同轨论难，音韵闲朗，往复可观，出帝善之。三年春，释菜，诏延公卿学官于显阳殿，敕祭酒刘廞讲《孝经》，黄门李郁讲《礼记》，中书舍人卢景宣解《大戴礼夏小正篇》。时广招儒学，引令预听。同轨经义素优，辩析兼美，而不得执

---

① （唐）李延寿：《北史》，中华书局1974年版，第2043页。
② （北魏）杨衒之撰，周祖谟校释：《洛阳伽蓝记校释》，中华书局2010年版，第53页。

经,深为慨恨。天平中,转中书侍郎。兴和中,兼通直散骑常侍,使萧衍。衍深耽释学,遂集名僧于其爱敬、同泰二寺,讲《涅盘大品经》,引同轨预席。衍兼遣其朝臣并共观听。同轨论难久之,道俗咸以为善。卢景裕卒,齐献武王引同轨在馆教诸公子,甚加礼之。每旦入授,日暮始归。缁素请业者,同轨夜为说解,四时恒尔,不以为倦。武定四年夏卒,年四十七,时人伤惜之,齐献武王亦殊嗟悼,赠襚甚厚。赠骠骑大将军、瀛州刺史,谥曰康。"①

按:李同轨(500—546),赵郡高邑(今属河北)人。诸史言李同轨为国子博士,《洛阳伽蓝记》亦云此。李同轨博学之士,曾与魏收等同修史书,《洛阳伽蓝记》此条所记,可为佐证。

95. 萧忻

《洛阳伽蓝记·昭仪尼寺》:"太后临朝,阉寺专宠,宦者之家,积金满堂。是以萧忻云:'高轩斗升者,尽是阉官之鳌妇;胡马鸣珂者,莫不黄门之养息也。'忻,阳平人也。爱尚文籍,少有名誉,见阉寺宠盛,遂发此言,因即知名,为治书侍御史。"②

按:萧忻,正史无记载,范祥雍《校注》、周祖谟《校释》、杨勇《校笺》均无考,按明顾起元《说略》卷5载:"元魏时,御史萧忻疏云:'高轩和鸾者,阉官之鳌妇;胡马鸣珂者,黄门之养息'",起元云萧忻为元魏御史,不知何据,俟考。

96. 泉企

《洛阳伽蓝记·平等寺》:"恭是庄帝从父兄也。正光中,为黄门侍郎,见元义秉权,政归近习,遂佯哑不语,不预世事。永安中遁于上洛山中,州刺史泉企执而送之。"③

《周书·泉企传》:"泉企字思道,上洛丰阳人也。世雄商洛。……

---

① (北齐)魏收:《魏书》,中华书局1975年版,第1860—1861页。
② (北魏)杨衒之撰,周祖谟校释:《洛阳伽蓝记校释》,中华书局2010年版,第43页。
③ (北魏)杨衒之撰,周祖谟校释:《洛阳伽蓝记校释》,中华书局2010年版,第81页。

孝昌初，又加龙骧将军、假节、防洛州别将，寻除上洛郡守。……迁左将军、淅州刺史，别封泾阳县伯，邑五百户。永安中，梁将王玄真入寇荆州。加企持节、都督，率众援之。遇玄真于顺阳，与战，大破之。除抚军将军、使持节，假镇南将军、东雍州刺史，进爵为侯。……在州五年，每于乡里运米以自给。梁魏兴郡与洛州接壤，表请与属。诏企为行台尚书以抚纳之。大行台贺拔岳以企昔莅东雍，为吏民所怀，乃表企复为刺史，诏许之。蜀民张国隽聚党剽劫，州郡不能制，企命收而戮之，阖境清肃。魏孝武初，加车骑将军、左光禄大夫。……寻卒于邺。"①

《北史·泉仚传》："泉仚，字思道，上洛丰阳人也……"②

按：泉企，字思道，上洛丰阳（今属陕西）人。钱大昕《考异》卷32云："按《魏志》（《魏书》卷一〇六《地形志》下）丰阳为上庸郡治，而上庸本名东上洛郡，永平中始改上庸，史从其初书之。"则泉企当为上庸丰阳人。"泉企"，《魏书》本传同，《北史》则作"泉仚"。考其字为"思道"，"仚"与其相应，作"泉仚"是。《洛阳伽蓝记》所记泉仚事，为诸史漏载，此可补史事之阙。

97. 宗正珍孙

《洛阳伽蓝记·永宁寺》："六月，帝围河内，太守元桃汤、车骑将军宗正珍孙等为颢守，攻之弗克。时暑炎赫，将士疲劳。太原王欲使帝幸晋阳，至秋更举大义。未决，召刘助筮之。助曰：'必克。'于是至明尽力攻之，如其言。桃汤、珍孙并斩首，以殉三军。"③

《魏书·肃宗纪》："乙丑，以安西将军、光禄大夫宗正珍孙为都督，讨汾州反胡。"④

---

① （唐）令狐德棻：《周书》，中华书局1971年版，第785—787页。
② （唐）李延寿：《北史》，中华书局1974年版，第2331页。
③ （北魏）杨衒之撰，周祖谟校释：《洛阳伽蓝记校释》，中华书局2010年版，第23—24页。
④ （北齐）魏收：《魏书》，中华书局1975年版，第243—244页。

《魏书·孝庄纪》:"太尉公、上党王天穆为大都督、东北道诸军事,率都督宗正珍孙、奚毅、贺拔胜、尔朱阳都等讨任褒。"①

《魏书·尔朱荣传》:"建义初,北海王元颢南奔萧衍,衍乃立为魏主,资以兵将。时邢杲寇乱三齐,与颢应接。……天穆既平邢杲,亦渡河以会车驾。颢都督宗正珍孙、河内太守元袭固守不降,荣攻而克之,斩珍孙、元袭以徇。"②

按:宗正珍孙,《魏书》有零星记载。《洛阳伽蓝记》谓其为车骑将军,《魏书》不载,此可补史事之阙。

98. 李苗

《洛阳伽蓝记·永宁寺》:"帝更募人断河桥。有汉中人李苗为水军,从上流放火烧桥,世隆见桥被焚,遂大飙生民,北上太行。"③

《魏书·李苗传》:"李苗,字子宣,梓潼涪人。……苗有文武才干,以大功不就,家耻未雪,常怀慷慨。……正光末,二秦反叛,侵及三辅。……于是诏苗为统军,与别将淳于诞俱出梁益,隶行台魏子建。子建以苗为郎中,仍领军,深见知待。孝昌中,还朝,镇远将军、步兵校尉。俄兼尚书右丞,为西北道行台,与大都督宗正珍孙讨汾、绛蜀贼,平之。还除司徒司马,转太府少卿,加龙骧将军。于时萧衍巴西民何难尉等豪姓,相率请讨巴蜀之间,诏苗为通直散骑常侍、冠军将军、西南道慰劳大使。未发,会杀尔朱荣,荣从弟世隆拥荣部曲屯据河桥,还逼都邑。孝庄亲幸大夏门,集群臣博议。百僚悒惧,计无所出。苗独奋衣而起曰:'今小贼唐突如此,朝廷有不测之危,正是忠臣烈士效节之日!臣虽不武,窃所庶几。请以一旅之众,为陛下径断河梁!'城阳王徽、中尉高道穆赞成其计。庄帝壮而许焉。苗乃募人于马渚上流以舟师夜下,去桥数里便放火船,

---

① (北齐)魏收:《魏书》,中华书局1975年版,第258页。
② (北齐)魏收:《魏书》,中华书局1975年版,第1652页。
③ (北魏)杨衒之撰,周祖谟校释:《洛阳伽蓝记校释》,中华书局2010年版,第28页。

河流既驶,倏忽而至。贼于南岸望见火下,相蹙争桥,俄然桥绝,没水死者甚众。苗身率士卒百许人泊于小渚以待南援。既而官军不至,贼乃涉水,与苗死斗。众寡不敌,左右死尽,苗浮河而殁,时年四十六。帝闻苗死,哀伤久之,曰:'苗若不死,当应更立奇功。'赠使持节、都督梁益巴东梁四州诸军事、车骑大将军、仪同三司、梁州刺史、河阳县开国侯、邑一千户,赗帛五百匹、粟五百石。谥忠烈侯。"①

《魏书·敬宗孝庄帝纪》:"(永安三年冬十月)乙卯,通直散骑常侍、假平西将军、都督李苗以火船焚河桥,尔朱世隆退走。"②

按:李苗(485—530),字子宣,梓潼涪(今四川绵阳)人。《魏书》本传谓其死于尔朱世隆攻河桥时,事发孝庄帝永安三年(530),时年四十六,逆推当生于485年。诸史所载李苗事甚详,《洛阳伽蓝记》此条所载,可与正史相参。

99. □瑗

《洛阳伽蓝记·平等寺》:"彭城王尔朱仲远,世隆之兄也,镇滑台,表用其下都督□瑗为西兖州刺史,先用后表。广陵答曰:'已能近补,何劳远闻?'"③

按:范祥雍《校注》曰:"绿君亭本瑗上无空格。吴《集证》云:'按《魏书》列传有窦瑗、裴瑗二人,未知孰是,未敢臆补。'按《通鉴》径作'表用其下都督为西兖州刺史',不著姓名,是此上缺文,北宋时已然。"周祖谟《校释》曰:"'瑗'上原缺一字,《逸史》本同。案此称西兖州刺史盖乙瑗也。《魏书》卷四十四《乙瓌传》曾孙瑗字雅珍,尚高祖女淮阳公主,累迁西兖州刺史。"考《魏书·乙瓌传》云:"(乙瓌)子瑗,字雅珍。尚淮阳公主,高祖之女也,除驸马都尉,汝南王友,固辞不拜。历济南太守。时为逆贼刘桃攻郡,瑗逾

---

① (北齐)魏收:《魏书》,中华书局1975年版,第1594—1597页。
② (北齐)魏收:《魏书》,中华书局1975年版,第267页。
③ (北魏)杨衒之撰,周祖谟校释:《洛阳伽蓝记校释》,中华书局2010年版,第86—87页。

城获免。后都督李叔仁讨桃平之，瑗乃还郡。后除司农少卿，银青、金紫、左、右光禄大夫，中军将军，西兖州刺史。天平元年，举兵应樊子鹄，与行台左丞宋显战，败死，时年四十六。"乙瑗于天平元年（534）战死，年四十六，逆推当生于太和十三年（489）。《资治通鉴》卷155载"尔朱仲远镇滑台，表用其下都督为西兖州刺史"①，系于梁武帝中大通三年（531），时间相合，周说可从。

## 第三节　庶民

1. 王腾周（城东）

《洛阳伽蓝记·正觉寺》："（元慎）时人譬之周宣。及尔朱兆入洛阳，即弃官与华阴隐士王腾周游上洛山。"②

按：王腾周因是隐士，故正史无载，此可补史传之缺。

2. 田僧超

《洛阳伽蓝记·法云寺》："有田僧超者，善吹笳，能为《壮士歌》、《项羽吟》，征西将军崔延伯甚爱之。……时公卿祖道，车骑成列，延伯危冠长剑耀武于前，僧超吹《壮士笛曲》于后，闻之者懦夫成勇，剑客思奋。延伯胆略不群，威名早著，为国展力，二十余年，攻无全城，战无横陈，是以朝廷倾心送之。延伯每临阵，常令僧超为壮士声，甲胄之士莫不踊跃。延伯单马入阵，旁若无人，勇冠三军，威镇戎竖。二年之间，献捷相继。鬼奴募善射者射僧超亡，延伯悲惜哀恸，左右谓伯牙之失钟子期不能过也。后延伯为流矢所中，卒于军中。于是五万之师，一时溃散。"③

按：田僧超，善于吹奏《壮士歌》和《项羽吟》，显示了北魏

---

① （宋）司马光：《资治通鉴》，中华书局1956年版，第4801页。
② （北魏）杨衒之撰，周祖谟校释：《洛阳伽蓝记校释》，中华书局2010年版，第96页。
③ （北魏）杨衒之撰，周祖谟校释：《洛阳伽蓝记校释》，中华书局2010年版，第142—143页。

民间音乐有强烈的艺术感染力。僧超正史无传，此可补史事之阙。

3. 李元祐

《洛阳伽蓝记·高阳王寺》："崇客李元祐语人云：'李令公一食十八种。'人问其故，元祐曰：'二韭一十八。'闻者大笑。"①

按：李元祐，如隐堂本作"佑"，吴琯本、《汉魏》本、真意堂本作"佑"。《太平广记》引作"佑"，下同。《太平御览》作"崇家客"，下文作"元佑"。李元祐，李崇之客。系平民，故正史无传，此可补史事之阙。

4. 李元谦

5. 春风

《洛阳伽蓝记·凝玄寺》："时陇西李元谦乐双声语，常经文远宅前过，见其门阀华美，乃曰：'是谁第宅？过佳！'婢春风出曰：'郭冠军家。'元谦曰：'凡婢双声。'春风曰：'伫奴慢骂！'元谦服婢之能，于是京邑翕然传之。"②

按：陇西李氏自秦代起就为著名的武将世家，为北朝著姓，则李元谦非一般的平民。正史无传，此可补史事缺漏。春风，郭文远家的奴婢，正史亦无传。

6. 杜子休

《洛阳伽蓝记·景兴尼寺》："绥民里东，[有]崇义里。里内有京兆人杜子休宅。地形显敞，门临御道。时有隐士赵逸，云是晋武时人，晋朝旧事，多所记录。正光初，来至京师，见子休宅，叹息曰：'此宅中朝时太康寺也。'时人未信，遂问寺之由绪。逸云：'龙骧将军王濬平吴之后，始立此寺。本有三层浮图，用砖为之。'指子休园中曰：'此是故处。'子休掘而验之，果得砖数十

---

① （北魏）杨衒之撰，周祖谟校释：《洛阳伽蓝记校释》，中华书局2010年版，第123—124页。

② （北魏）杨衒之撰，周祖谟校释：《洛阳伽蓝记校释》，中华书局2010年版，第168页。

万，兼有石铭云：'晋太康六年，岁次乙巳，九月甲戌朔，八日辛巳，仪同三司襄阳侯王濬敬造。'时园中果菜丰蔚，林木扶疏，乃服逸言，号为圣人。子休遂舍宅为灵应寺，所得之砖，还为三层浮图。①

按：据《洛阳伽蓝记》所记，其宅"地形显敞，门临御道"，子休当为洛阳一个富裕市民，正史无传，此可补史传之阙。

7. 侯庆

8. 马氏

9. 丑多

《洛阳伽蓝记·开善寺》："南阳人侯庆有铜像一躯，可高尺余。庆有牛一头，拟货为金色，遇急事，遂以牛他用之。经二年，庆妻马氏忽梦此像谓之曰：'卿夫妇负我金色，久而不偿，今取卿儿丑多以偿金色焉。'马氏悟觉，心不遑安。至晓，丑多得病而亡。庆年五十，唯有一子，悲哀之声，感于行路。丑多亡日，像自然金色，光照四邻，一里之内，咸闻香气。僧俗长幼，皆来观睹。尚书左仆射元顺闻里内频有怪异，遂改阜财里为齐谐里也。"②

按：侯庆、庆妻马氏及其子丑多为一般平民，故正史无传，此可补史事之缺。

10. 姜质

《洛阳伽蓝记·正始寺》："天水人姜质，志性疏诞，麻衣葛巾，有逸民之操。见伦山爱之，如不能已，遂造《庭山赋》，行传于世。"③

《魏书·成淹传》："霄，字景鸾。亦学涉，好为文咏，但词彩不

---

① （北魏）杨衒之撰，周祖谟校释：《洛阳伽蓝记校释》，中华书局2010年版，第64—65页。

② （北魏）杨衒之撰，周祖谟校释：《洛阳伽蓝记校释》，中华书局2010年版，第146—147页。

③ （北魏）杨衒之撰，周祖谟校释：《洛阳伽蓝记校释》，中华书局2010年版，第75页。

伦，率多鄙俗。与河东姜质等朋游相好，诗赋间起。知音之士，共所嗤笑；闾巷浅识，颂讽成群，乃至大行于世。"①

《北史·成淹传》："子霄，字景鸾，好为文咏，坦率多鄙俗，与河东姜质等朋游相好，诗赋间起，知音之士所共嗤笑。"②

按：姜质，《洛阳伽蓝记》作天水人，《魏书》和《北史》则作河东人。《颜氏家训·文章》称："近在并州，有一士族，好为可笑诗赋，誂擊邢、魏诸公，众共嘲弄，虚相赞说，便击牛酾酒，招延声誉。其妻，明鉴妇人也，泣而谏之。此人叹曰：'才华不为妻子所容，何况行路！'至死不觉。"王利器先生曰："疑姜质其人，即颜氏所谓并州士族，《洛阳伽蓝记》卷二《正始寺》所载《庭山赋》，即其佐证也。"③

11. 韦英

12. 梁氏

13. 向子集

《洛阳伽蓝记·开善寺》："阜财里内有开善寺，京兆人韦英宅也。英早卒，其妻梁氏不治丧而嫁，更纳河内人向子集为夫，虽云改嫁，仍居英宅。英闻梁氏嫁，白日来归，乘马将数人至于庭前，呼曰：'阿梁！卿忘我耶？'子集惊怖，张弓射之，应箭而倒，即变为桃人。所骑之马亦变为茅马，从者数人尽化为蒲人。梁氏惶惧，舍宅为寺。"④

按：韦英、梁氏、向子集当系民间传说人物，故为正史所不采。

14. 荀济

《洛阳伽蓝记·秦太上君寺》："颍川荀济，风流名士，高鉴妙识，独出当世。清河崔叔仁称齐士大夫，曰：'齐人外矫仁义，内怀

---

① （北齐）魏收：《魏书》，中华书局1975年版，第1755页。
② （唐）李延寿：《北史》，中华书局1974年版，第1701页。
③ 王利器：《颜氏家训集解》，中华书局1993年版，第256页。
④ （北魏）杨衒之撰，周祖谟校释：《洛阳伽蓝记校释》，中华书局2010年版，第146页。

鄙吝；轻同羽毛，利等锥刀。好驰虚誉，阿附成名，威势所在，侧肩竞入，求其荣利，甜然浓泗。譬于四方，慕势最甚。'号齐士子为'慕势诸郎'。临淄官徒布在京邑，闻怀砖慕势，咸共耻之，唯崔孝忠一人不以为意。问其故，孝忠曰：'营丘风俗，太公余化，稷下儒林，礼义所出。今虽凌迟，足为天下模楷。荀济人非许郭，不识东家，虽复莠言自口，未宜荣辱也。'"①

《北史·文苑·荀济传》："荀济，字子通。其先颍川人，世居江左。济初与梁武帝布衣交，知梁武当王，然负气不服，谓人曰：'会楯上磨墨作檄文。'或称其才于梁武，梁武曰：'此人好乱者也。'济又上书讥佛法，言营费太甚。梁武将诛之，遂奔魏，馆于崔悛家。及是见执。杨愔谓曰：'迟暮何为然？'济曰：'叱叱，气耳，何关迟暮！'乃下辩曰：'自伤年几摧颓，恐功名不立。舍儿女之情，起风云之事，故挟天子，诛权臣。'齐文襄惜其才，将不杀，亲谓曰：'荀公何意反？'济曰：'奉诏诛将军高澄，何为反！'于是燔杀之。邺下士大夫多传济音韵。"②

按：荀济，字子通，颍川（今属河南）人。《洛阳伽蓝记》所载荀济事迹，《北史》未载，此可补史传之阙。

15. 崔涵（字子洪）

16. 崔畅（崔涵父）

17. 魏氏（崔涵母）

《洛阳伽蓝记·菩提寺》："沙门达多发冢取砖，得一人以进。时太后与明帝在华林都堂，以为妖异。谓黄门侍郎徐纥曰：'上古以来，颇有此事否？'纥曰：'昔魏时发冢，得霍光女婿范明友家奴，说汉朝废立，与史书相符，此不足为异也。'后令纥问其姓名，死来

---

① （北魏）杨衒之撰，周祖谟校释：《洛阳伽蓝记校释》，中华书局2010年版，第71—72页。

② （唐）李延寿：《北史》，中华书局1974年版，第2786页。

几年，何所饮食。死者曰：'臣姓崔，名涵，字子洪，博陵安平人也。父名畅，母姓魏，家在城西阜财里。死时年十五，今满二十七，在地十有二年，常似醉卧，无所食也。时复游行，或遇饭食，如似梦中，不甚辨了。'后即遣门下录事张隽诣阜财里，访涵父母，果得崔畅，其妻魏氏。隽问畅曰：'卿有儿死否？'畅曰：'有息子洪，年十五而死。'隽曰：'为人所发，今日苏活，在华林园中，主人故遣我来相问。'畅闻惊怖曰：'实无此儿，向者谬言。'隽还，具以实陈闻，后遣隽送涵回家。畅闻涵至，门前起火，手持刀，魏氏把桃枝。谓曰：'汝不须来！吾非汝父，汝非吾子，急手速去，可得无殃。'涵遂舍去，游于京师。常宿寺门下，汝南王赐黄衣一具。涵性畏日，不敢仰视，又畏水火及兵刃之属，常走于逵路，遇疲则止，不徐行也。时人犹谓是鬼。洛阳大市北奉终里，里内之人，多卖送死人之具及诸棺椁，涵谓曰：'作柏木棺，勿以桑木为欀。'人问其故，涵曰：'吾在地下见发鬼兵，有一鬼诉称：'是柏棺，应免。'主兵吏曰：'尔虽柏棺，桑木为欀。遂不免。'京师闻此，柏木踊贵，人疑卖棺者货涵发此言也。"①

按：崔涵死十二年而复生之事，颇为荒诞，当系闾巷附会相传之言，故为正史所不采。然考《洛阳伽蓝记》所记，知北魏城市经济的特点。棺木商人借崔涵一事炒作柏木棺材，可见其善于营销的经济头脑。

18. 朝云

《洛阳伽蓝记·开善寺》："（元琛）有婢朝云，善吹篪，能为《团扇歌》、《陇上声》。琛为秦州刺史，诸羌外叛，屡讨之不降。琛令朝云假为贫妪，吹篪而乞。诸羌闻之，悉皆流涕。迭相谓曰：'何为弃坟井，在山谷为寇也？'即相率归降。秦民语曰：'快马健儿，

---

① （北魏）杨衒之撰，周祖谟校释：《洛阳伽蓝记校释》，中华书局2010年版，第119—121页。

不如老妪吹箎。'"①

按：《洛阳伽蓝记》载朝云吹箎以降诸羌，足见其技艺之感动人心，可考见北魏时期的音乐情况。朝云身为婢女，故正史不载，此可补史传之阙。

19. 裴子明

《洛阳伽蓝记·法云寺》："寺北有侍中尚书令临淮王彧宅。……荆州秀才张斐常为五言，有清拔之句云：'异林花共色，别树鸟同声。'彧以蛟龙锦赐之，亦有得绯䌷紫绫者。唯河东裴子明为诗不工，罚酒一石。子明饮八斗而醉眠，时人譬之山涛。……"②

按：裴子明，河东（今山西闻喜县）人。正史无记载，裴子明善饮，而不工诗。此可补史传之缺。河东裴氏，又称闻喜裴氏，为三晋望族。《说文解字》："邳，河东闻喜县，从邑非声。"③ 段玉裁注曰："今山西绛州闻喜县，汉县地也。《广韵》曰：邳，乡名，在闻喜。伯益之后封于邳乡，因以为氏，后徙封解邑，乃去邑从衣。按：今裴行而邳废矣。"④ 其始祖为嬴秦始祖非子之后，非子之支孙封邳，因以为氏。周僖王时，六世孙陵封为解邑君，乃去"邑"从"衣"，以"裴"为姓。后裴氏分为三支，分居河东、燕京、西凉等地。

20. 赵法和

《洛阳伽蓝记·白马寺》："时亦有洛阳人赵法和请占早晚当有爵否。宝公曰：'大竹箭，不须羽。东厢屋，急手作。'时人不晓其意。经十余日，法和父丧。大竹箭者，苴杖；东厢屋者，倚庐。造

---

① （北魏）杨衒之撰，周祖谟校释：《洛阳伽蓝记校释》，中华书局2010年版，第148—149页。
② （北魏）杨衒之撰，周祖谟校释：《洛阳伽蓝记校释》，中华书局2010年版，第139—140页。
③ （东汉）许慎：《说文解字》，中华书局1963年版，第133页。
④ （清）段玉裁：《说文解字注》，中华书局2013年版，第291页。

《十二辰歌》，终其言也。"①

按：赵法和，洛阳（今属河南）人。正史无记载，此可补史传之阙。

21. 刘白堕

《洛阳伽蓝记·法云寺》："河东人刘白堕善能酿酒。季夏六月，时暑赫晞，以罂贮酒，暴于日中，经一旬，其酒味不动。饮之香美，醉而经月不醒。京师朝贵多出郡登藩，远相饷馈，逾于千里，以其远至，号曰'鹤觞'。亦名'骑驴酒'。"②

按：刘白堕，正史无记载。《水经·河水注》："（蒲阪）魏秦州刺史治。太和迁都罢州，置河东郡。郡多流杂，谓之徙民。民有姓刘名堕者，宿擅工酿，采挹河流，酝成芳酎，悬食同枯枝之年，排于桑落之辰，故酒得其名矣。然香醑之色，清白若滫浆焉。别调氛氲，不与佗同，兰熏麝越，自成馨逸，方土之贡选，最佳酎矣。自王公庶友，牵拂相招者，每云：索郎有顾，思同旅语。索郎反语为桑落也。更为籍征之隽句，中书之英谈。"③《洛阳伽蓝记》作"刘白堕"，此作"刘堕"，范祥雍疑白堕为刘堕之字，俟考。

22. 赵逸

《洛阳伽蓝记·昭仪尼寺》："后隐士赵逸云：'此地是晋侍中石崇家池，池南有绿珠楼。'于是学徒始寤，经过者，想见绿珠之容也。"④

《洛阳伽蓝记·龙华寺》："赵逸云：'此台是中朝旗亭也。'上有二层楼，悬鼓击之以罢市。"⑤

《洛阳伽蓝记·景兴尼寺》："时有隐士赵逸，云是晋武时人，

---

① （北魏）杨衒之撰，周祖谟校释：《洛阳伽蓝记校释》，中华书局2010年版，第136页。
② （北魏）杨衒之撰，周祖谟校释：《洛阳伽蓝记校释》，中华书局2010年版，第143—144页。
③ （北魏）郦道元撰，陈桥驿注释：《水经注》，浙江古籍出版社2001年版，第54页。
④ （北魏）杨衒之撰，周祖谟校释：《洛阳伽蓝记校释》，中华书局2010年版，第44页。
⑤ （北魏）杨衒之撰，周祖谟校释：《洛阳伽蓝记校释》，中华书局2010年版，第56页。

晋朝旧事，多所记录。正光初，来至京师，见子休宅，叹息曰：'此宅中朝时太康寺也。'时人未信，遂问寺之由绪。逸云：'龙骧将军王濬平吴之后，始立此寺。本有三层浮图，用砖为之。'指子休园中曰：'此是故处。'子休掘而验之，果得砖数十万，兼有石铭云：'晋太康六年，岁次乙巳，九月甲戌朔，八日辛巳，仪同三司襄阳侯王濬敬造。'时园中果菜丰蔚，林木扶疏，乃服逸言，号为圣人。子休遂舍宅为灵应寺，所得之砖，还为三层浮图。好事者寻逐之，问：'晋朝京师，何如今日？'逸曰：'晋时民少于今日。王侯第宅与今日相似。'又云：'自永嘉以来，二百余年，建国称王者十有六君，皆游其都邑，目见其事。国灭之后，观其史书，皆非实录。莫不推过于人，引善自向。苻生虽好勇嗜酒，亦仁而不杀。观其治典，未为凶暴，及详其史，天下之恶皆归焉。苻坚自是贤主，贼君取位，妄书生恶。凡诸史官，皆是类也。人皆贵远贱近，以为信然。当今之人，亦生愚死智，惑已甚矣！'人问其故。逸曰：'生时中庸之人耳。及其死也，碑文墓志，莫不穷天地之大德，尽生民之能事，为君共尧舜连衡，为臣与伊皋等迹。牧民之官，浮虎慕其清尘；执法之吏，埋轮谢其梗直。所谓生为盗跖，死为夷齐，佞言伤正，华辞损实。'当时构文之士，惭逸此言。步兵校尉李澄问曰：'太尉府前砖浮图，形制甚古，犹未崩毁，未知早晚造？'逸云：'晋义熙十二年，刘裕伐姚泓，军人所作。'汝南王闻而异之，拜为义父。因而问：'何所服饵，以致长年？'逸云：'吾不闲养生，自然长寿。郭璞尝为吾筮云，寿年五百岁。今始逾半。'帝给步挽车一乘，游于市里。所经之处，多记旧迹。三年以后遁去，莫知所在。"①

《洛阳伽蓝记·秦太上君寺》："赵逸云：'晖文里是晋马道里。

---

① （北魏）杨衒之撰，周祖谟校释：《洛阳伽蓝记校释》，中华书局2010年版，第64—67页。

延实宅是蜀主刘禅宅。延实宅东有脩和宅，是吴主孙皓宅。李韶宅是晋司空张华宅。'"①

《洛阳伽蓝记·宝光寺》："隐士赵逸见而叹曰：'晋朝石塔寺，今为宝光寺也！'人问其故，逸曰：'晋朝四十二寺尽皆湮灭，唯此寺独存。'指园中一处曰：'此是浴堂，前五步，应有一井。'众僧掘之，果得屋及井焉。"②

按：《魏书》《北史》记载有天水人赵逸，字思群，与此隐士为不同之人。赵逸是杨衒之《洛阳伽蓝记》中关键性的人物之一，在全书中凡5次出现，恰似洛阳和洛阳伽蓝前身的见证者。同时杨衒之也通过赵逸表达了他对所谓信史的怀疑。

23. 刘宣明

《洛阳伽蓝记·崇真寺》："桥北大道西有建阳里，大道东有绥民里，里内有河间刘宣明宅。神龟年中，以直谏忤旨，斩于都市讫，目不瞑，尸行百步，时人谈以枉死。宣明少有名誉，精通经史，危行及于诛死也。"③

《魏书·肃宗纪》："瀛州民刘宣明谋反，事觉伏诛。"④

《魏书·杨播列传附椿子昱传》："神龟二年，瀛州民刘宣明谋反，事觉逃窜。"⑤

《魏书·刑罚志》尚书三公郎中崔纂执曰："伏见旨募若获刘辉者，职人赏二阶，白民听出身进一阶，厮役免役，奴婢为良。案辉无叛逆之罪，赏同反人刘宣明之格。"⑥

按：刘宣明（？—519），《洛阳伽蓝记》作"河间"人，《魏

---

① （北魏）杨衒之撰，周祖谟校释：《洛阳伽蓝记校释》，中华书局2010年版，第69页。
② （北魏）杨衒之撰，周祖谟校释：《洛阳伽蓝记校释》，中华书局2010年版，第137页。
③ （北魏）杨衒之撰，周祖谟校释：《洛阳伽蓝记校释》，中华书局2010年版，第63页。
④ （北齐）魏收：《魏书》，中华书局1975年版，第229页。
⑤ （北齐）魏收：《魏书》，中华书局1975年版，第1292页。
⑥ （北齐）魏收：《魏书》，中华书局1975年版，第2886页。

书》作"瀛洲"人。范祥雍考:"《魏书》九《肃宗纪》:神龟二年（五一九）九月'瀛州民刘宣明谋反,事觉,伏诛。'与本书大异。或当时诬以反罪,故衒之谓'时人谈以枉死',此可以正史之讹。《北史·肃宗纪》与《资治通鉴》皆不载此事,当亦是疑《魏书》之语为妄而删之。又按《魏书》五十八《杨昱传》云:'神龟二年（五一九）,瀛州民刘宣明谋反,事觉逃窜。（元）义乃使（武昌王元）和及元氏诬告昱藏隐宣明。'此虽出于元义诬告,然宣明必与杨昱素稔,故能构成罪词。杨昱为杨椿之子,一门富贵,交往冠冕,宣明如为其友,必非平民可知。又史称杨播弟兄'恭德慎行,为世师范,汉之万石家风,陈纪门法,所不过也。诸子秀立,青紫盈庭'。由此而论,宣明为人略可推知。魏收书多诬,刘宣明一事幸赖此文为之雪冤,亦可见杨氏之具有史才也。"

考《魏书》载刘宣明为瀛州人,《洛阳伽蓝记》载其为河间人。据《魏书·地形志》,太和十一年瀛州领有高阳、章武、河间三郡,故范祥雍先生论二人实为一人,是有根据的。

24. 刘胡

《洛阳伽蓝记·景宁寺》:"孝义里东市北殖货里,里有太常民刘胡兄弟四人,以屠为业。永安年中,胡杀猪,猪忽唱乞命,声及四邻。邻人谓胡兄弟相殴斗而来观之,乃猪也。胡即舍宅为归觉寺,合家人入道焉。"[1]

按:刘胡之事,当系市井闲谈,故正史无载。

25. 刘宝

《洛阳伽蓝记·法云寺》:"里内之人尽皆工巧屠贩为生,资财巨万。有刘宝者,最为富室。州郡都会之处皆立一宅,各养马一匹,至于盐粟贵贱,市价高下,所在一例。舟车所通,足迹所履,莫不商贩焉。是以海内之货,咸萃其庭,产匹铜山,家藏金穴。宅宇逾

---

[1] （北魏）杨衒之撰,周祖谟校释:《洛阳伽蓝记校释》,中华书局2010年版,第96页。

制,楼观出云,车马服饰,拟于王者。"①

按:《南史·刘怀珍传》:"峻时年八岁,为人所略为奴至中山。中山富人刘宝愍峻,以束帛赎之,教以书学。"② 此两刘宝是否为同一人,待考。

26. 荀子文
27. 李才
28. 潘崇和

《洛阳伽蓝记·高阳王寺》:"里内颍川荀子文,年十三,幼而聪辨,神情卓异,虽黄琬、文举无以加之。正光初,广宗潘崇和讲《服氏春秋》于城东昭义里,子文摄齐北面,就和受道。时赵郡李才问子文曰:'荀生住在何处?'子文对曰:'仆住在中甘里。'才曰:'何为住城南?'城南有四夷馆,才以此讥之。子文对曰:'国阳胜地,卿何怪也?若言川涧,伊洛峥嵘,语其旧事,灵台石经。招提之美,报德、景明。当世富贵,高阳、广平。四方风俗,万国千城。若论人物,有我无卿!'才无以对之。崇和曰:'汝颍之士利如锥,燕赵之士钝如锤。信非虚言也。'举学皆笑焉。"③

按:荀子文、李才,正史无载。潘崇和,唐晏《钩沈》云:"按《北史·儒林传》于服氏《春秋》有潘叔虔,当即崇和之字。"范祥雍《校注》曰:按《儒林传序》云:"河北诸儒能通《春秋》者,并服子慎所注,亦出徐生(徐遵明)之门。张买奴、马敬德、邢峙、张思伯、张奉礼、张彫、刘昼、鲍长宣、王元则,并得服氏之精微。又有卫觊、陈达、潘叔虔,虽不传徐氏之门,亦为通解。又有姚文安、秦道静初亦学服氏,后兼更讲杜元凯所注。"于此可觇

---

① (北魏)杨衒之撰,周祖谟校释:《洛阳伽蓝记校释》,中华书局 2010 年版,第 141—142 页。
② (唐)李延寿:《南史》,中华书局 1975 年版,第 1218 页。
③ (北魏)杨衒之撰,周祖谟校释:《洛阳伽蓝记校释》,中华书局 2010 年版,第 125—126 页。

当时服氏春秋流传之概况。唐氏所言叔虔是崇和之字,更无佐证,只可存疑。

## 第四节　僧侣

1. 宋云
2. 惠生

《洛阳伽蓝记·禅虚寺》:"闻义里有敦煌人宋云宅,云与惠生俱使西域也。神龟元年十一月冬,太后遣崇立寺比丘惠生向西域取经,凡得一百七十部,皆是大乘妙典。"[1]

《洛阳伽蓝记·宋云惠生使西域》:"国王见宋云云大魏使来,膜拜受诏书。闻太后崇奉佛法,即面东合掌,遥心顶礼。遣解魏语人问宋云曰:'卿是日出人也?'宋云答曰:'我国东界有大海水,日出其中,实如来旨。'王又问曰:'彼国出圣人否?'宋云具说周孔庄老之德;次序蓬莱山上银阙金堂,神仙圣人并在其上,说管辂善卜,华陀治病,左慈方术;如此之事,分别说之。王曰:'若如卿言,即是佛国,我当命终,愿生彼国。'宋云于是与惠生出城外,寻如来教迹。"[2]

《洛阳伽蓝记·宋云惠生使西域》:"城北有陀罗寺,佛事最多。浮图高大,僧房逼侧,周匝金像六千躯。王年常大会,皆在此寺。国内沙门,咸来云集。宋云惠生见彼比丘戒行精苦,观其风范,特加恭敬。遂舍奴婢二人,以供洒扫。"[3]

《洛阳伽蓝记·宋云惠生使西域》:"去王城东南,山行八日,[至]如来苦行投身饲饿虎之处。高山巃嵸,危岫入云。嘉木灵芝,丛生其上。林泉婉丽,花彩曜目。宋云与惠生割舍行资,于山顶造

---

[1] (北魏)杨衒之撰,周祖谟校释:《洛阳伽蓝记校释》,中华书局2010年版,第168—169页。
[2] (北魏)杨衒之撰,周祖谟校释:《洛阳伽蓝记校释》,中华书局2010年版,第186页。
[3] (北魏)杨衒之撰,周祖谟校释:《洛阳伽蓝记校释》,中华书局2010年版,第188页。

浮图一所，刻石隶书，铭魏功德。山有收骨寺，三百余僧。……王城西南五百里，有善持山，甘泉美果，见于经记。山谷和暖，草木冬青。当时太簇御辰，温炽已扇，鸟鸣春树，蝶舞花丛，宋云远在绝域，因瞩此芳景，归怀之思，独轸中肠，遂动旧疹，缠绵经月，得婆罗门咒，然后平善。"①

《洛阳伽蓝记·宋云惠生使西域》："宋云诣军，通诏书，王凶慢无礼，坐受诏书。宋云见其远夷不可制，任其倨傲，莫能责之。王遣传事谓宋云曰：'卿涉诸国，经过险路，得无劳苦也？'宋云答曰：'我皇帝深味大乘，远求经典，道路虽险，未敢言疲。大王亲总三军，远临边境，寒暑骤移，不无顿弊？'王答曰：'不能降服小国，愧卿此问。'宋云初谓王是夷人，不可以礼责，任其坐受诏书，及亲往复，乃有人情。遂责之曰：'山有高下，水有大小，人处世间，亦有尊卑。嚈哒、乌场王并拜受诏书，大王何独不拜？'王答曰：'我见魏主则拜，得书坐读，有何可怪？世人得父母书，犹自坐读，大魏如我父母，我亦坐读书，于理无失。'云无以屈之。遂将云至一寺，供给甚薄。时跋提国送狮子儿两头与乾陀罗王，云等见之，观其意气雄猛，中国所画，莫参其仪。"②

《洛阳伽蓝记·宋云惠生使西域》："雀离浮图南五十步，有一石塔，其形正圆，高二丈，甚有神变，能与世人表吉凶。以指触之，若吉者，金铃鸣应；若凶者，假令人摇撼，亦不肯鸣。惠生既在远国，恐不吉反，遂礼神塔，乞求一验。于是以指触之，铃即鸣应。得此验，用慰私心，后果得吉反。惠生初发京师之日，皇太后敕付五色百尺幡千口，锦香袋五百枚，王公卿士幡二千口。惠生从于阗至乾陀罗，所有佛事处，悉皆流布，至此顿尽。惟留太后百尺幡一口，拟奉尸毗王

---

① （北魏）杨衒之撰，周祖谟校释：《洛阳伽蓝记校释》，中华书局2010年版，第188—191页。
② （北魏）杨衒之撰，周祖谟校释：《洛阳伽蓝记校释》，中华书局2010年版，第196页。

塔。宋云以奴婢二人奉雀离浮图，永充洒扫。惠生遂减割行资，妙简良匠，以铜摹写《雀离浮图仪》一躯，及《释迦四塔变》。"①

《洛阳伽蓝记·宋云惠生使西域》："惠生在乌场国二年，西胡风俗，大同小异，不能具录。至正光二年二月始还天阙。"②

《魏书·西域传》："初，熙平中，肃宗遣王伏子统宋云、沙门法力等使西域，访求佛经。时有沙门慧生者亦与俱行，正光中还。……赊弥国，在波知之南。山居。不信佛法，专事诸神。亦附嚈哒。东有钵卢勒国，路险，缘铁锁而度，下不见底。熙平中，宋云等竟不能达。"③

《魏书·释老志》："熙平元年，诏遣沙门惠生使西域，采诸经律。"④

按：宋云、惠生亦见于《魏书》，惠生，《魏书·西域传》亦作"慧生"。杨衒之依据惠生《行记》、宋云《家纪》《道荣传》记载宋云、惠生向西域求经事，为中、印古代交通史上的重要资料，素为国内外学者所重视。另魏收撰写《魏书》时，关于宋云、惠生的事迹极有可能取材于杨衒之的《洛阳伽蓝记》。

3. 慧嶷

4. 智圣

5. 道品

6. 道弘

7. 宝真

《洛阳伽蓝记·崇真寺》："崇真寺比丘慧嶷，死经七日还活，经阎罗王检阅，以错召放免。慧嶷具说过去之时，有五比丘同阅，一比丘云是宝明寺智圣，以坐禅苦行得升天堂。有一比丘是般若寺道品，以诵四十卷涅槃，亦升天堂。有一比丘云是融觉寺昙谟最，讲

---

① （北魏）杨衒之撰，周祖谟校释：《洛阳伽蓝记校释》，中华书局 2010 年版，第 204—205 页。
② （北魏）杨衒之撰，周祖谟校释：《洛阳伽蓝记校释》，中华书局 2010 年版，第 209 页。
③ （北齐）魏收：《魏书》，中华书局 1975 年版，第 2279—2280 页。
④ （北齐）魏收：《魏书》，中华书局 1975 年版，第 3042 页。

《涅槃》《华严》，领从千人。阎罗王曰：'讲经者心怀彼我，以骄凌物，比丘中第一粗行。今唯试坐禅、诵经，不问讲经。'其昙谟最曰：'贫道立身以来，唯好讲经，实不暗诵。'阎罗王敕付司。即有青衣十人送昙谟最向西北门。屋舍皆黑，似非好处。有一比丘云是禅林寺道弘，自云教化四辈檀越，造一切经，人中金像十躯。阎罗王曰：'沙门之体，必须摄心守道。志在禅诵，不干世事，不作有为。虽造作经象，正欲得他人财物；既得财物，贪心即起；既怀贪心，便是三毒不除，具足烦恼。'亦付司，仍与昙谟最同入黑门。有一比丘云是灵觉寺宝真，自云出家之前，尝作陇西太守，造灵觉寺。寺成，即弃官入道。虽不禅诵，礼拜不阙。阎罗王曰：'卿作太守之日，曲理枉法，劫夺民财，假作此寺，非卿之力，何劳说此！'亦付司，青衣送入黑门。时太后闻之，遣黄门侍郎徐纥依慧凝所说即访宝明等寺。城东有宝明寺，城内有般若寺，城西有融觉、禅林、灵觉等三寺，问智圣、道品、昙谟最、道弘、宝真等，皆实有之。议曰：'人死有罪福。即请坐禅僧一百人常在内殿供养之。'诏不听持经象沿路乞索。若私有财物，造经象者任意。慧嶷亦入白鹿山，隐居修道。自此以后，京邑比丘皆事禅诵，不复以讲经为意。"[1]

按：慧嶷，各本作"惠凝"，《太平广记》卷 99 引同，赞宁《宋高僧传》卷 29 作"慧凝"，《法苑珠林》卷 92 及唐怀信《释门自镜录》作"慧嶷"。智圣，《珠林》及《自镜录》并引作"智聪"。道品、道弘，无考。宝真，各本皆作"宝明"，周祖谟《校释》云"盖因宝明寺而误。《珠林》及《自镜录》作'宝真'，今据改"。

8. 菩提拔陁

9. 法融

《洛阳伽蓝记·永明寺》："南中有歌营国，去京师甚远，风土隔

---

[1] （北魏）杨衒之撰，周祖谟校释：《洛阳伽蓝记校释》，中华书局 2010 年版，第 59—62 页。

绝,世不与中国交通,虽二汉及魏,亦未曾至也。今始有沙门菩提拔陁至焉。自云:'北行一月,至句稚国,北行十一日,至典孙国,从典孙国北行三十日,至扶南国。方五千里,南夷之国,最为强大。民户殷多,出明珠金玉及水精珍异,饶槟榔。从扶南国北行一月,至林邑国。出林邑,入萧衍国。'拔陁至扬州岁余,随扬州比丘法融来至京师。京师沙门问其南方风俗,拔陁云:'古有奴调国,乘四轮马为车,斯调国出火浣布,以树皮为之,其树入火不燃。凡南方诸国,皆因城郭而居,多饶珍丽,民俗淳善,质直好义,亦与西域、大秦、安息、身毒诸国交通往来。或三方四方,浮浪乘风,百日便至。率奉佛教,好生恶杀。'"①

《魏书·释老志》:"又有西域沙门名跋陀,有道业,深为高祖所敬信。诏于少室山阴,立少林寺而居之,公给衣供。"②

按:菩提拔陀,如隐堂本作"焉子善提拔陁"。范祥雍《校注》曰:"绿君亭本、真意堂本无'焉子'二字。按'焉子'盖为下文'至焉'而倒讹,今据衍。""吴琯本、汉魏本、绿君亭本、真意堂本'善'作'菩',今从正。"周祖谟《校释》认为:"'菩提拔陁'盖即'佛驮跋陀罗'(Buddhabhadra),见冯承钧《史地丛考续编》伯希和《扶南考》附录三引沙畹说。"王建国先生则认为"佛驮跋陀罗(359—429)的时代和经历显然与《洛阳伽蓝记》所记佛教事迹不合,因为杨衒之所记多是孝文迁洛(太和十八年,公元494年)以后之事,且衒之叙述拔陀事迹时说:'今始有沙门菩提拔陀至焉'。'今'应为衒之所处的时代。《洛阳伽蓝记》所记'拔陀'应指跋陀,又称觉者,即佛陀禅师,《续高僧传》卷16有传。《续高僧传》记载佛陀禅师来华经历语焉不详,《洛阳伽蓝记》及《魏书·释老志》记

---

① (北魏)杨衒之撰,周祖谟校释:《洛阳伽蓝记校释》,中华书局2010年版,第158—160页。
② (北齐)魏收:《魏书》,中华书局1975年版,第3040页。

佛陀自叙来华过程，可补《续高僧传》之遗缺。"① 法融，无考。

10. 昙摩最

11. 菩提流支

《洛阳伽蓝记·崇真寺》："有一比丘云是融觉寺昙谟最，讲《涅槃》、《华严》，领众千人。阎罗王曰：'讲经者心怀彼我，以骄凌物，比丘中第一粗行。今唯试坐禅诵经，不问讲经。'其昙谟最曰：'贫道立身已来，唯好讲经，实不暗诵。'阎罗王敕付司，即有青衣十人送昙谟最向西北门，屋舍皆黑，似非好处。"②

《洛阳伽蓝记·融觉寺》："比丘昙谟最善于禅学，讲《涅槃》、《华严》，僧徒千人。天竺国胡沙门菩提流支见而礼之，号为'菩萨'。流支解佛义，知名西土，诸夷号为'罗汉'，晓魏言及隶书，翻《十地楞伽》及诸经论二十三部。虽石室之写金言，草堂之传真教，不能过也。流支读昙谟最大乘义章，每弹指赞叹，唱言微妙。即为胡书写之，传之于西域，西域沙门常东向遥礼之，号昙谟最为'东方圣人'。"③

按：昙摩最，《续高僧传》三十《昙无最传》作"昙无最"："释昙无最，姓董氏，武安人也。……讽诵经论，坚持律部，偏爱禅那，心虚静谧。时行汲引，咸所推崇。兼博贯玄儒，尤明论道，……曾于邯郸崇尊寺说戒，徒众千余，并是常随门学。……后敕住洛都融觉寺，寺即清河文献王怿所立。……最善宏敷导，妙达涅盘、华严，僧徒千人，常学无怠。天竺沙门菩提留支见而礼之，号为东方菩萨。尝读最之大乘义章，每弹指唱善，翻为梵字，寄传大夏，彼方读者皆东向礼之为圣人矣。然其常以弘法为任。元魏正光元年，明帝加朝服大赦，

---

① 王建国：《〈洛阳伽蓝记〉丛考》，《古籍整理研究学刊》2010 年第 4 期。
② （北魏）杨衒之撰，周祖谟校释：《洛阳伽蓝记校释》，中华书局 2010 年版，第 60—61 页。
③ （北魏）杨衒之撰，周祖谟校释：《洛阳伽蓝记校释》，中华书局 2010 年版，第 155—157 页。

请释、李两宗上殿。斋讫，侍中刘滕（按：当作腾）宣敕，请诸法师等与道士论义。时清通观道士姜斌与最对论。……帝时加斌极刑，西国三藏法师菩提留支苦谏，乃止配徒马邑。最学优程誉，继乎魏史；藉甚腾声，移肆通国。遂使达儒朝士，降级设敬，接足归依。佛法中兴，惟其开务。后不测其终。"① "摩""无"梵语声同，当系一人。

《续高僧传》一菩提流支传："菩提流支，魏言道希，北天竺人也。遍通三藏，妙入总持。志在宏法，广流视听，遂挟道宵征，远莅葱左。以魏永平之初，来游东夏。宣武皇帝下敕引劳，供拟殷华，处之永宁大寺，四事将给，七百梵僧，敕以流支为译经之元匠也。其寺本孝明皇帝熙平元年，灵太后胡氏所立。……先时流支奉敕，创翻十地。宣武皇帝命章一日亲对笔受，然后方付沙门僧辩等，讫尽论文。佛法隆盛，英俊蔚然，相从传授，孜孜如也。帝又敕清信士李廓撰众经录。……廓又云：三藏法师流支房内，经论梵本，可有万夹。所翻新文笔受藁本，满一间屋。"② 此可参证。

12. 超

13. 光

14. 眰

15. 荣四法师

《洛阳伽蓝记·永明寺》："景皓者，河州刺史陈留庄王祚之子。立性虚豁，少有大度，爱人好士，待物无遗。夙善玄言道家之业，遂舍半宅安置佛徒，演唱大乘数部。并进京师大德超、光、眰、荣四法师、三藏胡沙门菩提流支等咸预其席。"③

《魏书·释老志》："又有沙门道进、僧超、法存等，并有名于时，演唱诸异。"④

---

① 《高僧传合集》，上海古籍出版社1991年版，第302页。
② 《高僧传合集》，上海古籍出版社1991年版，第108页。
③ （北魏）杨衒之撰，周祖谟校释：《洛阳伽蓝记校释》，中华书局2010年版，第161页。
④ （北齐）魏收：《魏书》，中华书局1975年版，第3037页。

《魏书·释老志》："世宗以来至武定末，沙门知名者，有惠猛、惠辩、惠深、僧遁、道钦、僧献、道晞、僧深、惠光、惠显、法荣、道长，并见重于当世。"①

按：范祥雍《校注》云：唐晏《钩沈》："《魏书·释老志》：'当时名僧有僧遁、惠光、道希、法荣。'此云超、光、晔、荣，疑当作遁、光、晞、荣。"按《伽蓝记》所举诸僧名固不与《释老志》相同，唐氏改字强以合之，其说非是。超疑是僧超，晔疑是智诞，晔、诞字形相近而讹。二人亦见于《释老志》，在孝文、宣武时，并著名声。慧光为少林寺佛陀禅师之弟子，《续高僧传》二十七有传。荣疑是道荣，曾到僧伽施国，即本书卷五宋云求经所引道荣传者，或作道药，与吴琯等本作药字亦合。

16. 菩提达摩

《洛阳伽蓝记·永宁寺》："时有西域沙门菩提达摩者，波斯国胡人也。起自荒裔，来游中土。见金盘炫日，光照云表，宝铎含风，响出天外；歌咏赞叹，实是神功。自云：'年一百五十岁，历涉诸国，靡不周遍，而此寺精丽，阎浮所无也。极佛境界，亦未有此！'口唱南无，合掌连日。"②

《洛阳伽蓝记·修梵寺》："修梵寺，在清阳门内御道北。嵩明寺复在修梵寺西，并雕墙峻宇，比屋连甍，亦是名寺也。修梵寺有金刚，鸠鸽不入，鸟雀不栖。菩提达摩云：'得其真相也。'"③

《新唐书·艺文志》："《菩提达磨胎息诀》一卷。"④

《宋史·艺文志》："僧菩提达磨《存想法》一卷，又菩提达磨

---

① （北齐）魏收：《魏书》，中华书局1975年版，第3047页。
② （北魏）杨衒之撰，周祖谟校释：《洛阳伽蓝记校释》，中华书局2010年版，第11—12页。
③ （北魏）杨衒之撰，周祖谟校释：《洛阳伽蓝记校释》，中华书局2010年版，第47页。
④ （宋）欧阳修等：《新唐书》，中华书局1975年版，第1524页。

《胎息诀》一卷。"①

按：菩提达摩，正史无传，称为中国禅宗之初祖。其生平，自《传灯录》流行后，传说颇多失实。汤用彤《汉魏两晋南北朝佛教史》所记传略考订颇为翔实（原文夹注用括号）："菩提达磨（磨亦作摩）者，南天竺人，（《续传》本传）或云波斯人。（《伽蓝记》）神慧疏朗，闻皆晓悟。志存大乘，冥心虚寂，通微彻数，定学高之。（《续传》）其来中国，初达宋境南越，末又北度至魏。（此语出《续传》。据此可知达摩于宋时至中国）在洛见永宁寺之壮丽，自云年百五十岁，历涉诸国，靡不周遍。而此寺精丽，遍阎浮所无也。极佛境界，亦未有此。口唱南无，合掌连日。（《伽蓝记》）又尝见洛阳修梵寺金刚，亦称为得其真相。（亦见《伽蓝记》）达摩先游嵩、洛。（见《续传·慧可传》，后世传其住少林寺）或曾至邺。（《续传》题为北齐邺下南天竺僧。又慧可亦邺中僧）随其所止，诲以禅教。（《续传》）常以四卷《楞伽》授学者，以天平年（公元 534 至 537 年）前灭化洛滨。（《续传》）或云，遇毒卒。（《旧唐书》神秀传及宝林传）"② 可参看。

17. 道恒

《洛阳伽蓝记·法云寺》："景明中比丘道恒立灵仙寺于其上。"③

按：道恒无考。

18. 达多

《洛阳伽蓝记·菩提寺》："菩提寺，西域胡人所立也。在慕义里，沙门达多发冢取砖，得一人以进。"④

按：达多，正史无载。《酉阳杂俎》十三《尸穸篇》作"增多"，（范祥雍《校注》引作"僧多"，俟考）。注云："一曰达多。"

---

① （元）脱脱等：《宋史》，中华书局 1977 年版，第 5188 页。
② 汤用彤：《汉魏两晋南北朝佛教史》，北京大学出版社 2011 年版，第 432 页。
③ （北魏）杨衒之撰，周祖谟校释：《洛阳伽蓝记校释》，中华书局 2010 年版，第 141 页。
④ （北魏）杨衒之撰，周祖谟校释：《洛阳伽蓝记校释》，中华书局 2010 年版，第 119 页。

## 第三章 《洛阳伽蓝记》人物考述

19. 昙摩罗

《洛阳伽蓝记·法云寺》:"法云寺,西域乌场国胡沙门昙摩罗所立也。在宝光寺西,隔墙并门。摩罗聪慧利根,学穷释氏。至中国,即晓魏言及隶书,凡所闻见,无不通解,是以道俗贵贱,同归仰之。作祇洹寺一所,工制甚精。……京师沙门好胡法者,皆就摩罗受持之。戒行真苦,难可揄扬。秘咒神验,阎浮所无。咒枯树能生枝叶,咒人变为驴马,见之莫不忻怖。西域所赍舍利骨及佛牙经像皆在此寺。"[①]

按:昙摩罗,如隐堂本作"僧摩罗",吴琯本、《汉魏》本、真意堂本作"昙摩罗"。《御览》《说郛》亦作昙。西域僧徒多用"昙摩"或"昙无"命名者,故当作昙。昙摩罗,正史无载,此可补史传之缺。

20. 宝公

《洛阳伽蓝记·白马寺》:"有沙门宝公者,不知何处人也,形貌丑陋,心机通达,过去未来,预睹三世。发言似谶,不可得解,事过之后,始验其实。胡太后闻之,问以世事。宝公曰:'把粟与鸡呼朱朱。'时人莫之能解。建义元年,后为尔朱荣所害,始验其言。时亦有洛阳人赵法和请占'早晚当有爵否?'宝公曰:'大竹箭,不须羽。东厢屋,急手作。'时不晓其意。经十余日,法和父丧。大竹箭者苫杖;东厢屋者,倚庐。造《十二辰歌》,终其言也。"[②]

按:宝公,《太平广记》卷 99 引侯君素《旌异记录》云:"高齐初沙门寶公者,嵩山高栖士也。"然《法苑珠林》卷 91 引作"高齐初沙门實公者,嵩山高栖士也。""寶""實"形近,二者当有一误,俟考。

---

[①]（北魏）杨衒之撰,周祖谟校释:《洛阳伽蓝记校释》,中华书局 2010 年版,第 138—139 页。

[②]（北魏）杨衒之撰,周祖谟校释:《洛阳伽蓝记校释》,中华书局 2010 年版,第 135—136 页。

273

## 第五节 其他

### 1. 万俟丑奴

《洛阳伽蓝记·龙华寺》:"狮子者,波斯国胡王所献也,为逆贼万俟丑奴所获,留于寇中。永安末,丑奴破,始达京师。"①

《洛阳伽蓝记·法云寺》:"正光末,高平失据,虎吏充斥,贼帅万俟丑奴寇暴泾岐之间,朝廷为旰食,诏延伯总步骑五万讨之。延伯出师于洛阳城西张方桥,即汉之夕阳亭也。时公卿祖道,车骑成列,延伯危冠长剑耀武于前,僧超吹《壮士笛曲》于后,闻之者懦夫成勇,剑客思奋。延伯胆略不群,威名早著,为国展力,二十余年,攻无全城,战无横陈,是以朝廷倾心送之。延伯每临阵,常令僧超为壮士声,甲胄之士莫不踊跃。延伯单马入阵,旁若无人,勇冠三军,威镇戎竖。二年之间,献捷相继。丑奴募善射者射僧超亡,延伯悲惜哀恸,左右谓伯牙之失钟子期不能过也。后延伯为流矢所中,卒于军中。于是五万之师,一时溃散。"②

《魏书·敬宗孝庄帝纪》:"是月,高平镇人万俟丑奴僭称大位,署置百官。……夏四月丁巳,以侍中、太尉公、丹阳王萧赞为使持节、都督齐济兖三州诸军事、骠骑大将军、开府仪同三司、齐州刺史。丁卯,雍州刺史尔朱天光讨丑奴、萧宝夤于安定,破擒之,囚送京师。甲戌,以关中平,大赦天下。丑奴斩于都市,宝夤赐死于驼牛署。"③

《魏书·敬宗孝庄帝纪》:"万俟丑奴攻东秦城,陷之,杀刺史高

---

① (北魏)杨衒之撰,周祖谟校释:《洛阳伽蓝记校释》,中华书局 2010 年版,第 118 页。
② (北魏)杨衒之撰,周祖谟校释:《洛阳伽蓝记校释》,中华书局 2010 年版,第 142—143 页。
③ (北齐)魏收:《魏书》,中华书局 1975 年版,第 259 页。

子朗。"①

《魏书·杨播列传附子侃传》:"万俟丑奴陷东秦,遂围岐州,扇诱巴蜀。"②

《魏书·萧宝夤列传》:"仍进讨高平贼帅万俟丑奴于安定,更有负捷。"③

《魏书·崔延伯传》:"于时万俟丑奴、宿勤明达等寇掠泾州。"④

《魏书·西域列传》:"正光末,遣使贡师子一,至高平,遇万俟丑奴反,因留之。丑奴平,送至京师。"⑤

按:万俟丑奴(?—530),高平镇(今宁夏固原)人。诸史所载万俟丑奴事甚详,《洛阳伽蓝记》两条所载,可与正史相参。《洛阳伽蓝记》载波斯国王向北魏献狮子事,与《魏书·西域列传》相同。

2. 葛荣

《洛阳伽蓝记·景宁寺》:"孝昌年,广阳王元渊初除仪同三司,总众十万北讨葛荣,夜梦著衮衣,倚槐树而立,以为吉征。问于元慎。元慎曰:'三公之祥。'渊甚悦之。元慎退还,告人曰:'广阳死矣。'槐字是木傍鬼,死后当得三公。广阳果为葛荣所杀,追赠司徒公。终如其言。"⑥

《魏书·尔朱荣传》:"鲜于修礼之反也,荣表东讨,复进号征东将军、右卫将军、假车骑将军、都督并肆汾广恒云六州诸军事,进为大都督,加金紫光禄大夫。时杜洛周陷中山,于时车驾声将北讨,

---

① (北齐)魏收:《魏书》,中华书局 1975 年版,第 263 页。
② (北齐)魏收:《魏书》,中华书局 1975 年版,第 1284 页。
③ (北齐)魏收:《魏书》,中华书局 1975 年版,第 1322 页。
④ (北齐)魏收:《魏书》,中华书局 1975 年版,第 1638 页。
⑤ (北齐)魏收:《魏书》,中华书局 1975 年版,第 2279 页。
⑥ (北魏)杨衒之撰,周祖谟校释:《洛阳伽蓝记校释》,中华书局 2010 年版,第 94—95 页。

以荣为左军,不行。及葛荣吞洛周,凶势转盛。"①

按:《魏书》《北史》《北齐书》载葛荣事迹颇多,《洛阳伽蓝记》此事未载,可补正史之阙。

3. 孙岩

《洛阳伽蓝记·法云寺》:"市北[有]慈孝、奉终二里,里内之人以卖棺椁为业,赁辀车为事。有挽歌孙岩,娶妻三年,妻不脱衣而卧。岩因怪之,伺其睡,阴解其衣,有毛长三尺,似野狐尾,岩惧而出之。妻临去,将刀截岩发而走,邻人逐之,变成一狐,追之不得。其后京邑被截发者,一百三十余人。初变为妇人,衣服靓妆,行于道路,人见而悦近之,皆被截发。当时有妇人着彩衣者,人皆指为狐魅。"②

按:孙岩,正史无考。孙岩为挽歌者,身份低贱,且其妻变为野狐,事涉荒诞,故为正史所不载。

4. 董威辇

《洛阳伽蓝记·璎珞寺》:"璎珞寺,在建春门外御道北,所谓建阳里也。即中朝时白社地,董威辇所居处。"③

《晋书·隐逸·董京传》:"董京,字威辇,不知何郡人也。初与陇西计吏俱至洛阳,被发而行,逍遥吟咏,常宿白社中。时乞于市,得残碎缯絮,结以自覆,全帛佳绵则不肯受。或见推排骂辱,曾无怒色。孙楚时为著作郎,数就社中与语,遂载与俱归,京不肯坐。楚乃贻之书,劝以今尧舜之世,胡为怀道迷邦。京答之以诗曰:'周道䨥兮颂声没,夏政衰兮五常汨。便便君子,顾望而逝,洋洋乎满目,而作者七。岂不乐天地之化也?哀哉乎时之不可与,对之以独处。无娱我以为欢,清流可饮,至道可餐,何为栖栖,自

---

① (北齐)魏收:《魏书》,中华书局1975年版,第1645页。
② (北魏)杨衒之撰,周祖谟校释:《洛阳伽蓝记校释》,中华书局2010年版,第144—145页。
③ (北魏)杨衒之撰,周祖谟校释:《洛阳伽蓝记校释》,中华书局2010年版,第58页。

使疲单？鱼悬兽槛，鄙夫知之。夫古之至人，藏器于灵，缊袍不能令暖，轩冕不能令荣；动如川之流，静如川之渟。鹦鹉能言，泗滨浮磬，众人所玩，岂合物情！玄鸟纤幕，而不被害？尺鸟隼远巢，咸以欲死。眄彼梁鱼，逡巡倒尾，沈吟不决，忽焉失水。嗟呼！鱼鸟相与，万世而不悟；以我观之，乃明其故。焉知不有达人，深穆其度，亦将窥我，颦颥而去。万物皆贱，惟人为贵，动以九州为狭，静以环堵为大。'后数年，遁去，莫知所之，于其所寝处惟有一石竹子及诗二篇。其一曰：'乾道刚简，坤体敦密，茫茫太素，是则是述。末世流奔，以文代质，悠悠世目，孰知其实！逝将去此至虚，归我自然之室。'又曰：'孔子不遇，时彼感麟。麟乎麟！胡不遁世以存真？'"①

按：董京，字威辇。《晋书》载董威辇事迹甚详，无董威辇在洛阳居处的描述，可据《洛阳伽蓝记》此条考威辇故居方位。

5. 徐月华

6. 修容

7. 艳姿

《洛阳伽蓝记·高阳王寺》："美人徐月华，善弹箜篌，能为《明妃出塞》之歌，闻者莫不动容。永安中，与卫将军原士康为侧室，宅近青阳门。徐鼓箜篌而歌，哀声入云，行路听者，俄而成市。徐常语士康曰：'王有二美姬，一名修容，一名艳姿，并蛾眉皓齿，洁貌倾城。修容亦能为《绿水歌》，艳姿善《火凤舞》，并爱倾后室，宠冠诸姬。'士康闻此，遂常令徐鼓《绿水》、《火凤》之曲焉。"②

按：徐月华善弹箜篌，"哀声入云，行路听者，俄而成市"足见其技艺之高超；修容善《绿水歌》，艳姿善《火凤舞》，这些都

---

① （唐）房玄龄等：《晋书》，中华书局1974年版，第2427页。
② （北魏）杨衒之撰，周祖谟校释：《洛阳伽蓝记校释》，中华书局2010年版，第124页。

是北魏宝贵的音乐、舞蹈资料，正史无载，赖杨衒之《洛阳伽蓝记》得以保存。

8. 张裴

《洛阳伽蓝记·法云寺》："荆州秀才张裴常为五言，有清拔之句云：'异林花共色，别树鸟同声。'或以蛟龙锦赐之，亦有得绯绸紫绫者。唯河东裴子明为诗不工，罚酒一石。子明饮八斗而醉眠，时人譬之山涛。及尔朱兆入京师，或为乱兵所害，朝野痛惜焉。"①

按：张裴，正史无载。张裴，如隐堂本作"张裴裳"，吴琯本、《汉魏》本"裳"下有"常"字。按《元河南志》卷三引"张裴裳"作"张裴"，"裳"字疑为"常"字之误。吴琯本之"常"字本为"裳"字傍之校文，误并入正文。（范祥雍校）逯钦立《先秦汉魏晋南北朝诗》录"异林花共色，别树鸟同声"诗，定作者为"张裴裳"。

---

① （北魏）杨衒之撰，周祖谟校释：《洛阳伽蓝记校释》，中华书局2010年版，第140页。

# 第四章 《洛阳伽蓝记》佛寺考述

自汉末佛教传入中国，经过了几百年的发展，至南北朝时期，佛教趋于兴盛，南朝有后代诗中所述的"四百八十寺"，北朝佛教同样盛行，其中洛阳是当时的佛都。《洛阳伽蓝记》五卷中所记述的几十座佛寺，就是这种背景下的产物。

《洛阳伽蓝记》在记述洛阳城内与城外的佛寺时，分为五卷，分别是城内、城东、城南、城西、城北。《洛阳伽蓝记》中所记佛寺，绝大多数都没有保存至今，诚如饶宗颐在杨勇校笺的《洛阳伽蓝记校笺》序中所言："延及于今，但剩荒土，古往来兹，罔不如是！记曾过洛阳之墟，登龙门之阜，寺庙都尽，蔓草未删，像罕完躯，尊者安在！"[①] 其中有些佛寺，除《洛阳伽蓝记》之外，虽有其他文献记载，但其所出，都自《洛阳伽蓝记》。若不是赖《洛阳伽蓝记》，其中有很大一部分佛寺，当与佛寺本身一样，名亦难流传至今。

本章将对《洛阳伽蓝记》五卷中所记述的佛寺，分别进行考述。主要包括三个层面，一是将其他文献中有关《洛阳伽蓝记》中所记述的佛寺资料进行搜集、整理、标点；二是在搜集相关文献的基础上，对中华书局2006年出版的杨勇所撰《洛阳伽蓝记校笺》进行校勘；三

---

[①] （北魏）杨衒之撰，杨勇校笺：《洛阳伽蓝记校笺》，中华书局2006年版，第6页。

是通过对比《洛阳伽蓝记》与其他文献关于相同的伽蓝描述的异同，借此判断《洛阳伽蓝记》的文献价值。本章在行文时，将按照佛寺在《洛阳伽蓝记》一书中的自然顺序，分别进行考述，首先将杨勇校笺本《洛阳伽蓝记》的正文列出（因杨勇已区分了子注，子注只记述与伽蓝相关的人事，故依杨书将其删去），其次将其他文献所记相同寺庙的文字按作者时代先后顺序排列（文字完全相同时，只列出处，不作全文征引），然后加按语，进行文字比勘和文献价值的判断。

## 第一节　城内佛寺考述

《洛阳伽蓝记》中记述的城内佛寺有永宁寺、建中寺、长秋寺、瑶光寺、景乐寺、昭仪尼寺、胡统寺、修梵寺、景林寺，共9座寺庙。从寺庙的建制以及在城内的方位看，杨衒之大致按照顺时针顺序记述，兼顾各个寺庙周围的建筑，并且还有着对寺庙修建者的地位以及寺庙建制等级的考虑，同时注意反映一般士大夫阶层对禅意的追求。凡是寺中有塔者，必先记述，足见塔在寺中的地位。洛阳城内佛寺之大致情况见下表。

| 序号 | 寺名 | 原宅院 | 初建立者 | 地位/职官 | 塔层 | 创建原因 |
|---|---|---|---|---|---|---|
| 1 | 永宁寺 |  | 胡氏 | 灵太后 | 9 | 崇佛信法 |
| 2 | 建中寺 | 司空刘腾 | 尔朱世隆 | 尚书令乐平王 |  | 追福 |
| 3 | 长秋寺 |  | 刘腾 | 长秋卿 | 3 |  |
| 4 | 瑶光寺 |  | 北魏世宗宣武皇帝 |  | 5 |  |
| 5 | 景乐寺 |  | 元怿 | 太傅清河文献王 |  |  |
| 6 | 昭仪尼寺 |  | 阉官等 |  |  |  |
| 7 | 胡统寺 |  | 太后从姑 |  | 5 |  |
| 8 | 修梵寺 |  |  |  |  | 禅意 |
| 9 | 景林寺 |  |  |  |  | 禅意 |

280

# 第四章 《洛阳伽蓝记》佛寺考述

## 一 永宁寺

《洛阳伽蓝记校笺》曰:"永宁寺,熙平元年,灵太后胡氏所立也。在宫前阊阖门南一里御道西。……中有九层浮图一所,架木为之,举高九十丈。有刹复高十丈,合去地一千尺。去京师百里,已遥见之。初掘基至黄泉下,得金像三十躯。太后以为信法之征,是以营建过度也。刹上有金宝瓶,容二十五斛。宝瓶下有承露金盘三十重,周匝皆垂金铎,复有铁锁四道,引刹向浮图。四角锁上亦有金铎,铎大小如一石瓮子。浮图有九级,角角皆悬金铎,合上下有一百二十铎。浮图有四面,面有三户六窗,户皆朱漆。扉上有五行金钉,其十二门二十四扇,合有五千四百枚。复有金环铺首,殚土木之功,穷造形之巧。佛事精妙,不可思议。绣柱金铺,骇人心目。至于高风永夜,宝铎和鸣,铿锵之声闻及十余里。浮图北有佛殿一所,形如太极殿。中有丈八金像一躯、中长金像十躯、绣珠像三躯、金织成像五躯、玉像二躯,作工奇巧,冠于当世。僧房楼观一千余间,雕梁粉壁,青琐绮疏,难得而言。栝柏松椿,扶疏檐溜;藂竹香草,布护阶墀。……外国所献经像皆在此寺。寺院墙皆施短椽,以瓦覆之,若今宫墙也。四面各开一门。南门楼三重,通三阁道,去地二十丈,形制似今端门。图以云气,画彩仙灵。列钱青锁,辉赫丽华。拱门有四力士、四狮子,饰以金银,加之珠玉,装严焕炳,世所未闻。东西两门亦皆如之。所可异者,唯楼两重。北门一道上不施屋,似乌头门。真四门外,皆树以青槐,亘以绿水,京邑行人,多庇其下。路断飞尘,不由拏云之润;清风送凉,岂籍合欢之发。……装饰毕功,明帝与太后共登之。视宫内如掌中,临京师若家庭。以其目见宫中,禁人不听升。……时有西域沙门菩提达摩者,波斯国胡人也。起自荒裔,来游中土,见金盘炫日,光照云表;宝铎含风，响出天外。歌咏赞叹，实是神功。自云：'年一百五十岁，历涉诸国，靡不周遍。而此寺精丽，阎浮所无也。极佛境界，亦未有此。'口唱南无，合掌连日。至孝昌二年中，大风发屋拔树。刹上宝瓶随风而落，入地丈余。复命工匠，更铸新瓶。建义元年，太原王尔朱荣总士马于此寺。……永安二年五月，北海王元颢复入洛，在此寺聚兵。……永安三年，逆贼尔朱兆囚庄帝于寺。……永熙三年二月，浮图为火所烧，帝登凌云台望火，遣南阳王宝炬、录尚书长孙稚将羽林一千救赴火所。莫不悲惜，垂泪而去。火初从第八级中，平旦大发。当时雷雨晦冥，杂下霰雪。百姓道俗，咸来观火，悲哀之声，振动京邑。时有三比丘赴火而死。火经三月不灭，有火入地寻柱，周年犹有烟气。其年五月中，有人从象（东莱）郡来，云：'见浮图于海中，光明照耀，俨然如新，海上之民咸皆见之。俄然雾起，浮图遂隐。'至七月中，平阳王为侍中斛斯椿所使，奔于长安。十月而京师迁邺。"①

《魏书》卷33记曰："太后父薨，百寮表请公除，太后不许。寻幸永宁寺，亲建刹于九级之基。僧尼士女赴者数万人。"②

《魏书》卷62云："志后稍迁符玺郎中、徐州平东府司马，以军功累转后军将军、中散大夫、辅国将军、永宁寺典作副将。"③

《魏书》卷67云："二年八月，灵太后幸永宁寺，躬登九层佛图，光表谏曰："伏见亲升上级，仵跸表刹之下，祗心图构，诚为福善。圣躬玉趾，非所践陟。臣庶悝惶，窃谓未可。'"④

《魏书》卷77云："齐献武王至洛，于永宁寺集朝士，责让雄及尚书崔孝芬、刘廞、杨机等曰：'为臣奉主，扶危救乱，若处不谏诤，出不陪随，缓则耽宠，急便窜避，臣节安在？'诸人默然不能对。"⑤

---

① （北魏）杨衒之撰，杨勇校笺：《洛阳伽蓝记校笺》，中华书局2006年版，第11—17页。
② （北齐）魏收：《魏书》，中华书局1975年版，第338页。
③ （北齐）魏收：《魏书》，中华书局1975年版，第1399页。
④ （北齐）魏收：《魏书》，中华书局1975年版，第1495页。
⑤ （北齐）魏收：《魏书》，中华书局1975年版，第1698页。

《魏书》卷91云："世宗、肃宗时，豫州人柳俭、殿中将军关文备、郭安兴并机巧，洛中制永宁寺九层佛图，安兴为匠也。"①

《魏书》卷112云："出帝永熙三年二月，永宁寺九层佛图灾，既而时人咸言有人见佛图飞入东海中。永宁佛图，灵像所在，天意若曰：永宁见灾，魏不宁矣。渤海，齐献武王之本封也。神灵归海，则齐室将兴之验也。"②

《魏书》卷114《释老志》云："其岁，高祖诞载，于时起永宁寺，构七级佛图，高三百余尺，基架博敞，为天下第一。"③又载："承明元年八月，高祖于永宁寺，设太法供，度良家男女为僧尼者百有余人。帝为剃发，施以僧服，令修道戒，资福于显祖。是月，又诏起建明寺。太和元年二月，幸永宁寺设斋，赦死罪囚。三月，又幸永宁寺设会，行道听讲，命中、秘二省与僧徒讨论佛义，施僧衣服、宝器有差。又于方山太祖营垒之处，建思远寺。自兴光至此，京城内寺新旧且百所，僧尼二千余人，四方诸寺六千四百七十八，僧尼七万七千二百五十八人。四年春，诏以鹰师为报德寺。"④又载："肃宗熙平中，于城内太社西，起永宁寺。灵太后亲率百僚，表基立刹。佛图九层，高四十余丈，其诸费用，不可胜计。景明寺佛图，亦其亚也。至于官私寺塔，其数甚众。神龟元年冬，司空公、尚书令、任城王澄奏曰：'仰惟高祖，定鼎嵩瀍，卜世悠远。虑括终始，制洽天人，造物开符。垂之万叶，故都城制云，城内唯拟一永宁寺地，郭内唯拟尼寺一所，余悉城郭之外，欲令永遵此制，无敢逾矩。'"⑤

《北齐书·神武下》记曰："二月，永宁寺九层浮图灾。既而人

---

① （北齐）魏收：《魏书》，中华书局1975年版，第1972页。
② （北齐）魏收：《魏书》，中华书局1975年版，第1972页。
③ （北齐）魏收：《魏书》，中华书局1975年版，第3037页。
④ （北齐）魏收：《魏书》，中华书局1975年版，第3039页。
⑤ （北齐）魏收：《魏书》，中华书局1975年版，第3043—3044页。

有从东莱至,云及海上人咸见之于海中,俄而雾起乃灭,说者以为天意若曰:永宁见灾,魏不宁矣,飞入东海,渤海应矣。"①

《北史·魏本纪》记曰:"十二月甲辰,尔朱兆、尔朱度律自富平津上率骑涉度以袭京城。事出仓卒,禁卫不守。帝步出云龙门。兆逼帝幸永宁寺,杀皇子。"②

《北史》卷46记曰:"张耀,字景世。……仕魏,累迁步兵校尉。永宁寺塔大兴,经营务广。灵太后曾幸作所,凡有顾问,耀敷陈指画,无所遗阙,太后善之。"③

《资治通鉴》卷148记曰:"初,魏世宗作瑶光寺,未就,是岁,胡太后又作永宁寺,皆在宫侧;又作石窟寺于伊阙口,皆极土木之美。而永宁尤盛,有金像高丈八者一,如中人者十,玉像二。为九层浮图,掘地筑基,下及黄泉;浮图高九十丈,上刹复高十丈,每夜静,铃铎声闻十里。佛殿如太极殿,南门如端门。僧房千间,珠玉锦绣,骇人心目。自佛法入中国,塔庙之盛,未之有也。扬州刺史李崇上表,以为'高祖迁都垂三十年,明堂未修,太学荒废,城阙府寺颇亦颓坏,非所以追隆堂构,仪刑万国者也。今国子虽有学官之名,而无教授之实,何异兔丝、燕麦,南箕、北斗!事不两兴,须有进退,宜罢尚方雕靡之作,省永宁土木之功,减瑶光材瓦之力,分石窟镌琢之劳,及诸事役非急者,于三时农隙修此数条,使国容严显,礼化兴行,不亦休哉!'太后优令答之,而不用其言。太后好事佛,民多绝户为沙门,高阳王友李玚上言,'三千之罪莫大于不孝,不孝之大无过于绝祀',孔子曰:'五刑之属三千,其罪莫大于不孝。'孟子曰:'不孝有三,无后为大。'岂得轻纵背礼之情,肆其向法之意,一身亲老,弃家绝养,缺当世之礼而求将来之益!孔子

---

① (唐)李百药:《北齐书》,中华书局1972年版,第13页。
② (唐)李延寿:《北史》,中华书局1974年版,第166页。
③ (唐)李延寿:《北史》,中华书局1974年版,第1705页。

云：'未知生，焉知死？'安有弃堂堂之政而从鬼教乎！又，今南服未静，众役仍烦，百姓之情，实多避役，若复听之，恐捐弃孝慈，比屋皆为沙门矣。都统僧暹等忿玚谓之'鬼教'，以为谤佛，泣诉于太后。太后责之，玚曰：'天曰神，地曰祇，人曰鬼。《传》曰："明则有礼乐，幽则有鬼神。"然则明者为堂堂，幽者为鬼教。佛本出于人，名之为鬼，愚谓非谤。'太后虽知玚言为允，难违暹等之意，罚玚金一两。"①

《通鉴纪事本末》卷22记曰："兆骑执帝，锁于永宁寺楼上。帝寒甚，就兆求头巾，不与。兆营于尚书省，用天子金鼓，设刻漏于庭。"②

《通鉴纪事本末》卷23记曰："己酉，欢入洛阳，舍于永宁寺，遣领军娄昭等追帝，请帝东还。长孙子彦不能守陕，弃城走。"③

《通志》卷15记曰："（尔朱）兆逼帝，幸永宁寺，杀皇子。"④

《通志》卷16记曰："二月，永宁寺九层浮屠灾。既而人有从东莱至。云及海上人咸见之于海中，俄而雾起乃灭，说者以为天意。若曰：'永宁见灾，魏不宁矣！'""己酉，神武入洛，停于永宁寺。"⑤

《通志》卷20记曰："太后父薨，百寮表请公除，太后不许，寻幸永宁寺，观建刹于九级之基，僧尼士女赴者数万人。"⑥

《历代宅京记》卷8记曰："陆机云：驼高九尺，即出太尉坊者也。水西有永宁寺，熙平中始创也。作九层浮屠。浮屠下基方一十四丈，自金露槃下至地四十九丈，取法代都七级而又高广之，虽二京之盛，五都之富，利刹灵图，未有若斯之构。"⑦

《历代宅京记》卷8记曰："城内永宁寺，熙平元年灵太后胡氏所

---

① （宋）司马光：《资治通鉴》，中华书局1956年版，第4628—4629页。
② （宋）袁枢：《通鉴纪事本末》，中华书局1964年版，第1959页。
③ （宋）袁枢：《通鉴纪事本末》，中华书局1964年版，第1994页。
④ （宋）郑樵：《通志》，浙江古籍出版社1984年版，第299页。
⑤ （宋）郑樵：《通志》，浙江古籍出版社1984年版，第310页。
⑥ （宋）郑樵：《通志》，浙江古籍出版社1984年版，第397页。
⑦ （清）顾炎武：《历代宅京记》，中华书局1984年版，第135页。

立也。在宫前阊阖门南一里御道西。其寺中有太尉府，西对永康里，南界昭玄曹，北邻御史台。阊阖门前御道东有左卫府，府南有司徒府，司徒府南有国子学堂，国子学南有宗正寺，寺南有太庙，庙南有护军府，府南有衣冠里。御道西有右卫府，府南有太尉府，府南有将作曹，曹南有九级府，府南有太社，社南有凌阴里，即四朝时藏冰处也。中有九级浮图一所。建义元年，太原王尔朱荣总士马于此寺。永安二年五月，北海王颢入洛，在此寺聚兵。三年，逆贼尔朱兆囚庄帝于寺。永熙三年二月，浮图为火所烧。其年十月，京师迁邺。"①

《说郛》卷67记曰："永宁寺，熙平元年，灵太后胡氏所立也。中有九层浮图一所，架木为之，举高九十丈有，刹复高十丈，合去地一千尺，去京师百里已遥见之。僧房楼观一千余间，雕梁粉壁，青璅绮疏，难得而言。栝椿松柏扶疏拂檐，翠竹香草布濩阶墀。是以常景碑云：'须弥宝殿，兜率净宫，莫尚于斯也。'外国所献经像皆在此寺。永熙三年二月，浮图为火所烧，帝登临云台望火，遣羽林一千救赴火所，莫不悲惜，垂泪而去。五月中，有人从象郡来，云见浮图于海中，光明照耀，俨然如新，十月而京师迁邺。"②

《太平御览》卷140"宣武胡皇后"条记曰："太后父薨，百寮表请公除，太后不许。寻幸永宁寺，观建刹于九级之基，僧尼士女赴者数万人。"③

《太平御览》卷658"塔"条记曰："《洛阳伽蓝记》曰：'永宁寺，熙平元年灵太后胡氏所立也。在宫前阊阖门外南一里，中有九层浮图。初掘基至黄泉下，得金像三十躯。太后以为信法之征。永熙三年，浮图为火所烧，后有人从象郡来，云见浮图于海中，光明照耀，俨然若新，海上之民咸皆见之。俄然雾起，浮图遂隐。'"④

---

① （清）顾炎武：《历代宅京记》，中华书局1984年版，第140页。
② （明）陶宗仪：《说郛》（120卷本），上海古籍出版社1988年版，第3116页。
③ （宋）李昉：《太平御览》，中华书局1960年版，第682页。
④ （宋）李昉：《太平御览》，中华书局1960年版，第2939页。

《册府元龟》卷51记曰："献文天安中，起永宁寺。构七级佛图，高三百余尺，基架博敞，为天下第一。"①

《册府元龟》卷51记曰："孝明熙平元年，诏遣沙门惠生使西域，采诸经律。及还京师，所得经论一百七十部行于世。时帝于城内大社西起永宁寺，灵太后亲率百寮表基立刹，佛图九层，高四十余丈。其诸费用不可胜纪，景明寺佛图亦其亚也。至于官私寺塔，其数甚众。""神龟元年冬，司空、尚书令任城王澄奏曰：'仰惟高祖，定鼎嵩瀍，卜世悠远。虑括始终，制洽天人。造物开符，乘之万叶。'故都城制云：'城内惟拟一永宁寺，郭内唯拟尼寺一所，余悉城郭之外，欲令永遵此制，无敢逾矩。'"②

《册府元龟》卷203记曰："天平元年二月，永宁寺九层浮图灾。既而人有从东莱至，云及海上人咸见之于海中，俄而雾起乃灭。说者以为天意。若曰：'永宁见灾，魏不宁矣。飞入东海，渤海应矣。'"③

《册府元龟》卷908记曰："柳俭，豫州人。殿中将军阙文备郭安兴并机巧，雒中永宁寺九层塔，安兴为匠也。"④

《记纂渊海》卷184"僧寺"条："魏世宗作瑶光寺，胡太后又作永宁寺，皆在宫侧。又作石窟寺于伊阙口，皆极土木之美，而永宁尤盛。佛殿南门如端门，僧房千间，珠玉锦绣，骇人心目。自佛法入中国，塔庙之盛，未之有也。"⑤

《记纂渊海》卷184记曰："（史）魏作永宁寺，有金像高丈八尺者一，如中人者十，玉像二。为九层浮图，掘地筑台，下及黄泉。浮图高九十丈，上刹复高十丈。每夜静，铃铎声闻十里。"⑥

---

① （宋）王钦若：《册府元龟》，中华书局1960年版，第569页。
② （宋）王钦若：《册府元龟》，中华书局1960年版，第571页。
③ （宋）王钦若：《册府元龟》，中华书局1960年版，第2446页。
④ （宋）王钦若：《册府元龟》，中华书局1960年版，第10754页。
⑤ （宋）吴自牧：《记纂渊海》，中华书局1988年版，第2916页。
⑥ （宋）吴自牧：《记纂渊海》，中华书局1988年版，第2924页。

《宋稗类钞》卷30记曰："后魏永熙三年二月，永宁寺浮图灾。其年五月，有人从象郡来，云：'见浮图于海中，光明照耀，俨然如新。'海上之民咸见之。俄而雾起，浮图遂隐。"①

《广弘明集》卷2记曰："皇兴元年，高祖孝武诞载，于恒安北台起永宁寺。七级佛图，高三百余尺，基架博敞，为天下第一。"②

《广弘明集》卷2记曰："熙平中，于城内起永宁寺。灵太后亲率百僚，表基立刹，塔有九层，高四十余丈，费用不可胜计。"③

《法苑珠林校注》卷14记曰："又魏氏洛京永宁寺塔，去地千尺，为天所震。其像略同，有人东海时见其迹矣。"④

《佛祖历代通载》卷8"魏改天安"条记曰："丁未，大教东被四百年矣。魏改皇兴，魏是年建永宁寺。浮图七级，高三百余尺，为天下第一。又铸释迦文像，高四十三赤（按：当作"尺"），用赤金十万斤，黄金六百斤。又造三级石浮图。"⑤

按：永宁寺为北魏王朝于都城洛阳营建的著名皇家佛寺，其规制宏阔，尤其以木构佛塔为世瞩目，堪称中国建筑史上的奇迹。永宁寺建于熙平元年（516），起初由孝文帝确立制定建筑规划。依据神龟元年王元澄的奏表以及《册府元龟》"崇释氏"条等史料看来，在孝文帝迁都洛城之始，在城中建造一所永宁寺成为都城建设规划的一项极为重要的内容，只是经过了长时间的准备和波折之后，直到孝明帝时才由胡太后付诸实施。永宁寺是当时洛阳城内佛寺建筑的最杰出代表，实质上它象征着皇权，是其他佛寺所不能企及的，其他佛寺在形制规模上都不得超出永宁寺，修建永宁寺，其实还在

---

① （清）潘永因：《宋稗类钞》，书目文献出版社1985年版，第651页。
② （唐）道宣：《广弘明集》，《四部丛刊》初编本，第26页。
③ （唐）道宣：《广弘明集》，《四部丛刊》初编本，第27页。
④ （唐）释道世撰，周叔迦、苏晋仁校注：《法苑珠林校注》，中华书局2003年版，第479页。
⑤ （元）释念常：《佛祖历代通载》，《日本五山版汉籍善本集刊》本，西南师范大学出版社、人民出版社2012年版，第12册，第44页。

于佛教的发展和统治阶级笼络佛教势力的需要，同时，永宁寺的修建，可以形成一种约束沙门的力量，以作"防微杜渐"之用。

永宁寺寺塔的整体设计和具体建造者为郭兴安。据《魏书》卷九十一、《北史》卷九十《册府元龟》卷九百八，总录部，"工巧杂伎"条对郭兴安生平事迹的粗略记载并云"兴安为匠"，以及出土《魏河间太守郭君墓志》中称道兴安性聪敏，有卓越的建筑才华，其建造的建筑"世莫能传"等语所载，符合实际情况，史书记载可信度毋庸置疑。《墓志》还载述兴安为强弩将军，据太和二十三年（499）的定制，秩为从七品。兴安曾任过景明寺都将。景明寺亦为皇家寺庙，因于宣武帝景明（500—503）年间建立，故名为景明寺。衔之《洛阳伽蓝记》卷三"城南"："景明寺，宣武皇帝所立也。景明年中立，因以为名。……至正光年中，太后始造七级浮屠一所，去地百仞。是以邢子才碑文云'俯闻激电，旁属奔星'是也。"又云景明寺"装饰华丽，侔于永宁。金盘宝铎，焕烂霞表"。《魏书·释老志》也称："永宁寺浮屠九层，景明寺浮屠亦其亚也。"《洛阳伽蓝记》没有言明景明寺的建造者为郭兴安，但根据《墓志》信息，当为郭兴安无疑。另外，《北史》卷四十六所载张耀在建造寺塔时的贡献亦值得重视。

由于统治者的提倡和支持，永宁寺成为皇权在佛教寺塔方面的代表。因而，它的兴废和统治阶级的命运沉浮紧密联系在一起。佛教也往往凭借这一特殊的地位来达到巩固自己势力的目的，佛寺的兴废就是政权的更迭，正所谓"永宁见灾，魏不宁矣"可见一斑。

## 二　建中寺

《洛阳伽蓝记校笺》记曰："建中寺，普泰元年尚书令乐平王尔朱世隆所立也。本是阉官司空刘腾宅。……在西阳门内御道北，所谓延年里刘腾宅。……西阳门内御道南，有永康里。里内复有领军将军元乂宅。……正光年中，元乂专权，太后幽隔永巷，腾为谋主。……至孝昌二年，太后反政，遂诛乂等，没腾田宅。元乂诛日，腾已物故，太后追思腾罪，发墓残尸，使其神灵无所归趣。以宅赐高阳王雍。雍薨，太原王尔朱荣停憩其上，荣被诛。建明元年，尚书令乐平王尔朱世隆为荣追福，题以为寺，朱门黄阁，所谓仙居也。以前厅为佛殿，后堂为讲室，金花宝盖，遍满其中。有一凉风堂，本腾避暑之处，凄凉常冷，经夏无蝇，有万年千岁之树也。"①

《历代宅京记》卷8记曰："建中寺，普泰元年尚书令乐平王尔朱世隆所立也。本阉官司空刘腾宅，在西阳门内御道北延年里。宅东有太仆寺，寺东有乘黄署，署东有武库，署即魏相国司马文王府，武库东至阊阖门是也。西阳门内御道南，有永康里。内有领军将军元乂宅。孝昌元年，太后诛乂等，没腾田宅。普泰元年，世隆为荣追福，题以为寺。"②

《说郛》卷67记曰："建中寺，普泰元年，尚书令乐平王尔朱世隆所立也。本是阉官司空刘腾宅，屋宇奢侈，梁栋逾制。一里之间，廊庑充溢。堂比宣光殿，门匹乾明门。博敞弘丽，诸王莫及也。腾诛，以宅赐王雍。建义元年，尔朱世隆为荣追福，题以为寺。金花宝盖，遍满其中。有一凉风堂，本腾避暑之处。凄凉常冷，经夏无蝇。有万年千岁之树也。"③

《佩文韵府》卷63记曰："建中寺，《洛阳伽蓝记》：'屋宇奢侈，梁栋逾制，一里之间，廊庑充溢。'"④

按：建中寺，在洛阳西阳门内御道北，普泰元年（531）由乐平王尔朱世隆所立。本为宦官司空刘腾的宅院，刘腾被诛，后改为寺。

---

① （北魏）杨衒之撰，杨勇校笺：《洛阳伽蓝记校笺》，中华书局2006年版，第40—41页。
② （清）顾炎武：《历代宅京记》，中华书局1984年版，第140页。
③ （明）陶宗仪：《说郛》（120卷本），上海古籍出版社1988年版，第3116—3117页。
④ （清）张玉书：《佩文韵府》，上海古籍书店1983年版，第2406页。

由于刘腾权倾一时，其宅院"屋宇奢侈，梁栋逾制，一里之间，廊庑充溢"，为元魏诸王所不及，建中寺规模宏大，建筑华美。

## 三 长秋寺

《洛阳伽蓝记校笺》记曰："长秋寺，刘腾所立也。……在西阳门内御道北一里。……中有三层浮图一所，金盘灵刹，曜诸城内。作六牙白象负释迦在虚空中。庄严佛事，悉用金玉。工作之异，难可具陈。四月四日，此像常出，辟邪师子导引其前。吞刀吐火，腾骧一面；彩幢上索，诡谲不常。奇伎异服，冠于都市。像停之处，观者如堵，迭相践跃，常有死人。"①

《历代宅京记》卷 8 记曰："长秋寺，刘腾所立。在西阳门内御道北一里，亦在延年里，是晋中朝时金市处。寺北有蒙汜池。"②

《说郛》卷 67 记曰："长秋寺，刘腾所立也。腾初为长秋令卿，因以为名。中有三层浮图一所，金盘灵刹，耀诸城内。作六牙白象，负什迦在虚中，庄严佛事，悉用金玉。作工之异，难可具陈。四月四日，此像常出。辟邪狮子，导引其前。吞刀吐火，腾骧一面。彩幢上索，诡谲不常。奇伎异服，冠于都市。像停之处，观者如堵。迭相践跃，常有死人。"③

按：长秋寺，刘腾所立，因腾初为长秋卿，故名。"刘腾"也成了长秋寺的代称，如卷 1《昭仪尼寺》条谓"伎乐之盛，与刘腾相比"，卷 2《宗圣寺》条谓"妙伎杂乐，亚于刘腾"，皆谓长秋寺。另《说郛》本与《洛阳伽蓝记》所载大致同，其中记载的四月四日佛教活动的盛况，"作六牙白象负释迦在虚中"，当与纪念释迦牟尼

---

① （北魏）杨衒之撰，杨勇校笺：《洛阳伽蓝记校笺》，中华书局 2006 年版，第 44 页。
② （清）顾炎武：《历代宅京记》，中华书局 1984 年版，第 141 页。
③ （明）陶宗仪：《说郛》（120 卷本），上海古籍出版社 1988 年版，第 3117 页。

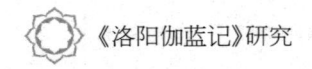

的诞辰有关,现浴佛日为农历四月初八日,与《洛阳伽蓝记》记载有些差异。

## 四 瑶光寺

《洛阳伽蓝记校笺》记曰:"瑶光寺,世宗宣武皇帝所立。在阊阖城门御道北,东去千秋门二里。……有五层浮图一所,去地五十丈。仙掌凌虚,铎垂云表,作工之妙,埒美永宁。讲殿尼房,五百余间,绮疏连亘,户牖相通,珍木香草,不可胜言。牛筋狗骨之木,鸡头鸭脚之草,亦悉备焉。椒房嫔御,学道之所,掖庭美人,并在其中。亦有名族处女,性爱道场,落发辞亲,来仪此寺,屏珍丽之饰,服修道之衣,投心八正,归诚一乘。永安三年中,尔朱兆入洛阳,纵兵大掠,时有秀容胡骑数十入瑶光寺淫秽。自此后颇获讥讪。京师语曰:'洛阳男儿急作髻,瑶光寺尼夺作婿。'瑶光寺北有承明门,有金墉城,即魏氏所筑。……"①

《魏书》卷9记曰:"戊申,皇太后高氏崩于瑶光寺。冬十月丁卯,以尼礼葬于北邙。"②

《魏书》卷13记曰:"宣武皇后高氏,……性妒忌,宫人希得进御。及肃宗即位,上尊号曰皇太后。寻为尼,居瑶光寺,非大节庆,不入宫中。"③

《魏书》卷105记曰:"神龟元年九月,皇太后高尼崩于瑶光寺。"④

---

① (北魏)杨衒之撰,杨勇校笺:《洛阳伽蓝记校笺》,中华书局2006年版,第46—47页。
② (北齐)魏收:《魏书》,中华书局1975年版,第228页。
③ (北齐)魏收:《魏书》,中华书局1975年版,第336页。
④ (北齐)魏收:《魏书》,中华书局1975年版,第2376页。

《魏书》卷 105 记曰："明年，上崩。后废为尼，降居瑶光寺。"①

《资治通鉴》卷 140 记曰："后素有德操，遂居瑶光寺，为练行尼。练行，谓修练戒行也。瑶光寺在洛阳宫侧。"②

《资治通鉴》卷 148 记曰："三月，甲辰朔，以高太后为尼，徙居金墉瑶光寺。子无废母之义，魏之乱亡宜矣。按魏废后率居瑶光寺，冯后、高后是也。非大节庆，不得入宫。"③

《资治通鉴》卷 148 记曰："初，魏世宗作瑶光寺，未就。是岁，胡太后又作永宁寺。《水经注》：'谷渠南流，出太尉司徒两坊间，水西有永宁寺。'皆在宫侧；又作石窟寺于伊阙口。皆极土木之美而永宁尤盛。"④

《通志》卷 15 下记曰："九月戊申，皇太后高氏崩于瑶光寺。冬十月丁卯，以尼礼葬高太后于芒山。"⑤

《通志》卷 20 记曰："宣武皇后高氏，文昭皇后弟偃之女也。宣武纳为贵嫔，生皇子早夭，又生建德公主，后拜为皇后，甚见礼重。性妒忌，宫人希得进御。及明帝即位，上尊号曰：'皇太后'。寻为尼，居瑶光寺。非大节庆不入宫中。"⑥

《历代宅京记》卷 8 记曰："瑶光寺，世宗宣武皇帝所立。在阊阖门御道北，东去千秋门二里。千秋门内道北有西游园，园中有凌云台，是魏文帝所筑者。台上有八角井，高祖于井北造凉风馆，登之远望，目极洛川。台下有碧海曲池。台东有宣慈观，去地十丈。观东有灵芝钓台，累木为之，出于海中，去地二十丈。风生户牖，云起梁栋，丹楹刻桷，图写列仙。刻石为鲸鱼，背负钓台，如自空

---

① （北齐）魏收：《魏书》，中华书局 1975 年版，第 2435 页。
② （宋）司马光：《资治通鉴》，中华书局 1956 年版，第 4399 页。
③ （宋）司马光：《资治通鉴》，中华书局 1956 年版，第 4614 页。
④ （宋）司马光：《资治通鉴》，中华书局 1956 年版，第 4628—4629 页。
⑤ （宋）郑樵：《通志》，浙江古籍出版社 1988 年版，第 296 页。
⑥ （宋）郑樵：《通志》，浙江古籍出版社 1988 年版，第 396 页。

中飞下。钓台南有宣光殿,北有嘉福殿,西有九龙殿。殿前九龙吐水成一海,凡四殿,皆有飞阁向灵芝台往来。三伏之月,皇帝在灵芝台避暑。寺北有承明门,有金墉城,即魏氏所筑。晋永康中,惠帝幽于金墉城。东有洛阳小城,永嘉中所筑。城东北角有魏文帝百尺楼,年虽久远,形制如初。高祖在城内作光极殿,因名金墉城门为光极门。又作重楼飞阁,遍城上下。从地望之如云也。"①

《文献通考》卷251记曰:"明帝即位,尊宣武高皇后为皇太后。寻为尼,居瑶光寺,非大节庆不入宫中。时天文有变,灵太后欲以后当之,遂暴崩,天下冤之。丧还瑶光佛寺,殡皆以尼礼。"②

《金石录校证》卷2记曰:"第三百三十六,后魏《瑶光寺碑》,永平三年八月。"③

《说郛》卷67记曰:"瑶光寺,世宗宣武皇帝所立。讲堂尼房,五百余间。绮疏连亘,户牖相通。珍木香草,不可胜言。牛筋狗骨之木,鸡头鸭脚之草,亦悉备焉。椒房嫔御,学道之所;掖庭美人,并在其中。亦有名族处女,性爱道场,落发辞亲,来依此寺。屏珍丽之饰,服修道之衣。投心入正,归诚一乘。永安三年中,尔朱兆入洛阳,纵兵大掠。时有秀容胡骑数十人入寺淫秽,自此后颇获讥诮。京师语曰:'汝阳女儿急作髻,瑶光寺尼夺女婿。'寺北有金墉城,城门作重楼飞阁,遍城上下,从地望之,有如云也。"④

《太平御览》卷140记曰:"《后魏书》曰:'宣武高皇后,文昭皇后弟偃之女也。世宗纳为贵嫔,生皇子早夭,又生建德公主,后拜为皇后,甚见礼重。性妒忌,宫人稀得进御。及肃宗即位,上尊

---

① (清)顾炎武:《历代宅京记》,中华书局1984年版,第141页。
② (宋)马端临:《文献通考》,中华书局2011年版,第6786页。
③ (宋)赵明诚著,金文明校证:《金石录校证》,广西师范大学出版社2005年版,第30页。
④ (明)陶宗仪:《说郛》(120卷本),上海古籍出版社1988年版,第3117页。

号曰皇太后。寻为尼，居瑶光寺。非大节庆，不入宫中。'"①

《记纂渊海》卷284"僧寺"记曰："魏世宗作瑶光寺，胡太后又作永宁寺，皆在宫侧。又作石窟寺于伊阙口，皆极土木之美，而永宁尤盛。佛殿如太极殿，南门如端门。僧房千间，珠玉锦绣，骇人心目，自佛法入中国，塔庙之盛，未之有也。"②

《渔洋诗话》卷中记曰："今广元县，唐利州也。武后生于此。嘉陵江岸皇泽寺有石像，乃是一比丘尼。余过之，戏题诗云：'镜殿春深往事空，嘉陵祸水恨难穷。曾闻夺婿瑶光寺，持较金轮恐未工。'盖用《洛阳伽蓝记》'瑶光寺尼工夺婿'之语以谑之。昔闻过乾陵作讥刺谑浪语，辄有风雷之异。乃是日嘉陵风平浪静。老狐何灵于乾州，而不灵于利州耶？"③

按：瑶光寺，在洛阳阊阖城门御道北，魏世宗宣武皇帝所立。此寺后来成为安置皇后、皇太后（如冯后、高后）的寺庙，可谓元魏皇室的御用寺院。因其地位特殊，北魏皇后出家为尼到瑶光寺几成惯例。

## 五　景乐寺

《洛阳伽蓝记校笺》记曰："景乐寺，太傅清河文献王怿所立也。……在阊阖南御道东，西望永宁寺正相当。……有佛殿一所，像辇在焉，雕刻巧妙，冠绝一时。堂庑周环，曲房连接，轻条拂户，花蕊被庭。至于大斋，常设女乐。歌声绕梁，舞袖徐转，丝管寥亮，谐妙入神。以是尼寺，丈夫不得入。得往观者，以为至天堂。及文献王薨，寺禁稍宽，百姓出入，无复限碍。后汝南王悦复修之。……召

---

① （宋）李昉：《太平御览》，中华书局1960年版，第681页。
② （宋）吴自牧：《记纂渊海》，中华书局1988年版，第2916页。
③ （清）王夫之等：《清诗话》，上海古籍出版社1978年版，第188页。

诸音乐,逞伎寺内。奇禽怪兽,舞抃殿庭,飞空幻惑,世所未睹。异端奇术,总萃其中。剥驴投井,植枣种瓜,须臾之间,皆得食之。士女观者,目乱精迷。自建义已后,京师频有大兵,此戏遂隐也。"①

《历代宅京记》卷 8 记曰:"景乐寺,太傅清河文献怿所立也。在阊阖南御道东,西望永宁寺正相当。寺西有司徒府,北连义井里。里北门外有桑树数十株,下有甘井一所,饮水庇阴,多有憩者。"②

《说郛》卷 67 记曰:"景乐寺,太傅清河文献王怿所立也。门外有丛树数株,枝条繁茂。下有甘井一所,石槽铁罐,供给行人饮水庇荫,多有憩者。有佛殿一所,象辇在焉。雕刻巧妙,冠绝一时。堂庑周环,曲房连接,轻条拂户,花苾被庭。至于六斋常设,女乐歌声绕梁,舞袖徐转,丝管寥亮,谐妙入神。"③

《佩文韵府》卷 63 记曰:"景乐寺,《洛阳伽蓝记》:'内奇禽怪兽,舞抃殿廷,飞空幻惑,世所未睹。植枣种瓜,须臾之间皆得食之。'"④

按:景乐寺,元怿(487—520)所立。怿字宣仁,孝文帝第四子,被封为清河王。元怿博涉经史,有文才。宣武帝初,为侍中、尚书仆射。明帝时,元怿为灵太后宠信。元怿与灵太后之妹夫元义有交好之意,但元义恃宠骄盈,怿裁之以法,有所牵制,为义所疾。后元义幽禁灵太后,元怿被杀。事迹见《魏书·清河王元怿传》《北魏清河文献王(元怿)之志铭》。

## 六 昭仪尼寺

《洛阳伽蓝记校笺》记曰:"昭仪尼寺,阉官等所立也。在东阳

---

① (北魏)杨衒之撰,杨勇校笺:《洛阳伽蓝记校笺》,中华书局 2006 年版,第 50—51 页。
② (清)顾炎武:《历代宅京记》,中华书局 1984 年版,第 141 页。
③ (明)陶宗仪:《说郛》(120 卷本),上海古籍出版社 1988 年版,第 3117 页。
④ (清)张玉书:《佩文韵府》,上海古籍书店 1983 年版,第 2406 页。

门内一里御道南。……太后临朝,阉寺专宠,宦者之家,积金满堂。是以萧忻云:'高轩斗升者,尽是阉官之嫠妇;胡马鸣珂者,莫不黄门之养息也。'……寺有一佛二菩萨,塑工精绝,京师所无也。四月七日,常出诣景明,景明三像恒出迎之,伎乐之盛,与刘腾相比。堂前有酒树面木。昭仪寺有池,京师学徒谓之翟泉也。……池西南有愿会寺,中书侍郎王翊舍宅所立也。佛堂前生桑树一株,直上五尺,枝条横绕,柯叶傍布,形如羽盖。复高五尺,又然。凡为五重,每重叶楂各异,京师道俗谓之神桑。观者成市,施者甚众。帝闻而恶之,以为惑众,命给事中黄门侍郎元纪伐杀之。其日云雾晦冥,下斧之处,血流至地,见者莫不悲泣。寺南有宜寿里,内有苞信县令段晖宅。"①

《历代宅京记》卷8记曰:"昭仪尼寺,阉官等所立也。在东阳门内一里御道南。东阳门内道北有太仓、导官二署。东南治粟里,仓司官属住其内。寺有池,京师学徒谓之翟泉。衒之案:杜预注《春秋》云翟泉在晋太仓西南。按:晋太仓在建春门内,今太仓在东阳门内,此地在今太仓西南,明非翟泉也。后隐士赵逸云:此是晋侍中石崇家池,池南有绿珠楼。于是学徒始寤。"②

《说郛》卷67记曰:"昭仪尼寺,阉官等所立也。太后临朝,阉寺专宠。宦者之家,积金满堂。是以萧忻云:'高轩斗升者,尽是阉官之嫠妇;胡马鸣珂者,莫非英门之养息也。'寺有一佛二菩萨,塑工精绝,京师所无。寺南有宜寿里,段晖宅。地下常闻钟声,时见五色光明照于堂宇,晖甚异之,遂掘光所,得金像一躯,可高三尺,有二菩萨跌坐。晖遂舍宅为光明寺。其后盗者欲窃此像,与菩萨合声喝贼,盗者惊怖,应即殒倒。众僧闻像叫声,遂来

---

① (北魏)杨衒之撰,杨勇校笺:《洛阳伽蓝记校笺》,中华书局2006年版,第53—54页。
② (清)顾炎武:《历代宅京记》,中华书局1984年版,第141页。

捉得贼。"①

按：昭仪尼寺为阉官所立，似乎与建中寺有某种联系，可以看出当时阉党专宠，势力极大。

## 七 胡统寺

《洛阳伽蓝记校笺》记曰："胡统寺，太后从姑所立也。……在永宁南一里许。宝塔五重，金刹高耸。洞房周匝，对户交疏，朱柱素壁，甚为佳丽。其寺诸尼，帝城名德，善于开导，工谈义理，常入宫与太后说法。其资养缁流，从无比也。"②

《说郛》卷67记曰："胡统寺，太后从姑所立也。入道为尼，遂居此寺。在永宁南一里许。宝塔五重，金刹高耸；洞房周匝，对户交窗。朱柱素壁，甚为佳丽。其寺诸尼，帝城名德，善于开道，工谈义理，常入宫与太后说法。其资养缁流，从无此也。"③

按：胡统寺，太后从姑所立。从地图方位和城内建制看来，此寺与永宁寺相邻。胡统寺一条似乎有些突兀，当为永宁寺附条。但作者在阉党所建昭仪尼寺之后列此外戚作立之寺，又显然是有意安排。我们可以从中看到杨衒之对北魏亡国原因以及态度的暗示。所谓"太后临朝，阉寺专宠，宦者之家积金满堂"、"其资养缁流，从无比也"。"从无比也"，《说郛》本作"从无此也"。据文义二字皆可。对胡统寺这样的记述安排可见当时阉党和外戚势力之扰乱朝纲，以及空耗财力的腐化现象极为严重，这从侧面反映着杨衒之的褒贬之意。

---

① （明）陶宗仪：《说郛》（120卷本），上海古籍出版社1988年版，第3117页。
② （北魏）杨衒之撰，杨勇校笺：《洛阳伽蓝记校笺》，中华书局2006年版，第57页。
③ （明）陶宗仪：《说郛》（120卷本），上海古籍出版社1988年版，第3117—3118页。

## 八　修梵寺

《洛阳伽蓝记校笺》记曰："修梵寺，在清阳门内御道北。嵩明寺复在修梵寺西，并雕墙峻宇，比屋连甍，亦是名寺也。修梵寺有金刚，鸠鸽不入，乌雀不栖。菩提达摩云：'得其真相也。'寺北有永和里，汉太师董卓之宅也。……里中有太傅录尚书事长孙稚、尚书右仆射郭祚、吏部尚书邢峦、廷尉卿元洪超、卫尉卿许伯桃、凉州刺史尉成兴等六宅。皆高门华屋，斋馆敞丽，楸槐荫途，桐杨夹植，当世名为贵里。……"①

《历代宅京记》卷8记曰："修梵寺，在青阳门内御道北。寺北有永和里，汉太师董卓之宅也。里南北皆有池，卓之所造，今犹有水，冬夏不竭。"②

《说郛》卷67记曰："修梵寺，清阳门内御道北。嵩明寺复在修梵寺西，并墁墙峻宇，比屋连甍，亦是名寺也。修梵寺有金刚，鸠鸽不入，乌雀不栖。菩提达摩云：'得其真相也。'寺北有永和里，里中皆高门华屋，斋馆敞丽，楸槐荫途，桐杨夹植，当世名为贵里。掘此地者，辄得金玉宝玩之物无算。"③

《太平御览》卷658记曰："又曰：'修梵寺有金刚，鸠鸽不入，乌雀不栖，菩萨达摩云得其真相。'"④

《酉阳杂俎》卷11记曰："故洛阳修梵寺有金刚二，鸟雀不集。元魏时，梵僧菩提达摩，称得其真像也。"⑤

按：修梵寺，在清阳门内御道北。"清阳门"《说郛》本作"青

---

① （北魏）杨衒之撰，杨勇校笺：《洛阳伽蓝记校笺》，中华书局2006年版，第58页。
② （清）顾炎武：《历代宅京记》，中华书局1984年版，第141—142页。
③ （明）陶宗仪：《说郛》（120卷本），上海古籍出版社1988年版，第3118页。
④ （宋）李昉：《太平御览》，中华书局1960年版，第2941页。
⑤ （唐）段成式：《酉阳杂俎》，中华书局1981年版，第109页。

阳门"。上述文献所引"鸠鸽不入，乌雀不栖"文，为突出显示修梵寺之禅意。顺带提嵩明寺，亦以记述之便以及相邻原则。另，修梵寺北永和里为"当世贵里"，有太傅录尚书事长孙稚、尚书右仆射郭祚、吏部尚书邢峦、廷尉卿元洪超、卫尉卿许伯桃、凉州刺史尉成兴等人的宅院，这些官员品秩相当，没有种族界限。正如《魏书·韩显宗传》云："伏见洛京之治，居人以官位相从，不依族类。"

## 九　景林寺

《洛阳伽蓝记校笺》记曰："景林寺，在开阳门内御道东。讲殿叠起，房庑连属，丹楹炫日，绣桷迎风，实为胜地。寺西有园，多饶奇果。春鸟秋蝉，鸣声相续。中有禅房一所，内置祇洹精舍，形制虽小，巧构难比。加以禅阁虚静，隐室凝邃，嘉树夹牖，芳杜匝阶，虽云朝市，想同岩谷。净行之僧，绳坐其内，餐风服道，结跏数息。有石铭一所，国子博士卢白头为其文。……建春门内御道南，有勾盾、典农、籍田三署。籍田南有司农寺。御道北有空地，拟作东宫，晋中朝时太仓处也。太仓南有翟泉，周回三里，即《春秋》所谓'王子虎、晋狐偃盟于翟泉'也。水犹澄清，洞底明净，鳞甲潜藏，辨其鱼鳖。高祖于泉北置河南尹。中朝时步广里也。泉西有华林园，高祖以泉在园东，因名为'苍龙海'。华林园中有大海，即魏天渊池。池中犹有文帝九华台。高祖于台上造清凉殿。世宗在海内作蓬莱山。山上有仙人馆，上有钓台殿。并作虹霓阁，乘虚来往。至于三月禊日，季秋巳辰，皇帝驾龙舟鹢首游于其上。海西有藏冰室。六月出冰，以给百官。海西南有景山殿。山东有羲和岭，岭上有温风室。山西有姮娥峰，峰上有露寒馆。并飞阁相通，凌山跨谷。山北有玄武池，山南有清暑殿。殿东有临涧亭，殿西有临危台。景阳山南，有百果园。果别作林，林各有堂。……柰林南有石碑一所，魏明帝所立也，题云'苗茨之碑'。

高祖于碑北作苗茨堂。……柰林西有都堂，有流觞池。堂东有扶桑海。凡此诸海，皆有石窦流于地下，西通谷水，东连阳渠，亦与翟泉相连。若旱魃为害，谷水注之不竭；离毕滂润，阳谷泄之不盈。至于鳞甲异品，羽毛殊类，濯波浮浪，如似自然也。"①

《说郛》卷 67 记曰："景林寺，讲殿迭起，房庑连属；丹槛炫日，绣桷迎风：实为胜地。寺西有园，多饶奇果。春鸟秋蝉，鸣声相续。加以禅阁虚静，隐室凝邃，嘉树夹牖，芳杜匝阶。虽云朝市，想同岩谷。"②

按：景林寺，按照文意为一般官员所立，同时如修梵寺一样，强调寺庙的禅意，这是一般士大夫追求禅学的侧面反映。

## 第二节 城东佛寺考述

《洛阳伽蓝记》中记述的城东佛寺有明悬尼寺、龙华寺、璎珞寺、宗圣寺、崇真寺、魏昌尼寺、石桥南景兴尼寺、建阳里灵应寺、庄严寺、秦太上君寺、正始寺、平等寺、景宁寺、宝明寺、归觉寺等十余座。其他文献对于这些佛寺的记述，大多本于《洛阳伽蓝记》，如明悬尼寺，《历代宅京记》《说郛》《神异典》对其的记述，基本上本于《洛阳伽蓝记》。但其他文献对于相同的寺庙的记述，也可以出于《洛阳伽蓝记》的内容之外，如《本草乘雅半偈》对崇真寺的记述，与《洛阳伽蓝记》存在较大的出入。洛阳城东佛寺之情况见下表：

| 序号 | 寺名 | 原宅院 | 初建立者 | 地位/职官 | 塔层 | 创建原因 |
|---|---|---|---|---|---|---|
| 1 | 明悬尼寺 | | 元勰 | 彭城武宣王 | 3 | 崇佛信法 |
| 2 | 龙华寺 | | | 宿卫羽林虎贲等 | | 追福 |
| 3 | 璎珞寺 | 董威辇居处 | | | | |

---

① （北魏）杨衒之撰，杨勇校笺：《洛阳伽蓝记校笺》，中华书局 2006 年版，第 60—64 页。
② （明）陶宗仪：《说郛》（120 卷本），上海古籍出版社 1988 年版，第 3118 页。

续表

| 序号 | 寺名 | 原宅院 | 初建立者 | 地位/职官 | 塔层 | 创建原因 |
|---|---|---|---|---|---|---|
| 4 | 宗圣寺 | | | | | |
| 5 | 崇真寺 | | 元怿 | 太傅清河文献王 | | |
| 6 | 魏昌尼寺 | | 李次寿 | 宦官瀛洲刺史 | | |
| 7 | 景兴尼寺 | | 宦官等 | | | |
| 8 | 灵应寺 | 杜子休 | | | 3 | 灵应 |
| 9 | 庄严寺 | | | | | |
| 10 | 秦太上君寺 | | 胡太后 | | | 为母追福 |
| 11 | 正始寺 | | 百官 | | | |
| 12 | 平等寺 | 元怿宅 | 元怿 | 广平武穆王 | | |
| 13 | 景宁寺 | | 杨椿 | | | |

## 一 明悬尼寺

《洛阳伽蓝记校笺》记曰:"明悬尼寺,彭城武宣王勰所立也。在建春门外石桥南。……有三层塔一所,未加庄严。寺东有中朝时常满仓,……天下贡赋所聚蓄也。"①

《说郛》卷 67 上记曰:"明悬尼寺,彭城武宣王勰所立也。有三层塔一所,未加庄严。寺东有中朝时常满仓,高祖令为租场,天下贡赋所聚蓄也。"②

《历代宅京记》卷 8 记曰:"城东明悬尼寺,彭城武宣王勰所立也。在建春门外石楼南。各水周回绕城,至建春门外,东入阳渠石桥。桥有四柱在道南。铭曰汉阳嘉四年将作大匠马宪造。孝昌三年,大雨颓桥,柱始埋没,道北二柱,至今犹存。寺东有中朝时常满仓,高祖令为租场,天下贡赋所聚蓄也。"③

---

① (北魏)杨衒之撰,杨勇校笺:《洛阳伽蓝记校笺》,中华书局 2006 年版,第 70 页。
② (明)陶宗仪:《说郛》(120 卷本),上海古籍出版社 1988 年版,第 3118 页。
③ (清)顾炎武:《历代宅京记》,中华书局 1984 年版,第 142 页。

按：明悬尼寺是城东佛寺之一，立寺者彭城武宣王勰是魏高祖之弟，《北史》中有《彭城王勰传》。关于明悬尼寺的具体位置，《说郛》没有明示，《历代宅京记》与《神异典》俱曰"在建春门外石楼南"，与《洛阳伽蓝记校笺》中所记"在建春门外石桥南"微有出入。范祥雍《校注》所录原文为："在建春门外石楼（桥）南"，注曰："吴集证云：'楼当作桥，各本俱误。'按《水经注》穀水'经建春门石桥下'。据此，吴说当是。今从之。"杨勇在《洛阳伽蓝记校笺》中则曰："桥，如本作'楼'，非，今从集证。"由此可知，"楼"当作"桥"，现在学者基本已达成了共识，但在古代，只有吴集证认为当作"桥"。以上所列三条记述明悬尼寺的文献，其中一条不明示明悬尼寺的位置，两条俱曰"在建春门外石楼南"，可见明清之际的学者在述明悬尼寺时，都是本于当时流传的《洛阳伽蓝记》，因而都出现了讹误。明清之际的学者述明悬尼寺，都是本于《洛阳伽蓝记》，也可以从以上文献内容得到印证，各条记述在文献上都没有出于《洛阳伽蓝记》记述的明悬尼寺之外。

随着时代的变更，元明清时的学者在记述明悬尼寺时，也非完全生硬地照搬《洛阳伽蓝记》，这表现在《说郛》《历代宅京记》《神异典》都对《洛阳伽蓝记》的原文精简，而且在涉及朝代名称时，有所变化。《洛阳伽蓝记》记录石桥被大雨冲毁时间，曰："逮我孝昌三年"，《说郛》与《神异典》俱无记载，《历代宅京记》曰："孝昌三年"。顾炎武《历代宅京记》中无有"逮我"二字，说明顾炎武在撰写《历代宅京记》一书时，虽然主要援引的是《洛阳伽蓝记》，但他认识到了自己作为创作主体，与杨衒之在身份上已经不同，因而去掉了"逮我"二字。

## 二　龙华寺

《洛阳伽蓝记校笺》记曰："龙华寺，宿卫羽林、虎贲等所立也。

在建春门外阳渠南。……阳渠北有建阳里，里有土台，高三丈，上作二精舍。……有钟一口，撞之闻五十里。太后以钟声远闻，遂移在宫内，置凝闲堂前，讲内典沙门打为时节。初，萧衍子豫章王综来降，闻此钟声，以为奇异，造《听钟歌》三首，行传于世。……"①

《宝刻丛编》卷10《唐神德寺碑》记曰："八分书，不著书撰人名氏。神德寺，故后魏之会同寺也。唐垂拱三年，有司奏，自华原之石门山，徙于役祋祤城北魏龙华寺故基，而立之碑，以开元八年立。"（《集古录》目）②

《宝刻丛编》卷20《龙华寺造浮图碑》记曰："不著书撰人名氏，据碑称维那刘显等于双井村共造龙华浮图一区，爵离一区，碑以北齐武平元年立。释氏谓寺为爵离，今北朝石刻往往见之。"③

《说郛》卷67上记曰："龙华寺，宿卫羽林虎贲所立也。里有土台高三丈，上作二精舍，赵逸云：'此台是中朝旗亭也。'上有二层楼，悬鼓击之以罢市。"④

《历代宅京记》卷8记曰："龙华寺，宿卫羽林虎贲等所立也。在建春门外阳渠南。寺南有租场。阳渠北有建阳里，里有土台，高三丈，上作二精舍。赵逸云此台是中朝旗亭也。上有二层楼，悬鼓击之以罢市。"⑤

按：龙华寺位于建春门外。龙华寺的最大的特点是寺中的钟，撞击后声音可传五十里，因而，《洛阳伽蓝记》对于龙华寺记叙最为详细的就是这口钟，尤其是对听到钟声后，作有三首听钟歌的萧综的生平的记叙，在篇幅上超过了所有对寺庙进行记叙的文字。不过，

---

① （北魏）杨衒之撰，杨勇校笺：《洛阳伽蓝记校笺》，中华书局2006年版，第72页。
② （宋）陈思：《宝刻丛编》卷十，影印文渊阁《四库全书》本，台湾商务印书馆1983年版。
③ （宋）陈思：《宝刻丛编》卷二十，影印文渊阁《四库全书》本，台湾商务印书馆1983年版。
④ （明）陶宗仪：《说郛》（120卷本），上海古籍出版社1988年版，第3118页。
⑤ （清）顾炎武：《历代宅京记》，中华书局1984年版，第143页。

在《说郛》与《历代宅京记》中，则仅记中朝旗亭上有一鼓，没有提起钟，更没有提到作为听钟歌主体的萧综。通过《宝刻丛编》卷10与卷20的记载，可知龙华寺在北齐之时犹存，但到了唐代，便只剩下了故址。

### 三 璎珞寺

《洛阳伽蓝记校笺》记曰："璎珞寺，在建春门外御道北，所谓建阳里也。……里内士庶二千余户，信崇三宝，众僧剎养，百姓所供也。"[①]

《说郛》卷67记曰："璎珞寺，即中朝时白杜地，董威辇所居处。里内有璎珞、慈善、晖和、通觉、晖玄、宗圣、魏昌、熙平、崇真、因果等十寺。里内士庶二千余户，信崇三宝，众僧利养，百姓所供也。"[②]

按：璎珞寺位于建阳里，建阳里中有十寺，建阳里中的居民，大多信奉佛教，与其他佛教具有官方背景有点不同，璎珞寺的僧众是由建阳里的百姓供奉。璎珞寺除了《洛阳伽蓝记》中有记载，其他文献对它的记载不多，笔者仅检索到《说郛》对其有记载，且与《洛阳伽蓝记》所记没有太大差别，仅省略了交代璎珞寺位置的"在建春门外御道北，所谓建阳里也"。后代文献对于璎珞寺记载的不足，与璎珞寺仅由信奉佛教三宝的民众供奉，没有官方背景当有联系。

### 四 宗圣寺

《洛阳伽蓝记校笺》记曰："宗圣寺，有像一躯，举高三丈八尺，

---

[①]（北魏）杨衒之撰，杨勇校笺：《洛阳伽蓝记校笺》，中华书局2006年版，第75页。
[②]（明）陶宗仪：《说郛》（120卷本），上海古籍出版社1988年版，第3118页。

端严殊特，相好毕备，士庶瞻仰，目不暂瞬。此像一出，市井皆空，炎光辉赫，独绝世表。妙伎杂乐，亚于刘腾，城东士女多来此寺观看也。"①

《说郛》卷67上记曰："宗圣寺有像一躯，高三丈八尺。端严殊特，相好毕备。士庶瞻仰，目不暂瞬。此像一出，市井皆空。炎光辉赫，独绝世表，妙伎杂乐，亚于刘腾，城东士女多来此寺观看也。"②

《佩文韵府》卷63记曰："《洛阳伽蓝记》：宗圣寺，有像一躯，炎光腾辉，赫赫独绝世表，妙伎杂乐，亚于刘腾。"③

按：宗圣寺位于城东，以其端庄严穆、微妙可爱而称，佛像也很雄伟，是城东士女观光的目的地之一。《说郛》与《佩文韵府》对于宗圣寺的记载，本于《洛阳伽蓝记》，尤其是《佩文韵府》，注明了所记文字源于《洛阳伽蓝记》。《说郛》中，唯"高三丈八尺"比《洛阳伽蓝记》中删一"举"字。《佩文韵府》，在文字上与《洛阳伽蓝记》相差较大，不仅内容少，而且字词方面也有变化，但完全取意于《洛阳伽蓝记》。通过以上三种文献对宗圣寺的记载，可知当时寺庙的佛像高大相好，与人们印象中的庄严国土无异，但寺中妙伎杂乐，则与一般人们印象中的佛教形象存在一定的区别。

## 五　崇真寺

《洛阳伽蓝记校笺》记曰："崇真寺比丘惠凝，死一七日还活。经阎罗王检阅，以错名放免。……出建春门外一里余至东石桥，……桥南有魏朝时马市，刑嵇康之所也。桥北大道西有建阳里，大道东有绥民里，里内有河间刘宣明宅。……"④

---

① （北魏）杨衒之撰，杨勇校笺：《洛阳伽蓝记校笺》，中华书局2006年版，第76页。
② （明）陶宗仪：《说郛》（120卷本），上海古籍出版社1988年版，第3118页。
③ （清）张玉书：《佩文韵府》，上海古籍书店1983年版，第2406页。
④ （北魏）杨衒之撰，杨勇校笺：《洛阳伽蓝记校笺》，中华书局2006年版，第76—77页。

《法苑珠林校注》卷92记曰:"后魏崇真寺僧慧嶷,死经七日。时与五比丘次第于阎罗王所阅过。嶷以错召,放令还活,具说王前事意,如生官无异。五比丘者,亦是京邑诸寺道人,与嶷同簿而过。一比丘云是宝明寺僧智聪,自云:生来坐禅苦行为业,得升天堂。复有比丘云是般若寺僧道品。自云:诵《涅槃经》四十卷,亦升天堂。复有一比丘云是融觉寺僧昙谟最。状注云:讲《华严》、《涅槃》,恒常领众千人,解释义理。王言:讲经众僧,我慢贡高,心怀彼我,骄己凌物,比丘之中,第一粗行。最报王言:立身已来,实不骄慢,惟好讲经。王言:付司。即有青衣十人,送最向于西北,入门,屋舍皆黑,似非好处。复一比丘云是禅林寺僧道弘。自云:教化四辈檀越,造一切经,人中金像十躯。王言:沙门之体,必须摄心道场,志念禅诵,不预世事,勤心念戒,不作有为。教化求财,贪心即起,三毒未除。付司依式。还有青衣执送,与最同入一处。又有比丘云是灵觉寺僧宝真。自云:未出家之前,曾作陇西太守,自知苦空,归依三宝,割舍家资,造灵觉寺。寺成,舍官入道。虽不禅诵,礼拜不缺。王曰:卿作太守之日,曲情枉法,劫夺人财,以充己物。假作此寺,非卿之力,何劳说此!亦复付司准式。青衣送入黑门,似非好处。慧嶷为以错召免问,放令还活,具说王前过时事意。时人闻已,奏胡太后。太后闻之,以为灵异,即遣黄门侍郎依嶷所陈访问聪等五寺。并云有此。死来七日,生时业行,如嶷所论不差。事出《洛阳伽蓝记》。"[1]

《太平广记》卷99之"惠凝"条记曰:"元魏时,洛中崇真寺有比丘惠凝死七日还活。云:阎罗王检阅,以错名放免。惠凝具说过去之事:有比丘五人同阅。一比丘云宝明寺智圣,以坐禅苦行,得升天堂。有一比丘是般若寺道品,以诵《涅槃经》四十卷,亦升

---

[1] (唐)释道世撰,周叔迦、苏晋仁校注:《法苑珠林校注》,中华书局2003年版,第2676—2677页。

天堂。有一比丘云是融觉寺昙谟最，讲《涅槃》、《华严》，领众千人，阎罗王曰：'讲经者心怀彼我，以骄凌物，比丘中第一粗行，今唯试坐禅、诵经，不问讲经。'其昙谟最曰：'贫身立道已来，唯好讲经，实不谙诵。'阎罗王令付司即有青衣十人送昙谟最向西北门。屋舍皆黑，似非好处。有一比丘云是禅林寺道弘，自云教化四辈檀越，造一切经人中像十躯。阎罗王曰：'沙门之体，必须摄心守道，志在禅诵，不干世事，不作有为。虽造作经像，正欲得他人财物；既得财物，贪心既起；便是三毒不出。具足烦恼。'亦付司，仍与昙谟最同入黑门。有一比丘云是灵觉寺宝明，自云出家之先，曾作陇西太守，造灵觉寺成，即弃官入道；虽不禅诵，礼拜不缺。阎罗王曰：'卿作太守之日，曲理枉法，劫夺民财，假作此寺，非卿之力，何劳说此！'亦付青衣送入黑门。时魏太后闻之，遣黄门侍郎徐纥依惠凝所说，即访宝明等寺。城东有宝明寺，城中有般若寺，城西有融觉、禅林、灵觉等三寺。并问智圣、道品、昙谟最、道弘、宝明等，皆实有之。即请坐禅僧一百人，常在殿中供养之。诏：'不听持经像在巷路乞索；若私用财物造经像者，任意。'惠凝亦入白鹿山隐居修道。自此以后，京邑之比丘，皆事禅诵，不复以讲经为意。出《洛阳记》。"①

《本草乘雅半偈》卷4《本经中品》记曰："红花不知其至洛之因，莲花萼、红花、青铁三重如莲花。花萼左，花左千叶。紫花出齐民左氏家，叶密而齐如截，亦谓之平头。紫砂红者，多叶。红花不知其所出，有民闻氏子者善接花，以为生，买地于崇真寺前，治花圃，有此花。"②

《埤雅》卷18亦有类似的记载。

---

① （宋）李昉：《太平广记》，中华书局1961年版，第660页。
② （明）卢之颐：《本草乘雅半偈》卷四，影印文渊阁《四库全书》本，台湾商务印书馆1983年版。

按：《法苑珠林》，《四库全书》本共一百二十卷，唐代道世所作，是有关佛教的一部比较珍贵的文献，全书共一百多万字，博引经、律、论、传等共四百余部。以上所引《法苑珠林》中关于崇真寺的这段文字，作者明言"事出《洛阳伽蓝记》"，但在文字上存在着较大的出入，内容亦有增益之处。文字上的差异，如惠凝在《洛阳伽蓝记》中作"惠凝"，但在《法苑珠林》中，"凝"作"嶷"，又如《洛阳伽蓝记》中的宝明，在《法苑珠林》中作宝真。其他文字的差异，如《法苑珠林》开篇曰："后魏崇真寺僧慧嶷，死经七日，时与五比丘次第于阎罗王所阅过，嶷以错召放，令还活"；阎王之言："讲经众僧，我慢贡高，心怀彼我，骄已凌物，比丘之中第一粗行"等，与《洛阳伽蓝记》存在着较大的差别，算得上是在《洛阳伽蓝记》基础之上的再次创作。最有意义的是，《法苑珠林》在内容上相对于《洛阳伽蓝记》有所增益，如故事讲完之后，有言曰："慧嶷为以错，召免问放，令还活。具说王前过时事意，时人闻已，奏胡太后。"为这段文字增添了志怪小说的色彩。

《太平广记》也交代说"惠凝"条"出《洛阳记》"，相对于《法苑珠林》，《太平广记》在内容上并没有对《洛阳伽蓝记》进行增益，但在文字上却存在较大的出入，如"时魏太后闻之"，"并问智圣、道品、昙谟最、道弘、宝明等"，"即请坐禅僧一百人"等处，皆与《洛阳伽蓝记》有异。

所引《本草乘雅半偈》中的文字，并没有直接记述崇真寺，也没有记载惠凝事，但从中可知，直到该书所撰的明代，洛阳有名"崇真寺"的寺庙，而且是当时种植名花之地，与崇真寺在北朝时是士女观光的目的地的情况比较相符。

## 六　魏昌尼寺

《洛阳伽蓝记校笺》记曰："魏昌尼寺，阉官瀛州刺史李次寿所立也。在里东南角,即中朝牛马市处也。……"①

按:魏昌尼寺位于建阳里东南角,为宦官李次寿所立。除《洛阳伽蓝记》外,魏昌尼寺,他书未载。李次寿高宗初坐事为阉人,稍迁给事中,赐爵魏昌伯。此尼寺以李次寿的爵名称之。

## 七 景兴尼寺

《洛阳伽蓝记校笺》记曰:"石桥南道口有景兴尼寺,亦阉官等所共立也。有金像辇,去地三尺,施宝盖,四面垂金铃七宝珠,飞天伎乐,望之云表。作工甚精,难可扬搉。像出之日,常诏羽林一百人举此像。丝竹杂伎,皆由旨给。"②

《说郛》卷六十七上所记与《洛阳伽蓝记》同。

按:景兴尼寺位于石桥南道口,由宦官所立,金像、金铃、宝珠等物极尽奢华,寺中的音乐杂伎等,都是由皇帝直接供给。除了《洛阳伽蓝记》之外,其他文献对其记载很少,《说郛》对景兴尼寺的记述,与《洛阳伽蓝记》完全一样。

## 八 灵应寺

《洛阳伽蓝记校笺》记曰:"建阳里东有绥民里,里内有洛阳县。……绥民里东崇义里,里内有京兆人杜子休宅。地形显敞,门临御道。……子休遂舍宅为灵应寺。……崇义里东有七里桥,以石为之,中朝杜预之荆州出顿之所也。"③

《太平广记》卷81记曰:"后魏崇义里有杜子休宅,地形显敞,

---

① (北魏)杨衒之撰,杨勇校笺:《洛阳伽蓝记校笺》,中华书局2006年版,第81页。
② (北魏)杨衒之撰,杨勇校笺:《洛阳伽蓝记校笺》,中华书局2006年版,第82页。
③ (北魏)杨衒之撰,杨勇校笺:《洛阳伽蓝记校笺》,中华书局2006年版,第83—84页。

门临御路。时有隐士赵逸者，云是晋武时人。晋朝旧事，多所记录。正光初，来至京师，见子休宅，叹息曰：'此是晋朝太康寺也。'时人未之信，问其由，答曰：'龙骧将军王濬平吴后，立此寺。本有三层浮图，用砖为之。'指子休园曰：'此是故处。'子休掘而验之，果得砖数万，并有石铭云：'晋太康六年，岁次乙巳，九月甲戌朔，八日辛巳，仪同三司襄阳侯王濬敬造。'时园中果菜丰蔚，林木扶疏，乃服逸言，号为圣人。子休遂舍宅为灵应寺，所得之砖，造三层浮屠。……出《洛阳伽蓝记》。"①

按：灵应寺是位于洛阳城东建阳里的佛寺，原为晋时太康寺，后来成为杜子休的住宅，隐士赵逸将事情的前因后果道出，杜子休舍宅为灵应寺。

以上所引《洛阳伽蓝记》与《太平广记》中的两段文字，在内容上并没有什么实质上的差别，叙述的都是灵应寺的由来。《太平广记》与《洛阳伽蓝记》的记述，既有完全相同之处，也有不同之处。相同之处在于石铭的内容完全一样，都是"晋太康六年，岁次乙巳，九月甲戌朔，八日辛巳，仪同三司襄阳侯王濬敬造"，一字不差。两者之间更多的是不同，如《太平广记》作为后代的文献，在叙事之前，首先加上了"后魏"二字，以限定时间；记述比《洛阳伽蓝记》简略，没有提到绥民里；另外，还有一些文字上的细微差别，如《洛阳伽蓝记》中的"此宅中朝时太康寺也"，《太平广记》作"此是晋朝太康寺也"。"遂问寺之由绪"，《太平广记》作"问其由"，"所得之砖，还为三层浮图"，《太平广记》作"所得之砖，造三层浮屠"。

《太平广记》中的铭文，与《洛阳伽蓝记》完全相同，说明《太平广记》的作者在创作时，当是对照《洛阳伽蓝记》一字不动地抄写的，除了铭文之外，《太平广记》在很多地方与《洛阳伽蓝

---

① （宋）李昉：《太平广记》，中华书局1961年版，第516—517页。

记》有差异，说明《太平广记》的作者是有意进行了再创作。

## 九 庄严寺

《洛阳伽蓝记校笺》记曰："庄严寺，在东阳门外一里御道北，所谓东安里也。北为租场。里内有驸马都尉司马悦、济州刺史刁宣、幽州刺史李真奴、豫州刺史公孙骧等四宅。"①

《历代宅京记》卷8记曰："庄严寺，在东阳门外一里御道北，所谓东安里也。北为租场里。"②

《类说》卷7"庄严寺"条记曰："沙门卢稜伽，吴道玄弟子，尝画庄严寺三门。道玄曰：'此子笔力常时不及我，今乃类我，精爽尽于此矣！'未几果卒。"③

《佛祖历代通载》卷9记曰："己丑八年，魏主于式乾殿为诸僧及朝臣讲《维摩诘经》……辛卯十年，诏法师僧旻入惠轮殿，讲《胜鬘经》，帝临听，公卿毕集，有旨，于庄严寺建八座法轮，妙选奇杰番次主之，时以旻为第一，当讲日，听者倾都，堂无容足。"④

按：庄严寺位于东阳门外，《洛阳伽蓝记》与《历代帝王宅京记》记叙了它的位置及其周边情况，《类说》与《佛门历代通载》则记述了与庄严寺相关的奇闻轶事。

《历代宅京记》对庄严寺的记述，与《洛阳伽蓝记》的差异在于，其一，简略，《洛阳伽蓝记》中记载东安里有驸马都尉司马悦等四人的住宅，而《历代宅京记》则没有；其二，《历代宅京记》曰："北为租场里"，"租场里"当为"租场"之讹，明悬尼寺中有言：

---

① （北魏）杨衒之撰，杨勇校笺：《洛阳伽蓝记校笺》，中华书局2006年版，第87页。
② （清）顾炎武：《历代宅京记》，中华书局1984年版，第143页。
③ （宋）曾慥：《类说》，书目文献出版社1989年版，第128页。
④ （元）释念常：《佛祖历代通载》，《日本五山版汉籍善本集刊》本，西南师范大学出版社、人民出版社2012年版，第12册，第52页。

"高祖令为租场",当即指此租场。

《类说》中讲述的是吴道子与其弟子画庄严寺的故事。吴道子是河南人,有很多画作画在洛阳寺庙中,因而,吴道子的弟子所画庄严寺,当不是南朝的庄严寺。《佛祖历代通载》记魏主招僧旻到庄严寺中讲经,魏帝亲自到场听经,由此可见,佛教在魏朝的地位之高,以及庄严寺在诸寺庙中占有较高的地位。

## 十  秦太上君寺

《洛阳伽蓝记校笺》记曰:"秦太上君寺,胡太后所立也。在东阳门外二里御道北,所谓晖文里。里内有太保崔光、太傅李延实、冀州刺史李韶、秘书监郑道昭等四宅。并丰堂崛起,高门洞开。……中有五层浮图一所,修刹入云,高门向街。佛事庄饰,等于永宁。诵室禅堂,周流重叠,花林芳草,遍满阶墀。常有大德名僧讲一切经。受业沙门亦有千数。……"[①]

《历代宅京记》卷8记曰:"秦太上君寺,胡太后所立也。在东阳门外二里御道北,所谓晖文里。当时太后正号崇训,母仪天下,号父为秦太上公,母为秦太上君。为母追福,因以名焉。"[②]

按:秦太上君寺是胡太后为其母亲秦太上君追福而建,在东阳门外御道北。

《历代宅京记》对秦太上君寺的记述,文字完全取自《洛阳伽蓝记》,但截取的篇幅不大,只占《洛阳伽蓝记》的十分之一不到,其中《洛阳伽蓝记》述太傅李延实的事迹,在《历代宅京记》中只字未提。由此可见,《历代宅京记》只注重寺庙本身,而《洛阳伽蓝

---

[①] (北魏)杨衒之撰,杨勇校笺:《洛阳伽蓝记校笺》,中华书局2006年版,第87—88页。

[②] (清)顾炎武:《历代宅京记》,中华书局1984年版,第143页。

记》则兼收与寺庙相关的故事。

## 十一　正始寺

《洛阳伽蓝记校笺》记曰："正始寺，百官等所立也。……在东阳门外御道南，所谓敬义里也。里内有典虞曹。檐宇精净，美于景林。众僧房前，高林对牖，青松绿柽，连枝交映。多有枳树，而不中食……敬义里南有昭德里。里内有尚书仆射游肇、御史尉李彪、七兵尚书崔休、幽州刺史常景、司农张伦等五宅。……"①

《历代宅京记》卷 8 记曰："正始寺，百官等所立也。正始中立，因以为名。在东阳门外御道南，所谓敬义里也。里内有典虞曹。敬义里南有昭德里。"②

《御定佩文斋广群芳谱》卷 65 记曰："洛阳伽蓝记——正始寺，众僧房前，高林对牖，青松青柽，连枝交映。多有枳树，而不中食。"③

《说郛》卷 67 上记曰："正始寺，正始中立，因以为名。里内有典虞，檐宇清净，美于景林。众僧房前高林对牖，青松青柽，连枝交映。多有枳树，而不中食。"④

《佩文韵府》卷 63 记曰："《洛阳伽蓝记》：正始寺，檐宇清净，美于丛林，众僧房前，高林对牖，青松绿柽，连枝交映。"⑤

按：正始寺之所以被称为正始寺，是因为它建立于正始（504—508）年间。位于东阳门外的御道之南的敬义里。

《洛阳伽蓝记》与《水经注》被喻为北朝散文的双璧，其中一

---

① （北魏）杨衒之撰，杨勇校笺：《洛阳伽蓝记校笺》，中华书局 2006 年版，第 93—94 页。
② （清）顾炎武：《历代宅京记》，中华书局 1984 年版，第 143 页。
③ 《御定佩文斋广群芳谱》卷六五，影印文渊阁《四库全书》本，台湾商务印书馆 1983 年版。
④ （明）陶宗仪：《说郛》（120 卷本），上海古籍出版社 1988 年版，第 3118 页。
⑤ （清）张玉书：《佩文韵府》，上海古籍书店 1983 年版，第 2406 页。

个重要的原因就是两者对于景物都有出色的描写。《洛阳伽蓝记》在正始寺条中对于"园林山池之美"的描写，就是写景文字中的佳品。《历代宅京记》《御定佩文斋广群芳谱》《说郛》《佩文韵府》对于正始寺的记载，都本于《洛阳伽蓝记》，只有细微的差别，如"绿"被写作"青"，"典虞曹"被写作"典虞"。此为区别之细微处，区别之巨处在于，《历代宅京记》等文献对于正始寺的记载，都具有明显的目的性，如《历代宅京记》以记正始寺的地理位置为主，《御定佩文斋广群芳谱》与《佩文韵府》以记僧房前的青松枳树为主，《说郛》则兼记两个方面。但这四种文献都将《洛阳伽蓝记》中有关"园林山池之美"的文字忽略了，说明以上四种文献以实用为主，从而凸显了《洛阳伽蓝记》的文学价值。

## 十二 平等寺

《洛阳伽蓝记校笺》记曰："平等寺，广平武穆王怀舍宅所立也。在青阳门外二里御道北，所谓孝敬里也。堂宇宏美，林木萧森，平台复道，独显当世。寺门外金像一躯，高二丈八尺，相好端严，常有神验。国之吉凶，先炳祥异。……永熙元年，平阳王入纂大业，始造五层塔一所。……诏中书侍郎魏收等为寺碑文。至三年二月五日，土木毕工，帝率百僚作万僧会。其日，寺门外有石象，无故自动，低头复举，竟日乃止。帝躬来礼拜，怪其诡异。中书舍人卢景宣曰：'石立社移，上古有此，陛下何怪也？'帝乃还宫。明年七月中，帝为侍中斛斯椿所使，奔于长安。至十月终，而京师迁邺焉。"[1]

《魏书》卷36记曰："永熙二年，出帝幸平等寺，僧徒讲说，敕同轨论难，音韵闲朗，往复可观，出帝善之。"[2]

---

[1] 杨勇：《洛阳伽蓝记校笺》，中华书局2006年版，第101—103页。
[2] （北齐）魏收：《魏书》，中华书局1974年版，第848页。

《魏书》卷 112 上记曰："永安、普泰、永熙中京师平等寺定光金像每流汗，国有事变，时咸畏异之。"[1]

《历代宅京记》卷 8 记曰："平等寺，广平武穆王怀舍宅所立也。在青阳门外二里御道北，所谓孝敬里也。《北史·卢辩传》：永熙二年，平等浮图成，孝武会万僧于寺，石佛低举其头，终日乃止。帝礼拜之。辩曰：'石立社移，自古有此，陛下何怪？'"[2]

《六艺之一录》卷 61《冯翊王平等寺碑》记曰："武平三年八月立右北齐平等寺碑，题太宰冯翊王。定光像宝殿碑。冯翊王者，名润，齐神武子也。碑云：'寺，魏广平王怀所立。永平中，造定光铜像一区，高二丈八尺，属魏季像，在寺外。未果移入，其后齐高祖过洛阳，始迁像入寺。至润又增修殿宇焉。'据杨衒之《洛阳伽蓝记》云：'孝昌三年十二月中，此像面有悲容，两目垂泪，三日而止。其后尔朱荣、北海王尔朱兆入洛阳，像皆悲泣如初。每经神验，朝野惶惧，其事甚异。'而碑不载。"[3]

《说郛》卷 67 上记曰："平等寺，广平武穆舍宅所立。堂宇宏美，林木萧森。平台复道，独显当世。寺门外金像一躯。孝昌三年十二月中，此像面有悲容，两目垂泪，遍体皆湿，时人号曰佛汗。京师士女空市里往而观之，有比丘以净绵拭其泪，须臾之间，绵湿都尽。更以他绵换，俄然复湿，如此三日乃止。"[4]

《天中记》卷 8 记曰："魏孝武永熙元年，于平等寺造五层塔。二年土木毕功，帝率百僚作万僧会，其日寺门外有石像自故自动，低头复举，竟日乃止。帝怪其诡异，中书舍人卞灵景曰："石立社移，自古有之，陛下何怪也？"帝乃还宫，七月中帝奔长安，十月迁

---

[1] （北齐）魏收：《魏书》，中华书局 1974 年版，第 2916 页。
[2] （清）顾炎武：《历代宅京记》，中华书局 1984 年版，第 143 页。
[3] （清）倪涛：《六艺之一录》卷六一，影印文渊阁《四库全书》本，台湾商务印书馆 1983 年版。
[4] （明）陶宗仪：《说郛》（120 卷本），上海古籍出版社 1988 年版，第 3118—3119 页。

都于邺。《洛阳伽蓝记》。"①

《山堂肆考》卷 145 记曰:"修道经佛,面光如金花,又月面云眸,雪齿金容,俱佛像也。北魏孝昌三年二月,洛阳平等寺金身,两目垂泪,遍体俱湿,时人称为佛汗。如此者三日。而明年尔朱荣入洛。诛戮百官殆尽。"②

按:平等寺是广平武穆王舍宅而立的寺庙,堂宇、林木等独显于当时。寺中有金像,《洛阳伽蓝记》对其有详尽的记述,认为佛像能够预告国之吉凶,神验的佛像是平等寺的一大特色。

以上所引的《魏书》《历代宅京记》《六艺之一录》《说郛》《天中记》《山堂肆考》六种文献对于平等寺的记载,有以《洛阳伽蓝记》为底本的,也有完全不依《洛阳伽蓝记》的,这与一般的文献在记述《洛阳伽蓝记》中的寺庙时,绝大多数都以《洛阳伽蓝记》为底本有所区别。《魏书》所叙之事,与《洛阳伽蓝记》完全不同;《历代帝王宅京记》引了《北史·卢辩传》;《六艺之一录》所收《冯翊王平等寺碑》也是《洛阳伽蓝记》中没有收录的。也有直接标明转引自《洛阳伽蓝记》的,如《天中记》。在思想观念上,《洛阳伽蓝记》认为平等寺的佛像神验,能够预报国家的吉凶,《历代宅京记》对于这方面的内容,完全忽略了,由此可见两者在这一问题上,思想观念存在差异,其他文献则延续了《洛阳伽蓝记》信奉佛像能够预知国之吉凶的观念。

## 十三　景宁寺

《洛阳伽蓝记校笺》记曰:"景宁寺,太保司徒公杨椿所立也。

---

① (明)陈耀文:《天中记》卷八,影印文渊阁《四库全书》本,台湾商务印书馆1983年版。
② (明)彭大翼:《山堂肆考》卷一四五,影印文渊阁《四库全书》本,台湾商务印书馆1983年版。

在青阳门外三里御道南，所谓景宁里也。……制饰甚美，绮柱朱帘。……出青阳门外三里御道北，有孝义里。里西北角有苏秦冢。冢旁有宝明寺。众僧常见秦出入此冢，车马羽仪，若今宰相也。孝义里东即是洛阳小市北有车骑将军张景仁宅。"①

《说郛》卷 67 记曰："景宁寺，太保司徒公杨椿所立也。高祖迁都洛邑，椿创居此里。遂分宅为寺，因以名之。制饰甚美，绮柱珠帘。"②

按：景宁寺，位于青阳门外，是太保司徒杨椿分宅而建。

《说郛》对景宁寺的记述，摘自《洛阳伽蓝记》，文字没有差别，只是比《洛阳伽蓝记》更简短。《洛阳伽蓝记》在景宁寺后，附有对宝明寺和归觉寺的记录，而《说郛》中则没有。没有检索到其他文献对景宁寺有记载，这说明虽然《洛阳伽蓝记》用了较大的篇幅记录景宁寺，但在后代，这一寺并没有受到重视。

## 第三节 城南佛寺考述

《洛阳伽蓝记》记述城南规模较大的佛寺有景明寺、大统寺、秦太上公二寺、报德寺、正觉寺、龙华寺、菩提寺、高阳王寺、崇虚寺等九座，现列表如下。

| 序号 | 寺名 | 原宅院 | 初建立者 | 地位/职官 | 塔层 | 创建原因 |
|---|---|---|---|---|---|---|
| 1 | 景明寺 | | 元恪 | 宣武皇帝 | 7 | 崇佛信法 |
| 2 | 大统寺 | | | | | 追福 |
| 3 | 秦太上公二寺 | | 灵太后、皇姨 | | | |
| 4 | 报德寺 | | 元宏 | 孝文皇帝 | | 追福 |

---

① （北魏）杨衒之撰，杨勇校笺：《洛阳伽蓝记校笺》，中华书局 2006 年版，第 112—115 页。

② （明）陶宗仪：《说郛》（120 卷本），上海古籍出版社 1988 年版，第 3119 页。

续表

| 序号 | 寺名 | 原宅院 | 初建立者 | 地位/职官 | 塔层 | 创建原因 |
|---|---|---|---|---|---|---|
| 5 | 正觉寺 | | 王肃 | 尚书令 | | |
| 6 | 龙华寺 | | 元恭 | 广陵王 | | |
| 7 | 菩提寺 | | 西域胡人 | | 3 | 灵应 |
| 8 | 高阳王寺 | 高阳王元雍宅 | | | | |
| 9 | 崇虚寺 | | | | | 灵应 |

## 一 景明寺

《洛阳伽蓝记校笺》记曰："景明寺，宣武皇帝所立也。……在宣阳门外一里御道东。其寺东西南北方五百步，前望嵩山少室，却负帝城，青林垂影，绿水为文，形胜之地，爽垲独美。山悬堂光观盛，一千余间。复殿重房，交疏对霤，青台紫阁，浮道相通。虽外有四时，而内无寒暑。房檐之外，皆是山池。竹松兰芷，垂列阶墀，含风团露，流香吐馥。至正光年中，太后始造七层浮图一所，去地百仞。是以邢子才碑文云'俯闻激电，旁属奔星'是也。庄饰华丽，侔于永宁。金盘宝铎，焕烂霞表。寺有三池，葭蒲菱藕，水物生焉。或黄甲紫鳞，出没于蘩藻，或青凫白雁，浮沈于绿水。石箪碓舂簸，皆用水功。伽蓝之妙，最得称首。时世好崇福，四月七日京师诸像皆来此寺，尚书祠曹录像凡有一千余躯。至八日，以次入宣阳门，向阊阖宫前受皇帝散花。于时金花映日，宝盖浮云，幡幢若林，香烟似雾。梵乐法音，聒动天地。百戏腾骧，所在骈比。名僧德众，负锡为群，信徒法侣，持花成薮。车骑填咽，繁衍相倾。时有西域胡沙门见此，唱言佛国。至永熙年中，始诏国子祭酒邢子才为寺碑文。"[①]

---

[①] （北魏）杨衒之撰，杨勇校笺：《洛阳伽蓝记校笺》，中华书局2006年版，第124—125页。

《魏书》卷 114 记曰:"肃宗熙平中,于城内太社西,起永宁寺。灵太后亲率百僚,表基立刹。佛图九层,高四十余丈,其诸费用,不可胜计。景明寺佛图,亦其亚也。"①

《历代宅京记》卷 8 记曰:"城南景明寺,宣武皇帝所立也。景明年中立,因以为名。在宣阳门外一里御道东。其寺东西南北方五百步,前望嵩山少室,却负帝城。正元年中,太后造七级浮图一所。《北史·彭城王勰传》:景明、报德鸣钟欲饭,忽闻勰薨,二寺一千余人皆嗟痛,为之不食,但饮水而斋。"②

《说郛》卷 67 记曰:"景明寺,宣武皇帝所立。景明年中立,因以为名。在宣阳门外一里御道东。其寺东西南北方五百步,前望嵩山少室,却负帝城。青林垂影,绿水为文,形胜之地,爽垲独美。山悬台观光盛一千余间。复殿重房,交疏对霤。青台紫阁,浮道相通。虽外有四时,而内无寒暑。房檐之外,皆是山池。松竹兰芷,垂列阶墀。含风团露,流香吐馥。"③

《天中记》卷 36 记曰:"景明寺,浮图去地百仞,邢子才碑云:'俯闻激电,旁属奔星。'妆饰华丽,侔于永宁,金盘宝铎,焕烂霞表。"④

《释文纪》卷 34(景明寺碑文)记曰:"九土殊方,四生舛类,昏识异受,修短共时。德表生民,不救太山之朽壤;义同列辟,岂济栾水之沦胥?漂卤倒戈之势、浮江架海之力,孰不旷息?相催飞驰,共尽泡沫,不足成喻,风电讵可为言。而皆迁延爱欲,驰逐生死,眷彼深尘,迷兹大夜。坐积薪于火宅,负沈石于苦海,结习靡倦忧畏延长身世。其犹梦想荣名,譬诸幻化,未能照彼因缘,体兹

---

① (北齐)魏收:《魏书》,中华书局 1974 年版,第 3043 页。
② (清)顾炎武:《历代宅京记》,中华书局 1984 年版,第 144 页。
③ (明)陶宗仪:《说郛》(120 卷本),上海古籍出版社 1988 年版,第 3119 页。
④ (明)陈耀文:《天中记》卷三六,影印文渊阁《四库全书》本,台湾商务印书馆 1983 年版。

空假，祛洗累惑，摈落尘埃。苦器易雕，危城难久。自发迹有生，会道无上劫。代缅邈朕迹，遐长草木，不能况尘沙。莫之比及日晷停，流星光辍，运香雨旁注。甘露上悬，降灵迦卫，拥迹忍土，智出须弥。德逾大地，道尊世上，义重天中。铭曰：大道何名，至功不器，理有罔适，法无殊致。能以托生降体，凡位七觉如远。一念斯至，德尊三界，神感四天。川流自断，火室不然。衣生宝树，座踊芳莲。智固有极，道畅无边。"①

按：景明寺，位于宣阳门外一里御道东，宣武皇帝景明年（500—504）中立，故有此名。

山悬堂光观盛，《说郛》作"山悬台观光盛"。此句难解，学者多疑有脱误。若从《说郛》之文，"光盛"状"山悬台观"之貌，亦通。交疏对霤，"霤"，《说郛》作"溜"。当以"霤"为正，作名词。太后造七层（级）浮图之年，《历代宅京记》卷十记作"正元年"。当是"正光年"（公元520—525年）。光、元形近致误。庄饰华丽，侔于永宁。庄，《天中记》卷三十六作"妆"。当以"庄"为正。《尔雅·释宫》："六达谓之庄。"而从女之"妆"与女子梳妆打扮有关，如《世说新语·巧艺》："弹棋始自魏宫内，用妆奁戏。"

汤用彤曰："景明寺处形胜之地，有一千余间。复殿重房，交疏对霤。青台紫阁，浮道相通。虽外有四时而内无寒暑。房檐之外，皆是山池。松竹兰芷，垂列阶墀。含风团露，流香吐馥。正光中胡太后造七层浮图一所，去地百仞。（《释老志》谓此寺浮图为永宁之亚）"② 足见景明寺之规模宏大。

---

① （明）梅鼎祚：《释文纪》卷三四，影印文渊阁《四库全书》本，台湾商务印书馆1983年版。
② 汤用彤：《汉魏两晋南北朝佛教史》，中华书局1983年版，第366页。

## 二　大统寺

《洛阳伽蓝记校笺》记曰："大统寺，在景明寺西，即所谓利民里。寺南有三公令史高显略宅。"[1]

《历代宅京记》卷8记曰："大统寺，在景明寺西，所谓利民里。"[2]

《骈志》卷11记曰："《洛阳伽蓝记》："大统寺在景明寺西，即所谓利民里寺。寺南有三公令史高显略宅。每夜见赤光行于堂前，如此者非一。向光明所掘地丈余，得黄金百斤，铭云：'苏秦家金，得者为吾造功德。'显略遂造招福寺。人谓此地是苏秦旧宅。当时元义秉政，闻其得金，就洛索之，以二十斤与之。"[3]

《广博物志》卷37记曰："洛阳大统寺南有三公令史高显洛宅。洛每于夜见赤光行于堂前，如此者非一。向光所掘地丈余，得黄金百斤，铭云：'苏秦家金，得者为吾造功德。'洛遂造招福寺。世又谓此地苏秦旧时宅。当时元义秉政，闻其得金，就洛索之，以二十斤与之。案：苏秦时未有佛法，功德者不必起寺，或是碑铭之类，颂声绩也。《洛阳伽蓝记》"[4]

按：大统寺在景明寺西边的利民里之中。三公令史高显略，或作高显洛，或作高显业。中古时期，略、洛、业三字音近，盖有通假。至于《酉阳杂俎》作"高显"，颇疑脱字。北魏世宗季舅（宣武帝之母高氏的弟弟）叫"高显"，被封为澄城公，又是护军将军。

---

[1] （北魏）杨衒之撰，杨勇校笺：《洛阳伽蓝记校笺》，中华书局2006年版，第131页。
[2] （清）顾炎武：《历代宅京记》，中华书局1984年版，第144页。
[3] （明）陈禹谟：《骈志》卷一一，影印文渊阁《四库全书》本，台湾商务印书馆1983年版。
[4] （明）董斯张：《广博物志》卷三七，影印文渊阁《四库全书》本，台湾商务印书馆1983年版。

护军将军高显卒于宣武帝（483—515）间，而元义秉政在公元521年，这两个时期临近。古人为尊贵者讳，故洛阳三公令史当是另一人，其姓名亦非"高显"二字。

## 三 秦太上公二寺

《洛阳伽蓝记校笺》记曰："东有秦太上公二寺，在景明南一里。……并门邻洛水，林木扶疏，布叶垂阴。各有五层浮图一所，高五十丈，素采画工，比于景明。至于六斋，常有中黄门一人监护，僧舍衬施供具，诸寺莫及焉。寺东有灵台一所，基址虽颓，犹高五丈余，即是汉光武帝所立者。灵台东辟雍，是魏武所立者。至我正光中造明堂于辟雍之西南，上圆下方，八窗四闼。汝南王复造砖浮图于灵台之上。孝昌初，妖贼四侵，州郡失据。朝廷设募征格于堂之北，从戎者拜旷掖将军、偏将军、裨将军。当时甲胄之士，号明堂队。……"①

《历代宅京记》卷8记曰："秦太上君寺，胡太后所立也。在东阳门外二里御道北，所谓晖文里。当时太后正号崇训，母仪天下，号父为秦太上公，母为秦太上君。为母追福，因以名焉。"②

按：《洛阳伽蓝记》卷二，城东有秦太上君寺，是胡太后为其母追福所立。城南又有秦太上公东、西二寺，乃胡太后与其妹，并为其父秦太上公追福所建。故号为"双女寺"。

## 四 报德寺

《洛阳伽蓝记校笺》记曰："报德寺，高祖孝文皇帝所立也。……

---

① （北魏）杨衒之撰，杨勇校笺：《洛阳伽蓝记校笺》，中华书局2006年版，第131页。
② （清）顾炎武：《历代宅京记》，中华书局1984年版，第143页。

在开阳门外三里。……高祖题为劝学里。里有文觉、三宝、宁远三寺。……"①

《魏书》卷114记曰:"先是,于恒农荆山造珉玉丈六像一。三年冬,迎置于洛滨之报德寺,世宗躬观致敬。"②

《北史》卷19记曰:"景明、报德寺僧鸣钟欲饭,忽闻虩虩,二寺一千余人皆嗟痛,为之不食,但饮水而斋。"③

《历代宅京记》卷8记曰:"报德寺,高祖孝文皇帝所立也。为冯太后追福。在开阳门三里。开阳门御道东有汉国子学堂,堂前有三种字石经二十五碑,表里刻之,写《春秋》、《尚书》二部,作篆、科斗、隶三种字,汉右中郎蔡邕笔之遗迹也。犹有十八碑,余皆残毁。复有石碑四十八枚,亦表里隶书,写《周易》《尚书》《公羊》《礼记》四部。又《赞学碑》一所,并在堂前。魏文帝作《典论》六碑,至太和十七年犹有四存。高祖题为劝学里。武定四年,大将军迁石经于邺。《洛阳记》:太学在洛阳城南开阳门外。讲堂长十丈,广二丈。堂前石经四部,本碑凡四十六枚,西行《尚书》《周易》《公羊传》十六碑存,十二碑毁。南行《礼记》十五碑悉崩坏。东行《论语》三碑,二碑毁。《礼记》碑上有谏议大夫马日䃅、议郎蔡邕名。"④

《说郛》卷67记曰:"报德寺,高祖孝文皇帝所立也,为冯太后追福。在开阳门外三里。开阳门御道东有汉国子学堂,堂前有三种字《石经》二十五碑,表里刻之,写《春秋》《尚书》二部,作篆、科斗、隶三种字,汉右中郎蔡邕笔之遗迹也。武定四年,大将军迁《石经》于邺。周围有园,珍果出焉,有梨如承光寺亦多果木,柰味甚美,冠于京师。"⑤

---

① (北魏)杨衒之撰,杨勇校笺:《洛阳伽蓝记校笺》,中华书局2006年版,第135页。
② (北齐)魏收:《魏书》,中华书局1974年版,第3041页。
③ (唐)李延寿:《北史》,中华书局1974年版,第707页。
④ (清)顾炎武:《历代宅京记》,中华书局1984年版,第144页。
⑤ (明)陶宗仪:《说郛》(120卷本),上海古籍出版社1988年版,第3119页。

第四章 《洛阳伽蓝记》佛寺考述

《太平御览》卷969记曰："杨衒之《洛阳伽蓝记》曰：劝农里报德寺有园，珍果出焉。有含消梨，重六斤，禁苑所无也。从树投地，尽散为水焉。世人云报德之梨、承光之柰。承光寺亦多果木，柰味甚美，冠于京师。"①

《山堂肆考》卷205记曰："庾肩吾《谢赐梨启》：睢阳东苑，子围三尺，新丰箭谷，枝垂六斤。又《洛阳伽蓝记》：报德寺有含消梨，重六斤，从树投地，尽化为水。"②

按：报德寺，《洛阳伽蓝记》谓其在劝学里，《太平御览》则谓在劝农里。劝学里有报德寺等诸多佛寺，其周围多果园，应是当时"寺院经济"的组成部分。

汉国子学堂前有两种石经，一种是三字石经，用篆、科斗、隶三种字体写成，故今通称"三体石经"。实际上，这三种字体的书写顺序是先科斗文，次篆、隶。其主要内容是《春秋》《尚书》；另一种石经只用隶书写成，内容包括《尚书》《公羊》《礼记》等。《历代宅京记》卷8引《洛阳记》："太学在洛阳城南……《礼记》碑上有谏议大夫马日磾、议郎蔡邕名。"可证蔡邕所写石经为一字石经，而非三字石经（三体石经）。

## 五 正觉寺

《洛阳伽蓝记校笺》记曰："劝学里东有延贤里，里内有正觉寺，尚书令王肃所立也。"③

《历代宅京记》卷8记曰："劝学里南有延贵里。"④

---

① （宋）李昉：《太平御览》，中华书局1960年版，第4297页。
② （明）彭大翼：《山堂肆考》卷二〇五，影印文渊阁《四库全书》本，台湾商务印书馆1983年版。
③ （北魏）杨衒之撰，杨勇校笺：《洛阳伽蓝记校笺》，中华书局2006年版，第135页。
④ （清）顾炎武：《历代宅京记》，中华书局1984年版，第144页。

《锦绣万花谷》前集卷 16 "箔上蚕,机上丝"条记曰:"王肃在江南,聘谢氏女为妻。及至京师,复尚公主。其后谢氏为尼,亦来奔肃,作诗赠肃曰:'本为箔上蚕,今作机上丝。得络逐胜去,颇忆缠绵时。'公主代肃谢曰:'针是贯绅物,目中常纴丝。得帛缝新去,何能袖故时。'肃甚恨,遂造正觉寺憩之。《洛阳伽蓝记》。"①

《太平广记》卷 493 记曰:"后魏尚书令王肃字恭懿,琅邪人。肃,齐雍州刺史奂之子。赡学多通,才辞美茂,为齐秘书丞。太和十八年北归后魏。时高祖新营洛邑,凡所造制,肃博识旧事,大有裨益。高祖甚重之,常呼曰王生。肃在江南之日,聘谢氏女为妻,及至京师,复尚公主。其后谢氏入道为尼,亦来奔肃,见肃尚主,谢作五言诗以赠之。其诗曰:'本为薄上蚕,今作机上丝。得络逐胜去,颇忆缠绵时。'公主代肃答谢云:'针是贯线物,目中恒任丝。得帛缝新去,何能纳故时。'肃甚怅恨,遂造正觉寺以憩之。出《洛阳伽蓝记》。"②

按:延贤里,在劝学里东,《历代宅京记》卷 8 记在"劝学里南",误。王肃字公懿,公,《太平广记》卷四百九十三记作"恭"。古人名、字关联,王肃当以字"恭懿"为是。

正觉寺是王肃为前妻谢氏所造,以弥补自己抛弃"糟糠之妻"的愧疚。王肃在江南时与谢氏结发。他后来北上,故谢氏被弃,乃出家为尼。王肃做了尚书令,又娶了陈留公主。谢氏这时从江南赶来投奔。作诗以赠王肃,可见情意犹在。但王肃此时颇感为难。倒是陈留公主代王肃写诗答复谢氏,表明不能再与之和好、同处。然而谢氏远道而来,总不能置之不理。既然谢氏也已出家,于是建造正觉寺来安置她。

---

① (宋)佚名:《锦绣万花谷》,广陵书社 2008 年版,第 582 页。
② (宋)李昉:《太平广记》,中华书局 1961 年版,第 4045—4046 页。

我们从另一个角度看，南北朝时期寺庙为数众多，有着各种各样"立寺"的缘故，也包括这种王肃为安顿前妻而立寺的情况。

## 六　龙华寺

《洛阳伽蓝记校笺》记曰："龙华寺，广陵王所立也。追圣寺，北海王所立也。并在报德寺之东。法事僧房，比秦太上公。京师寺皆种杂果，而此三寺园林茂盛，莫之与争。宣阳门外四里，至洛水上，作浮桥，所谓永桥也。……南北两岸有华表，举高二十丈，华表上作凤凰似欲冲天势。永桥以南，圜丘以北，伊洛之间，夹御道，东有四夷馆，一曰金陵，二曰燕然，三曰扶桑，四曰崦嵫。道西有四夷里，一曰归正，二曰归德，三曰慕化，四曰慕义。吴人投国者，处金陵馆，三年已后，赐宅归正里。……北夷来附者处燕然馆，三年已后，赐宅归德里。……东夷来附者，处扶桑馆，赐宅慕化里。西夷来附者，处崦嵫馆，赐宅慕义里。自葱岭已西，至于大秦，百国千城，莫不款附。商胡贩客，日奔塞下。所谓尽天地之区已。乐中国土风因而宅者，不可胜数。是以附化之民，万有余家。门巷修整，阊阖填列。青槐荫陌，绿柳垂庭。天下难得之货，咸悉在焉。别立市于洛水南，号曰四通市，民间谓永桥市。伊洛之鱼，多于此卖，士庶须脍，皆诣取之。鱼味甚美。京师语曰："洛鲤伊鲂，贵于牛羊。"永桥南道东有白象、狮子二坊。……"[①]

《历代宅京记》卷8记曰："宣阳门外四里至洛水上，作浮桥，所谓永桥也。神龟中，常景为《汭颂》。南北两岸有华表峰高二十丈，华表上作凤凰似欲冲天势。永桥以南，圆丘以北，伊、洛之间夹御道，有四夷馆，道东有四馆，一名金陵，二名燕然，三名扶桑，

---

[①]（北魏）杨衒之撰，杨勇校笺：《洛阳伽蓝记校笺》，中华书局2006年版，第143—145页。

四名崦嵫。道西有四馆，一曰归正，二曰归德，三曰慕化，四曰慕义。吴人投国者处金陵馆，三年以后，赐宅归正里。北夷来附者处燕然馆，三年以后，赐宅归德里。东夷来附者处扶桑馆，赐宅慕化里。西夷来附者处崦嵫馆，赐宅慕义里。是以慕化之民，万有余家，门巷修整，阊阖填列。青槐荫陌，绿柳垂庭。天下难得之货，咸悉在焉。别立市于洛水南，号曰四通市，民间谓永桥市。南道东有白象、狮子二坊。"①

《宝刻类编》卷20记曰："龙华寺造浮图碑，不著书撰人名氏。据碑称，维那刘显等于双井村共造龙华浮图一区、爵离一区。碑以北齐武平元年立。释氏谓寺为爵离，今北朝石刻往往见之。"②

《嵩阳石刻集记·纪遗》记曰："龙华寺石幢。右石幢二，北齐时立，今在龙华寺门荒草中，刻尊胜陀罗尼经。"③

《说郛》卷67记曰："龙华寺，广陵王所立也；追圣寺，北海王所立也。并在报德寺之东。法事僧房，比秦太上公。京师寺皆种杂果，而此三寺园林茂盛，莫与之争。"④

按：龙华寺的立寺者元羽，太和九年（485）被封为广陵王；追圣寺的立寺者元祥，同年也被封为北海王。南北朝时立寺似乎成为一种风尚，社会权贵以各种名义争相立寺。龙华寺后来造浮图碑是在北齐武平元年（570）。北齐时又立有石幢。现今"龙华寺"之名常见，全国南北各地有多处名"龙华寺"者。

永桥以南，圜丘以北，伊洛之间，御道东有四夷馆，御道西有四夷里。《历代宅京记》卷十记为"道西有四馆"，馆，当是"里"。

---

① （清）顾炎武：《历代宅京记》，中华书局1984年版，第144—145页。
② （宋）陈思：《宝刻丛编》卷二十，影印文渊阁《四库全书》本，台湾商务印书馆1983年版。
③ （清）叶封：《嵩阳石刻集记》，影印文渊阁《四库全书》本，台湾商务印书馆1983年版。
④ （明）陶宗仪：《说郛》（120卷本），上海古籍出版社1988年版，第3119页。

馆、里不同，盖馆以暂住，里乃定居。这一区域的形成、发展，可见当时洛阳的兴盛，以及中原对外交流的繁荣。由此可见，南北朝时期中原与周边国家地区的交往，不仅引进了新的宗教思想，也促进了商业和城市的发展。

## 七 菩提寺

《洛阳伽蓝记校笺》记曰："菩提寺，西域胡人所立也，在慕义里。……"①

《绀珠集》卷 6 记曰："元魏时，菩提寺僧因发故冢，得一生人。自言姓崔，字子洪，在地下百余年，常如醉人，时时游行，不甚辨了。畏日光及水火兵刀等物。又言见地下发鬼兵，惟栢棺者皆得免。"②

《说郛》卷 67 记曰："菩提寺，西域胡人所立也。在慕义里。沙门达多发冢取砖，得一人以进。时太后与明帝在华林都堂，以为妖异。谓黄门侍郎徐纥曰：'上古以来，颇有此事否？'纥曰：'昔魏时发冢，得霍光女婿范明友家奴，说汉朝废立，与史书相符，此不足为异也。'"③

《太平广记》卷 375 记曰："后魏菩提寺，西域人所立也，在慕义。沙门达多发墓取砖，得一人以送。时太后与孝明帝在华林园，以为妖异。谓黄门郎徐纥曰：'上古以来，颇有此事不？'纥曰：'昔魏时发冢，得霍光女婿范明友家奴，说汉朝废立，于史书相符，此不足为异也。'后令纥问其姓名，死来几年，何所饮食。答曰：'臣姓崔，名涵，字子洪，博陵安平人。父名畅，母姓魏，家在城西阜

---

① （北魏）杨衒之撰，杨勇校笺：《洛阳伽蓝记校笺》，中华书局 2006 年版，第 153 页。
② （宋）朱胜非：《绀珠集》卷六，影印文渊阁《四库全书》本，台湾商务印书馆 1983 年版。
③ （明）陶宗仪：《说郛》（120 卷本），上海古籍出版社 1988 年版，第 3119 页。

财里。死时年十五，今乃二十七，在地下十二年，常似醉卧，无所食。时复游行，或遇饮食，如梦中，不甚辨了。'后即遣门下录事张隽诣阜财里，访涵父母，果有崔畅，其妻魏。隽问畅曰：'卿有儿死不'畅曰：'有息子涵，年十五而亡。'隽曰：'为人所发，今日苏活，主上在华林园，遣我来问。'畅闻惊怖曰：'实无此儿，向者谬言。'隽具以实闻。后遣送涵向家。畅闻涵至，门前起火，手持刀，魏氏把桃杖。拒之曰：'汝不须来，吾非汝父，汝非我子，急速去，可得无殃。'涵遂舍去，游于京师。尝宿寺门下。汝南王赐黄衣一通。性畏日，不仰视天，又畏水火及兵刃之属，常走于路，疲则止，不徐行也。时人犹谓是鬼。洛阳大市北有奉终里，里内之人，多卖送死之具及诸棺椁。涵谓曰：'柏棺，勿以桑木为楔。'人问其故，涵曰：'吾在地下见发鬼兵，有一鬼称是柏棺应免兵，吏曰："尔虽柏棺，桑木为楔。"遂不免兵。'京师闻此，柏木涌贵，人疑卖棺者化涵故发此言。出《塔寺》。"①

《酉阳杂俎》卷13记曰："元魏时，菩提寺僧多（一曰达多）发冢取砖，得一人，自言姓崔名涵，字子洪，在地下十二年，如醉人，时复游行，不甚辨了。畏日及水火兵刃。常走，疲极则止。洛阳奉终里多卖送死之具，涵言：作柏棺莫作桑楔，吾地见发鬼兵，一鬼称是柏棺，主者曰：'虽是柏棺，乃桑楔也。'"②

《法苑珠林校注》卷116记曰："魏菩提寺，西域人所立也，在慕义里。沙门达多发墓取砖，得一人，以送。时太后与魏明帝在华林都堂，以为妖异。谓黄门侍郎徐纥曰：'上古已来，颇有此事不？'纥曰：'昔魏时发冢，得霍光女婿范明友家奴。说汉朝废立，与史书相符，不足为异也。'后令纥问其姓名，死来几年？何所饮食？死者答曰：'臣姓崔，名涵，字子洪，博陵安平人。父名畅，母姓魏。家

---

① （宋）李昉：《太平广记》，中华书局1961年版，第2980—2981页。
② （唐）段成式：《酉阳杂俎》，中华书局1981年版，第109页。

在城西埠财里。死时年十五，今乃二十七。在地下十二年，常似醉卧，无所食也。时复游行，或遇饮食，如似梦中，不甚辨了。'后即遣门下录事张儁诣埠财里访涵父母。果有崔畅，其妻姓魏。儁问畅曰：'卿有死儿不？'畅曰：'有息子洪，年十五而亡。'儁曰：'为人所发，今日苏活，在华林园。主上遣我来相问。'畅闻惊怖曰：'实无此儿，向者谬言。'儁还，具以实闻启后。后遣儁送涵向家。畅闻涵至，门前起火，手持刀，魏氏把桃杖拒之：'汝不须来，吾非汝父，汝非我子。急手速去，可得无殃。'涵遂舍去，游于京师巷内。常宿寺门下。汝南王赐黄衣一通。性畏日，不仰视天，又畏水火及兵刃之属。常走于路，疲则止，不徐行也。时人犹谓是鬼。洛阳大市北有奉终里，里内之人多卖送死之具及诸棺椁。涵谓曰：'作柏棺，勿以桑木为欀。'人问其故，涵曰：'吾在地下见发鬼兵，有一鬼称是柏棺，应免兵主。吏曰：'你虽柏棺，桑木为欀。'遂不免兵。'京师闻此，栢木踊贵。人疑卖棺者贷涵，故发此言。见《洛阳寺记》（明钞本作出《伽蓝记》）。"[1]

按：崔涵称其家在城西阜财里，阜，或作"埠"，增形旁；或作"準"，形近致误。

"畅闻涵至，门前起火，手持刀，魏氏把桃枝。"桃枝，《太平广记》卷三百七十五及《法苑珠林》卷一百十六均作"桃杖"。《后汉书·礼仪志中》："苇戟、桃杖以赐公、卿、将军、特侯、诸侯。"曹操《与太尉杨彪书》："今赠足下锦裘二领，八节银角桃杖一枚，青毡床褥三具。"故当以"桃杖"为是。枝与杖形近致误。

"洛阳大市北奉终里"，《酉阳杂俎》卷十三作"奉洛里"，误。奉终里，是。

"涵谓曰：栢棺，勿以桑木为欀。"欀，《太平广记》卷三百七

---

[1] （唐）释道世撰，周叔迦、苏晋仁校注：《法苑珠林校注》，中华书局2003年版，第2804—2805页。

十五及《法苑珠林》卷一百十六，均作"櫬"。当以"櫺"为正字，指木器的里衬。范祥雍校注："此言柏棺以桑木作中肠。铜器中肠为镶，瓜中肠为瓢，引伸之则木中肠为櫺，此义可以意推。"在"支撑房屋构件"的意义上，櫺、櫬相通。但在棺椁中不用"櫬"。

"涵曰：吾在地下见发鬼兵……应免兵。"兵，当指服兵役而言，于兵字断句。

"人疑卖棺者货涵"，货，《太平广记》作化，《法苑珠林》作贷，均误。《左传·僖公三十年》："晋侯使医衍酖卫侯，宁俞货医，使薄其酖，不死。"北齐颜之推《颜氏家训·治家》："梁孝元世有中书舍人，治家失度而过严刻，妻妾遂共货刺客伺醉而杀之。"货，是贿赂，买通的意思。

## 八　高阳王寺

《洛阳伽蓝记校笺》记曰："高阳王寺，高阳王雍之宅也。在津阳门外三里御道西。雍为尔朱荣所害也，舍宅以为寺。……高阳宅北有中甘里。里内颍川荀子文，年十三，幼而聪辨，神情卓异，虽黄琬、文举无以加之。……"[①]

《历代宅京记》卷 8 记曰："高阳王寺，高阳王雍之宅也。在津阳门外三里御道西。寺北有中甘里。"[②]

《说郛》卷 67 记曰："高阳王寺，高阳王雍之宅也。在津阳门外三里御道西傍。雍为尔朱荣所害也，舍宅以为寺。正光中，雍为丞相，给羽葆鼓吹、虎贲班剑百人，贵极人臣，富兼山海。居止第宅，匹于帝宫。白殿丹楹，窈窕连亘；飞檐峻宇，缪榢周通。僮仆六千，

---

[①] （北魏）杨衒之撰，杨勇校笺：《洛阳伽蓝记校笺》，中华书局 2006 年版，第 155—156 页。

[②] （清）顾炎武：《历代宅京记》，中华书局 1984 年版，第 145 页。

妓女五百。隋珠照日，罗衣从风，自汉晋以来，诸王豪侈未有也。"①

按：汉晋以来，未有如此之豪侈王宅，竟舍以为寺，一方面可见当时起寺之风极盛；另一方面，大概也可以在寺园安置高阳王元雍留下的众多妓女、下人。

## 九　崇虚寺

《洛阳伽蓝记校笺》记曰："崇虚寺，在城西，即汉之濯龙园也。……"②

《历代宅京记》卷8记曰："崇虚寺，在城西，即汉之濯龙园也。延熹九年，桓帝祀老子于濯龙园，设华盖之座，用郊天之乐，此其地也。"③

《说郛》记曰："崇虚寺，在城西，即汉之跃龙园也。延熹九年，桓帝祠老子于跃龙园，设华盖之坐，用郊天之乐，此其地也。高祖迁京之始，以地给民，憩者多见妖怪，是以人皆去之，遂立寺焉。"④

按：崇虚寺是"城南篇"九寺的最后一个，下接"城西篇"诸寺。城南篇前八个寺园的叙述次序，基本上是按先内后外和由东至西的顺时针方向。"在城西"，若无脱字，或可理解是在城南之西，也就是在城西南。或据濯龙园位置，怀疑崇虚寺在城内。按照本书叙述寺园体例，似乎以崇虚寺在洛阳城外西南方比较可信。

濯龙园，《历代宅京记》作濯龙园，《说郛》作跃龙园，误。《后汉书·孝桓帝纪》："论曰：前史称桓帝好音乐，善琴笙。饰芳林而考濯龙之宫，设华盖以祠浮图、老子。"《文选·张衡〈东京

---

① （明）陶宗仪：《说郛》（120卷本），上海古籍出版社1988年版，第3119页。
② （北魏）杨衒之撰，杨勇校笺：《洛阳伽蓝记校笺》，中华书局2006年版，第161页。
③ （清）顾炎武：《历代宅京记》，中华书局1984年版，第145页。
④ （明）陶宗仪：《说郛》（120卷本），上海古籍出版社1988年版，第3119—3120页。

赋〉》:"濯龙、芳林,九谷八溪。"薛综注引《洛阳图经》:"濯龙,池名。"可见汉桓帝因濯龙园池而建濯龙宫,故《后汉书·皇后纪上·明德马皇后》记曰:"帝幸濯龙中,并召诸才人。"

又《后汉书·百官志三》:"濯龙监、直里监各一人,四百石。"本注曰:"濯龙亦园名,近北宫。直里亦园名也,在洛阳城西南角。"莫非崇虚寺所在实为直里园,而杨衒之误记?待考定。

## 第四节 城西佛寺考述

《洛阳伽蓝记》记述城西规模较大的佛寺有冲觉寺、宣忠寺、王典御寺、白马寺、宝光寺、法云寺、开善寺、追先寺、融觉寺、大觉寺、永明寺等十一座,现列表如下。

| 序号 | 寺名 | 原宅院 | 初建立者 | 地位/职官 | 塔层 | 创建原因 |
|---|---|---|---|---|---|---|
| 1 | 冲觉寺 | 元怿 | 元怿 | 太傅清河王 | 5 | 追福 |
| 2 | 宣忠寺 | 元徽 | 元徽 | 城阳王 | | 追福 |
| 3 | 王典御寺 | | 王桃汤 | 宦官 | 3 | |
| 4 | 白马寺 | | 刘庄 | 汉明帝 | | |
| 5 | 宝光寺 | | | | | |
| 6 | 法云寺 | | 昙摩罗 | | | |
| 7 | 开善寺 | 韦英 | 梁氏 | | | 灵应 |
| 8 | 追先寺 | 元略 | 元景式 | | | 追福 |
| 9 | 融觉寺 | | 元怿 | 太傅清河王 | | |
| 10 | 大觉寺 | 元怀 | 元怀 | 广平王 | | |
| 11 | 永明寺 | | 元恪 | 魏宣武帝 | | |

### 一 冲觉寺

《洛阳伽蓝记校笺》记曰:"冲觉寺,太傅清河王怿舍宅所立也。在西明门外一里御道北。……为文献追福,建五层浮图一所,工作与瑶光寺相似也。"[1]

按：冲觉寺为元魏太傅清河王元怿舍宅所立，在西阳门外。由王侯宅第转变成的佛寺一般精美绝伦，由于元怿"势倾人主，第宅丰大"，冲觉寺西北有高楼，"俯临朝市，目极京师"，范祥雍《校注》云："《四库全书总目提要·伽蓝记提要》云：'惟以高阳王雍之楼为古诗所谓西北有高楼、上与浮云齐者，则未免囿于说诗，为是书之瑕颣耳。'按此言清河王怿之楼，非高阳王雍也，《提要》当以上文高阳字而误。此语为衒之引古诗句比喻楼之高，并非以此楼当之，更非解说古诗。《提要》不细按前后文辞，既误以清河为高阳，又曲解词义，则'囿于说诗'云者，适足为自讥也。"

## 二 宣忠寺

《洛阳伽蓝记校笺》记曰："宣忠寺，侍中司州牧城阳王徽所立也，在西阳门外一里御道南。……"[2]

按：宣忠寺在洛阳城西阳门外一里的御道南边，是由侍中丞相兼司州牧城阳王元徽舍自己的府邸改建而成。孝庄帝永安二年（529）五月，北海王元颢率军占领洛阳，自立为帝。庄帝出逃，王公大臣一时无所适从，唯有城阳王元徽支持庄帝，跟随他来到长子城（今山西长子县）。其时元颢的军队封锁了黄河，与元子攸摆开决战架势，战争形势未明，胜负难料。元徽为促使元子攸坚定信心，公开表示愿意把自己在洛阳城外的府邸捐献给出来作为寺庙，以祈求菩萨保佑孝庄帝。这年七月，孝庄帝元子攸得到太原王尔朱荣帮助战胜元颢，恢复了帝位。元徽也跟着回到洛阳，立即实践诺言，把城

---

[1] （北魏）杨衒之撰，杨勇校笺：《洛阳伽蓝记校笺》，中华书局2006年版，第163—164页。

[2] （北魏）杨衒之撰，杨勇校笺：《洛阳伽蓝记校笺》，中华书局2006年版，第167页。

外的这处府邸捐献出来改成了佛教寺庙。这就是宣忠寺的来历。宣忠寺这个名称也表明了这一点，就是以此佛寺宣示臣民忠于受命于天的皇帝。

## 三　王典御寺

《洛阳伽蓝记校笺》记曰："宣忠寺东王典御寺，阉官王桃汤所立也。……门有三层浮屠一所，工逾昭仪。宦者招提，最为入室。至于六斋，常击鼓歌舞也。"[①]

《说郛》卷67记曰："宣忠寺东王典御寺，阉官王桃汤所立也。时阉官伽蓝皆为尼寺，惟桃汤独造僧寺，世人称之英雄。门有三层浮屠一所，工逾昭义。宦者招提，最为人宝。至于六斋，常击鼓歌舞也。"[②]

按：王典御寺，位于宣忠寺东，是宦官王桃汤所立的一所僧寺。北魏宦官多立尼寺如前昭仪尼寺、魏昌尼寺、景兴尼寺等，唯此寺为僧寺，故世人称其为"英雄"。

另"宦者招提，最为入室"，杨勇《校笺》引《论语·先进》："子曰：由也升堂，未入于室也。"解释"入室，精绝也"。然《说郛》引作"人宝"，吴琯《古今逸史》本、王谟《汉魏丛书》本亦作"人宝"，意为"为人宝重"。

## 四　白马寺

《洛阳伽蓝记校笺》记曰："白马寺，汉明帝所立也。……寺在西阳门外三里御道南。帝梦金神，长丈六，项背日月光明。胡神号曰

---

[①] （北魏）杨衒之撰，杨勇校笺：《洛阳伽蓝记校笺》，中华书局2006年版，第171页。
[②] （明）陶宗仪：《说郛》（120卷本），上海古籍出版社1988年版，第3120页。

佛，遣使向西域求之，乃得经像焉。……明帝崩，起祇洹于陵上。自此以后，百姓冢上或作浮图焉。……"①

《说郛》卷67记曰："白马寺，汉明帝所立也。明帝崩，起祇洹于陵上。自此以后，百姓冢上或作浮图焉。寺上经函，至今犹存。常烧香供养之，经函时放光明，耀于堂宇，是以道俗礼敬之，如仰真容。浮图前，柰林葡萄异于余处，枝叶繁衍，子实甚大。柰林实重七斤，葡萄实伟于枣，味并殊美，冠于中京。帝至熟时，常诣取之。或复赐宫人，宫人得之，转饷亲戚，以为奇味。得者不敢辄食。"②

《石林燕语》卷8曰："东汉以来，九卿官府皆名曰'寺'，与台省并称，鸿胪其一也。本以待四夷宾客。故摩腾、竺法兰自西域以佛经至，舍于鸿胪。今洛中白马寺，摩腾真身尚在。或云寺即汉鸿胪旧地。摩腾初来，以白马负经，既死，尸不坏，因留寺中，后遂以为浮屠之居，因名'白马'；今僧居概称寺，盖本此也。"③

《历代宅京记》卷8记曰："城西白马寺，汉明帝所立也。在西阳门外三里御道南。帝梦金人长丈六，项背日月光明。胡神号曰佛，遣使向西域求之，乃得经像焉。时以白马负经而来，因以为名。明帝崩，起祇洹于陵上，自此以后，百姓冢上或作浮图焉。"④

《水经注》卷16记曰："谷水又南迳白马寺东，昔汉明帝梦见大人，金色，项佩白光。以问群臣。或对曰：西方有神名曰佛，形如陛下所梦，得无是乎？于是发使天竺，写致经像，始以榆欓盛经，白马负图，表之中夏，故以白马为寺名。此榆欓后移在城内愍怀太子浮图中，近世复迁此寺。然金光流照，法轮东转，创自此矣。"⑤

---

① （北魏）杨衒之撰，杨勇校笺：《洛阳伽蓝记校笺》，中华书局2006年版，第171页。
② （明）陶宗仪：《说郛》（120卷本），上海古籍出版社1988年版，第3120页。
③ （宋）叶梦得：《石林燕语》，中华书局1984年版，第118页。
④ （清）顾炎武：《历代宅京记》，中华书局1984年版，第145页。
⑤ （北魏）郦道元著，陈桥驿校证：《水经注校证》，中华书局2007年版，第399页。

《文献通考》卷 226 记曰："后汉明帝夜梦金神飞行殿庭，以问于朝而傅毅以佛对。帝遣郎中蔡愔及秦景使天竺求之，得佛经《四十二章》及释迦立像，并与沙门摄摩腾、竺法兰东还。愔之来也，以白马负经，因立白马寺于洛城雍门西以处之。其经缄于兰台石室，而又书像于清源台及显节陵上。章帝时，楚王英以崇敬佛法闻。西域沙门赍佛经而至者甚众。"①

《直斋书录解题》卷 12 记曰："《四十二章经》一卷，后汉竺法兰译。佛书到中国，此其首也，所谓'经来白马寺者'。其后千经万论，一大藏教乘，要不出于此。中国之士，往往取老、庄之遗说以附益之者多矣。"②

《太平御览》卷 655 记曰："《高僧传》曰：摄摩腾，中天竺人。汉明帝遣郎中蔡愔等往天竺寻访佛法，于彼见摩腾，乃要还汉地。明帝甚加赏接，于城西门外立精舍以处之，汉地有沙门之始也。大法初传，未有归信，故蕴其深解，无所宣述。后卒于洛阳。腾译《四十二章经》一卷，初缄在兰台。腾所住处，今洛城西雍门外白马寺是也。"③

《册府元龟》卷 51 记曰："后汉明帝夜梦金人顶有日光，飞行殿庭，乃访群臣，傅毅始以佛对。帝遣郎中蔡愔及博士弟子等使于天竺，写浮屠遗范，仍与沙门摄摩腾、竺法兰东还洛阳，中国有沙门及跪拜之法自此始也。愔又得《佛经四十二章》及释迦立像，帝令画工图佛像置清凉台及显节陵上，经缄于兰台石室。愔之还也，以白马负经而至，汉因立白马寺于洛阳雍关西，摩腾、竺法兰咸卒于此寺。"④

《太平广记》卷 87 记曰："明帝夜梦金人飞空而至，乃大集群臣

---

① （宋）马端临：《文献通考》，中华书局 2011 年版，第 6786 页。
② （宋）陈振孙：《直斋书录解题》，上海古籍出版社 1987 年版，第 355 页。
③ （宋）李昉：《太平御览》，中华书局 1960 年版，第 2924 页。
④ （宋）王钦若：《册府元龟》，中华书局 1960 年版，第 566 页。

以占所梦。（通事明钞本'事'作'人'）傅毅奏曰：'臣闻西域有神，其名曰佛，陛下所梦，将必是乎。'帝以为然。即遣郎中蔡愔、博士弟子秦景等使往天竺，寻访佛法。愔等于彼遇见摩腾，要还汉地。腾誓志弘通，不惮疲苦，冒涉流沙，至乎洛邑。明帝甚加赏接，于城西门外立精舍以处之，汉地有沙门之始也。但大法初传，人未皈信，故蕴其深解，无所宣述。后少时，卒于洛阳，有记云。腾译《四十二章经》一卷，初缄在兰台石室第十四间中。腾所住处，今洛阳城西雍门外白马寺是也。"①

《隋书》卷35记曰："后汉明帝，夜梦金人飞行殿庭，以问于朝，而傅毅以佛对。帝遣郎中蔡愔及秦景使天竺求之，得《佛经四十二章》及释迦立像。并与沙门摄摩腾、竺法兰东还。愔之来也，以白马负经，因立白马寺于洛城雍门西以处之。其经缄于兰台石室，而又画像于清凉台及显节陵上。"②

按：白马寺，是东汉以来洛阳保存完好的佛寺，在西阳门外三里御道南。是佛法东传的第一所寺庙，在佛教史上具有重要的地位。范祥雍《校注》云"《牟子理惑论》云：'昔孝明皇帝梦见神人，身有日光，飞在殿前，欣然悦之，明日博问群臣，此为何神？有通人傅毅曰：臣闻天竺有得道者，号之曰佛，飞行虚空，身有日光，殆将其神也。于是上悟，遣使者张骞、羽林郎中秦景、博士弟子王遵等十二人，于大月支写佛经四十二章，藏在兰台石室第十四间。时于洛阳城西雍门外起佛寺，于其壁，画千乘万骑，绕塔三匝；又于南宫清凉台及开阳城门上作佛像。明帝存时，预修造寿陵，陵曰显节，亦于其上作佛图像。'《四十二章经序》与此略同。《高僧传》一《摄摩腾传》云：'汉永平中，明皇帝夜梦金人飞空而至，乃大集群臣以占所梦。通人傅毅奉答：臣闻西域有神，其名曰佛。陛下所

---

① （宋）李昉：《太平广记》，中华书局1961年版，第566页。
② （唐）魏征等：《隋书》，中华书局1973年版，第1096页。

梦，将必是乎？帝以为然，即遣郎中蔡愔、博士弟子秦景等使往天竺，寻访佛法。愔等于彼遇见摩腾，乃要还汉地。……至乎雒邑，帝甚加赏接，于城西门外立精舍以处之，汉地有沙门之始也。……有记云：腾译《四十二章经》一卷，缄在兰台石室第十四间中。腾所住处，今雒阳城西雍门外白马寺是也。相传云：外国国王尝毁破诸寺，唯招提寺未及毁坏，夜有一白马绕塔悲鸣，即以启王。王即停坏诸寺，因改招提以为白马，故诸寺立名，多取则焉。'《魏书》一百十四《释老志》、南齐王琰《冥祥记》（《法苑珠林》二十一《敬佛篇》引）略同。按永平求法，各书所记，稍有出入，诸家多有考证，此不详谈。汤用彤《汉魏两晋南北朝佛教史》（页二〇）云：'按白马寺之名，始见于西晋竺法护译经诸记中。太康十年（二八九）四月译《文殊师利净律经》，十二月出《魔逆经》，均在洛阳西白马寺（原注：均见佑《录》七）。永熙元年（二九〇）译《正法华》，亦在洛阳白马寺（原注：佑《录》八）。上距汉永平之世，已二百余年。……又按竺法护译经，常于长安青门内白马寺（原注：《须真天子经记》，见佑《录》七）。东晋时支道林常在建业白马寺。则汉、晋间寺名白马，或实不少。'"

## 五　宝光寺

《洛阳伽蓝记校笺》记曰："宝光寺，在西阳门外御道北。有三层浮图一所，以石为基，形制甚古，画工雕刻。……普泰末，雍州刺史陇西王尔朱天光总士马于此寺。寺门无何都崩，天光见而恶之。其年天光战败，斩于东市也。"[①]

《说郛》卷 67 记曰："宝光寺，在西阳门外御道北。京邑士子，至于良辰美日，休沐告归，征友命朋，来游此寺。云车接轸，羽盖

---

① （北魏）杨衒之撰，杨勇校笺：《洛阳伽蓝记校笺》，中华书局 2006 年版，第 174 页。

成阴。或置酒林泉，题诗花圃，折藕浮瓜，以为兴适。"①

《历代宅京记》卷 8 记曰："宝光寺，在西阳门外御道北。园中有一海，号咸池。普泰末，雍州刺史陇西王尔朱天光总士马于此寺。寺门无何都崩，天光恶之。其年战败，斩于东市。"②

按：据《洛阳伽蓝记》所载，宝光寺是在西晋石塔寺的旧址上建立的，是西晋洛阳 32 所伽蓝仅存的一所，在西阳门外御道北。此寺可以考见西晋寺庙的建制，据《南海寄归内法传》三云："那烂陀寺有十余所大池，每至晨时，寺鸣健椎，令僧徒洗浴。……世尊教为浴室，或作露地砖池，或作去病药汤，或令油遍涂体。夜夜油恒揩足，朝朝头上涂油。明目去风，深为利益。"石塔寺有浴室，此制亦仿自印土。

## 六　法云寺

《洛阳伽蓝记校笺》记曰："法云寺，西域乌场国胡沙门昙摩罗所立也。在宝光寺西，隔墙并门。……作祇洹寺一所，工制甚精。佛殿僧房，皆为胡饰。丹青炫彩，金玉垂辉，摹写真容，似丈六之见鹿苑；神光壮丽，若金刚之在双林。伽蓝之内，花果蔚茂，芳草蔓合，嘉木被庭。京师沙门好胡法者，皆就摩罗受持之。戒行真苦，难可揄扬。秘咒神验，阎浮所无。……西域所赍舍利骨及佛牙经像皆在此寺。"③

《太平御览》卷 655 记曰："《洛阳伽蓝记》曰：法云寺，西域乌长国胡沙门昙摩罗所立。摩罗聪惠利根，学穷释氏，至中国即晓魏言及隶书，凡所闻见，无不通解。京都沙门好胡法者，皆就摩罗

---

① （明）陶宗仪：《说郛》（120 卷本），上海古籍出版社 1988 年版，第 3120 页。
② （清）顾炎武：《历代宅京记》，中华书局 1984 年版，第 145 页。
③ （北魏）杨衒之撰，杨勇校笺：《洛阳伽蓝记校笺》，中华书局 2006 年版，第 176 页。

授持之。戒行真苦，秘咒神验，咒枯树能生枝叶，咒人变为驴马，见者莫不惊怖。西域所赍舍利骨及佛牙经像皆在此寺。"①

《说郛》卷67记曰："法云寺，西域乌阳国胡沙门昙摩罗所立也。在宝光寺西，隔墙并门。摩罗聪慧利根，学穷释氏。至中国即晓魏言隶书，凡所闻见，无不通解，是以道俗贵贱同归仰之。作祇洹一所，工制甚精。佛殿僧房，皆为涂饰。丹素发彩，金碧垂辉，摹写真容，似丈六之见鹿苑；神光壮丽，若金刚之在双林。伽蓝之内，珍果蔚茂，芳草蔓合，嘉木被庭。京师沙门好胡法者，皆就摩罗受持之。"②

《佩文韵府》卷63记曰："法云寺（见上《洛阳伽蓝记》，西域乌阳国胡沙门昙摩罗所立也。《韩子外传》元和十四年正月，帝遣中使杜英奇持香华往凤翔府，护真身塔所请释迦文佛指骨入内，帝御安福门迎拜，圣感传建康。云光法师，凡讲经天雨华如雪片，续灯录，圆通禅师名法秀，元丰七年诏住京城，为第一祖开堂日帝遣中使降香，赐磨衲僧衣，传旨表朕亲至，李益有《避暑诗》。"③

按：法云寺为西域乌场国胡沙门昙摩罗所立，"佛殿僧房，皆为胡饰"，独具西域风情，在洛阳众多伽蓝中独具特色。西域胡僧为了争取信徒，不仅在建筑方面装饰精丽，且表演幻术，贮藏舍利骨和佛牙，借以吸引信徒。

## 七 开善寺

《洛阳伽蓝记校笺》记曰："阜财里内有开善寺，京兆人韦英宅也。英早卒，其妻梁氏不治丧而嫁，更约河内人向子集为夫，虽云改嫁，仍

---

① （宋）李昉：《太平御览》，中华书局1960年版，第2927页。
② （明）陶宗仪：《说郛》（120卷本），上海古籍出版社1988年版，第3120页。
③ （清）张玉书：《佩文韵府》，上海古籍书店1983年版，第2406页。

居英宅。英闻梁氏嫁,白日来归,乘马将数人至于庭前,呼曰:'阿梁!卿忘我耶?'子集惊怖,张弓射之,应声而倒,即变为桃人。所骑之马亦变为茅马,从者数人尽化为蒲人。梁氏惶惧,舍宅为寺。"①

《说郛》卷 67 记曰:"准财里内有开善寺,京兆人韦英宅也。河阴之役,诸元歼尽。王侯宅第,多题为寺。寿丘里间列刹相望,祇洹郁起,宝塔高临。四月八日,京师士女多至河间寺,观其殿庑绮丽,无不叹息,以为蓬莱仙室亦不足过。入其后园,见沟渎蹇产,石磴嶕峣;朱荷出地,绿萍浮水;飞梁跨树,层阁出云,咸皆唧唧。"②

《太平广记》卷 371 记曰:"后魏洛阳阜财里有开善寺,京兆人韦英宅也。英早卒,其妻梁,不治丧而嫁,更纳河内向子集为夫。虽云改嫁,仍居英宅。英闻梁嫁,白日来归,乘马,将数人,至于庭前,呼曰:'阿梁!卿忘我也。'子集惊怖,张弓射之,应箭而倒,即变为桃人。所骑之马,亦化为茅马;从者数人,尽为蒲人。梁氏惶惧,舍宅为寺。"③

《法苑珠林校注》卷 32 记曰:"梁时开善寺,京兆人韦英宅也。英早卒,其妻梁氏不治丧而嫁,更纳河内向子集为夫。虽云改嫁,仍居英宅。英闻梁嫁,白日来归,乘马将数人至于庭前,呼曰:'阿梁!卿忘我耶。'子集惊怪,张弓射之,应箭而倒,即变为桃人。所骑之马,亦化成茅马。从者数人,尽为蒲人。梁氏惶惧,遂舍为寺。见《洛阳寺记传》。"④

按:开善寺,《洛阳伽蓝记》《太平广记》皆记其位于阜财里,《说郛》作"准财里",不知何据,殆误。先为京兆人韦英住宅,英

---

① (北魏)杨衒之撰,杨勇校笺:《洛阳伽蓝记校笺》,中华书局 2006 年版,第 178 页。
② (明)陶宗仪:《说郛》(120 卷本),上海古籍出版社 1988 年版,第 3120 页。
③ (宋)李昉:《太平广记》,中华书局 1961 年版,第 2950 页。
④ (唐)释道世撰,周叔迦、苏晋仁校注:《法苑珠林校注》,中华书局 2003 年版,第 1016—1017 页。

死后，其妻梁氏不治丧而嫁，嫁后仍住在原来的宅院。韦英白日出现，梁氏惶惧，和丈夫搬走，改宅院为寺。由于开善寺是由民居改建而来，其规模难敌王公贵族所建的寺庙。《洛阳伽蓝记》仅是为了记载奇异，遂兼叙此寺。

## 八　追先寺

《洛阳伽蓝记校笺》记曰："追先寺，侍中尚书令东平王略之宅也。……"①

按：追先寺，各本皆作"追光寺"，《元河南志》卷3、《说郛》卷4追光寺皆作追先寺。周祖谟《校释》云："案下文称此寺原为东平王元略宅，略卒，嗣王景式舍宅为寺，则作'追先'方合。追先者，追念先人也。""追先寺"下，据《永乐大典》卷13823有"在寿丘里"四字，则可考见追先寺在洛阳的大体位置。

## 九　融觉寺

《洛阳伽蓝记校笺》记曰："融觉寺，清河文献王怿所立也。在阊阖门外御道南。有五层浮图一所，与冲觉寺齐等。佛殿僧房，充溢一里。……"②

《太平广记》卷99记曰："元魏时，洛中崇真寺有比丘惠凝，死七日还活。云：'阎罗王检阅，以错名放免。'惠凝具说过去之事。有比丘五人同阅。一比丘云，宝明寺智圣以坐禅苦行得升天堂；有一比丘是般若寺道品，以诵《涅槃经》四十卷亦升天堂；有一比丘云是融觉寺昙谟最，讲《涅槃》、《华严》，领众千人。阎罗王曰：

---

① （北魏）杨衒之撰，杨勇校笺：《洛阳伽蓝记校笺》，中华书局2006年版，第193页。
② （北魏）杨衒之撰，杨勇校笺：《洛阳伽蓝记校笺》，中华书局2006年版，第197页。

'讲经者心怀彼我，以骄凌物。比丘中第一粗行今，唯试坐禅诵经，不问讲经。'其昙谟最曰：'贫身立道已来，唯好讲经，实不谙诵。'阎罗王令付司即有青衣十人送昙谟最向西北门，屋舍皆黑，似非好处。……时，魏太后闻之，遣黄门侍郎徐纥，依惠凝所说，即访宝明等寺。城东有宝明寺、城中有般若寺、城西有融觉、禅林、灵觉等三寺，并问智圣、道品、昙谟最、道弘、宝明等皆实有之。即请坐禅僧一百人常在殿中，供养之诏不听，持经像在巷路乞索，若私用财物造经像者任意。惠凝亦入白鹿山，隐居修道。自此以后，京邑之比丘皆事禅诵，不复以讲经为意。"①

《广弘明集》卷1记曰："正光元年，明帝加朝服，大赦天下。召佛道二宗门人殿前斋讫。侍中刘腾宣敕：请法师等与道士论议，以释弟子疑网。时清通观道士姜斌与融觉寺僧昙谟最对论。帝曰：'佛与老子同时不？'斌曰：'老子西入化胡，佛时以充侍者，明是同时。'最曰：'何以知之？'斌曰：'案《老子开天经》，是以得知。'最曰：'老子当周何王几年而生，周何王几年西入？'斌曰：'当周定王即位三年乙卯之岁，于楚国陈郡苦县厉乡曲仁里九月十四日夜子时生。至周简王四年丁丑岁，事周为守藏吏。简王十三年迁为太史。至敬王元年庚辰岁，年八十五，见周德凌迟，与散关令尹喜西入化胡，斯足明矣。'最曰：'佛以周昭王二十四年四月八日生，穆王五十三年二月十五日灭度。计入涅槃后，经三百四十五年，始到定王三年，老子方生。生已年八十五，至敬王元年，凡经四百二十五年，始与尹喜西遁。据此年载悬殊，无乃谬乎？'斌曰：'若佛生周昭之时，有何文记？'最曰：'《周书异记》、《汉法本内传》并有明文。'斌曰：'孔子既是制法圣人，当时于佛迥无文记何邪？'最曰：'仁者识同管窥，觉不宏远。案孔子有三备卜经，谓天、地、人也。佛之文言，出在中备。仁者早自披究，不有此迷。'斌曰：'孔子圣人，

---

① （宋）李昉：《太平广记》，中华书局1961年版，第659—660页。

不言而知，何假卜乎？'最曰：'惟佛是众圣之王，四生之首，达一切含灵，前后二际，吉凶终始，不假卜观。自余小圣，虽晓未然之理，必藉蓍龟以通灵卦也。'侍中尚书令元乂宣敕语道士姜斌：'论无宗旨，宜下席。'又问'《开天经》何处得来？是谁所说？'即遣中书侍郎魏收、尚书郎祖莹等就观取经。帝令议之，太尉丹阳王萧综、太傅李寔、卫尉许伯桃、吏部尚书邢栾、散骑常侍温子升等一百七十人读讫。奏云：'老子止着五千文，更无言说。臣等所议，姜斌罪当惑众。'帝加斌极刑，三藏法师菩提流支苦谏乃止，配徙马邑。"①

《续高僧传》卷24《东魏洛阳融觉寺释昙无最传》记曰："释昙无最，姓董氏，武安人也。……后敕住洛都融觉寺，寺即清河文献王怿所立。廊宇充溢，周于三里。最善宏敷导，妙达《涅盘》、《华严》。僧徒数千人，常业无怠。天竺沙门菩提留支见而礼之，号为东土菩萨。尝读最之所撰大乘义章，每弹指唱善，翻为梵字，寄传大夏。彼方读者，皆东向礼之为圣人矣。"②

《宋高僧传·元魏洛阳慧凝》卷29记曰："释慧凝，未知何许人也。栖止洛邑，而无异艺，止修练心戒耳。尝得疾暴终七日而苏，起说冥间报应，及见区分，更无毫发之差，所睹者五沙门。一是宝明寺智圣，以坐禅苦行得升天堂；次一是般若寺道品，以诵《涅槃经》四十卷同前智圣；次是融觉寺昙谟最，称讲《涅槃》、《华严经》，领徒千数。琰摩王曰：'讲经者心怀彼我，以骄凌物。比丘中第一粗行，今唯试坐禅诵经。'最曰：'贫道立身已来，唯好讲导，不能禅诵。'王曰'付司'，即有青衣数辈，拥送最向西北，门屋舍皆黑，似非好处。次是禅林寺道恒，唱云教导，劝诱四辈檀越，造

---

① （唐）释道宣：《广弘明集》，《四部丛刊》初编本，第19—20页。
② （唐）释道宣：《续高僧传》，《高僧传合集》本，上海古籍出版社1991年版，第302—303页。

一切经人中像十躯。王曰：'沙门之体必须摄心守道，志在禅诵，不干世事，不务喧繁。虽造经像，止欲得他财物；既得财物，贪心即起。既长贪行，三毒炽然，具足烦恼，与最同入黑门。'第五是灵觉寺宝明，自称未出家时尝作陇西太守，造灵觉寺，即弃官入道，虽不禅诵，礼拜不阙。王曰：'卿作刺史之日，曲理枉法，劫夺民财，假作此寺，非卿之力，何劳说此？'亦付，青衣送入黑门矣。凝由此省悟，最先见王属吏检寻名籍误追摄耳。时胡太后闻之，遣黄门侍郎徐纥依凝之说，散访验寺额并僧名有无。奏报云：城东有宝明寺，城内有般若寺，城西有融觉、禅林、灵觉三寺，并智圣、道品、昙谟最、道恒、宝明等皆实有之。太后称叹久之，诏请坐禅诵经者一百僧常在内殿供养焉。续有诏不听比丘持经像在街路乞索，如私有财物造经像者任意。凝入白鹿山隐居修道，自此京邑城下比丘多修禅观诵，持大部经法焉。系曰：'昙谟最坐讲法而人我因入黑门中，若禅诵者，人我随增知亦不免，最与道士姜斌争论护法之功可补前过，无谓传法之人皆堕负处，胡后偏见，不亡吁哉！'"[1]

《法苑珠林校注》卷55记曰："《魏书》云：正光元年，明帝加朝服，大赦天下，召佛道二宗门人殿前斋讫。侍中刘腾宣敕：诸法师等与道士论议，以释弟子疑网。时清通观道士姜斌与融觉寺僧昙谟最对论。帝曰：'佛与老子同时不？'斌曰：'老子西入化胡，佛时以充侍者，明是同时。'最曰：'何以知之？'斌曰：'案《老子开天经》，是以得知。'最曰：'老子当周何王几年而生，周何王几年西入？'斌曰：'当周定王即位三年乙卯之岁，于楚国陈苦县厉乡曲仁里九月十四夜子时生。至周简王四年丁丑岁，事周为守藏吏。简王十三年迁为太史。至敬王元年庚辰岁，年八十五，见周德凌迟，与散关令尹喜西入化胡。斯足明矣。'最曰：'佛以周昭王二十四年四

---

[1] （宋）释赞宁：《宋高僧传》，《高僧传合集》本，上海古籍出版社1991年版，第560—561页。

月八日生，穆王五十三年二月十五日灭度。计入涅槃后，经三百四十五年，始到定王三年，老子方生。生已年八十五，至敬王元年，凡经四百二十五年，始与尹喜西遁。据此年载悬殊，无乃谬乎！'斌曰：'若佛生周昭之时，有何文记？'最曰：'《周书异记》、《汉法本内传》并有明文。'斌曰：'孔子既是制法圣人，当时于佛迥无文记何耶？'最曰：'仁者识同管窥，览不弘远。案孔子有三备卜经，谓天、地、人也。佛之文言，出在中备。仁者早自披究，不有此迷。'斌曰：'孔子圣人，不言而知，何假卜乎？'最曰：'惟佛是众圣之王，四生之导，首达一切含灵，前后二际，吉凶终始，不假卜观。自余小圣，虽晓未然之理，必藉蓍龟以通灵卦也。'侍中尚书令元乂宣敕语道士姜斌等：'论无宗旨，宜退下席。'又问：'《开天经》何处得来？是谁所说？'即遣中书侍郎魏收、尚书郎祖莹等就观取经。帝令议之，太尉丹阳王萧综、太傅李寔、卫尉许伯桃、吏部尚书邢栾、散骑常侍温子升等一百七十人读讫，奏云：'老子止著五千文，更无言说。臣等所议，姜斌罪当惑众。'帝加斌极刑。时有三藏法师菩提流支行佛慈化，谏帝乃止，配徒马邑。"右二验出《梁高僧传》。①

《法苑珠林校注》卷92记曰："后魏崇真寺僧慧嶷，死经七日。时与五比丘次第于阎罗王所阅过。嶷以错召，放令还活，具说王前事意，如生官无异。五比丘者，亦是京邑诸寺道人，与嶷同簿而过。一比丘云是宝明寺僧智聪。自云：生来坐禅苦行为业，得升天堂。复有比丘云是般若寺僧道品。自云：诵《涅槃经》四十卷，亦升天堂。复有一比丘云是融觉寺僧昙谟最。状注云：讲《华严》、《涅槃》，恒常领众千人，解释义理。王言：讲经众僧，我慢贡高，心怀彼我，骄已凌物。比丘之中，第一粗行。最报王言：立身已来，实

---

① （唐）释道世撰，周叔迦、苏晋仁校注：《法苑珠林校注》，中华书局2003年版，第1677—1678页。

不骄慢，惟好讲经。王言：付司。即有青衣十人，送最向于西北，入门，屋舍皆黑，似非好处。复一比丘云是禅林寺僧道弘。自云：教化四辈檀越，造一切经，人中金像十躯。王言：沙门之体，必须摄心道场，志念禅诵，不预世事，勤心念戒，不作有为。教化求财，贪心即起，三毒未除。付司依式。还有青衣执送，与最同入一处。又有比丘云是灵觉寺僧宝真，自云：未出家之前，曾作陇西太守，自知苦空，归依三宝，割舍家资，造灵觉寺。寺成，舍官入道。虽不禅诵，礼拜不阙。王曰：卿作太守之日，曲情枉法，劫夺人财，以充己物。假作此寺，非卿之力，何劳说此？亦复付司准式。青衣送入黑门，似非好处。慧嶷为以错召免问，放令还活，具说王前过时事意。时人闻已，奏胡太后。太后闻之，以为灵异，即遣黄门侍郎依嶷所陈访问聪等五寺。并云有此。死来七日，生时业行，如嶷所论不差。事出《洛阳伽蓝记》。"[1]

按：融觉寺，清河王元怿所立，在洛阳城西阊阖门外御道南。"佛殿僧房，充溢三里"，足见其规模之大。据《伽蓝记·崇真寺》条"融觉寺昙谟最，讲《涅盘》、《华严》"，证昙谟最至死居住在融觉寺内。昙谟最被西域沙门誉为"东方圣人"，足见他对于融觉寺的声名影响甚巨。

## 十 大觉寺

《洛阳伽蓝记校笺》记曰："大觉寺，广平王怀舍宅所［立］也。在融觉寺西一里许。北瞻芒岭，南眺洛汭，东望宫阙，西顾旗亭，禅阜显敞，实为胜地。是以温子升碑云：'面水背山，左朝右市。'是也。怀所居之堂，上置七佛，林池飞阁，比之景明。至于春

---

[1] （唐）释道世撰，周叔迦、苏晋仁校注：《法苑珠林校注》，中华书局2003年版，第2676—2677页。

风动树，则兰开紫叶；秋霜降草，则菊吐黄花。名僧大德，寂以遣烦。永熙年中，平阳王即位，造砖浮图一所。是土石之工，穷精极丽，诏中书舍人温子升以为文也。"①

陶宗仪《说郛》卷67记曰："大觉寺，广平王环舍宅，在融觉寺西一里许。北瞻芒岭，南眺洛汭，东望宫阙，西顾旗亭，神皋显敞，实为胜地。是以温子昇碑云：'面水背山，左朝右市'是也。坏所居之堂上置七佛，林池飞阁，比之景明。至于春风动树，则兰开紫叶；秋霜降草，则菊吐黄华。名僧大德，寂以遣烦。"②

《艺文类聚》卷77温子升《大觉寺碑序》记曰："维天地开辟，阴阳转运，明则有日月，幽则有鬼神。初地辽远，末路悠长。自始及终，从凡至圣，积骨成山，祗劫莫数；垂衣拂石，恒河难计。及冠日示梦，蒙罗见谒，应世降神，感物开化。颜如满月，心若盈泉，体道独悟，含灵自晓。居三殿以长想，出四门而永虑。声色莫之留，荣位不能屈。道成树下，光烛天上，变化靡穷，神通无及。置须弥于葶苈，纳世界于微尘，辟慈悲之门，开仁寿之路。殄烦恼于三涂，济苦难于五浊。非但化及天龙，教被人鬼；固亦福霑行雁，道洽游鱼。但群生无感，独尊罢应，杂色照烂，诸山摇动，布金沙而弗受，建宝盖而未留。遂上微妙之台，永升智慧之殿。而天人慕德，象法兴灵，图影西山，承光东壁。主上乃据地图，揽天镜，乘六龙，朝万国，牢笼宇宙，襟带江山。道济横流，德昌颓历。四门穆穆，百僚师师。乘法船以径度，驾天轮而高举。神功宝业，既被无边；鸿名懋实，方在不朽。抵掌措言，虽不尽意，执笔书事，其能已乎？"③

按：大觉寺，为北魏广平王元怀舍宅所立，在融觉寺西一里处。

---

① （北魏）杨衒之撰，杨勇校笺：《洛阳伽蓝记校笺》，中华书局2006年版，第199页。
② （明）陶宗仪：《说郛》（120卷本），上海古籍出版社1988年版，第3120—3121页。
③ （唐）欧阳询：《艺文类聚》，上海古籍出版社1982年版，第1312—1313页。

"北瞻芒岭,南眺洛汭,东望宫阙,西顾旗亭",地势所处,十分优越。其林园之美,堪比景明寺,吸引了大批"名僧大德,寂以遣烦"。永熙元年(532)平阳王元脩入纂大业,造平等寺5层佛塔1所,诏中书侍郎魏收为寺碑文;造大觉寺砖浮图1所,诏中书舍人温子升为碑文,足见元脩修建佛塔的浓厚兴趣。

## 十一　永明寺

《洛阳伽蓝记校笺》记曰:"永明寺,宣武皇帝所立也,在大觉寺东。时佛法经像盛于洛阳,异国沙门,咸来辐辏,负锡持经,适兹乐土。世宗故立此寺以憩之。房庑连亘,一千余间。庭列修竹,檐拂高松,奇花异草,骈阗阶砌。百国沙门,三千余人。……"①

陶宗仪《说郛》卷67记曰:"永明寺,宣武皇帝所立也,在大觉寺东。时佛法经像盛于洛阳。异国沙门,咸来辐辏,负锡持经,适兹洛土。宣武故立此寺,俾以憩之。房庑连亘,一千余间。庭列修竹,檐拂高松;奇花异草,骈阗阶砌。"②

《记纂渊海·僧寺》卷85记曰:"后赵石勒奉佛,国人争造寺庙。(《通鉴》九十五卷)时佛教盛于洛阳,中国沙门之自西域来者三千余人。魏主别为之立永明寺千余间以处之。北及延昌州郡,共有一万三千余寺。"③

按:永明寺位于洛阳城西,西域沙门自西来洛阳,此处投宿最为方便。为了显示大魏国威,故宣武帝元恪立永明寺。仅僧房就有千余间,足见永明寺规模之宏大。《资治通鉴》一百四十七云:"时佛教盛于洛阳,沙门之外,自西域来者三千余人,魏主别为之立永

---

① (北魏)杨衒之撰,杨勇校笺:《洛阳伽蓝记校笺》,中华书局2006年版,第200页。
② (明)陶宗仪:《说郛》(120卷本),上海古籍出版社1988年版,第3121页。
③ (宋)吴自牧:《记纂渊海》,中华书局1988年版,第2916页。

明寺千余间以处之。"① 与此可以参证。

## 第五节 城北寺庙考述

《洛阳伽蓝记》中记述的城北佛寺主要有禅虚寺、凝圆寺以及城外诸寺,其他文献对于这些佛寺的记述主要是《说郛》《历代宅京记》,但几乎全本于《洛阳伽蓝记》,引用有节取但文字差别不大。

### 一 禅虚寺

《洛阳伽蓝记校笺》记曰:"禅虚寺,在大夏门外御道西。寺前有阅武场,岁终农隙,甲士习战,千乘万骑,常在于此。……"②

陶宗仪《说郛》卷67记曰:"禅虚寺,在大夏门御道西。寺前有阅武场,岁终农隙,甲士习战,千乘万骑,常在于此。羽林马僧相善抵角戏,掷戟与百尺树齐等。虎贲张车渠,掷刀出楼一丈。帝亦观戏在楼,恒令二人对为角戏。中朝时,宣武场在大夏门东北,今为光风园,苜蓿在焉。"③

顾炎武《历代宅京记》卷8记曰:"城北禅虚寺,在大夏门外御道西。寺前有阅武场,岁终农隙,甲士习战,千乘万骑,常在于此。中朝时,宣武场在大夏门东北,今为光风园,苜蓿在焉。"④

按:关于禅虚寺的具体位置,《洛阳伽蓝记》《说郛》《历代宅京记》均记载洛阳城城北大夏门御道西。《洛阳伽蓝记》对禅虚寺的记述与《说郛》几乎全同,所不同者在于相较《洛阳伽蓝记》,《说郛》子注中"羽林马僧相善抵角戏"前缺一"有"字。而《历

---

① (宋)司马光:《资治通鉴》,中华书局1956年版,第4594页。
② (北魏)杨衒之撰,杨勇校笺:《洛阳伽蓝记校笺》,中华书局2006年版,第207页。
③ (明)陶宗仪:《说郛》(120卷本),上海古籍出版社1988年版,第3121页。
④ (清)顾炎武:《历代宅京记》,中华书局1984年版,第146页。

代宅京记》只有正文,没有子注。

## 二 凝玄寺

《洛阳伽蓝记校笺》记曰:"凝玄寺,阉官济州刺史贾璨所立也。在广莫门外一里御道东,所谓永平里也。……地形高显,下临城阙,房庑精丽,竹柏成林,实是净行息心之所也。王公卿士,来游观为五言者,不可胜数。洛阳城东北有上商里,殷之顽民所居处也。高祖名闻义里。……"①

陶宗仪《说郛》卷 67 记曰:"凝圆寺,阉官济州刺史贾灿所立也。在广门外一里御道东,所谓永平里也。注:即汉太上王广处迁京之初,创居北里,直母亡,舍以为寺。地形高显,下临城阙,房庑精丽,竹柏成林,实是净行息心之所也。王公卿来游观,为五言者不可胜数。"②

顾炎武《历代宅京记》卷 8 记曰:"凝玄寺,在广莫门外一里御道东,所谓永平里也。城东北有上高里,殷之顽民所居处也。高祖名闻义里。迁京之始,朝士住其中,迭相讥刺,竟皆去之。唯有造瓦者止其内,京师瓦器出焉。"③

《佩文韵府》卷 63 记曰:"凝圆寺,地形高显,下临城阙。房庑精丽,实是净行息心之所也。"④

按:凝玄寺位于洛阳城北广莫门外一里御道东,据周诅谟考释《永乐大典》,"凝玄"原作"凝圆"。立寺者为济州刺史贾璨,《魏书》卷九十四有贾璨传。

《洛阳伽蓝记》记述了凝圆寺的具体方位,并详细记述了此寺环

---

① (北魏)杨衒之撰,杨勇校笺:《洛阳伽蓝记校笺》,中华书局 2006 年版,第 209 页。
② (明)陶宗仪:《说郛》(120 卷本),上海古籍出版社 1988 年版,第 3121 页。
③ (清)顾炎武:《历代宅京记》,中华书局 1984 年版,第 146 页。
④ (清)张玉书:《佩文韵府》,上海古籍书店 1983 年版,第 2406 页。

境，并在子注中用事例说明当时京城的风气。《说郛》全引《洛阳伽蓝记》正文部分，节引子注。《历代宅京记》《佩文韵府》则节引正文部，不引子注。所不同者，顾炎武《历代宅京记》中作"上高里"，据周诅谟考释"上商里"原作"上高景"，别本作"上高里"，亦误，当作"上商里"。

## 三　京师建制及郭外诸寺

《洛阳伽蓝记校笺》记曰："京师东西二十里，南北十五里，户十万九千余。庙社宫室府曹以外，方三百步为一里，里开四门，门置里正二人，吏四人，门士八人，合有二百二十里。寺有一千三百六十七所。天平元年迁都邺城，洛阳余寺四百二十一所。北邙山上有冯王寺、齐献武王寺。京东石关有元领军寺、刘长秋寺。嵩高中有闲居寺、栖禅寺、嵩阳寺、道场寺。上有中顶寺，东有升道寺。京南关口有石窟寺、灵岩寺。京西瀍涧有白马寺、照乐寺。如此之寺，既郭外，不在数限，亦详载之。"①

陶宗仪《说郛》卷67记曰："洛阳余寺四百二十一所：北芒山上有冯王寺、齐献武王寺，京东石关有元领军寺、刘长秋寺，嵩高中有闲居寺，京南关口有石窟寺、灵岩寺，京西瀍涧有白马寺、照乐寺。"②

顾炎武《历代宅京记》卷8记曰："京师东西二十里，南北十五里，户十万九千余。庙社宫室府曹以外，方三百步为一里，里开四门，门置里正二人，吏四人，门士八人，合有二百二十里。寺有一

---

① （北魏）杨衒之撰，杨勇校笺：《洛阳伽蓝记校笺》，中华书局2006年版，第244页。
② （明）陶宗仪：《说郛》（120卷本），上海古籍出版社1988年版，第3121页。

千三百六十七所。天平元年迁都邺城，洛阳余寺四百二十一所。"①

按：《洛阳伽蓝记》详细记述了洛阳城的建制，以及郭外诸寺的名称。郭外诸寺颇多，有冯王寺、齐献武王寺、元领军寺、刘长秋寺、闲居寺、栖禅寺、嵩阳寺、道场寺、中顶寺、升道寺、石窟寺、灵岩寺、白马寺、照乐寺，计十四所，亦可见都城洛阳寺庙之多、北魏时崇佛之盛之一斑。《说郛》所引《洛阳伽蓝记》重在寺庙，《历代宅京记》所引《洛阳伽蓝记》在洛阳城建制，亦可见其关注点之不同。迁都之前洛阳城中有寺一千三百六十七所，天平元年即公元534年迁都邺城之后，洛阳城余寺为四百二十一所，所失大半，可见迁都对当时洛阳城寺庙的严重影响。

---

① （清）顾炎武：《历代宅京记》，中华书局1984年版，第146页。

# 余 论

　　《洛阳伽蓝记》是北魏存留下来的重要文献，历来受学界的重视，杨衒之以洛阳伽蓝为纲，将佛寺、史事、人物等各方面穿插其中，组成一个非常有体系的文本结构。另外，在短短的五卷书里，《洛阳伽蓝记》承载了大量的信息资料。由于各种原因，北魏所留存下来的史料相对较少。而作为正史记录北魏历史的著作就只有魏收的一部《魏书》了。但魏收撰写《魏书》，抑扬不当，歪曲事实，《魏书》在当时就被称为"秽史"。因此杨衒之的《洛阳伽蓝记》在保存拓跋魏的历史文献方面的价值就显得更加重要了。

　　总体说来，杨衒之的《洛阳伽蓝记》无论是记载人物还是描述佛寺，基本上是秉着"实录"这一原则来记述的。既有客观冷峻的描摹，又有充满深情的记述，可谓是一部拓跋鲜卑的别史。

　　《洛阳伽蓝记》这一篇幅虽短但内蕴深厚的文献，成为学术界研究的热点。截止到 2019 年，据不完全统计，在 CNKI 期刊网上能检索到的论文就有 190 多篇，相关的硕博学位论文就有 40 余篇。关于《洛阳伽蓝记》的专著尚未计算在内，21 世纪以来，对《洛阳伽蓝记》及其作者杨衒之的研究可谓方兴未艾。

　　由于《洛阳伽蓝记》的研究涉及历史、宗教、地理、文学、语言学等各个方面，限于篇幅，本论文对《洛阳伽蓝记》的研究尚未能充分展开。仅从文献学方面讲，本文也存在着许多不完备的地方。比如在人物考述方面，《洛阳伽蓝记》所涉及的有些人物虽不见于正史，但结合一些新发现的文献，如石刻文献、方志文献、新出土的文献，可能会有一些新的发现。还有，研究《洛阳伽蓝记》中的人物，考查其生平、籍贯，需要对北魏历史的研究有一个整体的把握，这就需要研究者具备良好的文献学素养。另外，随着北朝和洛阳的地下文献不断被发掘，如中华书局2012年出版了齐运通编辑的《洛阳新获七朝墓志》，科学出版社2008年出版了乔栋等编辑的《洛阳新获墓志续编》，其中蕴含了大量有待挖掘的材料。因此，《洛阳伽蓝记》所涉及的相关人物还有进一步研究的空间。

在洛阳佛寺考述方面，随着北朝和洛阳地区的考古发掘工作的进行，很多悬而未决的问题可能会得到解决。另外，随着域外文献传入我国，比如《日本五山版汉籍善本集刊》等珍贵文献重新流回中土，如果对这些文献加以充分利用的话，对研究北魏洛阳的寺庙有着重大的意义。

# 参考文献[①]

## 一 著作类

（宋）晁公武撰，孙猛校证：《郡斋读书志校证》，上海古籍出版社1990年版。

（晋）陈寿：《三国志》，中华书局1959年版。

（宋）陈思：《宝刻丛编》，影印文渊阁《四库全书》本，台湾商务印书馆1983年版。

（明）陈耀文：《天中记》，影印文渊阁《四库全书》本，台湾商务印书馆1983年版。

陈寅恪：《隋唐制度渊源略论稿》，生活·读书·新知三联书店2001年版。

陈寅恪：《唐代政治史述论稿》，生活·读书·新知三联书店2001年版。

（明）陈禹谟：《骈志》，影印文渊阁《四库全书》本，台湾商务印书馆1983年版。

---

[①] 按编撰者首字母音序排列。

（宋）陈振孙：《直斋书录解题》，上海古籍出版社 1987 年版。

（清）董诰：《全唐文》，上海古籍出版社 1990 年版。

（明）董斯张：《广博物志》，影印文渊阁《四库全书》本，台湾商务印书馆 1983 年版。

杜士铎：《北魏史》，北岳文艺出版社 2011 年版。

（唐）段成式：《酉阳杂俎》，中华书局 1981 年版。

（东汉）许慎撰，（清）段玉裁：《说文解字注》，中华书局 2013 年版。

（南朝宋）范晔：《后汉书》，中华书局 1965 年版。

（唐）房玄龄：《晋书》，中华书局 1974 年版。

（隋）费长房：《历代三宝纪》，《佛藏》本，上海书店出版社 2011 年版。

（清）顾炎武：《历代宅京记》，中华书局 1984 年版。

何清谷：《三辅黄图校释》，中华书局 2005 年版。

何新文、苏瑞隆、彭安湘：《中国赋论史》，人民出版社 2012 年版。

（宋）乐史：《太平寰宇记》，中华书局 2007 年版。

（唐）李百药：《北齐书》，中华书局 1972 年版。

（宋）李昉等：《太平御览》，中华书局 1960 年版。

（宋）李昉等：《太平广记》，上海古籍出版社 1990 年版。

（唐）李延寿：《南史》，中华书局 1975 年版。

（唐）李延寿：《北史》，中华书局 1974 年版。

（北魏）郦道元著，陈桥驿校证：《水经注校证》，中华书局 2007 年版。

（唐）令狐德棻：《周书》，中华书局 1971 年版。

（后晋）刘昫：《旧唐书》，中华书局 1975 年版。

（南朝宋）刘义庆：《世说新语》，上海古籍出版社 1982 年版。

（唐）刘知几著，（清）浦起龙通释：《史通通释》，上海古籍出版社 1978 年版。

（晋）陆机著，杨明校笺：《陆机集校笺》，上海古籍出版社 2016

年版。

逯钦立：《先秦汉魏晋南北朝诗》，中华书局 1983 年版。

（宋）马端临：《文献通考》，中华书局 2011 年版。

（宋）欧阳修：《新唐书》，中华书局 1975 年版。

（唐）欧阳询：《艺文类聚》，上海古籍出版社 1982 年版。

（明）彭大翼：《山堂肆考》，影印文渊阁《四库全书》本，台湾商务印书馆 1983 年版。

（清）潘永因：《宋稗类钞》，书目文献出版社 1985 年版。

钱锺书：《管锥编》，中华书局 1986 年版。

（南朝梁）沈约：《宋书》，中华书局 1974 年版。

（唐）释道世撰，周叔迦、苏晋仁校注：《法苑珠林校注》，中华书局 2003 年版。

（唐）释道宣：《续高僧传》，《高僧传合集》本，上海古籍出版社 1991 年版。

（唐）释道宣：《广弘明集》，《四部丛刊》初编本，上海商务印书馆 1912 年版。

（唐）释道宣：《大唐内典录》，《佛藏》本，上海书店出版社 2011 年版。

（宋）释赞宁：《宋高僧传》，《高僧传合集》本，上海古籍出版社 1991 年版。

（宋）释道原：《景德传灯录》，《日本五山版汉籍善本集刊》本，西南师范大学出版社、人民出版社 2012 年版。

（元）释念常：《佛祖历代通载》，《日本五山版汉籍善本集刊》本，西南师范大学出版社、人民出版社 2012 年版。

（宋）司马光：《资治通鉴》，中华书局 1956 年版。

（汉）司马迁：《史记》，中华书局 1959 年版。

谭其骧：《中国历史地图集》（东晋十六国·南北朝时期），中国地图出版社 1982 年版。

汤用彤：《汉魏两晋南北朝佛教史》，中华书局 1983 年版。

（明）陶宗仪：《说郛》（120 卷本），上海古籍出版社 1988 年版。

（元）脱脱：《宋史》，中华书局 1977 年版。

王国维：《观堂集林》，中华书局 1959 年版。

（宋）王钦若：《册府元龟》，中华书局 1960 年版。

（宋）王应麟：《玉海》，江苏古籍出版社、上海书店 1987 年版。

（北齐）魏收：《魏书》，中华书局 1974 年版。

（唐）魏征：《隋书》，中华书局 1973 年版。

（宋）吴淑：《事类赋注》，中华书局 1989 年版。

（宋）吴自牧：《记纂渊海》，中华书局 1988 年版。

（南朝梁）萧统：《文选》，上海古籍出版社 1986 年版。

（梁）萧子显：《南齐书》，中华书局 1972 年版。

（唐）徐坚：《初学记》，中华书局 2004 年版。

（东汉）许慎：《说文解字》，中华书局 1963 年版。

（清）严可均：《全上古三代秦汉三国六朝文》，中华书局 1958 年版。

（北朝）颜之推撰，王利器集解：《颜氏家训集解》（增补本），中华书局 1993 年版。

（北魏）杨衒之撰，范祥雍校注：《洛阳伽蓝记校注》，上海古籍出版社 1978 年版。

（北魏）杨衒之撰，周祖谟校释：《洛阳伽蓝记校释》，中华书局 2010 年版。

（北魏）杨衒之撰，杨勇校笺：《洛阳伽蓝记校笺》，中华书局 2006 年版。

（唐）姚思廉：《梁书》，中华书局 1973 年版。

（清）姚振宗：《隋书经籍志考证》，《二十五史补编》本，中华书局 1955 年版。

（清）叶封：《嵩阳石刻集记》，影印文渊阁《四库全书》本，台湾商务印书馆1983年版。

（宋）叶梦得：《石林燕语》，中华书局1984年版。

（宋）佚名：《锦绣万花谷》，广陵书社2008年版。

（元）佚名纂修，（清）徐松辑：《河南志》，《宋元方志丛刊》本，中华书局1990年版。

（隋）虞世南：《北堂书钞》，天津古籍出版社1988年版。

（宋）袁枢：《通鉴纪事本末》，中华书局1964年版。

（清）张玉书：《佩文韵府》，上海古籍书店1983年版。

（清）章宗源：《隋书经籍志考证》，《二十五史补编》本，中华书局1955年版。

赵超：《汉魏南北朝墓志汇编》，天津古籍出版社2008年版。

（宋）赵明诚著，金文明校证：《金石录校证》，广西师范大学出版社2005年版。

（宋）朱胜非：《绀珠集》，影印文渊阁《四库全书》本，台湾商务印书馆1983年版。

朱祖延：《北魏佚书考》，中州古籍出版社1985年版。

## 二　学位论文

丁秋菊：《〈洛阳伽蓝记〉文体形成因素研究》，硕士学位论文，北京师范大学，2011年。

方宜：《状记寓警玄中透真：洛阳伽蓝记之创作观》，硕士学位论文，广西师范大学，2009年。

侯娟颖：《洛阳伽蓝记文学研究》，硕士学位论文，上海师范大学，2008年。

黄梅：《〈洛阳伽蓝记〉文学研究》，硕士学位论文，南京师范大学，

2011年。

金大珍：《北魏洛阳城市风貌研究——以〈洛阳伽蓝记〉为中心》，博士学位论文，北京师范大学，2002年。

李彦军：《〈洛阳伽蓝记〉的园林研究》，硕士学位论文，天津大学，2012年。

孟祥君：《〈洛阳伽蓝记〉叙事研究》，硕士学位论文，华东师范大学，2010年。

石媛媛：《从洛阳伽蓝记看北魏洛阳的佛寺建筑》，硕士学位论文，山东大学，2008年。

王君连：《〈洛阳伽蓝记〉研究》，硕士学位论文，聊城大学，2009年。

赵海丽：《洛阳伽蓝记研究》，硕士学位论文，山东大学，2001年。

## 三　单篇论文

白翠琴：《一部拓跋鲜卑的别史——略论〈洛阳伽蓝记〉的史学价值》，《民族研究》1999年第6期。

曹道衡：《关于杨衒之〈洛阳伽蓝记〉的几个问题》，《文学遗产》2001年第3期。

曹虹：《〈洛阳伽蓝记〉新探》，《文学遗产》1995年第4期。

曹虹：《〈洛阳伽蓝记〉与汉晋辞赋传统》，《古典文献研究》2008年第11辑。

常新：《〈洛阳伽蓝记〉的社会文化史意义》，《江西社会科学》2006年第8期。

陈倩：《李葆恂手校〈洛阳伽蓝记〉之价值》，《文献》2010年第1期。

陈庆元：《寓褒讥于伽蓝　寄奇思于妙笔——略论〈洛阳伽蓝记〉》，《福建师范大学学报》（哲学社会科学版）1986年第2期。

陈于全：《萧彪考》，《文学遗产》2011年第3期。

成润淑：《〈洛阳伽蓝记〉的小说艺术研究》，《文史哲》1999 年第 4 期。

丹尼斯·格拉弗林、李凭：《评〈洛阳的回忆——杨衒之与故都（493—534）〉》，《古籍整理学刊》1985 年第 4 期。

范子烨：《评杨勇〈洛阳伽蓝记校笺〉》，《中国历史地理论丛》1994 年第 4 期。

范子烨：《论杨衒之及其〈洛阳伽蓝记〉的创作主旨》，《齐齐哈尔师范学院学报》1995 年第 3 期。

范子烨：《〈洛阳伽蓝记〉的体例渊源及其与名僧"格义"的关系》，《北方论丛》1996 年第 5 期。

范子烨：《〈洛阳伽蓝记〉的文体特征与中古佛学》，《文学遗产》1998 年第 6 期。

方宜：《〈洛阳伽蓝记〉之佛教观探微》，《绥化学院学报》2008 年第 4 期。

房聚棉：《论〈洛阳伽蓝记〉》，《沈阳师范学院学报》1987 年第 3 期。

顾农：《〈洛阳伽蓝记〉里的文学史料》，《中原文化研究》2014 年第 4 期。

顾彦芳：《龙门所见〈洛阳伽蓝记〉中人物造像述论》，《敦煌学辑刊》2001 年第 2 期。

黄公渚：《洛阳伽蓝记的现实意义》，《文史哲》1956 年第 11 期。

吉联抗：《从〈洛阳伽蓝记〉看北魏"伎乐之盛"》，《人民音乐》1982 年第 4 期。

金大珍：《北魏都城洛阳在中国历史文化上的地位——〈洛阳伽蓝记〉研究之一》，《大同职业技术学院学报》2003 年第 3 期。

金大珍：《〈洛阳伽蓝记〉作者姓氏生平考略》，《图书与情报》2004 年第 4 期。

净名：《〈洛阳伽蓝记〉的文学价值》，《佛教文化》2003 年第 6 期。

李靖莉：《〈洛阳伽蓝记〉的史料价值及不足》，《史学月刊》1997 年第 1 期。

李靖莉：《从〈洛阳伽蓝记〉看北魏都城工商业的繁荣》，《山东省农业管理干部学院学报》2001 年第 4 期。

李晓明：《〈洛阳伽蓝记〉的特点》，《史学史研究》1994 年第 3 期。

刘波：《〈洛阳伽蓝记〉的学术价值》，《古籍整理研究学刊》1993 年第 5 期。

刘重来：《〈洛阳伽蓝记〉作者姓氏考》，《历史教学》1984 年第 12 期。

刘重来：《〈洛阳伽蓝记〉作者不姓杨》，《中州学刊》1984 年第 3 期。

刘治立：《〈洛阳伽蓝记〉自注的再认识》，《史学史研究》2001 年第 3 期。

罗晃潮：《〈洛阳伽蓝记〉版本述考》，《文献》1986 年第 1 期。

孟光全：《论〈洛阳伽蓝记·庭山赋〉的另一种趣味》，《内江师范学院学报》2005 年第 S1 期。

孟光全：《〈洛阳伽蓝记〉中的庶民群像》，《内江师范学院学报》2006 年第 1 期。

孟光全：《〈洛阳伽蓝记·洛阳大市〉：色彩斑斓的市井风情画》，《名作欣赏》2009 年第 29 期。

孟光全：《从〈洛阳伽蓝记〉看园林与文学》，《时代文学》（下半月）2010 年第 3 期。

孟晖：《人间的天堂与地狱——〈洛阳伽蓝记〉》，《散文》2002 年第 2 期。

史红帅：《〈洛阳伽蓝记〉所见北魏洛阳饮食风貌》，《中国历史地理论丛》1999 年第 3 期。

舒昌勇：《〈洛阳伽蓝记校注〉史实异议》，《赣南师范学院学报》1988 年第 2 期。

谭家健：《漫话〈伽蓝记〉，卧游洛阳城》，《文史知识》1982 年第

7 期。

唐燮军：《〈洛阳伽蓝记〉三题》，《史学史研究》2005 年第 1 期。

王建国：《20 世纪以来〈洛阳伽蓝记〉研究的回顾与展望》，《武汉大学学报》（人文科学版）2008 年第 6 期。

王建国：《〈洛阳伽蓝记〉的作者及创作年代辨证》，《江汉论坛》2009 年第 10 期。

王建国：《〈洛阳伽蓝记〉与北魏洛阳的佛教文化》，《文史知识》2010 年第 6 期。

王建国：《〈洛阳伽蓝记〉丛考》，《古籍整理研究学刊》2010 年第 4 期。

王建国：《隋唐佛教经籍著录〈洛阳伽蓝记〉的文献价值》，《中国典籍与文化》2014 年第 2 期。

王兰凤：《从〈洛阳伽蓝记〉看北魏时期的佛教信仰》，《佛教文化》2008 年第 5 期。

王柳芳：《论〈洛阳伽蓝记〉对京都赋的接受》，《殷都学刊》2010 年第 1 期。

王柳芳：《论〈洛阳伽蓝记〉的多维时空观》，《洛阳理工学院学报》2010 年第 1 期。

王柳芳：《论〈洛阳伽蓝记〉中的洛阳形象》，《兰台世界》2013 年第 6 期。

武海龙：《〈洛阳伽蓝记〉中所见北魏宦官与佛教寺院研究》，《殷都学刊》2014 年第 2 期。

吴晶：《〈洛阳伽蓝记〉概说》，《古典文学知识》2010 年第 2 期。

吴先宁：《"北朝三书"文学论》，《江淮论坛》1992 年第 5 期。

萧红：《韩注〈洛阳伽蓝记〉商兑》，《古籍整理研究学刊》2005 年第 4 期。

薛瑞泽：《读〈洛阳伽蓝记〉论北魏洛阳的寺院园林》，《中国历史地理论丛》2001 年第 2 期。

杨东篱：《试为〈洛阳伽蓝记·城南·景明寺〉"山悬堂光观盛"句补正》，《文献》2000 年第 1 期。

袁洪流：《北魏佛教与〈洛阳伽蓝记〉》，《贵州民族大学学报》（哲学社会科学版）2015 年第 4 期。

袁洪流：《〈洛阳伽蓝记〉与〈庙记〉》，《青年与社会》2015 年 9 月上。

张翠萍、陈志伟：《〈洛阳伽蓝记〉版本考释》，《图书馆学研究》2005 年第 11 期。

张全耀：《〈洛阳伽蓝记〉中"无明与执取"的佛教观探微》，《宜春学院学报》2011 年第 5 期。

张全耀：《佛教义理与〈洛阳伽蓝记〉的小说技法探微》，《重庆三峡学院学报》2011 年第 4 期。

张中行：《〈洛阳伽蓝记〉里的一点牢骚》，《读书》1989 年第 6 期。

赵海丽：《从〈洛阳伽蓝记〉看北魏洛阳里坊形制》，《济南交通高等专科学校学报》2001 年第 6 期。

赵海霞：《〈洛阳伽蓝记〉版本述评》，《华夏文化》2014 年第 1 期。

赵凯：《从〈洛阳伽蓝记〉看北魏洛阳饮食文化》，《怀化学院学报》2014 年第 3 期。

赵莉：《〈洛阳伽蓝记〉史学价值探微》，《宁夏社会科学》2014 年第 3 期。

钟盛：《从〈洛阳伽蓝记〉看北魏时期洛阳的经济发展状况》，《佳木斯大学社会科学学报》2004 年第 1 期。

周建江：《〈洛阳伽蓝记〉的小说价值》，《黄淮学刊》1998 年第 3 期。

周一良：《〈洛阳伽蓝记〉的几条补注》，《文献》1980 年第 3 期。

周云乔：《一部奇书——〈洛阳伽蓝记〉》，《文史杂志》1996 年第 4 期。

周子美：《〈洛阳伽蓝记〉作者阳炫之姓氏的商榷》，《古籍整理研究学刊》1987 年第 3 期。

# 人名索引

□瑗　251

安丰王　104，108，109，112，127，174，193

宝公　93，96，163，164，258，273

宝真　36，37，266，267，307，309，349

北海王　31，104－106，131－133，140，164，193，222，238，250，282，286，316，327，328，335

蔡邕　70，237，238，324，325

长广王　112－114，128，160，228

长孙稚　114，159，200，201，211，218，219，229，282，299，300

常景　16，25，26，48，49，156，177，188－192，194，286，314，327

朝云　141，257，258

陈留侯　94，122，155，156，187，212

陈留王　154，155

陈留庄王　136，154，155，270

陈庆之　47，48，50，51，173，182，220，222

陈勰　219，220

城阳王　31，131－135，164，210，250，334，335

丑多　254

春风　136，218，253，350

崔畅　215，256，257，330，331

崔光　81，94，109，111，136，155，175，192，193，195，197，206，211－213，219，233，238，245，313

崔涵　256，257，331

崔叔仁　213，214，255

崔孝忠　213，256

崔休　188－192，194，213，214

崔延伯　193，214，215，252，275

达多　205，256，272，329，330

戴延之　61，78，79，244

刀宣　173，174，312

道恒　201，272，346，347

道弘　36，37，266，267，307－309，

345，349

道品　266，267，307－309，344，345，347，348

东平王　111，147－149，151，174，230，344

董威辇　276，277，301

董卓　70，231，299

杜子休　253，302，310，311

段晖　204，297

尔朱荣　162

尔朱世隆　158

尔朱天光　157，158，172，175，225，274，340，341

尔朱侯　161，165

尔朱那律归　159

尔朱荣妻　165

尔朱阳都　158，161，163，250

尔朱兆　36，103，104，112，113，129，133，134，136，158，160，161，169，170，174，182，183，195，197，210，211，223，228，230，252，278，282，284，286，292，294，316

尔朱仲远　129，159，160

法融　267－269

樊元宝　237，243

高僧裕　97，177，192，195，206，209，234

高显略　116，209，210，322

高阳王　93，95，98，117，118，122，123，127，131，155，163，193，204，212，219，227，253，263，277，284，290，318，319，332，333，335

葛荣　100－102，104，131，161，181，182，195，230，275，276

广陵王　28，30，112，113，128－131，163，183，319，327，328

广平王　31，98，122，123，127，128，191，230，239，241，316，334，349，350

广阳王　98，131，144，212，230，275

郭文远　218，253

郭祚　126，199，200，211，218，219，299，300

韩子熙　118，245

河间王　58，141，147，219，228

侯刚　201，203

侯庆　254

胡太后　21，30，41，54，93，99，114，119，164，273，284，287，288，293，295，302，307，309，313，321，323，347，349

胡孝世　20，21，25，204

斛斯椿　115，184，201，217，218，241，282，315

惠生　4，264－266，287

慧嶷　266，267，307，309，348，349

贾璨　31，232，353

江革　147，185，186

江阳王　58，93，116，119，120，142，143，145－147

姜质  6，254，255

寇祖仁  133，210

李彪  179，188－190，192，194，195，212，232，314

李才  263

李澄  196，197，260

李崇  94，95，122，155，156，164，187，193，206，212，253，284

李次寿  32，186，187，302，309，310

李苗  158，228，250，251

李韶  195－197，211，238，261，313

李神轨  93，96，162，187，188，205，238

李同轨  18，20，247，248

李延寔  195，197，211

李琰之  26，97，118，177，192，195，206，209，234

李元谦  218，253

李元祐  253

李真奴  173，174，312

梁氏  38，255，334，342－344

临淮王  103，109，136，193，258

灵太后  20，30，35，37，41，56，93，96

刘白堕  259

刘宝  262，263

刘澄之  60，78，234，235，244

刘芳  79，81，82，97，111，192，234

刘缟  97，179，235

刘胡  37，38，262

刘季明  163，233，234

刘腾  30，31，35，39，95，117，118，124，142，152，236，237，280，289－291，297，306，345，347

刘宣明  261，262，306

刘助  104，106，181，182，249

卢白头  239，240，300

卢景宣  20，241，247，315

鲁逞  162，239

骆子渊  237，243，244

马僧相  208，215，352

马氏  254

马宪  78，208，302

毛鸿宾  175，176

孟仲晖  200

万俟丑奴  215，274，275

穆亮  28，242，243

南阳长公主  171－173

南阳王  114，200，282

牛法尚  176

潘崇和  263

裴子明  136，258，278

彭城王  31，97，98，103，107，123，126，129，132，159，179，180，189，192，199，229，230，232，234，235，251，303，320

平阳王  28，115，217，218，245，282，315，350，351

菩提拔陀  267，268

菩提达摩  21，26，34，54，271，272，

281，299

菩提流支　23，34，155，269，270，346，348

清河王　31，81，95，98，117，122－125，148，152，172，173，178，188，202，206，209，245，296，334，335，349

泉企　128，248，249

汝南王　124，125，251，257，260，295，323，331

山伟　174，175

上党王　100，101，103，104，133，161，173，175，181，201，226，250

少帝　99

史仵龙　129，160，182，183，223，228

宋云　54－56，264－266，271

孙岩　276

昙摩罗　273，334，341，342

昙摩最　269

田僧超　214，215，252

王肃　31，72，178，179，181，319，325－327

王桃汤　32，177，178，334，336

王腾周　252

王翊　31，178，297

王元龟　97，176，177，192，195，206，209，234

韦英　38，255，334，342－344

尉成兴　126，199，200，211，218，219，299，300

魏季景　240，246，247

魏氏　60，89，165，167，215，256，257，288，292，294，330，331

魏收　3，25，26，245－248，262，266，315，346，351，356

温子昇　207，350

武安王　106，107

向子集　38，255，342，343

萧宝夤　104，169－173，193，216，217，274，275

萧彪　47，166，168，216，220，223

萧忻　248，297

萧正德　116，165，166

萧综　111，168，170，171，173，186，193，304，305，346，348

邢峦　126，190，199，200，211，218，219，299，300

邢子才　55，129，163，197，198，231，240，289，319，320

徐纥　93，96，118，149，162，205，206，230，256，267，308，329，330，345，347

徐月华　204，277

许伯桃　126，199，200，211，218，219，299，300，346，348

许超　218

薛令伯　163，244

荀济　25，213，230，255，256

荀勖　207，208

荀子文　263，332

371

杨椿　31，224－226，262，302，317，318

杨辞　222，223

杨抚　222，223

杨机　227，228，282

杨津　224－226

杨宽　226－229

杨慎　224，226

杨泰　222，223

杨文义　129，160，182，223，228

杨许　222，223

杨元慎　47，48，166，216，220，222，223

游肇　117，188－190，192，194，314

郁久闾阿那肱　156，157，192，194

元宝炬　114，115

元琛　58，141，142，147，257

元恭　28，128，130，319

元颢　100，104，106，109，140，164，181，193，207，222，225，250，282，335

元洪超　125，126，199，200，211，218，219，299，300

元怀　115，127，128，302，334，350

元徽　132，135，149，210，334，335

元纪　125，297

元继　58，145，147

元景皓　154，155

元景式　151，334

元莒犁　170，171

元略　147，151，174，186，334，344

元融　58，142，145，147

元劭　126，127

元顺　139，140，141，174，254

元桃汤　104，106，108，249

元天穆　100，103，135，162，173，195，226

元熙　151，153

元详　131，132

元飖　31，97，99，126，171，301

元脩　53，115，351

元延明　108，112，170，185

元晔　103，112，114，130

元义　35，93，96，115，116，121，147，151，165，166，248，290，296，322，348

元怿　31，81，123－125，280，296，302，334，335，349

元雍　122，245，319，333

元彧　136，138

元渊　131，275

元悦　124，125

元钊　21，99

元子攸　28，103，335

元祚　154，155

原士康　204，205，277

源子恭　103，129，160，182，183，223，226，228，229

张车渠　95，208，215，216，352

张景仁　216，217，318

张隽　215，257

张伦　189，190，192，194，314

张裴　278

张嵩　47，166，216，217，220，223

章武王　58，95，131，142，143，145，147，156

赵法和　258，259，273

赵逸　89，124，125，195，197，253，259－261，297，304，311

甄琛　97，179，189，212，232，233

郑道昭　195，197，211，238，239，313

郑季明　93，162，187，205，238

智圣　266，267，307－309，344－347

中山王　109，111，116，117，143，144，147，148，151，152，186

朱异　50，184，185，221

朱元龙　183

庄帝　15，18，19，28，100，101，103，104，108，109，112，113，116，127－131，133，134，140，141，156，158，160，162－165，169，170，174，175，181－183，194，195，197，201，206，207，210，223，225，227，228，230，233，238，239，244，247，248，250，251，274，282，286，335

宗正珍孙　104，106，107，161，249，250

祖莹　17，26，97，104，177，192，195，206

# 后　记

　　这本书是在我的博士学位论文的基础上修改完成的。无论是选题还是论文写作和修改，恩师张三夕老师都倾注了大量的心血。如果没有张老师对我的提携、关心、鼓励的话，我想我很难顺利完成这篇博士学位论文。

　　心中深深感念的还有王齐洲和高华平两位导师。王老师给我们〇九级四个学生上课时，以其撰写和发表的论文为案例，细心剖析论文撰写的思路和创新点，启发引导我们在学术研究方面要有问题意识和创新精神，让我们收获良多。而高老师讲课时则挥洒自如、旁征博引，从文史哲多重视角来发现问题、研究问题，触类旁通，启人茅塞。还有我的硕士导师何新文先生，每次来汉时，先生都叮嘱我保重身体，不急不躁，从容地完成博士学位论文。每每在我撰写论文懈怠时，想到老师们那期待的话语，心中总会涌起一种感动，让我再次拿起笔继续工作。

　　感谢我的张门同窗。在每月一次的读书会上，大家一起读张老师精心选定的学术名著，经常在那个古色古香的文学院文献学教室里切磋砥砺，探讨学问，令人难忘这段难得的恬静美好时光。需要指出的是，由于论文涉及的文献特别庞杂，资料的收集得到同门的热情帮助。这份深情厚谊，永远难以忘怀！

# 后　记

　　在论文即将完成之时,在即将离别母校之际,我的心情难以平静。自〇九年我负笈华师,一路走来,几多艰辛。从开题到论文的顺利完成,有很多值得我尊敬的师长、我最亲爱的同学、亲人给了我很多很多的帮助,在这里请接受我最真诚的谢意!

2015 年孟夏于贵阳花溪梅河斋

　　论文完成后经湖北大学文学院何新文教授、武汉大学文学院王兆鹏教授、华中师范大学文学院王齐洲教授、张三夕教授、高华平教授、韩维志教授组成的答辩委员会审阅评定。各位先生肯定了论文的成绩,也提出了中肯的批评和建议,使我受益匪浅,也对于本书的完善起了至关重要的作用,在此对各位先生表达我最诚挚的谢意!

　　本书能够顺利出版,还要感谢贵州民族大学文学院龙耀宏、万秋月、吴电雷、李贤军等领导的关心与帮助。中国社会科学出版社郭晓鸿主任以及师姐刘果和师妹张韵为本书的出版提供了热情的帮助,在此一并深表谢忱!

2019 年仲秋于贵州民族大学荟文苑寓所